王朝漢文学論攷

王朝漢文学論攷

―『本朝文粋』の研究―

大曾根章介著

岩波書店

目次

成立論

作品論

文章論

影響論

○文中に取り上げた『本朝文粋』所収作品には、新日本古典文学大系27『本朝文粋』（一九九二年、岩波書店）による通し番号を（　）に括って表示した。

成立論

一 『本朝文粋』の名義

一

「本朝文粋」という書名は、宋の姚鉉が編纂した『唐文粋』に倣って附けられたものであると言われる。岡田正之博士が

　鉉の序に、「文粋謂何。纂唐賢文章之英粋也。」とあるにより明衡も其の義に取りて、其の名を襲ひしものなり。

と述べておられる[1]のが、その代表的な説であり、また当を得ていると言って良い。しかし藤原明衡が『唐文粋』を学んで命名したとしても、私達は種々の問題に逢着する。本書が日本の文章の精粋を輯録したものであることは疑えない事実であるが、「本朝」とは何に対して名づけた言葉か、「文」とは何を指すか、等閑視することは出来ぬ。そこで当時の用例を調べながら、この書名の持つ意義を考えてみたい。それに先立って本書がどの様に呼称されていたか調べてみよう。

二

『本朝文粋』の書名が文献に登場する最初は、『台記』の久安六年(一一五〇)正月二十二日のことで、明衡歿後八十

数年を経た後である。それ以前に『文粋』が世間に流布していたことは、三善為康の『朝野群載』や藤原基俊の『新撰朗詠集』などに、『文粋』が資料として使用されたことからも想像されるが、それらには『文粋』の書名を見ることが出来ない。ところで『台記』には『文粋』巻二にある慶滋保胤の勅書に触れて

恵子女王准后勅、可レ献之処、此奏、永範(藤原)朝臣借取了。但保胤(慶滋)作、所レ入ニ文粋一也。

と記している。また『通憲入道蔵書目録』[2]にも「文粋上帙十巻　下帙八巻」と見える。『台記』に記す「文粋」は『本朝文粋』の略称で、当時一般にはその様に呼び習わされていたと想像されるが、『通憲入道蔵書目録』にある「文粋」は他の蔵書名から推して、略称とは考えられない。この「文粋」は当然『本朝文粋』を指すと思われるので、「文粋」という書名を有する本書が存在していたといえよう。

現存する『文粋』の写本は最古のものでも、鎌倉時代を遡ることは出来ない。特殊な内容と排列で知られる石山寺本は巻六だけであるが、内題は「本朝文粋巻六」とあり、文永年間(一二六四～一二七五)の奥書を持つ旧金沢文庫蔵の『文粋』を転写した身延本や静嘉堂文庫本も「本朝文粋」の書名を附す。また建治三年(一二七七)の書写と考えられる金沢文庫本も表紙に「本朝文粋第一」と記されている。そして『本朝書籍目録』に「本朝文粋十四巻　明衡撰」とあることは、本書の編纂意図などを考慮に入れた時、「本朝文粋」という書名が正式な呼称であったことを想像させる。

ここで鎌倉時代以後本書に触れた文献に目を転じてみよう。『源氏物語』の注釈書である素寂の『紫明抄』巻八(廿五まほろし)の注に

馬鬣年深、蒼煙之松雖レ老、竜光露暖、紫泥之草再新。文粋第二、菅贈大相国詔巨勢為時作　(49)

とあり、異本『紫明抄』や『原中最秘鈔』にもそのまま継承されて出典を「文粋」と記している。しかし『河海抄』

巻二（第二夕顔）の注には

　本朝文粋云、夜行翁、夜々警㆑火旧府中、呼曰㆓火危㆒彼誰。源順夜行舎人鳥養有三歌（42）

とあって、他の二箇所にも書名を「本朝文粋」と記している。また『花鳥余情』では「見文粋」（第三夕顔）や「在文粋」（第四若紫）の如き典拠の示し方をしている。

　そして延慶本『平家物語』（第二中）の「前中書王事」の条では兼明親王の祭文を廻っての逸事を記すが、そこには「其祭文は文粋に見ゆ」と書かれて居り、『平家勘文録』で東大寺の親隆僧正が入唐の際持参した書籍に「朗詠文粋三教指揮（帰）平家」と並記されている。これらの書き方から考えると「文粋」という呼称によって、当時の人々が直ちに本書を想起し得たことは疑いない。特に桃源瑞仙の『史記抄』（巻六）に「惣シテ日本ニ文粋トテアルカ皆ヨキ文ナリ。」とあるのは、「文粋」が当時一般の称名であったことを想像させる。ここでいう「文粋」は文章の粋華ともいうべき普通名詞の色彩を持ち、『続文粋』をも含めている様に見えるが、当時の世人の享受から考えて『本朝文粋』を指すと見るのが穏当であろう。このことは『実隆公記』に本書の書名が五箇所見える中、一例を除いて「文粋」と記されていることからも裏附けられようか。そして『尺素往来』の中に書物を列挙して「本朝文粋」と記すのは、諸般の事情から考えて正式の書名を掲げたものと思われる。

　以上の説明によって、本書の正式の書名は「本朝文粋」であるが、一般には、「文粋」という称呼が行われていたといえよう。これは丁度「文集」という呼称が多くの中で『白氏文集』だけを指す如く、「文粋」という呼名は『本朝文粋』に限定されていたと言ってよい。これも模範文の代表として世上に流布していたためと言えようか。

　なお「文粋」の読み方であるが、『源氏物語大成』所収の『原中最秘鈔』（旧阿波国文庫本）に「フンスイ」の仮名が附されて居り、室町時代の『伊京集』にも「文粋《ブンスイ》書名」と見える。(3) 時代は遥かに降るが貞享四年（一六八七）刊の『籠耳』

にも「本朝文粋《ホンテウブンズイ》」とある。また一方、前田家本『枕草子』の「ふみは」の段に「文選」を「もんせむ」と記し、『伊京集』にも「文選《モンゼン》書名」とあって、『日葡辞書』や黒本本『節用集』も同じ読み方をしている。そして「文集」は『日葡辞書』で「ブンジュウ」と読んでいる。すると「文粋」や「文集」の場合は「文」を「ブン」と読み、「文選」の時は「文」を「モン」と読むのが室町時代の慣習であったと言うことになろうか。しかし平安時代においても「ブンスイ」と読まれたか否かは確かめる資料がない。現在は「モンズイ」と読み習わしているが、成立当時どの様に読まれたかは遺憾ながら不明とする外はない。

三

さて「本朝文粋」という書名であるが、先ず「本朝」とは如何なる意味を有しているのであろうか。「本朝」の語は中国では古く先秦時代から使用されていたことが知られるが、この語が頻繁に用いられるのは史書と思われる。試みに私が瞥見した史書から二三の例を捃摭してみたい。

(イ)臣竊観二人事一以考二変異一、則本朝大臣無下不二自安一之人上、外戚親属無二乖剌之人一。（『漢書』杜欽伝）

(ロ)以三衆賢聚二於本朝一、故其大臣勢陵不二敢和従一也。（同右、梅福伝）

(ハ)以崇二至仁一、匡二失俗一、易二民視一、令三海内昭然咸見二本朝之所一レ貴。（同右、匡衡伝）

(ニ)伏念、本朝躬二聖徳一、挙二義兵一、龔二行天罰一、所レ当必摧。（『後漢書』申屠剛伝）

(ホ)将軍以二周邵之徳一、立二乎本朝一。（同右、班固伝）

(ヘ)威徳震二本朝一、風声馳二海外一。（同右、皇甫嵩伝）

(ト)忘二祖宗所レ居之本朝一、安二非正之奸職一。(『魏書』董昭伝)

(チ)今境守二清静一、無レ所レ展二其智能一。宜レ還二本朝一。(同右、楊俊伝)

(リ)劉聡以二其不レ忠二於本朝一、戮二之於東市一。(『晋書』索綝伝)

(ヌ)公自収二兗州一、経二緯諸夏一、藩二衛本朝一。(同右、荀晞伝)

これらの用例を見ると、使用された時に多少の差違が見られる。(イ)(ロ)においては昔の王朝に対比して現在の王朝を指している。これは(ロ)の顔師古の注に「本朝、漢朝也。」とあることによっても知られよう。(ハ)(ホ)(ト)(リ)(ヌ)の用例は、何れも彼等が臣事している現存国家を目して言う。また(ニ)と(チ)はそれがさらに狭義に使用された例で、(ニ)は注に「謂二光武一也。」とあって、その時の王朝と言うよりも天子を指し、(チ)は辺境に対する朝廷(中央政府)を言うと思われる。これらは幾分ニュアンスの相違はあっても、現在仕えている王朝を指す点においては共通している。そしてその王朝は切離されて孤立したものではなく、過去何度にも亘って変改を経た国家の上に建立されたものである。従って「本朝」の有する現王朝という意味は、地理的空間的な存在ではなく、歴史的時間的なそれであると言えよう。その最も顕著な例は(ヘ)の場合であろう。『魏書』の賈詡伝の注に引かれた『九州春秋』にも「威震二本朝一、風馳二海外一。」と見えるが、「本朝」は「海外」に対比して使用されて居り、前者を歴史的な背景を持った国家、後者を地理的な拡がりを持つ異国の意に用いている。「本朝」のこうした意味は時代が下ると共に顕著になり、殊に清朝では『本朝館閣詩』『本朝応制和声集』『本朝咏物詩選』『本朝名媛詩鈔』の如き「本朝」を冠した書名が見えるが、それらはすべて当代の王朝下に活躍した詩人達の作品だけを収録したものである。

これに対して我国では「本朝」が如何なる意味に用いられているのであろうか。我国で本朝の語が初めて用いられたのは判然としないが、『懐風藻』釈弁正の伝に「有二子朝慶朝元一。法師及慶在レ唐死。元帰二本朝一。」とあるのが最古の用例と思われ、下って貞観頃にはひろく用いられるようになった。貞観八年（八六六）に作られた菅原道真の「顕揚大戒論序」（『菅家文草』巻七）に「我本朝馳二神真際一、求二法道邦一。」とあり、また貞観十一年成立の『続日本後紀』には「本朝」の語が散見される。当時の文章から用例を摘出してみよう。

(イ)本朝不レ列二五等之親一、親遠也。唐制猶絶二三月之服一、服軽也。（『文草』巻七、議）

(ロ)本朝太政大臣、可レ当二漢家相国等一。（同右）

(ハ)臣窺二漢国之史籍一、閲二本朝之文記一。（『文粋』巻二・67、意見十二箇条）

(ニ)何以二本朝随レ時之議一、猥背二唐家不易之文一。（同右巻七・177、省試詩論）

(ホ)本朝之延暦延喜胤子多矣、我君又胤子多焉。（同右巻十一・345、中宮御産百日和歌序）

(ヘ)夫本朝者詩国也。文章昌則主寿。（『江吏部集』巻上、送秋筆硯中詩序）

(ト)昔大唐左僕射迎二経像於長安万年之地一、今本朝左相府弘二仏法於洛陽五月之天一。（同右、池清知雨晴詩序）

(チ)後漢崔子玉作二座右銘一、唐白楽天続レ之。本朝元謙光作二座左銘一。（『続文粋』巻十一、続座左銘序）

(リ)本朝異域之例、戚里外家之人。（同右、都状）

これらの用例によると、(ホ)(ヘ)の二例を除いて「本朝」は中国（異域も含めて）と対比して我国の意味に用いられている。(ホ)(ヘ)においても作者の意識の下では、中国に対するものとして使用したと思われる。つまり異国即ち中国に対して、日本を区別して称する場合が多いと言えよう。従って当時の詩文によく見える、「漢家」に対する「日域」とか「我朝」などと同じ意味であり、地理的空間的な存在としての使用法である。日本では中国と異り王朝の交替改変がなかったことや、制度文物すべての点で中国を範としていたことなどによって、「本朝」の語は漢語を借りながら中国の用例と異り、中国と対比して日本の国名の代りに用いられたのであろう。(4) その最もよい例が『今昔物語集』で、その類別に天竺・震旦と並んで「本朝」の語が使用されている。また時代は下るが、『平家物語』の巻頭では異朝に対して「本朝」が用いられている。信阿の『和漢朗詠集私注』（巻一）に「倭漢」の語を定義して

倭者本朝也。本朝以レ歌述二其懐一。漢者唐家也。唐家以レ詩言二彼志一。

と言う説明に尽きると言ってよかろう。

さて書名に「本朝」を冠する様になったのは、寛弘期（一〇〇四〜）の頃からと言われる。[5] 現存するものでは高階積善の『本朝麗藻』が最も早いが、これは『日本国見在書目録』に見える『文房麗藻』や『文林麗藻抄』などに基いた命名と推測される。その外源為憲の撰した『本朝詞林』（『江談抄』巻五）が『文館詞林』に、藤原明衡の『本朝秀句』が『古今詩人秀句』に、『本朝文粋』が『唐文粋』に倣ったと考えられるが、この様に日本の詩文を輯録しながら、その書名は中国のそれを襲い、「本朝」を冠するという称名の方法が採られている。しかも平安時代において「本朝」を冠する書物は、すべて漢字によって書かれている。これも中国に対する意識から生れたものであることは言うまでもない。ただ「本朝」の名称をもって中国に示そうという意図が働いたわけではなく、外国に遣した正式の文書には「日本国」の名称が用いられている。

以上の説明によっても明かな如く、我国において「本朝」の語は中国における場合と異り、異国（殊に中国）に対比して日本の意に使用されている。これは書名においても同様で、「本朝」を冠した書物は中国のそれに倣ったものが多く、それは常に中国を意識していた当時の人々の態度の現れと考えられる。なお久曾神昇博士は平安時代後期に「本朝」を冠する書物が多くなったのは、『文粋』の流布が与って力あったと考えて居られる。[6] 本書の後代への影響から推して、穏当な見解と言えよう。

四

次に「文」について考えて見よう。『和漢朗詠集私注』(巻四)の「文詞」の条に「文」を五に分類して次の如く述べる。

文選注表曰、文有二五義一。一曰二天文一。々々者日月星辰也。(中略)二曰二人文一。々々者典籍記伝也。(中略)三曰二物象文一。々々々者五色青黄赤白黒也。(中略)四曰二音声文一。々々々者五声宮商角徴羽也。(中略)五曰二文字文一。々々々者六本六体也。

この中で天文と人文については『五臣注文選』に見えるが、外は何に基いての言であるか判然としない。「文」とは『説文』に「錯画也。」とあり、段玉裁の『解字注』に「錯当レ作レ逪。逪画者、这逪之画也。」とあって、あやとか模様という意が本義である。段玉裁はさらに説明して

黄帝之史倉頡、見二鳥獣蹏迒之跡一、知三分理之可二相別異一也。初造二書契一、依レ類象レ形。故謂二之文一。

と文字の意に解する。『私注』にいう文字文がこれに当るわけで、六書(象形・指事・会意・形声・転注・仮借)や六体(古文・奇字・篆書・隷書・繆篆・虫書)がこれに含まれる。六体の一の「古文」とは先秦時代の文字を指すが、平安時代においても「文」を文字の意に使用した例は少くない。例えば

(イ)窟観余暇、時学二印度之文一。(『性霊集』巻四、献二梵字并雑文一表)

(ロ)命二夫君子之儒一、稽二其古文之典一。(『文草』巻一、仲春釈奠、聴レ講二孝経一、同賦二資レ事レ父事レ君詩序)

(ハ)少日纔知レ誦二古文一。(同右、漢書竟宴、詠レ史得二司馬遷一)

㈡唐高宗之得㆓鍾愛㆒、伝㆓古文於七年之風㆒。（『文粋』巻九・257、聴㆔第一皇子初読㆓御注孝経㆒詩序）

㈭内印外印、可㆑鋳寸法、古文正字定了。（『将門記』）

などにおける「文」はすべて文字を指している。しかし「文粋」の「文」が文字と言うよりは文章、即ち語句によって思想や感情を表現したものを意味することは言うまでもない。「文」をその様に解する時、如何なる字義を有するのであろうか。児島献吉郎氏は「文」の字義の中で文学上のそれを㈠文字、㈡韻文、㈢韻文と散文の合称、㈣散文、の四に分類して説明を施して居られる。(7) この中㈠の文字については既に述べたが、文章の表現や文体の問題と関係がないので省く方がよかろう。そこで「文」が㈠韻文、㈡散文、㈢両者の合称、の三に分けて解説を施し、「文粋」の「文」が何れに該当するか考えて見たい。

第一の「文」を韻文と解するのは中国では六朝の時で、散文を表す「筆」に対して用いられた。例えば『南史』の顔延之伝に「宋文帝問㆓延之諸子才能㆒。延之曰、竣得㆓臣筆㆒、測得㆓臣文㆒。」とあり、沈約伝に「謝玄暉善為㆑詩、任彦昇工㆑於㆑筆。約兼而有之。」とあり、『詩品』（中品）に「彦昇少年為㆑詩不㆑工。故世称㆓沈詩任筆㆒。」と記されて居り、「文」「詩」が「筆」と区別されて対立的に用いられている。梁の元帝の『金楼子』立言篇（『太平御覧』巻五百八十五）には

屈原、宋玉、枚乗、長卿之徒、止㆓於辞賦㆒、則謂㆓之文㆒。（中略）至如不㆑便㆑為㆑詩如㆓閻纂㆒、善為㆓章表㆒如㆓伯松㆒。若㆑此之流、汎謂㆓之筆㆒。吟㆓詠風謡㆒、流㆓連哀思㆒者謂㆓之文㆒。

と記されているが、「文」を哀しき思いに耽り心情を歌うもの、「筆」を詩を作るに便ならざるものと考えている。これは文学的な区別であって、文章における形式上の区分とは言い難い。これに対して『文心雕龍』の総術篇に「今之常言、有㆑文有㆑筆。以為無㆑韻者筆也、有㆑韻者文也。」と説いているが、これは「文」と「筆」とを韻の有無という

文章の性質によって区分している。これは従来見られなかった新しい解釈で、以後の文章論の根柢をなしている。
さらに晋の頃から文体の分類[8]についての意識が盛になり、摯虞の『文章流別志論』や李充の『翰林論』が登場し、魏の文帝の「典論論文」や陸機の「文賦」、劉勰の『文心雕龍』も文体について述べる所がある。この様な文体論の盛行を背景に実用上の便利を計った文体分類法が、昭明太子の『文選』の部門になって現れたと言えよう。そして「文筆」の区別は、『文心雕龍』による韻の有無による区分と、文体の分類とが合致して一つの完成したものとなったのであって、我々はそれを空海の『文鏡秘府論』に見ることが出来る。本書（西巻）の文筆十病得失に

文筆式云、製作之道、唯筆与レ文。文者、詩賦銘頌箴讃弔誄等、是也。筆者、詔策移檄章奏書啓等也。即而言レ之、韻者為レ文、非レ韻者為レ筆。

と説くのがそれで、韻の有無によって各種の文体を分類している。この分類法は広く行われ、源為憲の『口遊』にも

詩。賦。銘。頌。箴。讃。弔。誄。謂二之文一。
詔。策。移。檄。章。奏。書。啓。謂二之筆一。
今案、韻者為レ文、非レ韻者為レ筆。文以二両句一而会、筆以二四句一而成。

と記されている。そして『作文大体』や後の『文筆問答鈔』などもこの区分を継承しているので、我国の文章観として長い間通用していたと見られる。従って平安時代においても「文」を韻文、「筆」を散文として区別する考え方が行われていたことは当然予想される。ただこれは詩論や作文指南書における区分であって、実際の詩文作成に際して常に「文」を韻文に限定して考えていたかは問題になるであろう。『菅家文草』（巻二）の「晩秋二十詠」の自注に「文不レ加レ点、不レ避二声病一、不レ守二格律一。」と記されているのは、「文」を韻文の意義に解して居り、

(イ)故伊州別駕田大夫、作二当代之詩匠一。（中略）見二予旧草一、即語レ人曰、吾始不レ許二紀秀才文一。（『文粋』巻八・201、

延喜以後詩序）

(ロ)況飛レ文奮レ藻、何不ニ該練一乎。（同右巻八・204、弓勢月初三詩序）

などの例もそれに近いと言えよう。しかし『菅家文草』（巻一）にある父の『後漢書』講義後の詠史序に「四百之年、図書絶ニ筆於孝献一、桓霊之弊、礼楽墜ニ文於山陽一。」と見える「文」と「筆」が文章の区別でないことは明白であるし、藤原敦光の式部大輔を申請した書状（『続文粋』巻七）に「毎日毎時、所ニ制作一之文筆、種種逼レ身、須臾不レ休。」とある「文筆」が、果して文章論にいう韻文と散文との区別を意識しての言であるか、軽々しく断定出来ないであろう。詩人達にとって「文筆」が韻の有無による区別であり、どの文体がそれに属するかは熟知のことであったろうが、実作に当って両者を峻別して使用したかは疑問視せざるを得ない。

なお韻文を示す「文」に対し「筆」を散文と述べて来たが、この「筆」は後世の所謂散文のことではない。虎関師錬が『済北集』（巻八、答藤丞相）に「夫文者有ニ散語一焉、有ニ韻語一焉、有ニ儷語一焉。」と言い、伊藤東涯が『操觚字訣』（巻一、篇法）に「文ニ散文、四六、韻語、時文ノ別アリ。」と説き、山県周南が『作文初問』に「散文ハ四六対偶ノ文ニ対シテ云。」と述べている儷語とか四六とか言う駢文を指すもので、ただ韻を踏まない文章（平仄の規則や対偶を重視する点で散文と異る）を総括して散文と称しているに過ぎないことを断って置きたい。

第二の「文」を散文と解する考え方は、「詩」を韻文とするのに対しての使用であり、唐代に始まると言われる。古文復興の運動に大きな役割を果した韓愈と柳宗元は「文」の意義を次の様に解している。柳宗元が「楊評事文集後序」（『柳河東集』巻二十一）で「文有ニ二道一。辞令褒貶、本ニ乎著述一者也。導揚諷諭、本ニ於比興一者也。」と言い、前者は『書経』『易経』『春秋』より出で、後者は『詩経』の流れを汲むと述べているのは、「文」を韻文と散文の両者を包括するものと考えている。これに対して韓愈が「答ニ劉正夫一書」（『昌黎先生文集』巻十八）で「漢朝人莫レ不レ能レ為レ文。

独司馬相如、太史公、劉向、揚雄為㆓之最㆒。」と述べている「文」は、列挙された古人の文学上の活躍から推して散文（賦の如きものも含まれるか）を指しているものと思われる。[9] そして宋代になってから「文」が詩に対して散文を意味する様になったと考えられる。韓愈の功績を讃えた有名な蘇軾の「文起㆓八代之衰㆒而道済㆓天下之溺㆒。」（「潮州韓文公廟碑」）にしても、「文」が散文を意味することは明かであろう。当時の詩話から二三の用例を拾ってみると

(イ)杜之詩法、韓之文法也。詩文各有㆑体。韓以㆑文為㆑詩、杜以㆑詩為㆑文。（『後山詩話』）

(ロ)故作㆑文当㆑学㆓司馬遷㆒、作㆑詩当㆑学㆓杜子美㆒。（『唐子西文録』）

(ハ)韓退之詩、乃押韻之文耳。雖㆓健美富贍㆒、然終不㆑近㆑詩。（『冷斎夜話』巻二）

(ニ)余以謂、不㆓但為㆒㆑文、作㆑詩者尤当㆑取㆓法于㆒㆑此。（『竹坡老人詩話』巻二）

など何れも「文」を詩に対して散文の意に用いている。このことについては清の趙翼の『陔余叢考』（巻二十二、詩筆）に

陸游筆記、六朝人謂㆑文為㆑筆。顧寧人亦引㆓其説㆒。不㆑知㆘六朝人之称㆓文与㆒㆑筆、又自有㆖㆑別。文心雕龍曰、今俗常言、無㆑韻者筆也、有㆑韻者文也。是六朝人以㆓韻語㆒為㆑文、散行為㆑筆耳。（中略）放翁因㆓其以㆑詩対㆒㆑筆、遂疑㆓筆即文㆒耳。

と記されているのが、最も意を尽している。

ところで「文」が詩に対応して用いられた例は古くから見える。梁の鍾嶸の『詩品』（中品序）に「至㆓於謝客集㆒㆑詩、逢㆑詩輒取、張隲文士、逢㆑文即書。」とあるのもその一例だが、「文」が散文の意に用いられているとは思われない。翻って我が平安時代に例を求めると、源順の「彼皆洪才奥学、深㆓於文㆒巧㆓於詩㆒之徒。」（『文粋』巻八・202、沙門敬公集序）は韻文と散文の区別によって使用したか疑問に思われるし、大江朝綱の「詩境文場、已為㆓寂寞之地㆒。」（『文粋』巻

二・46、停九日宴十月行詔）に至っては語句の技巧的表現以外の何物でもない。日本の漢詩文が中国の影響の下に展開して行った事情を顧みると、平安時代においては「文」を散文の意に用いたことはなかったと言ってよい。

第三の「文」が韻文散文両者を合わせて言うのは古くから行われているが、文章について言えば、前述の『文章流別志論』や『翰林論』では韻文散文の両者の文体を含めて扱っているし、魏の文帝の「典論論文」（『文選』巻五十二）には

夫文本同而末異。蓋奏議宜レ雅、書論宜レ理、銘誄尚レ実、詩賦欲レ麗。此四科不レ同、故能レ之者偏也。唯通才能備二其体一。

と「文」の中に挙げられた文体は韻文散文の両者を含んで居り、陸機が「文賦」（同上巻十七）で詩・賦・碑・誄・銘・箴・頌・論・奏・説の十の文体を取上げ、辞の達して理の挙がることを要めているのも、「文」が両者に亘っていることを示している。そして最も顕著に現れていると思われるのは、「文」の字を書名に題する文集である。『文選』がその序に選集の方針を記して

自二姫漢一以来、眇焉悠邈。時更二七代一、数逾二千祀一。詞人才子、則名溢二於縹嚢一、飛文染翰、則巻盈二於緗帙一。自レ非下略二其蕪穢一、集中其清英上、蓋欲レ兼二功太半一、難矣。

と述べている詞人の文の精英は、韻文散文の両者に亘る三十九類の文体に分類されている。また『唐文粋』も序に

于レ茲始就二厥志一、得二古賦楽章歌詩賛頌碑銘文論箴議表奏伝録書序一。凡為二一百巻一、命レ之曰二文粋一。以レ類相従、各分二首第門目一。（中略）於戯李唐一代之文其至乎。

と述べている如く、「文」は韻文散文の両者を合わせている。

我国においてもこの様な例は多い。『文粋』から摘出すれば、

(イ)方今聖主好レ文、賢相択レ士。不レ遇二好レ文之代一者、則何為レ愁。（巻六・165、江以言奏状）

(ロ)其時有二田口斉名、弓削以言者一、雖レ工レ文不レ競。（同右・174、請給穀倉院学問料状）

(ハ)時有二制詔一、及二才人一者。知レ文之人一二、得レ上二其雲漢一焉。（巻十一・341、玩鶯花詩序）

(ニ)夫以孤之所レ業者文也、文之所レ資者眼也。非レ文何達。（巻十二・355、詰眼文）

などが挙げられようか。その外菅原道真を讃えて「文道の祖」と言う「文」[10]も同じ用法であり、「文章」「文藻」「文林」などの熟語もこれに類するものと考えられる。さらに「文」の文字を有する題名の書物、例えば『本朝文粋』や『続文粋』における「文」は、その中に収録された文体の種類によって、韻文と散文の両者を指していることが分る。即ち『作文大体』の説明を借りれば、賦・詩・賛・銘等は文に属し、詔・策・表・序・論等は筆に属するのであって、「文」の名において韻文と散文の両者を併載しているのである。この様に考えて来ると、「文粋」の「文」が韻文散文の両者を合わせて言うものであることは明白であろう。

五

今まで煩瑣迂遠な説明をして来たが、その結果「本朝文粋」の「本朝」が中国に対して我国を意味し、「文」は本書所収の文体によって、韻文散文の両者を併せての称呼であることが判明したことと思われる。林羅山が寛永六年（一六二九）刊の『本朝文粋』の序に「其所レ纂、則上自二弘仁一、下至二寛弘一、二百余年、代不レ乏レ人。摭二其英華一、捃二其精粋一。」という文章の英華精粋を集めたのが本書であり、その内容は堀杏庵が同じ序に「詞賦之綺彫、誥勅之謹厳、叙事之体製、議論之精確、于レ是大備、抜二其粋一分二其類一。」と記す種々の文章文体に及び、その編纂の方針は同序に

「蓋擬二諸梁文選、唐文粋一矣。」と述べている如く、中国の『文選』や『唐文粋』を規模にしていることが書名を通しても知られるのである。

（1）『日本漢文学史』三三〇頁。
（2）本書については種々疑問の点もあるが、通憲の著述や彼の学殖から推して、後人の手が加わったにしても彼のものと考えたい。
（3）この「文粋」は『唐文粋』を指すとも考えられよう。確かに『臥雲日件録』『蔭涼軒日録』や『南游稿』などに『唐文粋』の書名が見え、五山の禅僧に読まれているが、流布の状態から見れば『本朝文粋』に及ばないこと数等であり、『本朝文粋』を指すと考える方が妥当である。
（4）荻生徂徠の『南留別志』に「本朝といふは吾邦といふ事なりと思ふは誤なり。千載集の序に、わがよの風俗とかきたるは、吾朝といふ事をわが世とかきたるなり。古は義をあやまらざりし也。」とある。
（5）久曾神昇博士「日本と本朝」（国史大系『本朝文粋・本朝続文粋』月報第四六号）、川口久雄博士『平安朝日本漢文学史の研究』五九八頁。
（6）前掲論文。
（7）『支那文学考 散文考』二五頁。
（8）ここでいう文体は、鈴木虎雄の言を借りれば「此に文体と称するは文の形式上の区別による種類、例せば詩、賦、賛、銘、等の名目を指さんとするものにして、文の風趣の上より見たる諸形相の名目を指すものに非ず」（『支那詩論史』九一頁）ということになる。
（9）郭紹虞氏『中国文学批評史』一一九頁。
（10）この「文」は文学の意であるが、漢文の世界では文学は文章を意味するのである。

二　藤原明衡の生涯

一

長和元年（一〇一二）七月十六日、一代の碩学であった大江匡衡が歿した。彼の死に際して藤原実資は「当時名儒無二人比肩一。文道滅亡。」（『小右記』）と慨嘆しているが、あながち誇張であるとは言えない様に思われる。正暦の四家と称された慶滋保胤・紀斉名・大江以言・匡衡の中三人は既に歿し、最後に残ったのが匡衡であった。彼の死が文章道に於いて大きな損失であったことは言うまでもない。既に文章道は菅原道真の失脚を境にして、急激に衰退の道を辿り始めた。一条朝の鴻儒詩人が貞観・延喜の先人を追想し、摂関に阿諛してまで官位の昇進を求めたのも、翰林の隆昌を悲願としていたからに外ならなかった。彼等の詩文に対する努力と豊かな天分が、一条朝に於ける活躍を齎したのであろうが、これも匡衡の死によって終をつげ、舞台はここに一変する。

一条朝に於いても閨秀作家の出現によって仮名文学が漢文学を凌駕していたが、次の後冷泉朝に於ける女流作家の輩出は完全に男性詩人を圧倒し去ってしまった。これは翰林にその人を得なかったこと、詩人達の活躍する場が狭められたことなどが大きな原因であろうが、ともかく文章道は衰退に瀕して行ったことは事実である。そして文章道に君臨していた菅江二家に代って、藤原氏が台頭して来て凌駕せんとする勢を示す様になった。藤原氏献策の始めは佐世とされているが（『江談抄』巻一）、文章博士になったのは昌泰二年（八九九）の菅根が最初である。しかし藤原氏が文章道に世襲を確立したのは後一条朝以後である。『二中歴』(巻二、儒職歴)に「儒有七家」として西曹に広業・資業兄弟の北家日野流、東曹に実範の南家、明衡の式家及び在衡が記されているが、在衡の子孫を除いた三家が平安時代後期に翰林を支配する。更に詳しく言うならば、頼通を中心とする永承・天喜の頃は日野流の家経・正家・実綱等が活躍し、院政期に入る頃から敦基・敦光を中心にした明衡の子息達が君臨するのである。

ここでは『本朝文粋』の編者である藤原明衡について、儒者詩人としての活動を中心に彼の一生を辿って見たい。

二

藤原明衡は式家宇合卿の流れを汲む藤原敦信の嫡子である。敦信は『尊卑分脈』によると、文章道出身者で正五位下に叙せられ、山城や肥後の国司を歴任している。彼は詩文の才に優れて居り、『二中歴』(巻十二、詩人歴)に彼の名が見える。寛弘四年(一〇〇七)四月二十六日、内裏に於ける詩宴に文人として召され、大江以言や源為憲などと座を同じくして詩を賦している(『御堂関白記』)。また長和四年(一〇一五)十二月四日、一条帝の第三親王(後朱雀)が始めて『御注孝経』を藤原広業・平定親に師事して読まれた時、文人を召して詩を賦せしめられたが、敦信は善滋為政・大江挙周・藤原義忠等と列席している(『小右記』)。これらの記事は、彼がその詩才を当時の貴紳の間に認められていたことを物語っている。明衡が奏状(『続文粋』巻六)の中で

明衡親父前雍州吏敦信、久陪尊閤之書斎、多為数巻之侍読。而雖遇摂籙之日、不慰積薪之愁。

と記しているのは彼の学才を示すものであるが、『二中歴』の東宮・摂関の侍読にも彼の名が見えないから、尊閤についてはは一先ず不問に附したい。彼の作品は『本朝麗藻』に「池水繞橋流」と題する七言律詩が掲載されているに過

ぎない。

敦信は文章道の出身者ではあるが、家が儒門ではないため翰林に留ることが出来ないで、生涯を地方の刺史として終えている。式家が儒家として世に立ったのは、『二中歴』に言うごとく息子の明衡からであるが、子孫が翰林に君臨する基礎を成したと言って良い。孫の敦基に穀倉院の学問料を賜って儒業を継がしめんことを請うた諸儒の奏状に「右敦基者、前山城守敦信孫、式部少輔明衡子也。家伝二蛍雪一、材期二櫟樟一。」（『続文粋』巻六）と記されて居り、大江匡房も「家資風扇、縑緗三十乗、門業塵深、櫟樟両三代。」（『江都督納言願文集』巻六）と儒業に於ける敦信の功績を銘記していることからも言えるであろう。

敦信は翰林に於いて充分にその才幹を発揮することが出来なかったが、自分の夢を嫡子の明衡に託そうとした。そのために明衡の教育には並々ならぬ努力をした。『江談抄』（巻五）には次の様な説話が記されている。

秀才国成来二談敦信亭一事

敦信為二山城前司一之時、秀才国成、時来二彼亭一談二文事一。国成帰之後、敦信常言云、秀才ハ与幾者加奈。者〔明衡童名〕薬(莱)加加々良麻志加波砥云。称二者薬(莱)一明衡是也。

先に記した長和四年十二月の先朝第三親王読書始の時に召された文人の中に、文章得業生藤原国成の名が見えるから、この逸話はその頃のことであろうか。藤原国成は魚名公の流れを汲む藤原則友の子であり、後年文章博士に任ぜられ、東宮学士・大学頭・式部大輔などの儒者としての顕職を歴任した。長元の頃より永承・天喜に亘って文壇に活躍し、その作品は『続文粋』や『類題古詩』などに散見している。明衡が文章得業生の課試に際し、国成を問頭博士として指定申請しているのは、敦信と国成との間柄が与っているのであろうか。学問に理解を持ち教育に熱心であった敦信を父としたことは、或る意味に於いて幸福であったと言えよう。敦信は晩年官位沈滞を嘆き、遂に剃髪して終った（『続文粋』巻六）。

三

藤原明衡は『本朝文粋』や『明衡往来』の編纂者として、又『新猿楽記』の著者としてあまりに有名であるが、その人物や生涯については殆ど明かにされていない。これは彼の生涯を跡づけ、人物を明確にする資料に乏しいからに外ならない。従来の研究としては、黒川春村の『碩鼠漫筆』（巻一）に輯録された「明衡朝臣小伝」が最も詳しい。私はこれを参照しながら論を進めて行くことにする。

明衡は字を耆莱または安蘭と称した（『江談抄』巻二、巻五）。これは耆莱とは安伎比良《アキヒラ》の伎良と音が近く、安蘭とは安良に好字を当てたのであろう（『碩鼠漫筆』）。

彼は『尊卑分脈』によると「歌人。右京大夫、出雲守、東宮学士、大学頭、式部少輔、文章博士。」と記されている。又『勅撰作者部類』には

　四位文章博士。山城守藤原敦信男。至治暦二年十十八卒。

とあり、治暦二年（一〇六六）十月十八日に歿したとされている。この歿年月日はかなり確かな様に思われる。『玉葉』の養和元年（一一八一）十月十八日の条に

　未刻、長光入道来。日来在二播州之所一レ知。為レ営二祖父明衡朝臣忌日、并其息光経朝臣忌日（共今月十八日也）等一、所二上洛一也云々。

とあるので、その卒月日は慥かである（長光は敦光の子で文章博士となる）。さらに又彼が治暦二年九月二十日に文章

博士の職を罷めんことを請うた辞表（『続文粋』巻五）に

爰明衡去夏以来、霧（露カ）霜相侵。就二翰林一而五年矣、老鶴之翅空低、携二薬圃一而累レ月焉、病雀之心已属。

と老年に加えて病の重きを訴えているから、その年の十月に歿したと考えて差支えなかろう。しからば治暦二年に歿したとすると、明衡は何歳であったであろうか。これについて参考になるのが『本朝無題詩』（巻五）に収録されている次の詩である。

歳暮即事

詩人乃者□懃肝　節物蕭疎歳已（也イ）闌
晴雨月光千里遍　閏余風景一旬残
青陽催レ律春先至　素性嗜レ書老尚看
清醑三盃斟二緑桂一　雅琴数曲撫二幽蘭一
銓衡官冷緋衫旧　七十齢傾雪鬢寒
運命独雖レ慙二蹇剝一　在レ朝未レ考澗中槃

この詩の「閏余風景一旬残。」の句の自注に「于レ時閏十二月二十一日。」とあり、これは康平元年（一〇五八）に該当する。黒川春村はこの年を明衡七十歳として計算し、歿年を七十八歳、又永祚元年（九八九）の誕生と決めている（『碩鼠漫筆』）。しかしこれは詩中の言葉であるから多分に修辞的表現が存すると見なければなるまい。大江匡房が嘉承元年（一一〇六）に記した「依レ病祈二平養（癒）一祭文」（『朝野群載』巻三）に「七旬齢仄、弖累月病重之。」とあるが、実はこれが六十八歳の時の作であるという例もあるから、明衡の場合も前後に二三年の幅を持たせるのが穏当ではあるまいか。すると永延より正暦の頃に誕生したことになる。

彼は幼時父敦信の膝下で薫陶をうけたのであろうが、寛弘元年（一〇〇四）十数歳で束脩して文章院に入学した（『続文粋』巻六）。彼の師が誰であるか不明であるが、東曹に属していたこと、大江通国の師であったこと（『朝野群載』巻十三）、彼の編纂にかかる『本朝文粋』に江家の文が最も多いことなどから臆測して、江家の儒者をその師と考えたい。彼は入学して十二年後の長和三年に穀倉院学問料を給せられ秀才に補せられた（同上）。長元二年（一〇二九）閏二月二十九日弾正尹清仁親王の詩会に「花開皆錦繡」の題（『日本紀略』）で「異彩剗添庭竹緑、奇文織助嶺霞紅。」（『教家摘句』）の詩を賦している。序者は善滋為政がつとめた（『続文粋』巻九）。長元五年七月、対策のため問頭博士に藤原国成を指定申請している（『桂林遺芳抄』）。国成と明衡の父敦信と交渉があったことは既に述べたが、対策の題は「弁二賢佐一」で『本朝続文粋』（巻三）に掲載されている。その中に

明衡非二鳳章一謝二竜輔一。臨二桑楡告一レ老之剋一、慭慕二橡樟之材一、遇二賢者佐一レ政之朝一、独恥二孱愚之性一。

とあるが、この時彼は既に四十歳を遥かに超えていた。平安時代も中期を過ぎると、文章道は創立当時の生新な人材登用・機会均等の精神は失われ、二三の儒門によって独占されていた。慶滋保胤や紀斉名等は才能に富み詩文に巧みであったが、累代儒業でなかったために学問料を給せられなかったと大江匡衡は述べているが（『文粋』巻六・174）、明衡の対策及第がおくれたのも、父祖累代刺史であったことが原因していたのであろう。その一例として大江匡衡が十五歳で入学し、二十四歳で文章得業生、二十八歳で対策に及第している（『江吏部集』）のと比較するとよく分るであろう（因みに大江匡房・藤原広業・菅原輔正等はもっと昇進が早い）。ともかくここで彼の文章院における研鑽の生活に一先ず終止符が打たれたのである。

四

明衡は対策の労によって左衛門尉に任ぜられた。このことは、彼の曾孫藤原光章が課試及第の労によって、大学助ならびに左右衛門尉の闕に拝任せられんことを請うた状に「曾祖父明衡朝臣任二左衛門尉一、親父長光朝臣任二大学助一、共依二及科之労一。」(『除目大成抄』)と記していることから分る。そして長元七年(一〇三四)九月に勧学院において「盞酒泛花菊」の題で大江佐国や惟宗孝言などと詩を賦している(『中右記部類紙背漢詩集』)。

ところがその年の十一月に明衡にとって一大不祥事件が起った。『左経記』によると次の様に記されている。

伝聞、省試日、散位実範朝臣并左衛門尉明衡等、進二寄試庁東妻一、及レ見二学生等詩一藤原定倫、安倍親経、平範伴、頗加二取捨一云々。事及二披露一、関白相府重被二咎仰一。仍試可レ破云々。誠古今之間、未見未聞事也。(十一月二十五日)

これから旬日経って、式部丞橘季通から詳しい報告が齎されている。それによると、十一月二十日に省試が行われ、検試官の式部丞橘季通は北廂の省官の座に居て監督をしていた。南簷に学生の座があり、東西の妻に壁があった。漸く夕暮になり辺りが薄暗くなった頃、東壁の外で人の声がした。その時季通は急用が出来たので、式部録二人に監視をさせ一寸座を外した。この間に両三の学生が席を離れ、壁外の人は試庁の東壁の南妻(学生の座と僅か一間しか離れていない)に進みより、字様を書いて見せたり、文字の声訓を教えたりしたのである。季通は座に帰った時、東壁の外が喧しかったので制止させたが、秩序は破れ混乱の極に達した。やむなくその日の省試を廃し他日改めて行うことにした。壁外の人を取調べたところが、散位藤原実範と左衛門尉藤原明衡で、其他の人々は逃去って誰だか分らなかった。『左経記』の筆者の言葉を借りるまでもなく「古今之間、未見未聞」の不祥事件である。実範は南家の儒者で、『本朝続文粋』の編者といわれる季綱の父、後に正四位下に叙せられ文章博士・大学頭等を歴任した。このカンニング事件によって二人は勘問の上罰せられ、翌年六月旱魃のため大赦が行われた際優免された（『左経記』）。

それから数年経った長久二年（一〇四一）三月、再び明衡にとってはあまり自慢にならない事件が生じた。『春記』によると、省試に於いて奉った詩が鶴膝病（第五字と第十五字とが平仄を同じくする詩病）を犯した理由で落第した学生藤原行善は、中文を奉って愁訴した。彼は犯病及第の例として、唐で白居易や章孝標など、本朝では左大臣在衡の名を挙げ「判定日儒士推撰、公卿許容。已及二天覧一、更被二返却一。皆恐二鳳銜之有一レ限、不レ訴二鶴膝之無一レ咎。」と述べている。試詩においては詩病が無く、題意に適い用語適切なことが及第の条件であるが、特に平仄の排列に関する詩病は厳格であった。詩には八病があり、其中避くべきものは平頭・上尾・蜂腰・鶴膝の四である（『作文大体』）。就中上尾・鶴膝が重く、平頭・蜂腰はこれより軽いとされて居り、下句の蜂腰を許すか否かについて、大江匡衡と紀斉名とが長徳三年（九九七）の省試の判をめぐって激論したことは有名である（『文粋』巻七・176～179）。関白藤原頼通は本朝はともあれ、漢朝の事を学生が熟知する筈はないとし、学生を引汲教示した儒士を究明した結果、藤原明衡の所為であることが判明した。

> 密々（頼通）被レ仰云、行善事太以無レ便事也。父子更不可、引汲之者所為也。被二放問仰一之由、可レ然事也。件事或人説云、明衡引二勘件例一、幷作申之由云々。件人本性不二落居一、時々有二如レ此之事一、極可レ苦事也者。（三月十八日）

三十年間に亘る文章院における研鑽は、明衡をして当時の鴻儒を瞠若たらしめる程博学能文たらしめたであろうが、何故かかる軽率な行為に出たか判明しない。『春記』の作者はこれを彼の性格に帰し「本性不落居、時々有如此之事。」と述べている。「不落居」とは「こゝらの日頃、思ひわび侍りつる心は、けふなんおちゐぬる」（『竹取物語』）等とある様に、「心静まらぬ」「落ちつかぬ」状態を言うのであろう。この様な事件を度々惹起したとあるからには、彼が心の落ちつかぬ浮薄軽佻な性格の持主であったことは疑いない。先に述べたカンニング事件なども彼の軽薄な性格が与っていると考えられる。

『今昔物語集』巻二十六の「藤原明衡朝臣若時行二女許一語」もこれを裏書するものであろうか。明衡が若い時ある宮仕の女房の許に通っていたが、その局に入るのが具合が悪く、傍にあった下衆の小屋を借りようとした。男主人が留守で、その妻が自分の臥所を借して呉れたので、女房と密会を続けていた。間もなく男主人が自分の妻がみそか男をすると聞き、遠くに行く風を装って或る晩家の中を窺った。すると男女が自分の寝所に臥しているので、男のいびきする方へ登って刀を突刺そうとしたが、月明で指貫のくくりが長く物に懸っているのが見えたので、上﨟とみて不便になり止めてしまった。慌てて引返す時着物につまずいて二人を起してしまい大騒ぎとなった。男主人は明衡の妹の夫藤原公業の雑色であったので事無く済んだというのである。『今昔物語集』の作者は終に「然レバ人ハ忍ブト云ヒ乍ラ、賤所ナドニハ立寄マジキ也ケリトゾ。」と批評しているが、これも明衡の「不落居」性格が惹起したに違いないと思われる。

しかしながら、文章生の入学試験をめぐって生じた二つの事件は、単に彼の香しくない性格にのみ帰せられるものであろうか。累代の刺史の家から儒業に棹さしたため、自分の後輩に当る儒門の子弟に先を超され、その昇進栄貴を空しく傍観せざるを得なかった彼には、沈滞した翰林の空気や伝統に慊らざるものがあって、世を拗ねたのではなかろうか。卑俗な猿楽に興味をもって『新猿楽記』を書き、我国で最初の書簡文を集成し、文章のアンソロジーである『本朝文粋』の中に「男女婚姻賦」(15)や「鉄槌伝」(377)の如き卑猥な文章を載録した彼の姿を思い浮べる時、先の二つの事件との間に僅かながらも脈絡を辿ることが出来る様に考えるのは、私の思い過しであろうか。

五

明衡の儒者としての活躍は、後朱雀朝の頃から始まる様に思われる。長暦二年（一〇三八）参議藤原公成に代って、検非違使別当を罷めんことを請う辞状を奉り（『続文粋』巻五）、翌三年十一月に竪義の表白文を書いている（『朝野群載』巻二）。長久二年（一〇四一）二月十四日、後朱雀帝は密々釣殿に渡御なされ、儒者を召して詩を請ぜしめた。その時詩序を菅原定義が記し、明衡は講師に選ばれた（『春記』）。寛徳三年（一〇四六）三月小野宮右大臣（実資）四十九日の追善のための願文を、権中納言藤原資平の依頼によって筆を執っている（『続文粋』巻十三）。更に数年後の永承六年（一〇五一）四月に比叡山の結縁不断経の縁起を記している（『続文粋』巻十一）。

ここで明衡が出雲守であった時期について考えて見たい。彼が集成した本朝最古の書簡文『明衡往来』を、『雲州消息』『雲州往来』等と称するのも、彼が出雲の国司であったからであろうが（彼はその他の国守に任ぜられていない）、『大日本史』の国郡司表の出雲国の部には彼の名が見えない。子息敦基の奏状（『続文粋』巻六）によると、出雲国の公文が未勘であるのに、天喜四年（一〇五六）二月に式部少輔に任ぜられたとあり、同年三月勧学院で「花色映春酒」の詩題で詩を賦した時「前出雲守明衡」とあるので（『中右記部類紙背漢詩集』）、彼の出雲守任官はそれ以前であることは確かである。更に『続文粋』（巻三）に文章得業生正六位上行近江大掾藤原正家の課試に際し、問頭博士として登場して来るが、その時明衡は正五位下出雲守であった。正家は日野流の学者で広業の孫、家経の長子である。彼は永承四年十一月に行われた内裏歌合の記録を勤めているが、その時の官職は蔵人近江大掾であった。そして翌々年の五月に催された内裏歌合にも記録を勤め、蔵人左衛門権少尉になっている（十巻本『類聚歌合』）。ところで当時の儒者達について一二調べて見ると、対策及第後に大江匡衡は右衛門権掾、明衡は左衛門尉に任ぜられて居り、時代は降るが、安元・治承の頃に文章得業生の藤原光章（前述）・藤原家実が、課試及第の労によって左右衛門尉拝任の奏状を上っているから（『除目大成抄』）、正家の左衛門尉任官も対策及第後と考えられる。しかも『二中歴』（巻十二、登省歴）によると「広業二年資業三年其子孫皆三年課試、国資五年課試依レ例也。」とあって、日野家は文章得業生から献策までの期間が短いとされて居り、広業が二十二歳、家経が二十五歳、有信が二十四歳で対策に及第している点から見ても、正家の課試及第を永承六年（彼は二十六歳）以前と考えたい。

ただ明衡が何時正五位下に叙せられたかは不明である。『本朝続文粋』（巻六）に年月日不明の明衡の奏状があるが、これは先父敦信の侍読の功と、自分の献策及び式部少輔の労によって、一階を叙せられんことを請うたのである。従四位下式部少輔文章博士という官位や「身仕二五代一、北堂之勤未レ休、齢過二七旬一、西崦之景已傾。」の章句によって、最も晩年のものと知れる。この奏状の中で、彼は始めて朝廷に参仕してから六十四年になると述べた後、「計二式部少輔之勤節一、徒及二十三年一、思二正五位下之策労一、早歴二十七年一。」と記されている。だが彼が歿した治暦二年（一〇六六）は文章院に入学してから六十三年、式部少輔に任ぜられてから十一年である。当代の学者が奏状に記した儒労の年の数え方は種々あるが、例えば永承元年（一〇四六）より七年まで或る官職に任ぜられていたとすると、普通はその労を七年と記し、稀に八年又は六年と書いた場合もある。この様な計算方法によると、最も許容度の高い治暦二年の奏状としても、明衡が正五位下に任ぜられたのは永承四年となるが、既に式部少輔勤節の年も、朝廷参仕の年（これは許容の余地があるが）も誤であるので、どれほど信が置けるか疑問である。かといって、この奏状に記されている彼の歴任した官職等には誤がないので、一概に門弟後輩の模範として筆を取った、根拠のない美辞麗句の羅列と排斥することは出来ない。もしこの奏状の式部少輔の労十三年を十一年の誤字と解釈してこれを信用するならば、永承四、五年の頃彼が正五位下出雲守であったと推定されようか。

天喜元年（一〇五三）に明衡は東宮（後三条）、第一皇子（白河）御誕生に際し、御名を撰進申上げている（『中右記』）。これによって明衡は押しも押されもせぬ鴻儒としての存在を、人々に認めさせることが出来たと言えよう。翌二年十一月には参議太宰大弐源資通に代って、太宰大弐の職を罷める辞状を記している（『朝野群載』巻七）。そしてこの頃彼は源経信の六条の邸で、橘為仲等と歌を詠んでいる。『為仲朝臣集』には

　　月光をてらす

　このうたは九月十三日の夜に、とうの中将みぎ（左の誤か）のむまのかみつねのぶのきみの六条の家にてよみし、勘解由次官あきひらが題なり

　行水の音せざりせば月影をまだきゐにけるつらゝとやみむ

と記されている。明衡は当時勘解由次官をしていたのであろう。この歌の二首前に

八月十四日に勘解由次官もとにて講説のついでに人人あつまりて詠題々二首一首は法華文をおの〳〵さぐりて、

　止宿草菴

とあるのも明衡を指すものであろう。

明衡は天喜四年二月に式部少輔に任ぜられた（『続文粋』巻六）。この年の三月三日、右兵衛督源経成の六条亭で行われた「勧酔是桃花」詩会に出席して序者をつとめている（『中右記部類紙背漢詩集』）。そして閏三月尽日には菅原在良、惟宗孝言、大江佐国らとともに慈恩寺に遊び詩を賦しているが（『本朝無題詩』巻九）、その詩句に

　学業聚レ蛍難レ夢鳳　逍遥低鶡慕レ風鵬

不三唯佳節催二遊放一　王沢惟昌詩也興

とあるのは、己れの卑沈を文墨の友人との一時の歓会によって忘れようとしたのであろう。八月には春宮大夫藤原能信家のために香炉弐口の施入状を記し、またこの年十六歳の大江匡房が作った「秋日閑居賦」に讃辞を送った(「暮年記」)。翌年二月には天台山法華三昧堂に金銅の火舎一口を施入する状を書いている(『続文粋』巻七)。そして彼を最も喜ばせたことは、此年の八月二十日、諸儒の申請によって嫡子敦基(永承元年生れ)に穀倉院の学問料が給せられ、儒業を継ぐことが出来たことであろう(『続文粋』巻六)。その文章に「逸思軼レ人、沸二詞浪於孔子泉之月一、英声聞レ世、開二文華於鄭公郷之風一。」と見えるが、能才の子供を得て翰林に地歩を固めることが出来た父明衡の誇りと喜びは想像に余りある。

六

明衡は康平元年(一〇五八)閏十二月歳暮に当り、齢七旬にして未だ緋衫を着る卑官を嘆きながら、清酣と雅琴に鬱情をはらす境遇を詩に賦している(『本朝無題詩』巻五)。又『後拾遺集』(巻六)に

後三条院東宮と申ける時、殿上にて人々年の暮ぬる由をよみ侍りけるに

白妙にかしらのかみはなりにけり我が身に年の雪つもりつゝ

とあるのは、この頃詠んだものであろうか。彼の詩は『本朝無題詩』に最も多く収録されているが、創作年時の判明するものは僅か二首に過ぎない。そして内容から言うと、鬢髪に素きを数えて緋衫の浅位に沈淪しながら、文学の道を貴ぶ悲痛な心情を吐露したものが多い。「老至未レ抛窓雪冷、春隣漸待苑花濃。」(巻五「炉辺閑談」)と紅火の炉辺に酒を斟んでは花濃やかな春日を待ち、「何唯花落鶯帰事、文苑不レ堪送二老愁一。」(巻四「三月尽日惜春」)と花が落ち鶯が帰る

暮春には文苑に一人老愁を送る己の身上を嘆き、「清吟興引猶留レ客、緩歩力疲被レ助レ孫。」（巻六「夏日遊河陽別業」）と夏日松下に文友と酒を斟み清吟しても、力衰えて孫に扶けられるもどかしさを忌々しく思い、「双鬢梳レ霜秋暮思、数行泣レ露老来心。」（巻三「秋月詩」）と秋夜往事を懐古しながら孤り床上に涙を流している。彼が大学頭に任ぜられんことを奏請した中文（『続文粋』巻六）にも

齢臨二素髪一、位沈二緋衫一。詠二春花一以恨二栄分之難レ至、賦二秋月一以歎二明恩之未レ覃。

と春秋につけ老が迫って栄誉の望がないことを嘆いている。株を守る宋人の心を恥じながらも、虎館に幾星霜を送って来た明衡には、皇恩を仰ぎ佳節に逢う日が唯一の願いであった。かかる風潮は当時の文人儒者一般に見られるところであるが、彼等は奏状によって官職位階の叙任昇進を奏請すると共に、当時の有力な摂関家に接近し取入ることに専心している。彼等は摂籙の求めに応じて辞状や願文を書き、槐門の筵に列して詩を賦し序を作っているが、これらの詩賦文章が彼等の力倆の真価を問われる唯一の材料であり、それによって仕官栄達の名誉を担うことが出来たからに外ならない。勿論摂関家と儒家との身分的懸隔は甚しく、詩賦文章によって両者の関係を云々することは出来ないが、多少の参考にはなるであろう。

康平二年（一〇五九）二月明衡は二条関白藤原教通が、左大臣並びに皇太子傅を罷めんことを請うた辞表を記し、又五年四月にも教通の左近衛大将を辞する表を執筆している（『続文粋』巻五）。明衡と摂関家との接触はそれだけに留らず、康平三年十一月関白頼通が大僧正明尊の九十賀を白河第に於いて行った時、関白家の諷誦文を記して居り（『康平記』）、その年春日祭の使に魚鳥の饗饌を禁ずる旨の定文を記している（『続文粋』巻十一、但し『三十五文集』は康平六年とある）。

明衡は教通以上に春宮大夫能信に屢々接したらしい。先に能信家のため香炉施入の状を記したことは述べたが、康

平六年（一〇六三）六月に息女で東宮後三条帝の女御であった茂子の周忌のために願文を書いている（『続文粋』巻十三）。そして能信の嫡子能長の書閣に於いて、庚申の夜に「管絃臨㆑暁清」と題する詩を賦した際、詩序を記している。その中に

居㆓武職㆒而嗜㆑学、猶同㆔漢征虜之崇㆓儒術㆒、在㆓貴戚㆒而軽㆑財、更慕㆔晋撫軍之貽㆓廉名㆒。是以天下好事、僉然属㆑心。奇韻高振、吐㆓鳳藻於羽林亭之風㆒、明文頻瑩、争㆓竜材於君子営之月㆒。

と述べているが、武職に居りて文を嗜み、貴戚に在りて財を軽んずる主人を賞讃し、この佳遊に侍し得た境遇に満足している（『続文粋』巻八）。

又明衡は他の雲客騒人と共に、土御門右大臣源師房の水閣に遊んで詩を賦し歌を詠んでいる。梅が咲き柳が垂れ鶯が歌い蝶が舞う春の日に

相公居㆓武職㆒而好㆓詩章㆒、東漢之鄧禹比㆑名、伝㆓貴種㆒而重㆓儒術㆒、北海之劉睦同㆑誉。

と詩章を好み儒術を重んずる主人を囲んで、楽しい一時を過しながらも、幾年も李部に沈淪して春を待つ寂しい心情を詩序に託している（『続文粋』巻九）。

優れた学才を有し、不遇な東宮時代を過された後三条帝を庇護した正義漢能信や、院政期に藤氏に代って顕職の座につく六条源氏の文人宰相、師房等に明衡が接していたことは興味深い。

明衡の詩人としての活躍は、現存の作品からはその時期が判然と分らないけれど、諸般の事情から推して康平の頃が頂点になると思われる。殊に『無題詩』に収められた多くの詩、就中長楽寺や世尊寺など山寺に遊放して心懐を賦した作品はこの期に属すと考えてよかろう。その中の代表的なものとして「春日遊東光寺」（巻九）を掲げてみよう。

春日遊㆓東光寺㆒

暫辞二華洛一避二囂塵一　仙洞勝形古寺新
柳助二翠煙一茶竈暮　花添二紅雪一薬炉春
蘿襟蔦積湌レ霞客　艾髪齢衰弄レ月人
非是非非真実理　一心恭敬礼二三身一

俗塵を逃れて古寺に遊び、高僧に接して天台の真理を知り、一心に仏の三身を礼拝する詩境を賦したものである。頷聯は『和漢兼作集』に、頸聯は『新撰朗詠集』に収録されている。

康平四年十一月、勧学院学堂の儒者学生達が敦基をして文章得業生に補せしめんため、奏状を呈出した（『朝野群載』巻十三）。老年に入った明衡にとって、肩の荷を下すことが出来たと思われる。彼は翌年十一月には文章博士を兼任したが（『続文粋』巻六、『二中歴』は十月とある）、これはその前月辞表を呈出した藤原実範の後任であろう（『続文粋』巻五）。そして六年十一月に東宮学士をも兼ねた（『続文粋』巻六）。彼は種々の依頼を受けて、五年の十月に宇治平等院宝蔵の袈裟の記を（『続文粋』巻十一）、七年十一月に清水寺の縁起を（『群書類従』所収）、八年三月に皇太弟の病痾平癒のため叡山に米三百斛を送る状を記している（『三十五文集』）。これらの文章によって、彼が七年に大学頭、八年に従四位下に叙せられたであろうことが推定される。なお康平六年には男敦光が誕生している。

先に藤原正家の対策の際、明衡が問頭博士となったことを記したが、それ以後菅原是綱の課試の際も問頭博士を勤め（『続文粋』巻三）、康平六年十一月藤原有信の対策にも問頭博士となっている（『朝野群載』巻十三）。そして康平八年七月に文章博士の職務の一である年号の勘文を進献している（『師記』『元秘抄』）。

こうして明衡は齢素髪に臨んで位は五位に沈み、毎日栄分の至りがたく皇恩の及ばないことを嘆きながらも、ともかく当時の多くの儒者が歩いた道を辿って来た。式部少輔・文章博士・東宮学士・大学頭等と翰林の要職を歴任して来た彼は已に八旬に近くなっていた。しかも康平の末年には平定親・菅原定義・藤原実範等長年詩筵に列して文才を競った仲間が次々に歿して行った。藤原実政が甲斐守として赴任する際に、東宮であった後三条天皇が「州民縦作二甘棠詠一莫レ忘二多年風月遊一」の御製を賜った有名な逸事(『今鏡』巻一)は康平七年の春のことである。東宮の風月の遊には明衡も席に列した文人の一人であるが、ついに彼はその即位に逢うことがなかったのである。治暦二年病痾に侵された彼は、その年の九月文章博士の辞表を献上した。それは彼の生涯をふりかえってみる時、切々として読者の胸に迫るものがある。

老いて官を辞し、病重くして任を遁れるのは先哲の格言である。私は無才にして四の職を重ねて居り、朝夕危懼の思いに襲われている。中でも文章博士は、孔子の教を受けつぐ大学の要を成すもので、庸愚な者は暫くも留る所ではない。私は夏以来病に侵され、この職について五年になるが、老衰と病魔のため意に任せない。どうか天恩によって文章博士の職を罷め、閑かに病気静養をいたしたい。(『続文粋』巻五)

この辞状を奉ってから一箇月後に明衡は歿した。時にその儒業を継いだ二人の男敦基は二十一歳、敦光は僅か四歳であった。院政期の翰林に活躍し、式家の地位を確乎たらしめた二人の鴻儒を子息に持ったことは、明衡にとって最大の幸福であったと言えようか。

七

明衡の作品で現存しているものの中、文章として『本朝続文粋』に収められたものは

対策三(問一)　辞表五　奏状二　書状二　施入状二　詩序八　讃四　記二　定文一　願文三

の三十二篇で、敦光四十八篇・匡房四十篇に次いで多い。その他には『朝野群載』に三篇（表白一、辞状一、策二）、『本朝小序集』に三篇、『詩序集』に十二篇、『桂林遺芳抄』一篇（奏状）、『三十五文集』三篇（二篇『続文粋』にあり、送状のみ）、『康平記』一篇（諷誦文）、『王沢不渇鈔』に一篇（和歌序）、「清水寺縁起文」などがある。詩は『本朝無題詩』に四十七首、『類聚句題抄』に六首、『中右記部類紙背漢詩集』に十二首[1]が主なものである。更に『新撰朗詠集』に詩句九首（一首『無題詩』）、章句二首（一首『続文粋』）、『教家摘句』に詩句十四首（二首『新撰朗詠』、一首『中右記部類紙背漢詩集』）、長句八首（すべて『続文粋』）、『和漢兼作集』に詩句六首（二首『無題詩』、一首『新撰朗詠』、一首『教家摘句』）が収められている。そして和歌は『後拾遺集』に二首、『和漢兼作集』に一首が収録されている。

しかし明衡の文名を今日まで高からしめているものは、以上述べた彼の詩文によるものではなく、彼が『本朝文粋』『本朝秀句』『明衡往来』の編者であり、『新猿楽記』の著者であるからに外ならない。

『本朝文粋』は十四巻、『唐文粋』や『文選』に倣って我国の文章の精粋を集めたもので、先人が述べた如くこれによって当時の文章の特質を知ることが出来る。資料の蒐集や本書の持っている権威などから推して、彼が式部少輔・文章博士・東宮学士などの地位に到達した晩年、即ち康平年間に編纂されたと考えるのが穏当であろう[2]。

『本朝秀句』は五巻あり（『本朝書籍目録』）、詩句の秀逸なものを選んだ書物と考えられる。『通憲入道蔵書目録』にも「一合第百六櫃　一結、本朝秀句一部」と見える。『江談抄』（巻四）に

　竜宮浪動群魚従　鳳羽雲起百鳥鳴　以言

　　題、松為二衆木長一。此句古人号二大似物一。或人云、此句不二甘心一。然入二本朝秀句一如何。

とあり、又『河海抄』柏木巻に

　本朝秀句　天与善人吾不信、右将軍墓草初秋　紀在昌　右大将保忠事を作れる詩也云々。

と記されている。また『深賢記』(『弘法大師全集』巻十、拾遺雑集)に空海の作三首が見えている。(3)

『明衡往来』は男子用の書簡文を集めたもので、三巻より成り、巻上より大体月を追って進状とこれに対する返状が二百余通並べて収められている。その内容は当時の貴族生活に関するものが中心を成している。恐らく編者が執筆して役に立ったものや、手紙に使って役に立つと思われる内容の消息文案などを掻き集めて編纂したものと思われる。本書には後の往来物に見られる様な一定の編纂方針が見られず、雑纂的性格が強いが、我国最初の往来物として後世大きな影響を与え、『看聞御記』や『実隆公記』などの記事から広い範囲に普及していたと考えられる。石川謙博士は本書が別に『明衡消息』『雲州往来』『雲州消息』などと呼ばれていたことから、撰作者を明衡とし、彼が出雲守に叙せられた事実からこの様な書名がついたもので、後人が編纂命名したものだとされている。更に博士は寛永刊本に「長久年月日」とあり、治暦二年(一〇六六)五月一日に宋商王満が霊薬及び鸚鵡を献じた史実(『扶桑略記』)とこの書に見える記事が類似していることから、確証は避けて居られるが、明衡の五十歳から七十八歳に至る間に書かれたものであろうとされている。(4) また川口久雄博士は唐代に行われた書儀類(それらは『日本国見在書目録』に見える)の影響があろうかと述べておられる。(5)

『新猿楽記』は猿楽の種類及び名人の名称やその滑稽な言語動作について記した後、猿楽を見物に来た右衛門尉の一家の人達の職業・形状・服装などについて述べる。特に職業については武者・学生・医師・商人・細工師等、当時の京洛の殆ど全部に亘ると思われる程であり、女性達の容貌や服装・調度・飲食なども微に入っている。また職業に応じて諸国の物産や使用器具の名称が列挙されている。従って日本の演劇の起源や様相などを研究する上に必須のものであるばかりでなく、当時の生活を知る上にも重要な資料となっている。川口博士は宋代社会の庶民演芸の空気が反映して、かかる書が出来たと推測しておられる。(6) 井浦芳信博士は本書に記された実在人物の歿年などから推して、後一条天皇の万寿・長元の頃に成立したと考えておられる[7]が、天喜・康平の頃に成ったとするのが通説である。このほか『後漢書』に加点したことが知られる（『後二条師通記』寛治七年〈一〇九三〉二月十八日条）。

私はこれまで明衡の作品について略述して来たが、林鵞峰が、

其所レ著本朝文粋、甚有レ功二于後世一。凡諸先輩之家集、今存者稀。微二文粋一則我邦文章何以徴レ之。（『本朝一人一首』）

と述べている様に、彼の最も大きな功績が『本朝文粋』の編纂であることは言を俟たない。

八

大江匡房は平安時代の詩の変遷について

我朝起二於弘仁承和一、盛二於貞観延喜一、中二興於承平天暦一、再昌二於長保寛弘一。（「詩境記」）

と述べている。寛弘期（一〇〇四～一〇一二）の翹楚大江匡衡が歿したことが翰林に大きな打撃を与えたことは最初に述べたが、これ以後再び昔日の隆昌を取戻すことは出来なかった。明衡が奏状の中で「抑一条院之御宇之間、諸道盛興、六籍遍弘。彼時文士、皆以早世。習二其旧風一者、明衡独遺。」（『続文粋』巻六）と述べているのも、過ぎ去った聖代に対する懐古と、それを経験して来た自負の現れであろう。『中右記部類紙背漢詩集』や『本朝無題詩』などによって、彼の活躍した後冷泉朝に屢々詩宴が開催されたことが知られるが、その伎倆においては前代に較ぶべくもない。また永承六年（一〇五一）三月の侍臣詩合、天喜四年（一〇五六）六月の殿上詩合（共に『群書類従』所収）の開催も表面的な詩壇の華やかさを示すだけで内容には見るべきものがないし、天徳三年（九五九）の闘詩に見られる活気も失せている。当

時隆盛を極めた歌合や歌会に圧倒され、形式的に詩会が催されていたと考えざるを得ないのである。
『本朝続文粋』や『本朝無題詩』などによって明衡と交際のあった詩人儒者を挙げると、藤原国成・実範・実綱・季綱・大江佐国・惟宗孝言・源経信などであるが、中でも実範と孝言とは詩才に於いて拮抗していた。林鵞峰は庭前の松竹を賦した三人の詩（『無題詩』巻二）を批評して、明衡と実範は伯仲し、孝言は稍々劣ると述べている（『史館茗話』）。そして彼の詩の中で最も優れていると評されたのは「紅桜花下作」（『無題詩』巻三）である。

文友不レ期会遇新　紅桜開処幾頤レ神
我猶逐日応レ催レ老　汝是毎年不レ忘レ春
泣レ露雖レ慙二栄悴異一　酌レ霞愁レ接二楽遊頻一
何因漸動帰与思　花下自為二衣レ錦人一

頸聯に「乃者被レ引二群英一屢尋二春花一。故云。」と自注があるが、孝言や佐国らと共に桜花を尋ね、老衰卑官を嘆きながらも、酒を酌みかわし一時花下に錦を着る情を賦したものである。この詩を批評して林鵞峰は「此詩情景兼備、句亦恰好。」（『本朝一人一首』巻六）と記し、江村北海は「花下唫、雖二造語不一レ合、意義自全。」（『日本詩史』巻一）と述べている。彼の詩には前記の「紅桜花下作」を始めとして「与レ客成レ携接二話談一。」（賦庭前松竹）、「弄レ翰奉レ君君可レ愍、以レ文会レ友友無レ停。」（暮春即事）、「不レ期文士得二相逢一、共惜年光及二臘冬一。」（炉辺閑談）、「以レ文会レ友興頻加。」（会崇仁坊新亭）、「文友朝辞レ洛、相尋及二落暉一。」（冬日遊長楽寺）などの詩句に見られる様に、文友と常に会して詩作活動を行い、しかも当時の社会の風潮を反映して山寺を訪ね、その閑寂な世界を浄土信仰に結びつけて詠んだものが多い。これは明衡個人に限定されるものではないが、前代の詩境とはかなり性格を異にしていると言えようか。しかも彼自身は当時の文壇の頂点に位置していたのであって、大江匡房が「暮年記」に青年時代の賦を賞讃されて「其鋒森然、定少二敵者。」と言われ、その詩を「已到二佳境一。」と感歎されたと誇示しているのも、その一つの現れと言えよう。

この様に考えて来ると、その編著の陰にかくれて彼の詩は無視されて来たけれど、やはり当代に於ける卓越した詩人の一人と考えて良いであろう。そして林羅山が「其歌詞載在二後拾遺集一。且其詩章数十篇、編二之於無題詩集中一。然則文章云、倭語云、兼レ之者蓋此人也歟。」(『新刊本朝文粋』序)と述べた言葉を素直に受取って置きたい。

九

終りに当時の儒者の世界とは殆ど関係のない『明衡往来』及び『新猿楽記』の編著者としての明衡について考えておきたい。

彼は累代刺史の家に生れた所謂儒門の傍系でありながら、翰林の顕職である大学頭・文章博士・東宮学士等を歴任して来た。省試をめぐる不祥事件によっても明かな様に、その才幹は若年にして時の鴻儒を凌ぐ程であった。しかし詩文に於ける才能は日常生活に必要な通用書翰文を集成したり、京の庶民達が興味を持った卑猥な猿楽を記述したりすることとは結びつくものではない。いやしくも翰林の名儒ともあろう者が、かかる卑俗なものに筆を執ることは喜ばれはしなかった。その一例として大江匡房を批評した藤原宗忠の言葉を挙げて置こう。彼は『中右記』(嘉承二年〈一一〇七〉三月三十日)に次の様に記している。

或人談云、江帥(匡房)此両三年行歩不二相叶一、仍不二出仕一。只毎二人来逢一、記二録世間雑事一之間、或多二僻事一、或多二人上一。偏任二筆端一記二世事一、尤不便歟。不レ見不レ知暗以記レ之、狼藉無レ極云々。大儒所為世以不二甘心一歟。

これは恰も源隆国が平等院の南泉坊に籠り、往来の人々に昔物語をさせて書きとどめた話(『宇治拾遺物語』序文)とよく似ている。『中右記』が物語る事実と、匡房の書いた「狐媚記」「遊女記」「傀儡子記」等の雑著とが如何なる関係にあるか不明であるが、ただ彼の場合は当代随一の名儒として蓮府槐門の求めに従い辞表・詩序・願文等に雄筆を揮ったばかりでなく、公私に亘る大小の有職故実に通暁していたからこそ、かかる卑賤な行為は許されなかったのである。当時の儒者達が己れの全生命をかけて努力精進したものは、四季折々の行事として開催される詩宴においての詩賦や、摂関家の命によって筆を執る辞表や願文等である。しかも彼等はその鏤骨になる一対の章句詩句によって名声を博し、官位の昇進も出来たのであるが、このことについては嘗て述べたことがあるので省略したい。(8)

源順が勤子内親王の要請によって『倭名類聚抄』を編纂し、源為憲が若年の藤原頼通のために『世俗諺文』を編述し、藤原為光の長男のために『口遊』を著作したのは、彼等の卓越した文才が認められたからに外ならないが、二人が儒家とは関係のない翰林の傍系であったことを忘れてはならない。また藤原公任が中納言の辞状を時の英才である大江以言や紀斉名に誂えて満足せず、大江匡衡に頼んでその出来ばえに感歎した話があるが(『十訓抄』『袋草子』)、これらの人々は皆当時の翰林を代表する大儒であった。『本朝文粋』を繙いても明かであるが、大臣の辞表や貴紳の主催する法会の願文などの作者はすべて時の鴻儒である。前代においては公的な文章と幼童のための教科書とでは、執筆を依頼する学者文人に区別があったと考えざるを得ない。前記の順や為憲の編著に「聊二明故老之説一、略二述閭巷之談一。摠而謂レ之、欲下近二於俗一便二於事一、臨二忽忘一如上レ指レ掌。」(『倭名抄』序)とか「夫言語者自交、俗諺者多出二経籍一。雖二釈奠儒書一、為二街談巷説一。然而必不レ知二本所一出矣。」(『世俗諺文』序)とか「是以経籍之文、故老之説、可レ用二朝家一。難レ抛二閭巷一之類、勒成二一巻一。」(『口遊』序)と執筆の動機や態度について述べているが、街談巷説などは匡衡等の鴻儒にとっては縁なきものであったろう。

しかし、時勢の推移は伝統に縛られ因襲にとらわれていた儒者を動揺させた。貴賤上下の心を奪い、日夜都を喧騒に包んだ田楽猿楽の卑猥な舞踊や音楽は、どんなに「軽々之甚」(『明衡往来』)と軽蔑し、「妖言」(『中右記』)と非難しても止るものではない。終には平生卓越した学才と端正な行動によって、世人の亀鑑と目される文章道の学者文人達——藤原有信・季綱・敦基・菅原在良等——をして、この奇怪な動作に走らしめたのである(「洛陽田楽記」)。街談巷説や庶民の日常生活に密着している事象にも、今まで縁の無かった儒者の目が向けられる様になったわけである。明衡が『新猿楽記』を書いたり、『明衡往来』を集録したりしたのは、ようやくかかる風潮が萌し始めた頃であった。しかも伝統にあきたらず世に拗ねた「不落居」な性格の彼は、この様な著述をなすのに最もふさわしい人だったのではなかろうか。この点に関しては匡房等と異り、彼が刺史の家に生れながら儒者の道を歩いたことが幸いしたであろう。だが彼の一生を辿って見ると、中年までの伸び伸びした自由な精神は、多くの顕職に到達した晩年には次第に薄らいで行った様に思われる。鴻儒という地位が齎す種々の世俗的束縛は、彼を灰色の伝統の中に包んでしまったのではなかろうか。だが彼の若年における反逆精神は、その著述の中に生かされていたのであって、本論考の対象である『本朝文粋』の特異な性格もそれに基く所が多いと思われるが、そのことについては以後の説明によって明かにされるであろう。

(1) 川口久雄博士『平安朝日本漢文学史の研究』七七四頁。
(2) 小島憲之博士『懐風藻 文華秀麗集 本朝文粋』(日本古典文学大系69)解説。
(3) 川口博士、前掲書七七三頁。
(4) 『古往来についての研究』六三頁。
(5) 前掲書七九六頁。
(6) 前掲書八一〇頁。
(7) 「新猿楽記考」(『国語と国文学』昭和十七年十二月)。

(8) 「本朝文粋の文章」(同右、昭和三十二年十月)。

〔附記〕 明衡の経歴や性格については大口源三郎氏の随想「藤原明衡」(『歴史地理』昭和十三年三月)に裨益された点が多い。

附 藤原明衡の壮年時代

一

平安時代後期の異色の学者として藤原明衡の存在は忘れることが出来ない。彼の最も大きな功績は、我国で最初の文章の手本として『本朝文粋』を編纂しただけでなく、日常生活に必要な手紙の書き方を教える目的で『明衡往来』を作ったり、庶民の熱狂した猿楽を記して日本演劇史の上に貢献することになった『新猿楽記』の著述にある。彼の生き方は当時の学者とはかなり違ったものがあるが、若い時の事件を通してその横顔を描いてみよう。それに先立って彼の父母について述べて置きたい。

二

明衡は式家宇合卿の流れを汲み、合茂《はる》(令茂とも)の孫で敦信の子である。祖父の合茂は対策に及第して大内記に任ぜられ、(1)因幡守となって康保三年(九六六)十月に任国で死んだ。父の敦信も紀伝道の出身で正五位下に叙せられ、山城や肥後の国守を歴任している。藤原氏の一族とはいえ摂関家とは縁のない受領階級に属していた。

敦信は詩文の才能に優れていて、『二中歴』（詩人歴）にもその名が見えている。[2] 寛弘四年（一〇〇七）四月二十六日に内裏で密宴が行われた。天皇以下公卿文人が列席して詩を献じ、序者を大江匡衡、講師を大江以言が勤めた。詩題は「所貴是賢才」で、一条天皇が「殷帝詔巌郊野月、周文礼厚渭陽風。」の秀句を詠まれた（『十訓抄』巻三）。この時敦信も文人の一員として召され、源為憲や菅原宣義等と席を同じくしている（『御堂関白記』）。また長和四年（一〇一五）十二月四日に三宮敦良親王（後朱雀天皇）の読書始の儀が行われ、博士を藤原広業、尚復を平定親が勤めて『御注孝経』が講ぜられた。その後で文人を中心に詩宴が開かれたが、その時にも敦信は大江挙周や善滋為政等と共に列席している（『小右記』）。この二つの記録から見て、彼が詩人として当時認められていたことは確かである。ただ残念なことに彼の詩は『本朝麗藻』に「池水繞橋流」の一首しか残されていない。後に明衡が加階を申請した奏状（『続文粋』巻六）に

　明衡親父前雍州吏敦信、久陪二尊閣之書斎一、多為二数巻之侍読一。而雖レ遇二摂籙之日一、不レ慰二積薪之愁一。遂以出家、永赴二夜台一。

と記しているが、尊閣が誰のことか不明である。敦信は紀伝道の出身であるが、当時菅江二家によって紀伝道が占められ、儒門でなかったので翰林に留ることが出来ずに生涯を地方官として終えた。これは当時の詩人に共通するところで、源為憲や源孝道等も同じ道を辿って居り、任官のために生涯奔走したことが想像される。たしかに『二中歴』に記すごとく、藤原式家が儒家として世に立つのは子供の明衡以後のことであるが、敦信がその基礎を築いたことは否定出来ない。後世諸儒が藤原敦基のために穀倉院の学問料を賜って儒業を継がしめんことを請うた奏状（『続文粋』巻六）に「右敦基者、前山城守敦信孫、式部少輔明衡子也。家伝二蛍雪一、材期二橡樟一。」と記されて居り、また大江匡房

も「家資風扇、縑細三十乗、門業塵深、橡樟両三代。」(『江都督納言願文集』巻六)と儒業における敦信の功績を記していることからも裏附けられる。

儒家として立つことの出来なかった敦信は、自分の果せない夢を嫡子の明衡に託そうとした。そのために子供の教育には並々ならぬ努力と注意を払ったことと思われる。それに関して『江談抄』(巻五)に一つの説話が記されている。

秀才国成来二談敦信亭一事

敦信為二山城前司一之時、秀才国成、時来二彼亭一談二文事一。国成帰之後、敦信常言云、秀才ハ与幾者加奈。耆薬(萊カ)加加々良麻志加波砥云。称二耆薬(萊カ)一明衡是也。

「秀才ハ与幾者加奈」の言葉に敦信の青年時代における夢を見ることが出来る。その夢が果されず翰林を離れて国司になった生活を振返って見た時、何とかして自分の希望を息子に実現させたいと願ったのも無理からぬものがある。この説話について黒川春村は

こは明衡朝臣のみならず、其子孫なる人々の中には、英才の博士少からずして、世々に箕裘を伝へたり。是をおもへば敦信主の初一念は、遠く末代まで及ぼしけるなるべし。(『碩鼠漫筆』巻一)

と述べているが、肯綮に当っているといえよう。ここにいう国成とは魚名公の流れを汲む筑前守藤原則友の子で、大学頭・文章博士を経て後冷泉天皇の東宮学士や式部大輔となり、晩年丹波や美作の国守を勤めた学者である。彼は後朱雀後冷泉朝における学界の重鎮として、その才能を発揮した。『続古事談』(巻二)に後冷泉天皇の大井河行幸の時、荒頭と渾名された源経成を諷刺して和歌序に書き記した話が載せられている。ところでもしこの説話が事実を伝えているとすると、それは寛弘の終りか長和の初め頃のことであろうか。何故ならば長和元年(一〇一二)十二月の官符に六波羅密寺伽藍所立の地を永く寺領とすべき旨が山城守敦信に下されて居り(『六波羅密寺縁起』)、その前年七月の一条

天皇葬送の時に文章得業生藤原国成の名が見え(『権記』裏書)、長和四年十二月の敦良親王読書始にも文章得業生の彼が召されている(『小右記』)。そして翌五年四月の左大臣道長邸の御書所始に開闔として刑部丞国成の名が見えるのは(『左経記』)、恐らく対策の労によるものと思われる。また明衡の奏状(『続文粋』巻六)によると、長和三年に穀倉院の学問料を賜ったと見えるので、その時は既に秀才になれる可能性が強かったといえよう。何れにしても明衡の学問文学における秀れた才能は、父敦信の血筋を受継いだ所が多かったと信ぜられる。学問に理解を持ち教育に熱心であった父親の薫陶によって天賦の才能を磨くことが出来たのは、少年時代の彼にとって幸福であったといえる。

明衡の母は『尊卑分脈』によると良峯英材の女である。英材については徴すべき資料が全くないが、異本によると母は橘恒平卿の女という。恒平は数箇国の国司を歴任し、木工頭や修理大夫に任ぜられた後参議に昇進し、永観元年(九八三)十一月十五日に六十二歳で薨じた。ここで注目すべきことは恒平の子に、多武峰の聖と称された増賀がいることである。彼は十歳の時に叡山に登って慈恵僧正の弟子となり、尊い学生として将来を嘱望されていた。しかし現世における名聞に背を向けた彼には、叡山の俗化が堪えられず、横川に逃れた後に大和の多武峰に籠って修行した。その後太皇太后遵子授戒の要請に、山を下って宮に参り臭風を発したり下痢で簀子を汚したりの狂気な振舞をし、また師良源の大僧正就任の慶賀の日に、干鮭を腰につけて牝牛に乗り前駈を勤めるという奇行を演じたりした(『続本朝往生伝』、『今昔物語集』巻十九)。それより前冷泉天皇の護持僧に擬せられた時も、狂言をもって拒絶している(『法華験記』)。こうした狂人と思われる様な奇行は、彼が当時の名誉や権勢に汲々としていた風潮に対して徹底的に批判し反抗したことを示すもので、天台宗における新しい宗教運動の萌芽として捉えられている(3)。仏に対する帰依信仰の心が純粋であればある程、逆説的にこうした奇行も生れて来ると言えようが、一面彼の身体の中には常人と異る血を先天的に持っていたのではなかろうか。世人の意表に出て衝動的な奇行に走る異常な性格を、高僧増賀に認めても全くの誤りとは言えないであろう。そしてこの様な異常な血が橘氏一族にも流れて居り、後述する明衡の常軌を外れた行為が、彼の性格に起因する点の多いことから考えて、その因を母親の橘氏に受継いでいると解したいのである。

三

ここで明衡のことに話を進めるが、彼の生涯については不明な点が多い。彼が死んだのは『勅撰作者部類』によると治暦二年（一〇六六）十月十八日である。この歿年月日は信じてよいと思われる。何故ならば『玉葉』の養和元年（一一八一）十月十四日の条に

未刻、長光入道来。日来在㆓播州之所㆒知。為㆑営㆓祖父明衡朝臣忌日、并其息光経朝臣忌日〈共今月十八日也〉等㆒、所㆓上洛㆒也云々。

と記されているので、その卒月日は慥かである。また明衡が死亡した年については、治暦二年九月二十日に文章博士を罷めんことを請うた辞表（『続文粋』巻五）の中で、老齢に加えて病気が重くなったことを訴えて居り、それ以後の作品が見えないので、この年の十月に歿したとみて差支えはない。問題は何歳で歿したかということである。それについて参考になるのが『本朝無題詩』（巻五）に見える「歳暮即事」と題する詩で、歳の暮になって我身の老衰と官位の卑沈を嘆きながら、酒と琴に一時心の憂さを晴らそうとする気持が詠まれている。この詩の中に「七十齢傾雪鬢寒。」と年齢が記され、この詩が詠まれた時は「閏余風景一句残。」の句によって知られる。この句の自注に「于㆑時閏十二月二十一日。」とあるが、これは康平元年（一〇五八）に該当する。黒川春村はこの年を明衡七十歳と規定し、歿年を七十八歳、従って誕生を永祚元年（九八九）と決めている。ただこれが詩の記事であることから、語調や平仄を整えるた

めの修辞的表現の可能性もあり、他の実例から推して前後に二三年の幅を持たせるのが穏当ではなかろうか。そうすると永祚元年を中に挟んで、永延から正暦の初めの頃に誕生したと考えたい。

明衡の幼年時代は全く不明であるが、母方の橘家が増賀の出家と恒平の逝去によって没落したことや、父敦信が子供に期待する所が大きかったことなどから考えて、父親の膝下で養育されていたのであろう。彼は寛弘元年（一〇〇四）十五六歳の時に束脩して文章院に入学した（『続文粋』巻六）。師匠が誰であったか分らないが、彼の子孫が東曹に属していること、後に彼が大江通国の師であったこと（『朝野群載』巻十三）、さらに当時の学界の情勢などから考えて、恐らく大江家の学者であったと思われる。彼はここで将来の鴻儒を夢みて勉強に余念がなかったのであろう。当時の学界は「時之得レ人也、於レ斯為レ盛。」（『続本朝往生伝』）と記されている如くまさに多士済々で、文運隆盛を謳歌した時代であった。こうした雰囲気の中で学問に専心することが出来たのは、或意味で幸福であった。彼が晩年に

抑一条院御宇之間、諸道盛興、六籍遍弘。彼時文士、皆以早世。習二其旧風一者、明衡独遺。（『続文粋』巻六）

と一条朝の遺風を伝える唯一の学者として自己を強調しているのも、理由のないことではなかったのである。

明衡は入学してから十年後の長和三年（一〇一四）に学問料を支給された（『続文粋』巻六）。その時には恐らく擬文章生を経て文章生になっていたことと思われる。当時の記録から見ると、擬文章生から文章生になるまでに、藤原在衡は足掛六年かかり、大江匡衡は九年の年月を経ている。『源氏物語』の少女巻で、夕霧が僅か一年で朱雀院行幸の放島試に及第して文章生になったと記されているが、それは物語の世界の中のことで(4)、院政時代になると試験の実質権威が失われ、これに近い現象も見られないことはないが、一条朝ではとても考えられぬことである。明衡は少くとも十年位を要したのではあるまいか。

さて学問料を支給されたことは、文章得業生の候補者としての資格を得たことを意味するもので、これによって将

来学者として専門のコースを進むことが出来る道が開けたのである。[5] ただし学問料を支給されるのは、儒者の子弟が多かった。菅原文時は子供の惟熙に、また大江匡衡も息子の能公に学問料を賜って、家の学問を継がせることを申請している（『文粋』巻六・172・174）。その時の匡衡の奏状に「累代者見レ重、起家者見レ軽明矣。」と記されている様に、累代の儒家の子弟が優先されたことは明かであり、そのために慶滋保胤や紀斉名の様に、才能に富み詩文に巧みな者も選に洩れる有様であった。従って儒家の出身でない者は、父や諸儒の推薦もなく、自分がその申請をしなければならなかった。時代は下るが、嘉承二年（一一〇七）に文章生藤原為兼が申請した申文（『朝野群載』巻十三）に

給二学問料一者、所下以抽二勤学之士一、勧中属文之徒上也。因レ茲謂二重代一謂二起家一、携二蛍雪一者、先応二其挙一、疎二典籍一者、不レ当二其選一。

と儒家であるなしに拘らず、学問に携る者は公平に選ばれるべきだと正論を吐いているが、学界の趨勢として儒家の子弟が有利であったことは否定出来ない。明衡の場合は父の敦信が紀伝道に学んだことにより儒門として扱われたか否か不明であるが（『二中歴』の記事から推しても儒家とは見做されなかった可能性が強い）、菅江二家に較べれば問題にならない。彼に学問料が支給されたことは、その才能と努力が当時の儒者に認められ推薦を受けたものと解したい。

ともかく学問料を支給された明衡は文章得業生となり、学者になるための専門の道を歩むことになった。そして長和三年から十八年を経た長元五年（一〇三二）に対策に応じた。彼が文章得業生になったのが何時か不明であるが、対策を受ける資格を得るまでには、かなりの勉学期間が必要であった。『延喜式』の大学寮に

凡得業生者、補了更学七年已上、不レ計二前年一、待二本道博士挙一、録下可二課試一之状上申レ省。

と記されている様に、最低七年と決められていた。しかし次第にこの年限が狭められて行く様になり、また家柄によ

っても一定しなかった。因みに明衡以前の例を拾うと、大江斉光は三年、菅原輔正は四年、大江匡衡は四年で対策に及第している。また略同時代の人として『二中歴』（登省歴）に

広業二年 資業三年 其子孫皆三年課試。

と記されている様に、同じ藤原氏でも北家の有国の子孫は遥かに年限が短い。これが後になると康平六年（一〇六三）の対策試申文に「得業生之後、及二三ヶ年一奉レ試之者、蹤跡多存。」（『朝野群載』巻十三）と記される様な傾向になり、遂に寛治元年（一〇八七）十二月に得業生の課試の期間を七年から五年に短縮する官符（『本朝世紀』）が出されている。しかし明衡の場合はこれらの例と異り、かなり長い期間課試の資格を得られなかったと考えられる。彼が対策に及第した時は既に四十歳を超えていたのである。前に述べた菅江や北家の子弟が二十歳前後で対策に及第したのと比較すると、その違いの大きいのに驚かされるが、彼は儒門に生れなかった悲哀と辛苦に涙を流したことであろう。

課試の時の問頭博士が故障のため、彼は藤原国成を指定申請しているが（『桂林遺芳抄』）、前述の『江談抄』の説話から判断して父の敦信と何等かの交渉があったためかとも思われる。その時の題は「弁二賢佐一」（他の一条は不明）で『本朝続文粋』（巻三）に収められている。その文末に「臨二桑楡告一レ老之剋、慭慕二橡樟之材一、遇二賢者佐一レ政之朝、独恥二孱愚之性一。」と記しているが、初老を過ぎても官途の見込みがたたぬ境遇を嘆く彼の心情を看取することができる。ここで彼の大学生活は終止符が打たれることになる。

四

明衡は対策の労によって左衛門尉に任ぜられた。そのことは彼の曾孫の光章の奏状に「曾祖父明衡朝臣任二左衛門

尉一、親父長光朝臣任二大学助一。共依二及科之労一。」(『除目大成抄』)と見えることによっても知られる。これより先、長元二年(一〇二九)閏二月二十九日彼は弾正尹清仁親王家の「花開皆錦繍」詩会に出詠している(『日本紀略』、『続文粋』巻九)。また『類聚句題抄』に見える「雨添山気色」はこれより少し前のことと思われる。対策及第後の長元七年には五月十五日の関白藤原頼通邸の詩宴、同年九月九日の勧学院重陽宴などに出席している(『中右記部類紙背漢詩集』)。

ところがこの年の十一月に彼は一大不祥事件を惹き起こした。『左経記』の十一月二十五日の条には次の様に書かれている。

伝聞、省試日、散位実範朝臣并左衛門尉明衡等、進二寄試庁東妻一、及レ見二学生等詩一藤原定倫、安倍親経、平範伴、頗加二取捨一云々。事及二披露一、関白相府重被二咎仰一。仍試可レ破云々。誠古今之間、未見未聞事也。

噂によると省試の時に藤原実範と明衡が試験場に近附いて、受験生の答案を見て教え不正を働いたというのである。当時の記録によると試験場は式部省にあり、受験生は未時に朱雀門に参会して整列する。すると試験の責任者である式部大輔以下が東の小門を通って省の正庁に着座し、その後に学生達が堂監に引率されて入場する。そして式部大輔から題を授かり、別室で詩を賦した後、それを文筥に提出してから退出するのである。なお詩の題は中国の古典の字句から引用し、韻字を決めて五言十二句もしくは十六句の古詩を詠むきまりになっている。

さてそれから十日程を経て式部丞橘季通から詳しい報告が齎された。それによると省試が行われたのは十一月二十日で、試験の責任者は季通であった。彼は清少納言の夫で武勇の誉のあった則光の子であり、後に駿河や陸奥の国守になったが、歌人でもあった。『今昔物語集』(巻二十三)に彼が若い時にある女房のもとに通っていたが、その邸を侍達に襲われようとして、お伴の小舎人童の機転で無事脱出した話が見える。話を元に戻すと、季通の床子は正庁の北廂の東第三間、式部録床子は同じく第四間に置かれ、そこに腰を下して監督していた。学生の座は南簷にあり、東西の妻に壁があった。漸く夕暮に近く薄暗くなった頃、東壁の外で人の声がした。そこで式部省の役人に命じて騒音を制止させ、先例によって式部録二人を監視に留めて一寸座を外した。この間に両三の学生が席を離れ、壁外の人は試験場の東壁の南の妻に進み寄った。学生の座席と壁とは僅か一間しか離れていなかったのである。外にいた人は学生に字様を書いて見せたり、文字の声訓を教えたりした。季通が元の座に帰った時、東壁の外が喧しかったので制止させたが、秩序は乱れ混乱の極に達した。調査の結果座席を離れた学生は平範仲、藤原定倫、安倍親経の三人で、彼等の答案には取捨が加えてあった。また壁外にいた人は前但馬守（藤原）能通、主殿頭道成（姓不明）、散位（藤原）実範、左衛門尉明衡等であって、その中不正を働いたのは実範と明衡の二人であることが判明した。これを聞いた関白頼通は激怒し、この時の試験を廃棄して他日行うことにした。まさに「古今之間、未見未聞」の不祥事件であった。

十二月十七日に実範、明衡及び三人の学生は役所に呼び出されて処罰された。なお実範は南家貞嗣流の学者で、後に文章博士や大学頭などに任ぜられたが、明衡とは生涯を通じての友人であり好敵手であった。翌年六月旱魃のため恩赦が行われたが、その時に優免された。

それから数年経った長久二年（一〇四一）三月に明衡は再び省試をめぐって事件を起こした。『春記』（三月十三日条）によると学生藤原行善は及第に漏れた愁により中文を提出した。彼は省試の時に奉った詩が鶴膝病を犯したという理由で落第したのであるが、それが不当であることを弁明して次の様に述べた。

犯二鶴膝病一預二及第一之例、唐家白居易章孝標、本朝藤大丞相在。件人等皆犯二此病一及第云々。

この中文を見た関白頼通は驚嘆し、ここに引かれた先例が非常であるので、きっと引汲の人の所為に違いないと推察した。この中文を御覧になった後朱雀天皇は奇怪なことと思われ、その中にある

判定日儒士推撰（薦）、公卿許容。已及二天覧一、更被二返却一。皆恐二鳳銜之有一レ限、不レ訴二鶴膝之無一レ咎。

の文を取上げて、鶴膝病に咎無きことを示した背後の人を尋ねる様に仰せられた。天皇は詩文の造詣が深く、『今鏡』(巻一)にも「詩なども をかしく作らせ給ひけるとこそ聞き侍りしか。」と記されている。三月十七日に藤原資房が関白の邸に参上すると、頼通はこの中文のことに言及して鶴膝病について学者に尋問すると共に、これを引汲した儒士を行善に問えと命じた。すると翌日になって某人の説として、この先例を引勘して中文を作ったのが藤原明衡であると伝えられた。『春記』には「件人本性不㆑落居㆒。時々有㆓如㆑此之事㆒。極可㆑苦事也。」と評されている。

ここで詩病について簡単に説明して置こう。『作文大体』によると詩には八病がありその中で最も避けるべきものが平頭・上尾・蜂腰・鶴膝の四病である。五言詩において平頭は上句の第一二字と下句の第一二字が平仄を同じくするもの、上尾は第五字と第十字が平仄を同じくするもの、蜂腰は毎句第二字と第五字が平仄を同じくするもの、鶴膝は第五字と第十五字が平仄を同じくするものをいう。これは初唐の元兢の『詩髄脳』の説に基くと言われているが、我国で問題になるのは省試の時である。最も有名なのは長徳三年(九九七)七月の省試の時、学生大江時棟の詩をめぐって時の鴻儒であった大江匡衡と紀斉名が大論争をしたことである(『文粋』巻七・176〜179)。これは蜂腰病に関するもので、斉名は『詩髄脳』や『文章儀式』によって平声は犯とならぬが仄声はすべて蜂腰病であると言い、匡衡は『文筆式』に基いて上句は蜂腰病となすも下句は差支えないとして互に譲らなかった。両者の説の当否と論争の意義については既に先覚の研究があるので贅言しない。(6)

また時代は降るが仁平三年(一一五三)五月の省試の時に平頭病を犯したか否かが問題にされている(『宇槐記抄』)。ところで匡衡と斉名の論争には先例を挙げて自説を主張しているが、それに古今の省試の詩を集めた『龍門集』の名が見える。その外省試の行事一切を記したものに『登省記』や『登科記』などの書物もあった(『紫明抄』『桂林遺芳抄』)。これらの書物が先例として参考にされたことは明かで、たとえ詩病を犯しても合格の前例があれば、当然及落の判定者の落度になり、合格に変ずることは言うまでもない。例えば詩において両音の字を平声に用いることは憚られていて、そのために大江朝綱は省試で落第の判定が下されようとしたが、彼は天神の詩句を唱詠して先例としたので、醍醐天皇は及第を命ぜられたという（『江談抄』巻五）。先例が常に優先するのが王朝貴族社会のきまりであり、それが有名人であればある程効果があった。従って藤原行善の中文に先例として唐代の詩人の名が挙げられたことは判定に与った学者や貴族にとって驚嘆に価するもので、無視出来ぬ大問題であったと言えよう。それ故にこそ行善の背後にいる者の詮索が厳しくなされたのである。三月二十四日資房が頼通の邸に参上した時、頼通は

　早可二奏聞一無レ術事也。至二于今一可レ問二明衡一歟。可レ随二御定一也。是唯天道被レ咎歟。更無二術計一事也。

と語っているが、全く処置に窮してしまったのである。明衡は天皇から特別お咎めはなかった。

三十年に及ぶ文章院での勉学は、明衡をして当代の鴻儒を瞠若たらしめるに足る該博な知識を身につけさせた。彼が挙げた中国の先例については誰も知らなかったのであるから、本人自身はさぞ得意だったことであろう。だが何が直接の原因でこの挙に及んだのか判然としない。長年に亘る己の境遇の不満が爆発したのか、自分の才能を誇示するための行為であったのか、臆測に止らざるを得ない。『春記』の著者はそれを彼の「不落居」な性格に帰している。「不落居」とは、「心静まらぬ」「落ちつかぬ」状態を言うのであるが、彼に聊か軽薄な所があったことは否定出来ぬ。「時々有二如レ此之事一。」と言うのも、前述した省試不正事件を含めて幾つかの失態があったに違いない。

この事件に関連して彼の性格の一端を物語る逸話が『今昔物語集』（巻二十六）に見える。明衡が若い時にある女房の許に通っていたが、その局に入るのが具合が悪くて、傍にあった下衆の小屋を借りようとした。丁度主人が留守でその妻が自分の臥処を借して呉れたので、女房と密会を続けていた。間もなく主人は噂に妻がみそか男をしていると聞いて、或晩遠くに行く風を装い外から家の中の様子を窺っていた。すると男女が自分の寝所に入り込み横になった。

主人はそっと家に入り、いびきをかいている男の上に登って刀で刺そうとしたが、月の光で指貫のくくり紐が長く物に懸っているのを見て、上﨟と思い殺すのを止めた。慌てて引返す時に着物に躓いて二人の目を覚まさせてしまい大騒ぎとなった。この主人は明衡の妹の夫藤原公業の雑色であったので、事無く済んだと言うのである。公業は有国の子で後に正五位下甲斐守になったが、兄弟に広業、資業の学者がいる。そして明衡の妹の生んだ子が、後に和歌六人党の一人として後冷泉朝の歌壇に活躍した経衡である。(7) さて『今昔物語集』の編者は最後に「然レバ人ハ忍ブト云ヒ乍ラ、賤所ナドニハ立寄マジキ也ケリトゾ。」と教訓しているが、やはり彼の軽率な性格が惹き起こした事件と言えよう。

しかしながら省試をめぐって生じた二つの事件は、ただ単に明衡自身の香しくない性格だけに帰してよいものであろうか。儒門の出身でない彼は、他の学者の子弟に較べて不利な取扱いを受けて来た。そのため後輩に官途を追越されてしまい、彼等の出世を傍観せざるを得なかった。己れが辛酸を嘗めた大学の因襲や学界の沈滞した空気に我慢出来ず、世に拗ねると共に己れの才能を誇示しようとする気持に駆られたのではなかろうか。そしてその背後には父母から受継いだ先天的性格と、彼の長年に亘る努力によって獲得した知識が潜んでいると言えよう。後になって彼が、従来の学者が目を背けた卑俗な猿楽に興味を抱いて『新猿楽記』を書いたり、無知な人々の実用に役立てようとして我国で始めて書簡文を集録して『明衡往来』を作ったことを考えると、これらの書物の作成と先の二大不祥事件との間には脈絡がある様に思われてならない。勿論これらの書物が出来た背景には時代の空気が大きく反映していることは言うまでもないが、ここでは説明する暇がない。二つの事件を通して見られた彼の社会に対する批判精神が、後年どの様に変貌して行ったか、他日稿を改めて論じてみることにしよう。

（1）『官職秘鈔』（巻下）に「大内記。……又有二二人相並例一。〈後生ト令茂〉凡授二此官一輩、殊被レ撰二才幹名誉一。」とあり、また『扶桑略記』応和元年三月五日の条に「於二冷泉院釣殿一有二花宴一。所レ召文人、……大内記令茂。」とある。
（2）『江談抄』（巻五）に「匡衡送二書於行成大納言許一云、為憲、為時、孝道、敦信、挙直、輔尹、此六人者、越二於凡位一者也。故共甘二於貧一云々。」とある。
（3）平林盛得氏「増賀聖の多武峰隠棲前後」（『日本仏教』一八号）「増賀聖奇行説話の検討」（『国語と国文学』昭和三十八年十月）などを参照されたい。
（4）『源氏物語』にみえる教育観については山岸徳平先生の「紫式部の教育理念」（『摂関時代史の研究』所収）を参照されたい。
（5）平安時代の大学の制度と実情については桃裕行氏の『上代学制の研究』を参考にした点が多い。
（6）小西甚一博士『文鏡秘府論考研究篇下』七二頁、金原理氏「平安時代漢詩人の規範意識」（『語文研究』二五号）「紀斉名私論」（『国語と国文学』昭和四十六年六月）等を参照されたい。
（7）経衡については、臼田甚五郎博士「藤原経衡論」（『国学論纂』所収）、犬養廉氏「和歌六人党に関する試論」（『国語と国文学』昭和三十五年九月）、増淵勝一氏「和歌六人党伝考」（『和歌文学研究』三六号）等を参照されたい。

三　『本朝文粋』の成立に関する一考察

——編纂の意図について——

一

『本朝文粋』は我国で始めて行われた文章の編纂であるが、編者藤原明衡の目的は後世における文章作成の規範とするためであったと考えられる。本書の編纂には、すでに我国に渡来していた中国の詩文の総集、中でも『文選』の影響が大きいと言われている。勿論文章の手本として愛読されていた『文選』がもとになったことは言うまでもないが、本書の編纂は唯単に編者個人の意図にだけよるものであろうか。文章道で長い間学業に専心していた藤原明衡が、我国に従来かかる文章の集成がなかったのを遺憾として、編纂を試みたことは当然予想されるところであり、彼が最もその仕事に適する立場におり才能を有していたことも事実である。しかし本書はその内容から考えて、物語や和歌と異り、多分に実用的な性格を持っていることを見逃してはならない。従ってその背後には、多くの人々が本書の出現を待望していたことが考えられるのである。このことは後代の人達の本書の享受態度や利用方法などを通して容易に推測される。つまり時代の趨勢や社会の要求が、本書の成立に強く働いたということが出来るかと思うのである。

ところで当時の人々は邦人の詩文に対してどの様な興味を抱き、どの様な享受の仕方をしていたのであろうか。『白氏文集』は我国に渡来するやまたたく間に翰林を席捲して、白楽天は詩神のごとく崇拝されたし、『文選』も大学の教科書に採用されて古代から人々に愛好されて来た。しかし邦人の詩文の享受については、記録が殆ど残されていない。私は『本朝文粋』に見える章句の類似から、当時の人々がどの様に邦人の章句を摂取したか考えてみたい。次いで邦人の秀句が多くの人々に愛され、当時次第に流行して来た朗詠と結びついて『和漢朗詠集』の編纂が行われたことを述べ、さらにその中に収められた邦人の長句と『本朝文粋』の文章との関係に筆を及ぼしたいと思う。こうして『本朝文粋』の成立には、長い間に亘って多くの人々が無形の中に参劃し、その編纂を実現させた過程を迹づけ、最後に編者独自の意図について考えてみよう。

二

平安時代邦人の手になる漢詩文は、翰林の人々にどの様に受入れられたのであろうか。古い時代のことは明かではないが、『江談抄』などの逸話から推すと、延喜・天暦の頃から屢々邦人の秀句が詞場で朗詠された。『吏部王記』(『政事要略』所引)によると、延長四年(九二六)の重陽の宴に、醍醐天皇は佳句あるごとに藤原博文に詠じさせ、御製に至って群臣が声を合わせて朗詠したという。また天皇は「禁庭翫月」と題する三統理平の詩句を再三誦して聖主と仰がれたし、菅在明(菅野名明か)の省試の秀句を琴に弾じて詠ぜられ、そのため諸儒が及第せしめたという話も残されている(『江談抄』巻四)。中でも邦人の秀句が愛好され後人の規範となった例を挙げたい。

谷水洗レ花、汲二下流一而得二上寿一者三十余家、地血和レ味、湌二日精一而駐二年規一者五百箇歳。群臣賜二菊花一序。紀納言。

高五常序、有下似二此序一之作上。古人伝云、五常作後以言被レ称、自余頗催二此序一。可レ到二佳境一。以仍二此序一云々。

これは『江談抄』(巻六)に収められた逸話であるが、大江以言は紀長谷雄の詩序の章句を模した高岳五常の例を取上げ、この詩序を規範とした作品はすべて佳境に到るに違いないと評した。長谷雄の詩序は『本朝文粋』（巻十一・326）に収められ、またこの秀句は『和漢朗詠集』にも採られている。紀長谷雄は延喜十二年（九一二）に六十八歳で薨じたが、菅原道真や三善清行と並称された寛平・延喜の鴻儒である。高岳五常の経歴ははっきりしないが、天安年間（八五七～八五九）に文章得業生となって（『外記補任』）、元慶三年（八七九）には出雲権掾として見え（『都氏文集』巻四「請下以二所帯内記職一譲中与諸才者上状」）、同七年対策に及第し、仁和元年（八八五）に大外記に、寛平三年（八九一）に大学助に任じられているから（『外記補任』）、紀長谷雄と大体同じ頃の人であろう。三統理平とその詩才を併せ称され、紀長谷雄が彼の詩に深く感歎したといわれ（『江談抄』巻五）、在原行平のための奨学院建立の奏状（『文粋』巻五・143）、『扶桑集』（巻七）に詩一首のほか、『類聚句題抄』『新撰朗詠集』に佳句が存する。長谷雄の詩序が何時出来たものか不明であるが、高岳五常が彼の詩序を模したのは、それ程時間の上で隔りがあるとは思われない。*

＊右の『江談抄』の本文「五常作後」以下を『和漢朗詠集』の古注によって

納言被レ称曰、余頗改二作此序一、可レ到二佳境一

と改める。すなわち長谷雄の詩序が五常の詩序を改作することによって佳境に到ることができた、と長谷雄が自ら語った意に解釈する。

また『江談抄』（巻四）には菅原文時の詩句

桃李不レ言春幾暮、烟霞無レ跡昔誰栖。

の「桃李不レ言」と「烟霞無レ跡」が対句をなしているが、これは菅原淳茂の願文に見える句であるという。作者は「古人必同事不レ避レ之歟。」と述べているが、淳茂と文時が叔父と甥の関係にあり、共に菅家の名を辱しめぬ鴻儒であることから考えれば、この二作品は関係がなかったとは言えぬであろう。

これまでは大体、白楽天を始めとして中国の詩文が規範とされていたのであるが、この説話によると、邦人の作品を、しかも同時代の人が模倣したことが分る。人々が詩文を作成する時に、中国の詩文だけでなく、先輩や朋友の作品を参照模倣し、それによって佳句を生み出したことは注目されて良い。源為憲が文場に臨む際に何時も嚢を持参したといわれるが（『古今著聞集』巻四）、彼等が詩文を作る時に彫心鏤骨の努力をすると共に、他の詩人達の佳句を血眼になって採入れ参考にしたことを物語っている。

ここで当時の文章について考えてみよう。文章を構成する句について、『作文大体』（観智院本）は発句・壮句・緊句・長句・隔句・漫句・送句・傍字の八を挙げている。発句は巻頭に施して対を要しない。壮句は発句の次に用い、三字より成って対を要し、緊句は四字の対句である。長句は五字以上の句で対属を要し平仄を調える。隔句には軽・重・疎・密・平・雑の六体があって、軽・重隔句（何れも四字六字の対）が最も勝れたものとされた。漫句は四字五字以上の句で対合せず、送句は末尾に施す一字二字の句で、傍字は発句に似て文章の途中に用いられる。これらの句を巧みに組合せて一篇の文章が構成されるわけであるが、文章の種類によってほぼ記載の順序形式が決められていた。そして当時においては、『文鏡秘府論』（東巻、論対）に

文詞妍麗、良由二対嘱之能一、筆札雄通、寔安施之巧。若言不レ対、語必徒申、韻而不レ切、煩詞枉費。

とある様に対属が最も肝要とされ、隔句対を中心にして文章の評価が行われたのである。『和漢朗詠集』に収められた章句はごく纔かの例外を除いて隔句対で、人々の朗詠愛唱の対象となっており、詩人鴻儒が駢儷対属の巧緻に、筋力を労し紅涙を流したことを多くの逸話が述べている。『王沢不渇鈔』などの作法書から考えると、文章作成の規範はかなり厳しく、それに先例故実を重視し先人の作品を規範典拠とした当時の風潮から、作品が首尾自ら類似を招く結果に陥り易い傾向は免れない。もしも私達がその中の著名な対句を覚えていなければ、作者を知ることは不可能な

程である。従って多くの説話に記されている如く、一対の駢儷の巧拙によって作品の評価が決まるといってもよかろう。それ故詩人達が中国の詩文はいうまでもなく、常に先輩や同時代の邦人作家の対句に意を払い、それを換骨して名声を揚げようと考えるのも当然なことである。先に述べた紀長谷雄の詩序をめぐる逸話はその典型的な例であるが、私は『本朝文粋』から類似の章句を抜萃して考察を加えてみたい。

『本朝文粋』にはしばしば章句の同じものや、表現の類似したものが見られる。それらは、㈠作者を同じくするもの、㈡作者を異にするもの、の二に大別出来よう。なお文体の相違は殆ど問題にならないと思われる。

第一の同じ作者による字句の一致や類似の例を挙げてみる。例えば源順が伊賀伊勢等の国守の闕に拝任されんことを請うた奏状（巻六・159）の

外弥竭㆓松柏之節㆒、内将㆑払㆓萊蕪之塵㆒。

の章句は、花影浮春池の詩序（巻十・302）の

秩罷二年、萊蕪之塵未㆑払。

と全く同じであり、『後漢書』に見える范史雲の甑の中に塵が生じた故事を賦して、我身の貧窮を訴えたものである。
また兼明親王が座左銘（巻十二・368）に歌う

不㆓撃㆑缶而歌㆒、何以慰㆓吾身㆒。

は、同じく池亭記（巻十二・374）にある

不㆓撃㆑缶而歌㆒、有㆓大耋之嗟㆒。

と同じ表現である。これは『易経』の離の九三爻辞に「日昃之離。不㆓鼓㆑缶而歌㆒、則大耋之嗟。凶。」とあるのを引いたということで、(1) 日傾くの時に当って従容として歌い楽しむ達人の境地を賦して、親王の理想とする生活態度を述

べたものである。大江以言が春秋を詳かにする対策（巻三・86）に

　斯皆三才資以裁成、万霊稟以鎔範者也。

と述べているのは、惟宗允亮邸で令を講じた際の詩序（巻九・265）に見える章句

　五祇含而裁成、万霊稟而鎔範。

と同じで、三才（天地人）及び五祇（木火土金水）の活動と万物の形成を記すものである。さらに慶滋保胤が参州の薬王寺に過った時の感懐を賦した詩序（巻十・282）に

　前有二碧瑠璃之水一、後有二黄纐纈之林一。

とあるのは同じ巻の落葉波上舟を賦した詩序（315）の章句

　閣東有二碧瑠璃之水一、水辺有二紅錦繡之林一。

と類似した表現をとる。共に「碧」と「紅」の色対を用いて、巧みに水と林の美しい秋の景観を浮彫にする。同じく保胤が六波羅蜜寺の供花会で法華経を聴講した時の一称南無仏詩序（巻十・276）に

　身暫雖レ在二柱下一、心尚如レ住二山中一。

とあるのは池亭記（巻十二・375）に

　家主職雖レ在二柱下一、心如レ住二山中一。

と記されているのと同じで、彼の信仰生活の深さを物語るものである。大江匡衡の逢花傾一盃詩序（巻十・304）に見える

　如レ予者、江家釣レ名、魯魚之疑難レ決、翰林低レ翅、梁鴻之恨未レ休。

の文は、寒花為客栽の題で賦した詩序（巻十一・324）の章句

匡衡江家釣レ名、魯魚之疑未レ決、翰林低レ翅、梁鴻之恨更催。

と殆ど同一で、已れの学才を謙遜しながら、実際は『後漢書』に見える隠者梁鴻に譬えて卑位に沈滞している境遇を嘆いている。これらの類似の章句はそれぞれ発想を同じくするもので、作者の才能の欠如や詩想の涸渇を意味するというよりも、表現する場において頭に浮んで来る故事や形容の字句が、作者によって一つの決まった型があったと考えられないであろうか。

慶滋保胤が具平親王の問に答えて当代の文章を批評し、大江匡衡は「敢死之士数百騎、被二介冑一策二驊騮一、似レ過二淡津之浜一。其鋒森然少二敢当者一。」と評し、紀斉名は「瑞雪之朝、瑶台之上、似レ弾二箏柱一。」と言い、大江以言は「白砂庭前、翠松陰下、如レ奏二陵王一。」と述べたことは有名な話である（『古今著聞集』巻四）。この様に作者の詩趣を比喩的な美文で評することは、既に『詩品』などに始まり「古今和歌序」の六歌仙評にも見られるところであるが、(2) 比喩的な批評に基いて当世の文章を鑑別することは、翰林の碩学を除いては不可能に近かったことであろう。一般の貴族達は類型的な表現によってのみ、僅かに他の作者から区別し、ささやかな個性を認めていたのではなかろうか。例えば大江匡衡の奏状（巻六・160）に見える

繇レ是詩書仁義之路、照然就レ日、礼楽儒雅之林、靡然向レ風。

の章句は、『江吏部集』の月照牕前竹を賦した詩序（巻上）の

道徳仁義之圃、歌二湛露一兮子来、礼楽儒雅之林、慕二清風一兮親附。

と類似しているのも、大江匡衡という詩人が持っている表現であると言えなくはないと思う。ただ当時の狭い詞場と、規範に縛られた文章の形式、さらに故事や先人の詩文に憂身をやつしていた詩人を考える時、後代における個性などとは到底比較することの出来ないものであることは言うまでもない。

第二の作者を異にするものを挙げてみよう。紀長谷雄が秋思入寒松を賦した詩序（巻十・287）の

　蘭棹桂楫、払二衣東海之東一、巌室松楹、高二枕北山之北一。

は、同じ巻にある大江朝綱の落花乱舞衣を賦した詩序（306）の

　蕙帯蘿衣、抽二簪於北山之北一、蘭橈桂楫、鼓二艓於東海之東一。

に類似している。川口久雄博士によると、(3) 紀長谷雄の章句は王勃の「荷裳桂楫、払二衣東海之東一、菌閣松楹、高二枕於北山之北一。」（「上劉右相書」）を原拠にしたもので、さらにそれ以前にも同じ様な表現があり、長谷雄や朝綱の態度を、典拠を古典に求めて表面を緻密に深め美しくみがきあげる古典主義的態度であると述べておられる。長谷雄の章句が中国の古典にその表現の源を求めたことは認められるが、朝綱の場合は、中国の古典は勿論のこと、長谷雄の作品を意識し、さらに洗練された表現を意図したと考えられる。彼等の章句が人々に愛好されると、美的表現の一つの型が出来、作詩作文の時の手本となる。鎌倉時代の作詩参考書である『文鳳抄』（巻七、乗御部）に舟の美的表現として「蘭棹」「桂檝」が挙げられているのも、長年に亘る詩文の表現から生れたものであろう。

　また大江朝綱の聖化万年春を賦する詩序（巻九・234）にある

　望二竜顔於咫尺一、奉二鳳銜於尋常一。

の章句は、藤原伊周の中宮御産百日和歌序（巻十一・345）の

　望二竜顔於咫尺一、酌二鸞觴一而献酬。

と同じ字句であるが、両者の直接的関係は認められず、当時からありふれた類型的表現と思われる。大江匡衡の対策、寿考（巻三・82）の章句

　杖レ郷杖レ国之先後、芸縑載而無レ違、養レ庠養レ序之尊卑、竹帛垂而不レ朽。

は、徳行を陳べた紀斉名の対策(84)にある

謂レ徳謂レ行、芸縑載而無レ刊、有レ実有レ賓、竹牒編而不レ朽。

と類似した発想をとる。「芸縑」も「竹帛(牒)」も共に古代に紙に代って書かれたもので、菅原淳茂の対策、鳥獣言語(76)にも「討二芸縑一而去レ惑、……披二竹帛一而澄レ心。」とあるのを見ると、書籍を表現する常套句であったと考えられる。

都良香の対策、神仙(70)の章句

八九七十二室、青巌之石削成。

は、大江澄明の山水を弁じた対策文(80)の章句で『和漢朗詠集』に収められた

山復山、何工鑿二成青巌之石一。

と同じで、偉大な造化の作用を表している。対策文において最も重要なことは、都良香が

凡作文之体、自有二定准一。其開発端緒、陳二置大綱一、必須下予論二物理一、暗合二題意一、起二文於此一、会二理於彼一、取二上事一以証二下事一、論二後義一以足中前義上。

と記している如く(『都氏文集』巻五)、論文の首尾が相応じ内容が題意に適っていることである。従って徒らに文章が繁縟に陥ることは当然避けねばならぬが、修辞が否定されたわけではない。『朝野群載』(巻十三)に収載された対策の評定文に「綴文之体、詞華可レ観。」とか「文章可レ観、頗慣二蜀女織レ錦之功一。」とあることによっても、文章の潤色は欠くべからざるものであったと思われる。結局「文理相通」が理想であった。対策はその及落によって学者としての将来が決定づけられるのであるから、対策者は真剣に先輩達の文章や詩に取組み、自家薬籠中のものにしようと努力したであろう。しかも彼等は大旨儒家の子弟に限られていたから、中国の古典や先人の詩文集に接する機会も多かっ

たと思われる。そして後代のものから推して、対策文を集成した文集が存在していたことも疑いないし、学生達が目を通していたことは充分予想される。この様に考えると、大江澄明が献策に当って、都良香の対策文を下敷にしたことは疑う余地がない。

紀在昌が鴻臚館で北客の帰郷に餞した詩序（巻九・254）の章句

久積二丹蛍之光一、未レ入二白鳳之夢一。

は、大江朝綱の寒菊戴霜抽の詩序（巻十一・327）の

未レ結二白鳳之夢一、対二霜蕊一而掩レ面。

と殆ど同じで、揚雄の故事を引き学業久しくして文名を揚げることが出来ないことをいう。また紀淑望の作といわれる古今和歌序（巻十一・342）の文章

動二天地一感二鬼神一、化二人倫一和二夫婦一、莫レ宜二於和歌一。

と、紀貫之の新撰和歌序（巻十一・343）の文章

皆是以動二天地一感二神祇一、厚二人倫一成二孝敬一。

は、共に和歌の社会的効果を述べたものである。ただ新撰和歌序の文章は、貫之の書いた『古今集』の仮名序の「ちからをもいれずして、あめつちをうごかし、めに見えぬ鬼神をもあはれとおもはせ、おとこ女のなかをもやはらげ……」と同じ意味であるから、前者の模倣というのはあたらない。貫之の和歌に対する理念の率直な表現と考えたい。

また紀斉名の摂念山林を賦する詩序（巻十・278）にみえる

請課二宿習之文章一、将レ為二来世之張本一。

の章句は、大江匡衡が仁康上人のために書いた願文（巻十三・410）の対属

皆以二今日之善根一、将レ為二来世之張本一。

と同じであるが、小野篁の慈恩院初会の詩序（巻十・275）にも「故列二此会人于左一、為二後来之張本一。」と類似した表現がある。大江朝綱の聖化万年春の詩序（巻九・234）の章句

撫レ民之期、海田屢変、膺レ図之運、陵谷頻遷。

は、源順の河原院賦（巻一・10）に見える

吾固知、陵谷猶遷、海田皆変。

と似た表現であるが、共に時勢の推移を嘆く常套句であったと思われる。また藤原時平の名で収められた延喜格序（巻八・200）の章句

膺二千年之期運一、承二百王之澆醨一。

は、三善清行の意見十二箇条（巻二・67）にも

改二百王之澆醨一、拯二万民之塗炭一。……鍾二千年之期運一、照二万古之興衰一。

と見えている。長年の弊政の末に聖天子が登場したことを祝福する常套の表現であろうか。ただ『本朝文粋』に収められた延喜格序の作者は藤原時平と記されているが、延喜格の撰定に参劃した学者の中に三善清行の名を見ることが出来るし、実際に時平が自分で序を書いたとは考え難い。もし時平が学者に序の執筆を命じたとすれば、清行もそれに関係したと思われるので、共に清行の表現といえるかも知れない。大江朝綱が度者の恤給を請うた状（巻五・148）の対句

蒲柳之質已脆、桑楡之景漸傾。

は、源順の鳥養の歌（巻一・42）に見える

抄写年積眼早暗、桑楡景傾病弥忙。

と同じ表現で、老齢の悲しみを述べたものである。この他にも作者を異にする類似の章句は『文粋』の中に見られるところである。

以上例を挙げて類似の章句を考察して来たが、これらは古典の章句が人々に熟して無意識の中に類似の表現を取る場合もあったし、また作者が意識的に先人の章句を踏襲したり換骨したりした場合もあったと考えられる。

江戸時代の儒者安東仕学斎は、本朝古代の詩道盛に文運開けて来た状勢を述べ、「異地同心者」「同時同調者」「改而益好者」の三者に分け例を挙げて説明している。(4) 第一の異地同心者は、嵯峨天皇が白楽天の「閉レ閣唯聞朝暮鼓、登レ楼空望往来船。」の句の「空」の字を「遥」字に換えて小野篁に示したところ、篁が「遥」を改めて「空」としたらより勝るであろうと答えて天皇を感歎させた逸話を記している。第二の同時同調者は、村上天皇が大江朝綱と菅原文時を召して白楽天の詩を論じ、家に帰って『文集』第一の詩を択ばせたところ、期せずして二人が「送三蕭処士遊二黔南一」の詩を献じたことと、朝綱と文時が嘗て某第に会して花を見て詩を賦し、上句が「此花非二是人間種一。」と一字も違わず、下句が表現を異にして共に主催者のことを述べた美談を挙げている。第三の改而益好者は、源英明の夏日詩の「池冷水無二三伏夏一、松高風有二一声秋一。」の句を、側で聞いていた菅原文時が「池」を改めて「水」と為し「水」を改めて「池」と為し、さらに「松」と「風」の位置を転換すればよくなるであろうと述べた故事を掲げている。

これらの逸事はすべて『江談抄』に見えるところであり、仕学斎の挙げた三者の中、第二と第三が略今まで説明して来た点に該当しようか。彼が列挙した事例はすべて対属がその中心をなしており、第一や第三の用字や置字の字法に関する問題も、巧緻華麗な対句を構成するための句法の問題に転換することが出来よう。

前に述べた様に、当時の文章は全体として鑑賞されることが少く、その中の対属によって作品の優劣が決められたのであるから、いきおい古人の章句を模倣換骨し、より秀れた表現を取ろうとする傾向が生れた。しかも彼等が才筆を振う詞場は狭かった。宮廷や摂籙で行われる詩筵の詩賦や、貴紳に依頼される願文や辞状、さらに官位奏請の奏状等一定の形式に縛られた文章の世界においてのみ、その才能が認められたのである。これらの作品は多くの場合、ある期日をおいて執筆されたものであり、学者や詩人は古人の詩文を下敷にして流麗な文章を作ることに腐心したこと疑いない。もしこうした彼等の態度を古典主義的態度と呼ぶことが許されるならば、先人の作品を如何に巧緻に模倣し洗練した表現を取ったかに、鑑賞の目を向けなければなるまい。ただ注意すべきことは、彼等が規範とし模倣した文章や佳句は、当時我国に流行した『白氏文集』や『文選』などの中国の作品だけでなく、平安時代の詩人や儒者の作品が含まれていることである。これは同じ環境や条件の下で執筆した先人の作品に対して、先例としての規範的意識を持つと同時に、さらに洗練した表現を心掛けたためであろうし、同時代の人の作品を模したのは、競争意識が強く働いたためではなかろうか。このことは大勢の詩人達個人の詩文集が現存していれば、かなりはっきり裏附けられることと思うが、例を挙げた様に当代文章の粋を集めた『本朝文粋』の中に類似の表現を見出すことが出来るのは、そうした文人達の態度の一端を物語るものであろうと思われる。

こうして彼等の作品が断章取義的ながらも人々に鑑賞され賞讃される様になると、これらの作品を収録して世に残し、後人の文章作成の規範にしようとする意図が働くことは当然考えられるところである。当時の人々の感情に調和して美しい響を与えた文人達の秀句が、次第に流行して来た朗詠と結びつき愛誦されて『和漢朗詠集』を生んだのであり、さらに種々の型の文章の手本とするために『本朝文粋』が編纂されたのである。それ故、『和漢朗詠集』にせよ『本朝文粋』にせよ、その作品の排列や分類等編纂書としての形式には編者の意図が大いに働いたであろうが、作品の傾向や内容に関しては、当時の人々の考えや好悪が編者に反映したといえるのではなかろうか。『本朝文粋』が編纂されるためには、当時の翰林いな貴族社会にその様な気運があったと考えられるということを指摘して、次に『和漢朗詠集』との関係について考えてみたい。

三

個人の秀句が朗詠されたのはかなり古いことであろうが、一定の曲節によって誦詠されたのは、源雅信を嚆矢とするといわれる。『朗詠九十首抄』にある「朗詠由来」には次の様に記されている。

右一条左相三度上表課二菅文時一俾レ草レ状曰、相府感二其秀句一、成二彼詠声一。所謂傅氏巌嵐及春過夏闌之両句是也。因以二傅岩一遂為二秘曲一。自レ爾已降、連々作レ曲、或用二詩賦之詞一、世々広レ律、或採二序表之句一。醍醐朱雀聖代恢二弘斯道一、源流藤家両門互伝二其業一焉。

この辞表は円融天皇の貞元二年（九七七）六月十四日のもので『本朝文粋』（巻五・126）に収められており、その秀句とは後に根本朗詠に採られた

傅氏巌嵐、雖レ風二雲於殷夢之後一、巌陵瀬水、猶涇二渭於漢聘之初一。

春過夏闌、袁司徒之家雪応二路達一、旦南暮北、鄭太尉之谿風被二人知一。

の二首である。もし源雅信を朗詠の元祖とするならば、円融天皇の頃に一定の声律を持った朗詠が行われ、邦人の秀句が人々の口に詠ぜられたことが分る。これが当時の貴族の間に拡がって花の朝月の夕に秀句が吟誦され、愛好されたことも想像に難くない。『枕草子』や『源氏物語』から二三の実例を摭拾してみよう。

『枕草子』九十七段に中宮定子が清少納言に紙を賜った時、彼女が「九品蓮台の間には、下品といふとも」と書いて献上した話があるが、これは慶滋保胤の極楽寺建立の願文に見える

十方仏土之中、以二西方一為レ望、九品蓮台之間、雖二下品一応レ足。

を指している。また百三十段に故殿（道隆）の供養が職の御曹子で行われた後、殿上人達が酒を飲み詩を誦したが、その時頭中将（藤原斉信）が「月秋と期して身いづくか」と吟詠したというのは、菅原文時が謙徳公（藤原伊尹）の追善供養の際の願文（『文粋』巻十四・422）

金谷酔レ花之地、花毎レ春匂而主不レ帰、南楼嘲レ月之人、月与レ秋期而身何去。

を詠じたものである。[5] 百三十二段に職の御曹子の簾をもたげて呉竹を投げ入れた時、作者が「おおこの君にこそ」と才智を閃かしたので、殿上人達が、「種ゑてこの君と称す。」と吟じながら集って来たという話は、藤原篤茂が修竹冬青を賦した詩序（『文粋』巻十一・321）の章句

晋騎兵参軍王子猷、栽称二此君一、唐太子賓客白楽天、愛為二我友一。

を引くことは明白である。さらに二百九十五段に大納言伊周が参上して夜明け方に鶏が鳴いたので、「声明王の眠りをおどろかす」と高吟した話は、都良香の対策漏剋（『文粋』巻三・72）の長句

鶏人暁唱、声驚二明王之眠一、鳧鐘夜鳴、響徹二暗天之聴一。

によるものである。『源氏物語』賢木巻に源氏と三位中将が韻塞の競技をした際に、源氏が「文王の子武王の弟」と誦したのは、大江朝綱が貞信公（藤原忠平）のため摂政辞表（『文粋』巻四・103）の章句

周公旦者文王之子武王之弟、自知二其貴一、忠仁公者皇后之父皇帝之祖、世推二其仁一。

を朗詠したものである。さらに『古今著聞集』（巻四）に藤原兼家が九月十三夜に、東北院の念仏に参った時、藤原斉

信が「極楽の尊を念ずる事一夜」と詠じたので、御供に伺候していた作者の紀斉名は面目を施したという逸話は、勧学会の際「摂念山林」を賦した詩序（『文粋』巻十・278）の

念二極楽之尊一一夜、山月正円、先二勾曲之会一三朝、洞花欲レ落。

によるものである。(6)

これらは邦人の秀句が当時の人々の感情に調和し嗜好に投じたことを物語るものであろう。こうして詩人達の作品は単に狭い翰林の世界に留らず、一定の曲節にのってその秀句が断章的に人々に愛唱されて行った。右に挙げた秀句はいずれも『和漢朗詠集』に収められているが、当時における秀句の吟唱朗詠の盛行は、当然秀句の編纂を予想させるものであった。藤原公任が『和漢朗詠集』を編纂したかげには、その気運が盛り上っていたといっても過言ではなかろう。

『和漢朗詠集』には詩文の秀句五百九十五首と秀歌二百十九首が収められている。(7)さらに詩文の秀句は細分すると、唐人の長句五十首、詩句百八十三首、邦人の長句百六首、詩句二百五十六首になる。唐人の長句は邦人の長句の半数以下であり、しかもその詩句百二十三首を収めた白楽天も長句は僅か十四首に過ぎないのである。私は『本朝文粋』との関連を考える上で、特に邦人の長句を取上げて考えてみたい。何故ならば『本朝文粋』は文章の精粋を集めたものであり、四百二十七篇の中で詩は雑詩のみ二十八首で、『和漢朗詠集』に見えるものは僅か二首に過ぎないからである。試みに『和漢朗詠集』に収められた長句の中、『本朝文粋』に見えるものを、その巻の順序に従って挙げてみる（括弧内は『文粋』の文章の数）。

巻一　八首（雑言詩一首、賦六篇）

巻二　なし

巻三　九首（対策四篇）
巻四　二首（表二篇）
巻五　五首（表四篇）
巻六　二首（奏状一篇）
巻七　一首（書一篇）
巻八　十一首（序十篇）
巻九　十四首（序十二篇）
巻十　二十二首（序十八篇）
巻十一　十三首（序十篇）
巻十二　二首（讃一篇、奉行文一篇）
巻十三　二首（願文二篇）
巻十四　二首（願文二篇）

右の九十三首を作品の内容から分類すると

序六十首　対策九首　辞表七首　賦七首　願文四首　奏状二首　書一首　讃一首　奉行文一首　雑言詩一首

となる。この九十三首の秀句は殆ど詞場で作られたものか、朝廷や摂関家に依頼されたもので、自己の心情を自由に吐露したものは兼明親王の「菟裘賦」（巻一・13）を除いては見当らない。これは前述した様に、当時の詩文の制作される場が狭く、人々が断章的に秀句を愛好し鑑賞した傾向を示しているといえよう。そして一篇の作品から二首以上の秀句を収めているものは、大江澄明の山水策（巻三・80）四首、都良香の神仙策（巻三・70）三首、紀長谷雄の観賜群臣菊花詩序（巻十一・326）三首、菅原文時の花光水上浮詩序（巻十・300）三首を始めとして、二首を収めるもの八首を数えることが出来る。これらの作品はその秀句を通して特に人口に愛唱され、傑作と考えられていたのであろう。

『和漢朗詠集』の長句百六首の中、『本朝文粋』に見えるものは、その八十八パーセントに該当する。ところが『和漢朗詠集』にあって、『本朝文粋』に見えない長句は十三首である。この十三首の秀句の中、先に挙げた慶滋保胤の極楽寺建立願文や大江以言の内宴停盃看柳色詩序の秀句は、すでにその句を廻った逸話が『枕草子』に記されている。これらの秀句を持つ文章が、どうして『本朝文粋』に収められなかったか全く不明である。これらの秀句の作者は大江以言（『以言集』）、紀長谷雄（『紀納言集』）、源順（『順家集』）、尊敬（『沙門敬公集』）、小野篁（『野相公集』）等大部分家集があるし、翰林に長く研鑽を積んだ藤原明衡にとって作品の入手が不可能であったとは到底考えられない。強いて言えば、『和漢朗詠集』の長句全てを採録しなかったところに、当時の貴族達の文章に対する愛好を充分顧慮しながら、編者自身の嗜好を打出したものであると言えないこともないが、この十三首と他の作品との内容や傾向の逕庭は全くないと言ってよかろう。従ってこの十三首を収めなかった点に、編者の姿勢や嗜好を認めることは出来ない。何故にこの十三首を避けたかは疑問が残ると言わざるを得ない。『文粋』が規模とした『文選』は、文章の英華精粋を集録したものとして、中国では後代まで多くの人々に愛され大きな権威を持っていたが、それでも陶淵明の作品が少い（『東坡志林』）とか王羲之の「蘭亭序」を欠いている（『遯斎閑覧』）などの非難が起っている。(8)『文粋』に収録された作品の当否について、後人の評を見ることは出来ないが、問題が残されていることは疑えない。

さて『和漢朗詠集』の長句の中、その約九割が『本朝文粋』に収められていることは、明かに藤原明衡が本書を編纂するに際して、『和漢朗詠集』を参照したことを示している。『本朝文粋』は種々の文章を分類収録し、後代の文章作成の規範にするために編纂されたものであり、朗詠のために秀句のみを集めた『和漢朗詠集』とは性格を異にする。

編者は今までの詩人鴻儒の詩文集や公文書を本にして、その秀逸を選んで分類編纂したのであるが、その際当時の人々が賞讃し愛好していた文章を中軸にしたことは考えられる。その時文章の規準になったのが華麗な対属を鏤めた長句であり、それらを収録した『和漢朗詠集』が範とされたことは断言してよいのではなかろうか。これは『和漢朗詠集』の長句の大部分を『本朝文粋』に収めているだけでなく、本書の文章の中、序(百五十六篇)、表(四十三篇)、奏状(三十七篇)、詩(二十八首)、願文(二十七篇)、書(十六篇)、賦(十五篇)、対策(十三篇)等が多いのも、当時の各種文体の多寡によると同時に、『和漢朗詠集』の長句の数に比例しており、当時の人々の文章に対する好みを表していると考えられるからである。藤原明衡は『本朝文粋』の編纂に当って非常に『和漢朗詠集』を意識しており、これは当時の趨勢が然らしめたと言えるのではなかろうか。この様に考えると、『本朝文粋』の編纂は翰林いな貴族達がこぞって鶴首していた作品であり、その前の段階として、性質を異にするが『和漢朗詠集』の出現が必要であったといえよう。

四

『本朝文粋』に『和漢朗詠集』の影響が見られることは、当時の美文意識を反映するものであるが、しかし両者の間には厳然たる区別が存在する。『文粋』の文章は三十九部門に分類編纂されているが、『和漢朗詠集』の長句で『文粋』に収録されている文体は十部門に過ぎない。本書の中には賦・序・記の如く、その内容が文学的色彩の濃い文体ばかりではなく、詔・勅書・伝記・官符の様な公文書が少からず収められている。そして単に文書の形式を示すのみで読者に美的感情を与えることの乏しい文章も見られる。例えば位記の如きは五十字にも至らない文章で、一二の対属によってその表現を修飾している。また種々の文体の中で美的要素の濃いと思われる詩序においても、紀長谷雄の「白菊叢辺命飲詩序」（巻十一・334）は

秋之云暮、唯菊独残。飲二於叢辺一、惜以賦レ之云レ爾。

の十八字より構成されていて、華麗な駢儷に彩られた他の詩序とは表現を異にしている。序という文体が『文体明弁』に「其善叙二事理一、次第有レ序、若二糸之緒一也。」と記されている如きものとすれば、この詩序は最も簡潔にして文体上の表現形式を辛うじて保っているに過ぎない。同題の菅原道真の詩序（巻十一・333）には「各加二小序一。不レ過二五十字一。」と注記があるので、これも小序と考えられよう。ここでいう小序とは『文体明弁』に記されている様に、大序が書物の序であるのに対して、篇章の執筆由来について言うものではなく、単に短文の序を指すのであろう。こうした小序の中にも、道真の「花時天似酔詩序」（巻十・295）の如く『和漢朗詠集』に収められた秀句を有するものもあるが、概して美文的性格よりも形式的意識の方が強いと考えられる。つまり『本朝文粋』の編纂には、読者に美的感情を与える文章と共に、種々の文体に属する文章を集録しようとする意図が働いたと言える。しかし本書に当時行われたすべての文体が収録されていないことは、『朝野群載』と比較してみる時明白である。この様な編纂態度は、『文粋』が規範としたと思われる中国の総集に既に見られるところである。

『本朝文粋』は『唐文粋』に倣って命名されたものと言われるが、『日本国見在書目録』などによると、すでに中国の詩文の総集として『文選』や『文館詞林』等の名前が見られる。中でも梁の昭明太子の撰に係る『文選』三十巻は、古代から六朝までの文人詩人の詩賦文章を収録したもので、我国にはすでに推古天皇の頃に渡来していたといわれる。[9] 大宝令には進士が試験に際して『文選』上帙七帖と『爾雅』三帖を課せられたことが見えるし、仁明天皇以来しばしば宮廷で『文選』の竟宴が行われ、藤原道長を始めとして多くの貴族たちも愛読している。藤原諸成は『文

選』上帙を暗誦していたので文章院で三傑と称され(『文徳実録』)、勧学院の学生藤原隆頼は『文選』三十巻の四声の切韻を暗誦する者があれば上座を譲ろうと豪語したといわれるが(『古今著聞集』巻四)、文章道の学生達にとって『文選』は必須の文献であった。それ故大江匡衡が「三史文選、師説漸絶、詞華翰藻、人以不レ重。」(『文粋』巻六・162)と累代侍読の栄誉と自己の学才を誇示したのも、翰林の鴻儒として当然のことであったろう。そして『枕草子』に「ふみは文集、文選。」とあり、『源氏物語』にもその章句が引用された様に、『文選』は当時の貴族や宮廷の女性達の間にも浸透して行ったと考えられる。しかしその雄大荘重な駢文や難解硬骨の章句は、次第に当時の人々から遠いものになりつつあった。これは平易暢達な『白氏文集』などの流行や、仮名文の盛行によって邦人の文章の平明流暢の傾向が助長されたためであろうが、それを裏書する様に『和漢朗詠集』には『文選』の長句を僅か二首収めているに過ぎない。その上先述した如く、白楽天といえどもその長句は『和漢朗詠集』に十数首しか収められなかったのであるから、彼の文章(詩を除いた)は当時の貴紳に愛されること、邦人の文章に一籌を輸したといえよう。清少納言は先の言葉に続けて「願文、表、博士の申文」と記しているが、詩人達の美文の総集は待望のものであったといえる。さらに当時の先例故実を重視する廟堂の空気は、簡便な文章の様式の分類集成を必要としたと思われる。この様な状勢を背景にして、邦人の文章の編纂は当然約束されていたといえよう。

『本朝文粋』の分類編纂は『文選』に倣ったものと言われる。我国にこれまで文章の編纂事業が行われなかったのであるから、いきおい代表的な中国の詩文総集である『文選』に範を仰ぐのは当然である。『江談抄』(巻六)に兼明親王の「菟裘賦」(巻一・13)を唐人が見て、此賦が往代の作であったならば『文選』に入ったであろうと賞讃した話が記されている。その最後に作者(大江匡房)は「尤神妙事歟。」と評しているが、当時の文章の規範が『文選』に置かれていたことを示している。『本朝文粋』の編纂が『文選』に倣ったというのも、編者自身の文章観を表わすと共に、当代の人々が邦人の文章の収録編纂に際して、『文選』に類したものを要求していたと言えるかと思う。換言すれば日本の『文選』が必要だったのである。こうした人々の意向が反映して、藤原明衡が『本朝文粋』をあの様な形に編纂したと言えるのではなかろうか。つまり『本朝文粋』の編纂は「時代及び社会の要求から、必然的に生れたものと見ることが出来る」(10)のである。

五

私は今まで『本朝文粋』の成立に関して、余りにも当時の翰林や貴族達の意向及び時代の趨勢に力点を置いて説明して来た。そのため往々編者自身の文章観や編輯態度を無視して来たが、これは本書の有する実用的性格から見て止むを得ないといえよう。しかし編者の意図が曖昧で、絶えず外的影響によって右顧左眄していたとは考えられず、本書が『文選』を規模としながらも、両者の間に大きな相違点が存在することを見逃すことは出来ない。その点に編者の大きな独自性を認めることが出来る。それには二つの点が考えられるが、その一は文章に関するものであり、その二は作品の素材についてである。

第一の文章についていえば、本書を彩る華麗な駢文とは全く性格を異にする平明な散文が二三含まれていることである。その代表が都良香の「富士山記」(巻十二・371)や「道場法師伝」(巻十二・376)であり、紀長谷雄の「白箸翁詩序」(巻九・237)である。「富士山記」は富士の形状を具体的に記しながら、その中に天女の飛行伝説を組入れている。また「道場法師伝」は元興寺の鬼を拉《ひし》いだ雷童子の霊異譚で、既に『日本霊異記』に見える所である。また「白箸翁詩序」は市井に白箸を売る老人の説話で、一旦逝去した主人公に吉野の山窟で遭遇したが、復再び訪ねることが出来なかったという神仙譚に属するものである。この説話は後に『本朝神仙伝』に収められ、さらに『文粋』では詩序に属するが、『本朝書籍目録』では伝として後代に流布している。

これらの作品の作者は、例えば都良香には別に「吉野山記」があり、紀長谷雄には「白石先生伝」や『紀家怪異実録』の如き神仙や鬼怪に関する文章が存在する。しかも良香が南山の大峯にて仙法を行じ、その終る所を知らざる仙人となり(『本朝神仙伝』)、長谷雄が朱雀門の楼上にて鬼と双六をする怪異的世界の人間として後人から扱われている(『長谷雄卿絵詞』)ことも何かの奇縁といえようか。この作品の様に華美な修飾を去った平易な記録的文章が書かれる様になったことについては、それだけの理由が存在するわけで、川口博士は唐代における四六駢儷文への反省が何等かの影を落しているかも知れぬといわれる。(11) 韓柳による古文復興の運動は我国の文献では中世に入らないと見られないが、平易通俗を宗とした白楽天や元稹の文芸精神が影響を与えていることは認められるかも知れぬ。しかし四六駢儷文に対する不満反省を強調することは、それ以後長い間に亘って駢儷文が翰林の世界を席捲していたことから見て誤と言わねばなるまい。我々が注意しなければならぬのは、これらの作品が記や伝の如き文体に属する点である。記は記事の文章の意で客観的に観察したことを如実に記するのが目的であり、伝は後世のために人の事迹を記述するものだが、元来史書の列伝に基いたものである。従ってこれらの文体は他の文体以上に散文的要素が濃く、現に駢文全盛の六朝時代においても散文形式の作品を見ることが出来る。例えば平安時代の文人に愛された陶淵明の「桃花源記」や「五柳先生伝」を見れば、その一端が判明するであろう。また六朝時代に出現した志怪小説に『列異伝』や『捜神記』『神異記』の如き作品があり、これに『高士伝』や『列仙伝』の如きを加えるならば、記や伝が駢文とは離れたものであったと考えることが出来る。

しかも注目すべきことは『隋書』の経籍志によると、これらの伝や記が目録分類の上で小説の部門ではなく、史部の雑伝に収められていることで、唐代の史官は史書に属するものと考えていたと言えようか。初唐に撰述された『晋書』にはこれらの雑書がその資料として用いられている。『晋書』の羊祜や郭璞の列伝に『捜神記』に見える志怪の逸話が記述されているのがそれを裏書しており、劉知幾の『史通』（巻五、採撰第十五）にも

晋世雑書、諒非二一族一。若二語林世説幽明録捜神記之徒一、其所レ載或恢諧小弁、或神鬼怪物。其事レ非レ聖、揚雄所レ不レ観、其言二乱神一、宣尼所レ不レ語。唐朝所レ撰、晋史多採以為レ書。

と非難している。これらの事柄から推して、伝や記が文学的内容を持ちながら、一方で正史の資料として役に立つものを包含していると言えようか。そして史書の文章が『史通』（巻五、載文第十六）に「苟能撥二浮華一、採二真実一、亦可レ使二夫雕虫小技者、聞レ義而知一レ徙矣。」と説かれている如く、浮詞華文を去らねばならぬのであるから、繁縟な駢文を捨てて簡潔な散文を取るのが自然であろう。

都良香が編纂に当った『文徳実録』に民間の訛言を取上げ（嘉祥三年〈八五〇〉五月五日）、米糞聖人の説話を記し（斉衡元年〈八五四〉七月二十二日）、至る所に「記レ異」することが多いのも、彼の前述の如き記や伝の執筆と関係があろう。紀長谷雄にしても、六国史の撰述は終ったが、まだ撰国史所は廃止されて居らず、史書の官撰が行われたならば、当然史官としてその編輯に与ったことは充分予想される所である。勿論前述の伝や記が史書編纂の資料を目的として執筆された確証はなく、飽くまで「置二之案頭一、時々繙閲、則又可下以慰二閑寂一、降中睡魔上矣。」（元禄十二年〈一六九九〉刊『捜神記』一色時棟の跋文）に過ぎない雑文である。とすると当時の人々にとってこれらの作品が文章執筆の手本になったとは到底考えられない。もしも社会的影響を考えるならば、『文粋』が編纂された時点が恰も藤原氏が衰微に向う時代で、従来権威あると認められていた偶像が仮面をはぎ、自由に批判出来る空気が生じ、大江匡房の如き鴻儒によって民間の口碑伝説が漢文によって書かれる素地があったことが指摘されよう。しかし本書は当時の類聚編纂事業

の勃興を背景にして、過去の詩人の文章に対する憧憬から生れたと考えられるので、かかる作品の掲載は編者自身の嗜好に基くものと判断したい。既に述べた如く、明衡が起家の儒者で『明衡往来』や『新猿楽記』等の雑文を執筆して居り、翰林の世界とは縁の遠い街談巷説に興味を持った学者であることが、これらの内容を持った散文を掲載する大きな原因になったと考えられる。

第二の素材について言えば、街談巷説を取上げたものと淫靡な内容を持った作品の二者がある。前者については前項で略述したので省略するが、後者は大江朝綱の「男女婚姻賦」（巻一・15）と羅泰の「鉄槌伝」（巻十二・377）がこれに該当する。「男女婚姻賦」は「情緒相感、然後妊身。」の八字を韻として男女の交親の様を故事を引用しながら淫靡な駢文で綴ったものである。これは中国の俗文学などの影響もあろうが、彼が活躍した天暦期（九四七〜九五七）は従兄弟の大江維時が木島の神主に『遊仙窟』の訓を受けて天皇に進講したと言われ、村上天皇自身散楽に関心を寄せて藤原雅材に策問を課しているなど、従来の伝統に固執し格調を重んじた文章世界に、華美な内容を持つ俗文学が闖入して来た爛熟頽廃の雰囲気に包まれた時代である。当代随一の碩学朝綱がこの様な淫猥な戯文を書いたのも、彼自身の資質以上に時代の空気が反映していると言えようか。「鉄槌伝」は性器について大胆赤裸々に叙述した戯文であって、哄笑に通ずるおおらかさに充ちている。作者羅泰は偽名で、学者の執筆したことは疑いない（詳しくは後述する）。これは唐の白行簡の戯文「天地陰陽交歓大楽賦」の影響が濃いといわれるが、[12] その用語は中国及び日本の医書に見えるものが多い。

これらの作品が何故本書に収録されたか明白でないが、萩谷朴氏が『土佐日記』の叙述に性教育の効果を認められた[13] 筆法をもってすれば、それに類するのであろう。私はその方面の知識に暗いので分らないが、その点については『医心方』の如き秀れた医書が存するのであるから、それをわざわざ文学的表現をもってした作品が性教育に貢献するとも思われない。これはやはり編者明衡の性質に帰すべきであると考えたい。殊に彼の著述になる『新猿楽記』には狎褻な描写があり、しかも既に山崎知雄が指摘している如く、[14]「鉄槌伝」の章句が数箇所に亘って『新猿楽記』と合致する。このことが本作品の作者羅泰が明衡を指すことを証するとは言えぬにしても、両者の間に何等かの関係があると認められるのではなかろうか。この様に考えると、編者がかかる戯文に対して深い関心を持っていたことは疑えない事実であり、本書が『文選』を規範としながらも、かなり異質の分子を含む独自な編纂物に構成された最も大きな原因であるといえよう。

当時の人々に愛され実用に供された華麗な駢文や公的な文書の外に、街談巷説を記録した散文や卑猥な内容を持つ戯文が収録されていることは『文粋』の大きな特色であるが、その原因について川口博士は次の如く述べて居られる。

側艶の風をひそかに愛し、庶民的なおかしみに同感した明衡の個性を反映し、微官に甘んじて清貧のなかに文学の営みを続けた彼の皮肉な自嘲を反映すると同時に、解体前夜にさしかかった律令制のゆがみと矛盾にたえきれなくなった国内の社会的な流れと、五代の動乱を経て晩唐から北宋へとあわただしく変革して行った大陸のはげしい動揺の気分とを何らか反映するかもしれない。[15]

この説の当否は問わないが、前に記した如き若年においては自由を愛した編者の批判的精神が反映していることは認めねばならない。すべての作品は生るべき必然性を有しているが、特に『本朝文粋』の如き作品は、一般の人々の文章作成や文章生の課試のために模範的な詩文を集録するという教育的見地からの実用性を多分に有している。従って源為憲の『世俗諺文』や後の藤原孝範の『明文抄』さらには『明衡往来』の如き初等教科書、また『作文大体』の実例ともいうべき文章指南書、さらに『朝野群載』の如き文書の集成といった多面的性格を持っていると言えよう。そのため編者の個性を云々するよりも、社会や時代の要求の方が強調され、前面に押出されることは止むを得ないことである。長い間文章院で研鑽を積み、数十年に亘って翰林の発展と儒門の興隆に努力した藤原明衡には、社会の要求や人々の嗜好がどの様なものであるか、分り過ぎる程分っていたに違いない。本書の完成を鶴首している大勢の人々の無言の援助が明衡を元気づけたことは充分に予想される所である。この様に推測して行くと、収録された作品の傾向や内容には、多くの人々の嗜好がかなり強く反映していたと考えることも許されるであろう。繰返して述べるが、本書編纂の最大の目的は日本の『文選』を作ることであり、そのために後人の範となるべき先輩の秀れた文章を集録しようとしたのである。そしてそれは編者の意図であると共に、時代及び社会の要求でもあった。ただその編纂の過程において編者明衡の資質や嗜好が反映しており、『文選』とはかなり異質の作品が生み出されたと言える。しかしながら私達がその異質分子のみを取上げて強調することが誤りであることは言うまでもない。

（1）柿村重松博士『本朝文粋註釈』。
（2）鈴木虎雄博士『支那詩論史』一三五頁。
（3）川口久雄博士『平安朝日本漢文学史の研究』二三八頁。
（4）「送三山崎菊径之二東武一序」(『仕学斎文集』巻一)。
（5）この時のことは『十訓抄』(第一)「皇后定子御和歌事」にも「定子皇后宮は一条院の后也。御父の中関白の御ために御仏事を被レ行けり。……斉信中将蔵人頭にておはしけるが、金谷花に酔し地、花は春毎に匂ひて主かへらずと詠じたりければ、聞人涙を拭けり。」とある。
（6）『今鏡』(巻一)では藤原兼家が藤原頼通になっている。*
（7）柿村重松博士『和漢朗詠集考証』による。
＊ 堀内秀晃氏と大曾根章介校注の新潮日本古典集成『和漢朗詠集』の底本、御物の伝藤原行成筆本によれば、長句詩句五百八十六首、和歌二百十六首である。

(8) 『文選纂註評苑』に収められた陳仁子編の「諸儒議論」による。
(9) 岡田正之博士『日本漢文学史』二七四頁。
(10) 山岸徳平先生「中世日本文学史」(『国語国文学講座』第十六巻)九〇頁。
(11) 前掲書三二三頁。
(12) 川口久雄博士「本朝文粋・本朝続文粋の世界」(『新訂増補国史大系』月報第三〇号)。
(13) 「土佐日記創作の功利的効用」(『国語と国文学』昭和三十八年十月)。
(14) 拙稿「山崎知雄書入本「本朝文粋」について」(『新訂増補国史大系』月報第三〇号)。
(15) 前掲書七九九頁。

四　『本朝文粋』成立試論
――『扶桑集』との関係について――

一

『本朝文粋』は嵯峨天皇から後一条天皇まで約二百年間における詩文の精粋四百二十九篇を編纂したものである。現在通行している本は十四巻に分類されているが、鎌倉時代に成立した『本朝書籍目録』にも「本朝文粋　十四巻明衡撰」と見える。しかし本書の原形が流布本と同じであったという保証はない。本書の写本は種々存在し、その古いものは鎌倉初期まで遡るが、その中には流布本と全く形態を異にするものが存する。

最もよく知られているのが石山寺本（『国史大系』に附載）である。「本朝文粋巻第六」の内題の下に辞状が四篇、次いで書状は「公家御書」「贈異国書」「上大臣書」の小項目を標示し、消息状と合わせて十八篇を収めるが、流布本にない二篇が加わる。また巻数不明で流布本巻五の「辞左右大臣表」に該当する二篇、以下「辞封戸表」「返随身表」「致仕表」「尚侍辞表」が並ぶ。これらは流布本の巻五と巻七の目録および本文に相当しており、流布本巻六（巻五の後半と巻七の前半にも収録）にある奏状を欠いている。その上書状に小項目を附する点や、辞状と表の作品の排列順序が流布本と異なっている。

かつて近藤喜博氏によって紹介された大河内本(1)（大阪府長谷寺の塔中能満院所蔵の経文六巻の紙背に見えるもの）は、流布本の巻十三と巻十四に該当する。巻十三には流布本にある祭文・呪願文・表白文・発願文・知識文・廻文を欠き願文だけ十一篇を収めるが、排列順序が全く異なる上に流布本に見える二篇の願文を欠き巻十四の一篇を含む。巻十四は目次を欠くが内容から判断すると、願文・諷誦文の外に流布本巻十三に見える呪願文以下の作品を排している。願文の排列は流布本と異なる上に、流布本に見える四篇の文章を欠き（前半の欠脱部分に存在したかも知れぬが）、諷誦文一篇を願文として扱っている。

高野本は現存しないが、静嘉堂文庫に蔵する山崎知雄書入れ板本によって知られる。この本は巻四の一巻のみだが、流布本にない大江朝綱と菅原文時の「公卿賀㆓朔旦冬至㆒表」二篇（『政事要略』巻二十五に見ゆ）を掲載していること、大江匡衡の執筆した藤原道長の辞表三篇を欠いているのは流布本と異なる。

以上の三本が内容から見て流布本と相違するが、これらが同一系統に属するものか全く不明である。また流布本と作品の排列を等しくする古写本は数多いが、流布本との間に作品の題名や書式及び字句の異同が見られることは言うまでもない。しかも残念なことにこれらの古写本は何れも一巻か二巻の零本に過ぎない。一方流布本の祖と目される身延本は、文永年間に北条時頼の命により清原教隆が加点した金沢文庫本を転写したもので巻一を欠くが（この系統の静嘉堂文庫本によって補える）、他本によって校合した跡が窺える。それによると巻二（61・62）の「新羅賊勅符」「陸奥勅符」の二篇に「世間流布本無此符」と注記し（東大史料編纂所にある菅孝次郎氏所蔵の転写本もこの二篇を欠く）、巻十一（326）の「賜㆓群臣菊花㆒詩序」に収める七言律詩に「已上四行本无」と記しており、かかる内容の本が存在していたことが知られる。

最初に述べたように現在完本と目される『本朝文粋』は十四巻で、既に『本朝書籍目録』によっても確認されている。ところがその一本に「二十巻」とあり、また『通憲入道蔵書目録』には「文粋上帙十巻下帙八巻」と記されている。和田英松氏は「巻数のあはざるは、合本となりたるが故なるべし[2]」と述べておられる。これに対して近藤氏は『通憲入道蔵書目録』にいう十八巻を原形とする立場から、石山寺本や大河内本などの異本をその残存本と推測された。その理由として、㈠異本が流布本系の諸伝本に比して稀少でありかつ完本が存在しないこと、㈡新しい流布本の出現によって裏が料紙とされていること、㈢書写が古く鎌倉時代を下らぬこと、㈣異本が流布本に比して一巻の所収分量が少ないこと、㈤編成や題目の整備が不充分であることなどを挙げられ、異本と流布本とは草稿本と改編(精撰)本との関係にあると推定された。

しかし本書には十五巻以上の巻数を持つものは全く知られないので、現状においては十八巻の本文が存在した蓋然性は稀薄と言わねばならぬ。やはり十四巻を原形と考える方が穏当であろう。その理由について小島憲之氏は次の様に考察されている[3]。

本書の巻数は十四巻。目録が原本に一巻として独立していたか否か未詳であるが、撰者としては少なくとも十五巻的に考えていたのではなかったか。即ち二の倍数の十四巻とみるよりは、三の倍数の十五巻であったとみるのが一般であろう。本書の分類は後述の如く『文選』のそれによる点が大である。文選の無訓本は九条家本の如く三十巻(李善注本六十巻)、即ちこの巻数の半分もしくは四分の一が本朝文粋の巻数に当る。二の倍数でも万葉集や経国集の如く二十巻ならばそれでよいが、同じ二の倍数の十四巻はむしろ端数の巻といえる。即ち本文十四巻と目録一巻がもとの姿であったとみるのがよくはなかろうか。

我国でかかる文章編纂の事業がそれまで行われなかったことや、当時における中国文学への傾倒を顧慮に入れると、編者がその規範を中国に求めたことは疑いないし、その代表が『文選』であることは衆目の一致する所である。しかも所収作品の総数から見ても、『文選』の七百五十四篇に対して本書が四百二十九篇であるのは、本書の編纂の規模を『文選』三十巻の二分の一にした推定を可能にさせる。(4) ただ写本においては各巻の巻初に目録が附されて居り、目録が独立するのは古活字版以後のことである。『文選』との関係を重視する点は納得できるが、原形を十五巻とする考え方に賛同するには躊躇させられるものが存する。本書の十四巻という巻数は意味を持たぬものであろうか。中国で仏教擁護の立場から文章を集めた梁の僧祐撰の『弘明集』十四巻と、唐の道宣撰の『広弘明集』三十巻には、種々の文体の文章が収められているが、『文選』三十巻と『本朝文粋』十四巻とは編纂目的を異にする上、両書が国境を異にしているので参考にならない。本書を十四巻に分類したことは、編者に重要な意図があったに違いない。別の観点から考察することはできないのであろうか。

二

本書が『文選』を規範として詩文を編輯したことは、その目次によっても明かに知られる。『文選』の項目を挙げると

賦　詩　騒　七　詔　冊　令　教　策秀才文　表　上書　啓　弾事　牋　奏記　書　移　檄　難　対問　設論
辞　序　頌　賛　符命　史論　史述賛　論　連珠　箴　銘　誄　哀　碑文　墓誌　行状　弔文　祭文

の三十九部門より成るが、本書においても

賦　雑詩　詔　勅書　勅答　位記　勅符　官符　意見封事　策問　対冊　論奏　表　奏状　書状　序　詞　行
文　讃　論　銘　記　伝　牒　祝文　起請　奉行　禁制　怠状　落書　祭文　呪願文　表白文　発願文　知識文
廻文　願文　諷誦文

の三十九類である。当時行われていた文体がこれに限るものでないことは、『都氏文集』や『菅家文草』を繙いても明かであり、編者は『文選』に倣って三十九類に限定したと思われる。さらに両書とも賦と詩を最初に置き、賦を項目に分けること、『文選』の詩の項目分類の形式が本書の詩序に適用されていることなど両書の関係は深い。しかし両書の間で文体の名称の一致するものが三分の一にも及ばないのは(同じものに圏点を附した)、彼我の間における社会情勢や文学様式の相違を反映したものである。両者の最も大きな差違は、㈠『文選』の賦五十七篇に対して本書のそれが十五篇、詩に至っては四百三十五首に対して僅か二十八首である上に雑詩に限定されて居り、彼が賦・詩をもって全巻の半を過ぎるのに此は一巻であること、㈡『文選』が表十九篇、序九篇を収めるのに反して本書は表四十二篇(三篇が重複する)、序百五十六篇(和歌序十一篇を含む)の多きに及び、彼の上書七篇に相当する奏状三十七篇を掲載すること、㈢『文選』にない願文・諷誦文など仏事に関する文章を多数収録していることは、『枕草子』二百十一段に「文は(中略)願文、表、博士の申し文」と見えるのを反映するもので、その点に本書独自の性格があるといえよう。

ここでは主として第一の現象について考えてみたい。賦は中国においては六朝以前に詩を凌ぎ最も重要な地位を占める文体であった。本来賦は「一定の文学上の形式を用ゐて、或種の事物を鋪陳するもの」(5)でその内容は多岐に亘るが、表現においては同じ偏旁の文字を並列して読者の視覚に訴え、双声・畳韻の熟語を駆使して音楽的効果を求めながら華麗壮大な文を展開するのを特色とする。漢から魏晋へと時代の降下とともに対句と音調とが整備されて行くが、『文選』を繙いても明かな如く、対句は単対が中心で隔句対は雑用されることがあっても四六隔句が中心を成していない。斉梁の頃から賦の対句に平仄互対を取り、修辞も巧麗になって来た。唐代になると音律の協調、対偶の巧緻が尚ばれた上に、押韻の制限が用いられるようになる。これは官吏登用試験に賦が採用されたためと言われる。

我国の賦は奈良時代に行われて居り、平安初期までの作品十七篇が『経国集』に収録されているが、何れも小篇で中国の作品に依拠して居り、押韻や字数に関する制限は設けられていない。ところが『本朝文粋』に収録された賦は「以㆔望在㆓天西㆒為㆑韻、依㆑次用㆑之、二百字以上為㆑篇。」（巻一・1「繊月賦」）とか「以㆘位在㆓三公㆒臥為㆗布被㆖為㆑韻、三百五十字以上成㆑篇。」（巻一・12「孫弘布被賦」）の如き題字の下に附された注記によって、押韻や字数に条件が設けられている。[6] これらは何れも唐の律賦の影響下にあるもので、『文選』の賦とは性格を異にする。本書に収録された賦が少いのは、その作者の殆どが翰林の鴻儒であることから推して、賦の製作が技術的に難解であったためと思われる。平安時代の賦は次第に衰微し『本朝続文粋』では僅か大江匡房の作品五篇を数えるに過ぎない。[7]

『本朝文粋』の詩はすべて雑詩で古調・越調・字訓・離合・廻文・雑言・三言・江南曲・歌に分けられている。それらは古詩の流れを汲むもの（古調・歌）、唐代に起った塡詞（越調・江南曲）、遊戯詩に属するもの（字訓・離合・廻文）などを含み、種々の詩体の模範例を示した感が強い。当時一般に広く行われていた七言の律詩や絶句は全く収められていない。柿村重松氏は「猶ほ進んで本書が詩を選するに絶句及び当時最も盛に行はれし律詩を採らざりしは、殊更に文選に擬せしものと謂ふべく、此の一事以て両書の関係を知るに難からずと謂ふべし」[8] と、六朝時代に律詩や絶句が行われなかったことをその原因に挙げられた。しかし賦において本書のそれが唐代の律賦に基くもので、六朝時代の駢賦と異なるのに収載していることを顧慮に入れると、他に理由を求める必要がある。それは柿村氏が別に「懐風藻を始めとして、凌雲集、文華秀麗集、経国集、扶桑集、本朝麗藻等前後相次ぎて成りたれば、亦之を特に蒐集するの必要なかりしなり」[9] と記された如く、既に漢詩集の編纂が行われていたためである。本書と時代を等しくする作者の詩を編輯した代表的な漢詩集は『扶桑集』と『本朝麗藻』であり、『二中歴』（巻十二、詩作者）によると詩人は前者が七十六人、後者が三十四人を数える。そして本書の作者六十九人の大部分はこの両集の詩人と一致する。中でも『扶桑集』は平安時代の漢詩文の頂点をなす延喜・天暦の詩人を網羅したもので本書に大きな影響を与えて居り、或意味では両者は表裏一体の関係を成すと考えられる。ここで『扶桑集』について述べることにしたい。

三

『本朝書籍目録』によると『扶桑集』は紀斉名の編纂したもので十六巻より成る。類従本に「十二《六イ》巻」とあるが、『建内記』(嘉吉元年〈一四四一〉九月十四日条)に「扶桑集八冊十六巻、全部也代百卅疋、自二長橋一下二行之一」とあることからも十六巻が完本である。現存するのは巻七と巻九の両巻だけで、何れも欠ける所がある。巻七は巻首の目録前半を欠くが、哀傷部(悼亡・哭児・墳・病・歎)、隠逸(或は閑居)部(隠逸・樵隠・無隠・処士・山居)、贈答部(贈答・蕃客贈答)、懐旧部(懐旧・話旧)の順序から成ったと思われるが、巻末に脱落がある。巻九は巻首の目録とそれに続く本文を欠き、文(或は書籍)部(首欠、毛詩・孝経・論語・史記・蒙求・詠史・勤学・及第・落第・筆)、武部(弓)だけが存し、中途と巻末に欠落がある。

ところで寛文七年(一六六七)刊*『菅家文草』の板本には詩題の下に「扶一」「扶五」の如き割注がある。(10) それが現存の『扶桑集』巻七・巻九と符合するので、この割注が『扶桑集』に収録された巻数を示すこと、また『扶桑集』は他の文体を含まぬ詩(詩序を附す)だけの撰集であることが判明する。『菅家文草』の詩で『扶桑集』に採録されたものは、板本によると八十四首(或は八十六首)を数える。(11) 現存する作品を含め『扶桑集』に収録されたと思われる菅原道真の作品の題名を煩を厭わず掲げることにする。なお括弧内は『菅家文草』の巻数を表わし、○印は『本朝文粋』に収載された詩序、●印は本書に見える同題の他人の詩序を示し、下にその巻数と項目名を附記する。

* 寛文七年刊本では『扶桑集』の集附は六十首に見える。こののち元禄十三年に修訂した版では、『文粋』の集附があらたに加

えられたほか、『扶桑集』の集附も二十四首にわたって追刻された。

扶一　賦㆓得赤虹篇㆒（巻一）
○九日侍㆑宴同賦㆑喜㆑晴応㆑製并序（巻一）　巻八、天象(260)
夏夜対㆓渤海客㆒同賦㆘月華臨㆓静夜㆒詩㆖（巻二）
水中月（巻二）
相府文亭始読㆓世説新書㆒聊命㆓春酒㆒同賦㆔雨洗㆓杏壇花㆒応㆑教（巻二）
客居対㆑雪（巻四）
十月二十一日禁中初雪応㆑製（巻五）
早春侍㆓朱雀院㆒同賦㆓春雨洗㆑花応㆓太皇製㆒（巻六）

扶二　○早春侍㆓内宴㆒同賦㆑無㆓物不㆒㆑逢㆑春応㆑製并序（巻一）　巻八、時節(216)
○早春侍㆓宴仁寿殿㆒同賦㆓春暖㆒応㆑製并序（巻二）　巻八、時節(261)
過㆓大使房㆒賦㆓雨後熱㆒（巻二）
賦㆓得春深道士家㆒（巻二）
晩春遊㆓松山館㆒（巻三）
春日独遊三首（巻四）
四年三月二十六日作（巻四）
冬夜呈㆓同宿諸侍中㆒（巻五）

扶三
同賦三春浅帯二軽寒一応レ製（巻六）
端午日賦二艾人一（巻四）
三月三日侍二於雅院一賜二侍臣曲水之飲一応レ製（巻四）
○閏九月尽灯下即事応レ製并序（巻五）　巻八、時節（227）
●七月七日代二牛女一惜二暁更一各分二一字一応レ製（巻五）　巻八、時節
送春（巻五）
三月三日侍二朱雀院柏梁殿一惜二残春一各分二一字一応二太上皇製一并序（巻六）

扶四
晴砂（晩秋二十詠）（巻二）
衙後勧二諸僚友一共遊二南山一（巻三）
銭（巻五）

扶五
○九日後朝侍二朱雀院一同賦三閑居楽二秋水一応二太上天皇製一并序（巻六）　巻八、山水（230）
重陽侍レ宴賦二景美秋稼一応レ製（巻一）
○九日侍レ宴同賦二天錫レ難レ老応レ製并序（巻一）　巻九、人事（243）
言レ子（巻四）

扶六
○扈二従雲林院一不レ勝二感歎一聊叙レ所レ観并序（巻六）　巻九、帝道（235）
遊覧偶吟（巻四）

扶七
○早春観レ賜二宴宮人一同賦二催粧一応レ製并序（巻五）　巻九、人事（244）
到二河陽駅一有レ感而泣（巻三）

冬夜閑居話レ旧（巻三）
題二南山亡名処士壁一（巻四）

扶八

喜二田少府罷レ官帰一レ京（巻二）
傷二藤進士一呈二東閣諸執事一（巻二）
○早春内宴侍二仁寿殿一同賦三春娃無二気力一応レ製一首并序（巻二）　巻九、人倫(236)
正月十六日憶二官妓蹋歌一（巻四）
春日行二幸神泉苑一同賦三花間理二管絃一応レ製（巻六）

扶九

○八月十五夜厳閣尚書授二後漢書一畢各詠レ史得二黄憲一并序（巻一）　巻九、論文(263)
○仲春釈奠聴レ講二孝経一同賦二資レ事レ父事一レ君并序（巻一）　巻九、人事(241)
賦二得詠一レ青（巻一）

扶十

○晩冬過二文郎中一翫二庭前早梅一并序（巻一）　巻十、木(288)
九日侍レ宴同賦レ吹二花酒一応レ製（巻一）
●元慶三年孟冬八日大極殿成畢王公会賀之詩（巻二）　巻九、居処
園池晩眺（巻二）
同二諸小児一旅館庚申夜賦二静室寒灯明之詩一（巻三）
在レ州以二銀魚袋一贈二吏部第一郎中一（巻三）
春日感二右丞相旧宅一（巻四）
感二金吾相公冬日嵯峨院即事之什一聊押二本韻一（巻五）

田家閑適（巻五）

○賦二雨夜紗灯一応レ製幷序（巻五）　巻九、灯火（272）

屏風（巻五）

扶十一　別二遠上人一（巻四）

斎日之作（巻四）

遊二竜門寺一（巻五）

扶十二　早春侍二宴仁寿殿一同賦三春雪映二早梅一応レ製（巻一）

早春陪二右丞相東斎一同賦二東風粧レ梅各分二一字一（巻一）

早春内宴侍二清涼殿一同賦二春先梅柳知一応レ製（巻六）

●九日後朝侍二宴朱雀院一同賦三秋思入二寒松一応二太上皇製一（巻六）　巻十、木

●早春内宴侍二清涼殿一同賦二草樹暗迎レ春応レ製（巻六）　巻十一、草

扶十三　賦二葉落庭柯空一（巻五）

賦三新煙催二柳色一応レ製（巻六）

扶十四　早春侍二内宴一同賦二雨中花一応レ製（巻二）

亜レ水花（巻四）

○三月三日同賦二花時天似レ酔応レ製幷序（巻五）　巻十、木（295）

扶十五　九日侍レ宴同賦二紅蘭受レ露応レ製（巻一）

●九日侍レ宴観レ賜二群臣菊花一応レ製（巻二）　巻十一、草

○同㆓諸才子㆒九月三十日白菊叢辺命㆑飲各加㆓小序㆒（巻二）　巻十一、草(333)
○暮秋賦㆓秋尽翫㆒㆑菊応㆑令并序（巻五）　巻十一、草(332)
重陽後朝同賦㆔花有㆓浅深㆒応㆑製（巻五）
九日侍㆑宴同賦㆔菊花催㆓晩酔㆒応㆑製（巻六）
重陽侍㆑宴同賦㆔菊有㆓五美㆒各分㆓一字㆒応㆑製（巻六）
扶十六　九日侍㆑宴同賦㆓鴻雁来賓㆒各採㆓一字㆒得㆑葦応㆑製（巻一）
郊外翫㆑馬（巻二）
首夏聞㆑鶯（巻四）
新蟬（巻四）
聞㆘群臣侍㆓内宴㆒賦㆗花鳥共逢㆖春聊製㆓一篇㆒寄㆓上前濃州田別駕㆒（巻四）
○重陽後朝同賦㆓秋雁櫓声来㆒応㆑製并序（巻五）　巻十一、鳥(338)
重陽節侍㆑宴賦㆔天浄識㆓賓鴻㆒応㆑製（巻五）
詩友会飲同賦㆔鶯声誘引来㆓花下㆒（巻六）
早春内宴侍㆓清涼殿㆒同賦㆓鶯出㆒㆑谷応㆑製（巻六）

以上八十四首(12)

かつて林古渓氏は『扶桑集』の巻数と『菅家文草』の詩題からその部立を想像された(13)。

一、天　二、歳時　三、節日　四、地　五、帝徳・人倫　六、人事・遊宴　七、（現存）哀傷・隠逸・贈答・懐旧　八、礼部・送迎・行旅・舞妓・音楽　九、（現存）文・武　十、居処・器用　十一、梵門（又は道釈）　十二、樹

十三、樹　十四、花　十五、草　十六、鳥獣虫

この項目が正鵠を射ているか否かは疑問であるが、内容はそれに近似していると見て差支えなかろう。

『江談抄』（巻五）に「扶桑集長徳年中所レ撰也云々。時歴二九代一歟。今上之時也。」と見えるので、光孝天皇の仁和期より一条天皇の長徳期まで九代百余年間の作品を集めたことになるが、和田英松氏は『二中歴』所載の詩人名を参考にして文徳天皇より冷泉天皇までの九代を想定されている。[14] 最も古い詩人に小野篁を数える点で『本朝文粋』の作者の上限と一致する。現存する『扶桑集』の詩序十篇の中八篇が本書に見えることは、[15] 外に多くの詩序が採録されたであろうと想像されるし、現に『菅家文草』の表からも道真の詩序十七篇が収録されている（直接間接を問わない）。

『江談抄』（巻五）に記す

又云、扶桑集中順作尤多、時人難云々。問、順序多レ自二紀家序一如何。帥答云、花光浮二水上一序、順序也。専不レ可レ入也。而斉名以三其為二祖師一多入之由、時人難云々。

の記載が事実を伝えているとすると、『本朝文粋』に収める源順の詩序十七篇の大半は『扶桑集』にあったのではなかろうか。また順と比較された紀長谷雄の詩序十三篇も、その多くを『扶桑集』が有していたと推定できないであろうか。『扶桑集』の作者で本書にその作品を収める者は三十九人に及ぶが、その中で詩序を持つ二十七人の作品は『扶桑集』と合致するものがあることを予想させる。

『扶桑集』は紀斉名の歿後間もなくその妻によって藤原道長に献ぜられ（『御堂関白記』長保二年〈一〇〇〇〉二月二十一日条）、後に道長から一条天皇に献上された（同上、寛弘三年〈一〇〇六〉八月六日条）。また『明衡往来』（中本）に「楽府、扶桑集、随レ命奉レ借。扶桑集紕繆已多。是書写之人誤也。」と記されていることから、本書の編者藤原明衡が『扶桑集』に並々ならぬ関心を抱いていたことが知られ、両書の間に繋りがあることを推測させる。

特に注目すべきことは『扶桑集』の詩と『本朝文粋』の詩序とが大略排列を等しくすることである。試みに本書の詩序の項目を挙げると

巻八、天象　時節　山水
巻九、帝道　人倫　人事　祖餞付蕃客餞別　論文　居処　別業　布帛　灯火
巻十、聖廟　法会　山寺付僧房　木
巻十一、草　鳥

の十八に分類されている。これを前掲の『扶桑集』に採録された菅原道真の作品の中で、本書にその詩序が見えるもの及び同題の他者の詩序と比較対照すると、その排列順序は大概一致することが認められる。ただ両者の間には「人倫」の位置が違っている様に思われる。現存する『扶桑集』巻九の詩序で本書に採録されているものは「論文」に見えるが、道真の「仲春釈奠聴レ講二孝経一賦二資レ事レ父事一レ君詩序」が「人事」(241)に見えるのは、『扶桑集』が講経の書目により分類しているのに対し、本書は詩題に重点を置いているからである。また『扶桑集』巻十の「晩冬過二文郎中一翫二庭前早梅一詩序」を本書が「木」(288)に収めるのは、前者が詩題の「庭」に重点を置き、後者が「早梅」を主眼としたためであり、巻十二の「早春内宴侍二清涼殿一同賦二草樹暗迎レ春応レ製」詩は「木」に属すると思われるが、同題の紀長谷雄の詩序が『本朝文粋』の「草」(319)にあるのは詩題の「樹」と「草」への比重の置き方の相違に基くものといえる。

この様に見て来ると、本書の詩序の排列は、『扶桑集』の詩の排列を下敷にしながらそれを補正したものであることが判明する。そして排列の基準を詩題に置いていることは、『扶桑集』が釈奠や講書竟宴の詩序を書籍によって分類するのと異る。これは道真の詩序にも見られる所であるが、本書が「釈奠聴レ講二礼記一賦二桃始花一詩序」を「木」

(291)に、「仲春釈奠聴レ講二毛詩一賦三鶴鳴二九皐一詩序」を「鳥」(337)に排していることからも確められる。『扶桑集』の分類が不統一であることは、清原滋藤の「文選竟宴詠レ句賦三巻レ帙奉二盧弓一」詩を書籍でなく「武部」(巻九)の「弓」に収めている点にその一端が窺えるが、それは恐らく部立と収録作品の多寡を顧慮したからではなかろうか。それに反して本書の詩序には「居処」「別業」「布帛」「灯火」の如く一篇の作品のみを収載するものがあることは、編者が分類の妥当を期したからに相違ない。さらに本書の詩序には「時節」や「木」「草」が概ね季節の推移に従い、「法会」や「山寺」が年代順に排列されるなど顧慮されている。また本書の項目名は『文選』の詩や『唐文粋』の詩序とは異るもので類書のそれに近似しているが、本邦の先行漢詩集である『本朝麗藻』や『江吏部集』と一致するものが散見するので、それらを参考にしたのであろう。先に林氏が推定された『扶桑集』各巻の項目に疑問を呈したのも、氏が本書の詩序の部立を全く顧慮に入れられなかったことによるもので、両書の排列の一致は全く項目と無関係であるか否か考察すべき点があるが、軽々しい臆測は慎みたい。

『本朝文粋』の編纂に際して『扶桑集』が大きな影響を与えたことは、今までの説明で明かになったと思われる。本書が当時行われた七言の律詩や絶句を採録しなかったのも、既に漢詩の撰集がなされていたためであり、編者はその代表である『扶桑集』と相俟って日本の『文選』を作成しようとしたものと考えたい。『文選』三十巻に匹敵するために『扶桑集』十六巻と合わせた十四巻こそが、本書の編纂に当って編者が最初から脳裡に描いた巻数に外ならない。従ってその原形を十八巻と考える説も、目録一巻を想定して『文選』の二分の一を規模とする推定も疑問である。そして本書が詩序を全篇の三分の一に近い百三十九篇も採録していることは、ただ単に当時の作文の盛行を暗示するに止まらず、文体の一として詩序が詩から独立したことを意味する。本来詩序は詩首に附され詩によってその存在が認められた。個人の漢詩集には序の項目が設けられているが、例えば『都氏文集』(巻三)では序の下に「各付二本詩一」

と注記があって省略され、『菅家文草』(巻七)は序が書序と区別され、題名のみが記されて巻名の割注があり、末尾に「已上廿二序、各列二本詩篇目一、不レ載二此巻一。」と記述されている。ところが公私に亘って頻繁に開催された詩会は、序者の存在と詩序の価値を次第に高めて行き、その秀句を廻って種々の説話が生まれた。菅原文時の冷泉院の花宴における詩序(巻十・300)は序首の句を耳にした村上天皇の還御の車を留め、源相規の安楽寺の詩序(巻十一・336)は天神を感動させ、藤原雅材は釈奠の詩序(巻十一・337)の秀句によって俄かに蔵人に補せられたと『江談抄』(巻六)に記されている。詩から独立して詩序だけが読者の鑑賞評価の対象になったのである。既に平安初期の『経国集』には賦十七首・詩九百十七首・対策三十八首と並んで序(すべて詩序であろう)五十一首が収録されていたことがその序文によって知られるが、作品全体に占める詩序の位置は本書と雲泥の相違がある。詩序は本書によって始めて文体として独立したといっても過言ではない。院政期に詩序だけの編輯が行われたのも、本書によって詩序の位置が高められたことが遠因ではなかろうか。

四

本書は最初から十四巻を意図して編纂したものであるという立場から、異本の問題を考えてみたい。

石山寺本は巻六に流布本の巻五と巻七に該当する辞状と書状を収めるのを特色とする。辞状は流布本では辞表に附随している。表は『文心雕龍』(章表)によると漢代に天子への上書が章・奏・表・議の四品に分かれ、「章以謝レ恩、奏以按レ劾、表以陳レ請、議以執レ異。」の違いがあるという。即ち表は天子に上書して請情を述べるものであり、その内容には種々のものが含まれるが、本書では辞表が大半を占めている。これに対して状は明の徐師曾の『文体明弁』

（奏疏）に上書章表の一として、「状者、陳也。状有二二体一。散文・儷語、是也。」と説明している。宋代の『文苑英華』には文体の一として表と並び状の項目が設けられて居り、その内容は謝恩・賀・薦挙・進貢・雑奏・陳請に分類されて文章を収める。状はまた書や手簡・尺牘などとともに「秦漢以来、皆用二於親知往来問答之間一」（『文体明弁』書記）いられた。我国でも『都氏文集』（巻四）では状の項目を立てて上書と書状の両者を収めている。それ故に石山寺本が辞状と書状を同じ巻に収録していることは、分類の上からは妥当であるといえる。

その上に辞状は辞表とは書式を異にする。本書の辞表は「臣某言」と書き始め、文中に「臣某中謝」の語句があり、文末を「臣某誠惶誠恐頓首頓首死罪死罪謹言」で結ぶのを概ね常則とする。「中謝」とは伊藤東涯の『秉燭談』（巻三）に

誠惶誠恐頓首頓首、コレヲ中謝ト云。陳述ノ表ニコレヲ用ユ。但上ヘ上ル表ニハ、直ニコノ八字ヲ書クコトナリ。文集等ニ略シテ中謝、中賀等ノ二字ヲ分註ニスルナリ。

と説いていて、現に「為二昭宣公一辞二摂政一上二太上皇一第二表」（巻四・99）には「臣某中謝」に代り「臣基経誠惶誠恐頓首頓首死罪死罪」と記されている。これに対して辞状は文初も中間も一定の書式がなく、文末の様式も整備されていない。両者は明かに文体を異にするもので、『菅家文草』（巻九）では辞状を奏状の中に収めている。本書の流布本が辞表の中に辞状を含むのは、文章の内容によって分類しようとしたもので、文体の上からいえば石山寺本が正しいと言わねばならぬ。また辞状の中の作品の順序が流布本と異るのは、流布本が官爵の尊卑に基くのに対して作品の年代順に排列しているからである。

書状は石山寺本では「書」と「状」との区別によって書状と消息状とに分け、更に前者は「公家御書」「贈異国書」「上大臣書」の項目を附している。書状と消息状との相違はその内容の公的性格の有無の様に見えるが、書状の中に小野篁の「奉右大臣書」（巻七・186）の如く艶書に近い作品も含まれるので、[16] 単なる形式による区別であろう。また辞表

は流布本と小項目の排列が異るが、収録の文章は順序が同じである。その目録から判断すると、流布本の巻五にある藤原道長の辞表三篇を欠いている様に思われる。総じて石山寺本は流布本に比して排列が整理されていて、流布本よりも後に編纂されたことが推測される。しかし現存の断簡をもって全体を想定することは不可能である。

大河内本は既述の如く巻十三と巻十四の仏事に関する文章を収めている。近藤氏はこれを本にして『本朝文粋』の原形を十八巻と想像されたが、本書が『文選』の分類排列に倣って編纂されたことが明かであるからには、『文選』に見えぬ仏教関係の文章は最後に排されるのが自然であり、願文や表白などの作品をもって本書は完結すると考えられる。従って大河内本の巻十五から巻十八までの四巻に、仏教関係の文章が収録されていたとは到底考えられない。また願文の排列が流布本と大きく相違するが、近藤氏が言われる如く流布本に比して題目や編成の不整備が認められるのであろうか。試みに大河内本の巻十三の目次を掲げると、「臨時修善願文」の項目で

(1)後江相公朱雀院平レ賊後被レ修二法会一願文（天慶十・三・二十八）(407)
(2)江納言雲林院御塔供養願文（応和三・三・十九）(402)
(3)善道統空也上人供二養金字大般若経一願文（応和三・八・二十三）(409)
(4)菅三品謙徳公修二報恩一願文（天禄二・四・二十九）(422)
(5)前中書王自筆法華経供養願文（貞元元・九・十九）(408)
(6)慶保胤奝然上人入唐時為レ母修二善根一願文（天元五・七・十三）(411)
(7)賽二菅贈大相国廟一願文（寛和二・七・二十）(400)
(8)江匡衡仁康上人河原院五時講願文（正暦二・三・二十三）(410)
(9)於二尾張国熱田神社一供二養大般若経一願文（寛弘元・十・十四）(401)

⑽入道前大相国木幡山浄妙寺被レ修二法華三昧一願文（寛弘二・十・十九）（403）
⑾同人被レ供二養同寺塔一願文（寛弘四・十二・二）（404）

の如く排列されている（括弧内は修善供養の行われた年月日）。右の番号によって流布本の順序を示すと、⑺⑼⑵⑽⑾⑴⑸⑶⑻⑹となり、⑷は巻十四に収録されている。また流布本の「江匡衡、為二盲僧真救一供二養率都婆一願文」（405）と「江納言、朱雀院被レ修二御八講一願文」（406）の二篇を欠いている。巻十四の願文は巻首を欠いて目次が知られないが次の如く排列されている。

⑴陽成院四十九日御願文　後江相公（天暦三・十一・十八）（412）
⑵為二亡息澄明四十九日一願文　後江相公（天暦四・九・四）（424）
⑶朱雀院周忌御願文　後江相公（天暦七・八・七）（414）
⑷村上天皇為二母后四十九日一御願文　後江相公（天暦八・三・二十）（418）
⑸亭子院為二河原左相府一修善願文　紀在昌（延長四・七・四）（427）
⑹円融院四十九日御願文　菅輔正（正暦二・二・二十七）（415）
⑺二品長公主四十九日願文　慶保胤（寛和元・六・十七）（419）
⑻弘徽殿女御四十九日願文　慶保胤（寛和元・閏八・二）（421）
⑼花山院四十九日御願文　江以言（寛弘五・三・二十二）（416）
⑽覚運僧都四十九日願文　江以言（寛弘四・十・二十）（426）
⑾一条院四十九日御願文　江匡衡（寛弘八・八・二）（417）

これは流布本では⑴⑶⑹⑼⑾⑷⑺⑻⑵⑽となり、⑸は諷誦文に収める。また流布本の「後江相公、朱雀院四十九日御願文」（413）「後江相公、為二左大臣息女女御四十九日一願文」（420）「後江相公、為二重明親王家室四十九日一願文」（423）「江匡衡、為二右近中将源宣方四十九日一願文」（425）の四篇を欠き、既述の如く一篇は巻十三に収める。

流布本巻十三「願文上」は「神祠修善」「供養塔寺」「雑修善」に分れ、それぞれ尊卑に基く排列を採る。この項目は大河内本の「臨時修善願文」に包含されるし、流布本巻十四の「謙徳公報恩修善願文」（422）は本来巻十三に収むべきものである。大河内本の排列は整然と年代順に排列されて居り、流布本に比して整備されていることが分かる。流布本巻十四「願文下」は追善の作品だけを位階の高下によって排列する。これに反して大河内本は必ずしも年代順に按配されていない。中でも「亭子院為二河原左相府一修善願文」は流布本では諷誦文（427）に属して居り[17]（『扶桑略記』も同じ）、両者は文体を異にするので何故に願文の中に収録されたか不明である。また願文の後に呪願文や表白を排するが、仏事に関する文章の排列に一定の基準が存在したわけではない（『菅家文草』では願文の次に呪願文を置く）。従って一概に大河内本が流布本に比して排列が杜撰であるとは言えない。ただ大河内本も石山寺本と同様に全巻の内容を想定することは不可能である。

五

『本朝文粋』の流布本と異本との関係は従来原撰本と精撰（もしくは改撰）本として考察されている。異本が原形に近いもので流布本は精撰したものであるという説[18]と、流布本が原形でその改修が異本であるという説[19]に分れるが、現存資料に基く限り決定するのは困難である。何れにしてもこの両者ともその推定の根柢に、本書を他の文学作品と同列に置く姿勢が窺える。我々は本書を美文を収録した文学作品として鑑賞享受しているが、当時においても現在と同様に享受されたわけではない。編者は後人が文章を作成する時の手本にするという実用的な目的で本書を編纂したのであり、読者は実用書として使用した。その点で本書は作詩作文の案内書である『作文大体』に近い性格を有しているといえる。

本書は比較的古鈔本に恵まれているが、その殆どは零本である。それらには偏りがあり巻六・十三・十四は多く存するが、巻三・四・八・九・十・十一の六巻に至っては、流布本の祖である身延本系(完本に近い)を除いては現存を見ないという。[20] このことは何を意味するのであろうか。鎌倉時代の作文指南書『王沢不渇鈔』には本書の巻十四の願文の秀句が抄出して掲載され、さらに願文の模範文として菅原輔正の「円融院四十九日御願文」(415)が段落を附して説明されているが、作者は巻十四だけを切離して使用したと考えられる。醍醐寺に「文粋以下」と題して『本朝続文粋』と本書の巻十三を抄出書写しているのも、寺院において仏事に関する文章が要求されたのであろう。また『実隆公記』によると、三条西実隆は本書の中文の巻(巻六)を中原師富に依頼して子供の公条に学ばせたり(永正三年〈一五〇六〉六月二十六日条)、後には自ら孫の実世に巻六を講義している(享禄二年〈一五二九〉十月五日条)。他の巻には言及がないので不明であるが、奏状の作成は貴族にとって重要であり、彼は巻六だけを享受したと考えたい。さらに本書とは直接関係ないが、『中右記』(大治二年〈一一二七〉正月五日条)に藤原宗忠は大内記藤原宗光に依頼した辞状の草案を記載し、裏書に「近代大納言辞状之要句」として寛仁以後百余年間に学者が執筆した辞状の秀句十数首を抄出している。宗忠は辞状の執筆依頼に際して参考のために記載したのであり、彼には辞状の文章だけが必要であったと思われる。そして或文体に属する文章のみが独立して享受使用される風潮が高まって来て、院政期から鎌倉時代にかけて『詩序集』『願文集』『表白集』などの文集が編纂されたといえよう。

こうした考え方を推し進めると、本書は全巻纏って享受利用されたのではなく、各巻或は各文体の文章が独立して使用された可能性が強い。そのことは本書の書写伝来とも関連があり、多分に後人の恣意による加筆添削が予想され、そのために種々の異本が生み出されたのではなかろうか。本書所収の作品が独立していて短文であるということは、それを容易にしたであろう。かかる典型的な作品が『作文大体』であり、その内容が種々に分れているのも後人が利用し易い様に恣意に加筆したからである。本書の零本の古鈔本は完本から他の巻々が散佚してその巻だけが残されたのではなくて、その巻のみが書写されたと想定されるのである。本書における異本と流布本との関係を、他の文学作品と同様単純に原撰本と精撰本という編纂の時点で捉えようとする考え方は危険であるといえよう。現状においては全巻を具備するという理由で一往流布本を原形と考えたい。

しかし流布本は編纂や題名・書式の上で欠点が少くない。殊に巻四と巻五に重複して三篇の辞表が収録されているのは重大な欠陥であり、既述した如く高野本では巻四になく、石山寺本では巻五の位置に欠けている様に思われる。これは職掌と現官との相違に起因するもので何れが誤りとは断定できぬが、重複して掲載することは大きな欠陥である。また巻十一（326）の「観レ賜二群臣菊花一詩序」は他の詩序と異なり七言四韻の詩を載せている。書式においても数多く集録した公文書を『朝野群載』と較べてみると、書状に宛名を略したり、表に位置を欠いたり不備な点が目立つ。かかる欠点は本書が我国で最初に行われた詩文の編纂書であるという点にその因を求められないであろうか。本書の原形を想定することは現状では困難であるが、零本の異本を重視して短絡的に成立に結び附けて考察する研究態度は慎しまねばならぬ。

（1）「異本本朝文粋の問題」（『芸林』第八巻第六号）。以下近藤氏の論はすべてこれによる。
（2）『本朝書籍目録考証』三五四頁。

(3)『懐風藻 文華秀麗集 本朝文粋』(日本古典文学大系69)の解説による。
(4) 川口久雄氏『平安朝日本漢文学史の研究 下』七七七頁。
(5) 鈴木虎雄氏『賦史大要』五〇頁。なお中国の賦の変遷については本書による所が多い。
(6) 押韻や字数の制限がないのは前中書王の「菟裘賦」(13)一篇だけである。
(7) 平安時代の賦については松浦友久氏「上代日本漢文学における賦の系列」(『国語と国文学』昭和三十八年十月)による。
(8)『本朝文粋註釈』上冊「叙説」二頁。川口氏も賛意を表している(注(4))。
(9) 注(8)、五頁。
(10) 三手文庫本『菅家文草』(巻二)に「扶者扶桑集也。扶桑集蚕亡歟。纔視名於扶桑略記耳」と注記する。
(11) 写本の中に板本と符号の位置を異にし、『菅家後集』に附するものが存する。
(12) 扶二の「春日独遊三首」が三首とも採入したとすれば八十六首になる。
(13)「扶桑集の巻数及び分類について」(『国語と国文学』昭和十二年六月)
(14) 注(2)、三九二頁。
(15) 他に巻九の巻初の残欠文は『本朝文粋』巻九の「後江相公、仲春釈奠聴レ講二周易一同賦二学校如一レ林詩序」(266)であることが知られる。
(16) 谷崎潤一郎の「小野篁妹に恋する事」(『全集』第十六巻)に言及する。
(17)『十訓抄』(巻五)には「御願文をば紀在昌ぞ作ける」とあるが例証にならない。
(18) 近藤氏前掲論文(注(1))。
(19) 小島氏前掲論文(注(3))。なお異本と流布本との関係を原撰と改編の次元で捉えるものに川口氏の前掲書(注(4))や阿部隆一氏『身延本本朝文粋』「解説」がある。
(20) 阿部氏論文(注(19))。なお東寺宝菩提院には巻八・九・十の詩序の一部の、金剛寺には巻八前半の古写本が存在する。

五　『本朝文粋』の成立

――その典拠について――

一

藤原明衡が邦人先輩の優れた文章を集めて『本朝文粋』を編纂したことは、当時の人々の要請に基く点が多いといえるが、彼の功績は実に大きなものがある。本書の成立は明衡が晩年になって文章博士や東宮学士などの顕職を歴任し、公文書や諸家の文集などを自由に閲覧し得たと思われる康平の頃と考えたい。本書に収められている作品は嵯峨天皇から後一条天皇の頃まで二百余年に亘り、作者は七十名、詩文は四百二十九篇を数える。作者は天皇や親王を始めとして国司にまで及ぶが、菅江二家を頂点とする翰林の鴻儒がその中核を占めている。中でも江家の朝綱と匡衡の二人が最も多くの詩文を収めているが、これは彼等が詩文の才能に卓越していたことと、編者の明衡が江家と同じく文章院の東曹に属していたからであると思われる。

本書に見える作品の中、最も年代の古いものは小野篁の「奉二右大臣一書」(巻七・186)で、右大臣が藤原三守を指す所から弘仁年中(八一〇~八二四)のものと考えられるが、勅撰三集に名前を留めた当時の詩人達の作品は全く収録されていない。このことは弘仁期の詩人の中で篁だけが逸話によって後代の人々にその詩才を愛されていたことや、特に『白氏文集』の渡来をめぐって重要な位置にいたからであると思われる(たとえそれが逸話に過ぎないものであっても）。『文粋』の作品に見られる『白氏文集』の影響と、その作者の中に占める儒家の比重に目を移す時、『文集』の渡来と文章院の創立による儒家の確立とが大きな意義を有すると考えられる。(1)

一方最も年代の新しい作品は藤原斉信の「後一条院御時女一宮御著袴翌日宴和歌序」（巻十一・346）で、長元三年（一〇三〇）冬に書かれている。編者が何故にこの和歌序をもって下限としたか、全く不明という外はない。強いて臆測するならば、斉信が『本朝麗藻』などに詩を収め、藤原公任とは詩敵であったといわれた程文才を有していたことや、さらに重要な点は和歌序の作者であることに原因が求められよう。『文粋』には詩序百三十九篇に対して和歌序は十一篇を収録しているが、『続文粋』が詩序五十篇に対して和歌序十八篇を掲載しているのと比較する時、その僅少なのに注目されよう。両書における和歌序の比率から見ても分かる様に、歌会の盛行は歌合と同じく平安時代の後期である。

本書の和歌序の作者としては斉信と同じく他の作品を収めない藤原伊周・有国・源道済があり、何れも一条朝に活躍した人である。もし『文粋』に和歌序の部立を設けるとすれば、編者と近い時代にその作者を求めねばならなかったといえよう。編者は一条朝に活躍した詞人をもって区切をつけようとしたものと推測したい。このことは『和漢朗詠集』の作者とも関連して来るが、この時代が「時之得レ人也、於レ斯為レ盛。」（『続本朝往生伝』）と評された如く才人の輩出した時であり、編者自身が憧憬をもって「身仕二五代一、北堂之勤未レ休。」（『続文粋』巻六）とこの時期を回顧し、文章道における自己の功績を誇示しているのとも結びついて来る。明衡が大学で研鑽を積んでいた時期の詩人鴻儒を一応の下限として、本書が編纂されたといってよかろう。

それでは本書を編纂するに際して、編者はどこに資料典拠を求めたのであろうか。当時の詩文は殆ど散佚してしまい、現存するものが極めて少いので、それを徴することは非常に困難であるが、その典拠を現存する先行作品に求めると共に、書籍目録などによって推定を試みてみたい。ただ残念ながら、それを全作品に及ぼすことは不可能である。

二

『本朝文粋』に収められた詩文の中、現存の資料によって先行作品を指摘出来るものを挙げる。なお括弧内は他の作品との重複を示す。

扶桑集　八篇（文草 一篇）
本朝麗藻　十篇（江吏部集 一篇）
和漢朗詠集　一首
政事要略　八篇(2)（文草 一篇）
類聚三代格　六篇（実録 一篇）
令義解　一篇
三代実録　六篇（三代格 一篇、都氏文集 一篇、文草 三篇）
都氏文集　六篇（実録 一篇）
菅家文草　三十三篇(3)（扶桑集 一篇、政事要略 一篇、実録 三篇）
菅家後集　二篇
紀家集　一篇

江吏部集　十一篇（麗藻　一篇）
古今和歌集　一篇
計　八十六篇

これは全体の作品数四百二十九篇の五分の一に当る。ここに挙げた先行作品がそのまま『文粋』の典拠として当嵌まるか否かについては、相互の間に資料と編書との関係に立つものがあって調査が必要であるし、その外にも種々の問題が介在する。特に個人の家集と撰集との関係については綿密な考察が要求される。

『文粋』の作者七十名の多くが菅江二家を中心とした学者や詩人であることは言うまでもないが、その中で個人の詩文集の現存するものは『菅家文草』（『後集』も含める）と『江吏部集』の二書に過ぎない。この両書にしても問題がないわけではないが、それは後述するとして、『都氏文集』は三巻が現存するに過ぎず、『紀家集』に至っては巻十四の断簡のみであり、また『田氏家集』は文章を収めていないので『文粋』との関係を求めることは出来ない。これ以外の詩人達の家集は散佚してしまったので徴すべきよすがもないが、『文粋』に収録された菅原道真の作品三十六篇の中三十五篇が彼の詩文集に見えることとや、大江匡衡の詩序及び和歌序がすべて『江吏部集』と一致することは、『文粋』において個人の家集の占める位置が大きいことを示している（直接の典拠であるか否かは問わない）。従って現在は散佚してしまったが、昔の典籍に書名の散見する家集には、『文粋』の典拠となった詩文が収められていたと考えることは許されるであろう。そこで現存の先行作品に目を転ずる前に、散佚した家集の名を『本朝書籍目録』や『通憲入道蔵書目録』などに探ってみよう。[4]

村上天皇　天暦御集　一帖（通）
小野　篁　野相公集　五巻（書）

菅原是善　菅相公集　十巻（後）
橘　広相　橘氏文集　八巻（書）
都　良香　都氏文集　六巻（三）　五巻（書）
島田忠臣　田達音集　十巻（通）　田氏家集　三巻
菅原道真　菅家文草　十二巻　菅家後集　一巻
紀長谷雄　紀家集（十四巻以上か）　続紀家集　三帖（書）　長谷雄卿集　二帖（看）
三善清行　善家集　一巻（書）
三統理平　統理平集（江）
源　英明　源氏小草　五巻（粋）
橘　在列　沙門敬公集　七巻（粋）　三巻（通）
大江朝綱　後江相公集　二巻（書）
菅原文時　文芥集　十巻（通）　菅三品序（通）
橘　直幹　直幹草　一巻（書）
源　順　家集（江）
紀　在昌　紀在昌集　三巻（通）
慶滋保胤　保胤集　二帖（書）
橘　正通　工部橘郎中詩巻（麗）
菅原輔昭　菅輔昭序　一帖（通）

藤原有国　勘解由相公集 二巻（書）（通）　有国集（江）
藤原伊周　儀同三司集 一帖（通）　家集（二）
大江以言　以言集 八帖（通）　以言序 一帖（通）　家集（二）
源　為憲　為憲集（江）
具平親王　家集（二）
紀　斉名　斉名集 一帖（通）　家集（二）
菅原輔正　菅相公集 一巻[5]（書）
大江匡衡　江匡衡集 一巻（書）　江吏部集 三巻　家集（二）
大江挙周　後江李部集 一帖（書）

右に挙げた二十九名の家集が一応文献によって知られるのであるが、この詩人儒者達だけが家集を有していたということにはならないし、さらに家集の巻数に至ってはこのまま信用することが出来ない。その上これらの家集が直接に『文粋』の資料になったかも考えねばならないであろう。

家集の成立については自撰と他撰の二つが考えられる。自撰としては道真が自ら醍醐天皇に献上した『菅家文草』（『後集』の跋文）や薨去に臨んで紀長谷雄に送った『菅家後集』、また弟子の源為憲に与えた源順の家集（『江談抄』巻五）などが挙げられる。また他撰としては橘在列の死後、その作品を弟子の源順が収輯編録した『沙門敬公集』（『文粋』巻八）が代表的なものである。しかし藤原有国の『勘解由相公集』は書目に二巻とあり、彼の作詩活動から推して分量の多いものとは考えられないので、一応彼の全作品を収めたものと認めたい。もしこれが『江談抄』（巻五）に「有国集、故広綱所レ集、不レ幾云々。」とある『有国集』と同じものとすると、『文粋』とは全く係る所がない。ここにいう広綱とは有国五代の孫に該当し、『続文粋』や『教家摘句』などに詩文を収める儒者の藤原広綱と推定されるので、明衡の死後に活躍しており、有国の家集は長い間編纂されなかったということになろう（但し広綱が有国の嫡子広業の誤写とすれば別問題である）。こうした例は他には殆どないと思われるが、『文粋』作者の家集がその編纂以前に成立していたと断定することには躊躇される。

さて家集の存在が知られる人々が、概ね当時の翰林における代表的な詩人であることは疑いないし、彼等が『文粋』作者の中軸をなしていることも事実である。『文粋』に採録された作品数からいって、前記以外の詩人では十九篇の兼明親王を除いては、藤原篤茂の四篇、菅原淳茂の三篇以下、三十数名は二篇もしくは一篇の作品が採録されているに過ぎない。従って家集のある詩人達の多くが編者にその文才を認められていたといえようが、他の詩人が家集を持っていなかったということは意味しない。後二条師通は源為憲撰の『本朝詞林』を諸家集と合わせて慶滋保胤や橘正通の詩三百余首を書き加えたというが（『江談抄』巻五）、散佚してその名前さえ知られない家集が存在していたと考えてよかろう。

殊に兼明親王は悲劇的な生涯を終えられたが、その詩文は多くの人達に愛されて来た。晩年の隠逸閑居の境遇の中で自己の作品を編纂したであろうと考えられるし、或はまたその死後親王を畏敬した詩人によって遺稿の輯集がなされたことも推測されよう。『御堂関白記』（寛弘七年〈一〇一〇〉十月三日）に源国挙が源伊衡（行）家の文四百余巻を道長に献上したと記されているが、これは親王が次男の伊行に譲与されたもので、その中に親王の詩文が含まれていたと考えたい。その外には父子相伝の詩人と称誉された菅原淳茂・都在中・大江澄明等や、翰林における江家の基盤を確乎たらしめた大江維時など、当然家集があったと推測して良いのではなかろうか。

さらにまた書籍目録などに記された家集の巻数が、果して全巻を示すものであるかは疑問視せざるを得ない。例えば三善清行の『善家集』は『本朝書籍目録』に一巻と記しているが、『政事要略』(巻二十二)の注に「在二家集第七巻中一。」とあることから推すと七巻以上あったと考えられるし、[6]橘在列の『沙門敬公集』は『通憲入道蔵書目録』に三巻とあっても、『文粋』によって七巻であることが分る。また菅原文時の『文芥集』は『通憲入道蔵書目録』に「一結十巻」とあるが、別に六巻・七巻と記されて居り、十巻が完本であるのか、六巻や七巻は十巻本の欠本を意味するのか全く不明である。

その外常識で考えて、とても完本とは思われないものがある。大江朝綱は『文粋』に最も多くの作品を収録されているが、家集の『後江相公集』が『本朝書籍目録』に記す如く僅か二巻であったとは到底考えられぬ。たとえ詩だけを集めたと推測しても、他の詩集と比較して少なすぎる。[7]『御堂関白記』(寛弘三年四月五日)に藤原陳政が朝綱の文三千五百巻を持参したと記しているが、彼の詩文と関係ないであろうか。『保胤集』二巻(『本朝書籍目録』)も前述した後二条師通が『本朝詞林』に校合増補した家集と比較すると、遥かに少いものと断定できよう。『江匡衡集』二巻(『本朝書籍目録』)が現存の『江吏部集』三巻とは別のものであると考えても、彼の全作品に及ばぬことは明かであり、『斉名集』一帖(『通憲入道蔵書目録』)も零本としか考えられない。

この様に推測して来ると、後代の文献によって知られる家集は当時の詩人を網羅しているとは考えられないし、またその巻数に至っては完本のそれを指すものでないと断言してよい。しかしながら文献に記された家集が存在していたことは疑うことの出来ない事実であり、『菅家文草』や『江吏部集』などの例から推して、それらの家集には『文粋』の典拠となった文章が収録されていると考えることは許されるであろう。[8]この様な推定を試みた上で、次に『文粋』と現存せる先行作品との関係について筆を進めることにする。

三

現存する『文粋』の先行作品については前述したが、以下順を追って考察を進めて行く。

（一）扶桑集

『扶桑集』の現存するものは巻七と巻九の二巻で、何れも巻首を欠いている。『文粋』に収められた八篇の詩序はすべて巻九に見えるもので、巻首がないので分らないが、これは恐らく文部（次に武部とある）とか書籍部（『本朝麗藻』の部立）とか論文部（『文粋』の詩序の部立）などの部立が考えられよう。『扶桑集』は『本朝書籍目録』には十六巻（十二巻又は八巻と記す本がある）とあり、『菅家文草』に後人が附した注記や『建内記』（嘉吉元年〈一四四一〉九月十四日）によっても完本が十六巻であったと想定される。

さて本書は『江談抄』（巻五）に「扶桑集、長徳年中所レ撰也云々。時歴二九代一歟。今上之時也。」と光孝天皇から一条天皇まで九代に亘る詩人の作品を撰集した由を記しているが、『二中歴』に記された『扶桑集』作者七十六人を調べると、これより古い詩人を見ることが出来るので、和田英松博士は文徳天皇より冷泉天皇までの九代と推定しておられる。[9] この七十六人の作者の中、三十九人が『文粋』に作品を収めている。しかも『文粋』の詩序の中八篇が『扶桑集』に見えることは、この外にも詩序が収められていた可能性を有する。このことは『文粋』にある菅原道真の詩序十九篇の中、『菅家文草』の注記によって十七篇までが本書に収録されていたことからも分る。また『江談抄』（巻五）には源順の作品が数多く採録された由を述べている。

又云、扶桑集中順作尤多。時人難云々。問、順序多レ自二紀家序一如何。帥答云、花光浮二水上一序、順序也。専不レ可レ入也。而斉名以二其為一祖師一[10]多入之由、時人難云々。

この文が事実を伝えているとすると、『文粋』に見える順の詩序十七篇の中、かなりの作品が収められていたと想定することが出来ようか。現に順の「源将軍初読二論語一詩序」（巻九・259）は『扶桑集』に見えるし、また『江談抄』にいう「花光浮二水上一詩序」は『文粋』（巻十・301）に収録されている。これと関連して順と比較対照された紀長谷雄の詩序十三篇も、その多くを『扶桑集』の中に想定することが出来よう。

この様に推測して行くと、『扶桑集』の作者として知られ、しかも『文粋』にその作品を収める三十九人の中、詩序を持つ二十七人[11]の作品は、『扶桑集』と合致するものがあることを充分予想させる。しかし現存の『扶桑集』に見える道真の作品を『菅家文草』と比較してみると、僅か一篇に過ぎないが両書には殆ど字句の異同が見られない。従って現在我々は『文粋』編纂の際に、編者が何れに準拠したかを証明することが出来ない。現存の資料に基いて考えるならば、『文粋』の編者が道真の詩序十九篇を採録するに当って、十七篇を『扶桑集』に、他の二篇を『文草』に拠ったとするのはいささか苦しい解釈であろう。むしろ『扶桑集』を参照しながら、『文草』に典拠を仰いだと考える方が自然である。

ただ私の推測では、二十七人の中後代の文献に家集の存在を知られない詩人で、『文粋』に一篇の作品しか掲載されず、しかもその秀句が『和漢朗詠集』に収められている者、例えば小野美材・藤原惟成・高岳相如[12]・源相規などの詩序は、『扶桑集』に典拠を仰ぐことの出来る可能性が最も強い。この中で小野美材の「七夕代二牛女一惜二暁更一詩序」（巻八・224）は寛平三年（八九三）の作品であるが、この時の詩が『菅家文草』（巻五）や『田氏家集』（巻下）に見え、『文草』には「扶三」の注記がある。美材の典雅な詩序を頭にして道真等の詩が本書の巻三に排列されていたと想定したい。

今まで述べた詩序とは別に、『文粋』(巻一)にある雑詩が『扶桑集』に収められていたかについても考察すべきであろう。しかしこの雑詩の中には字訓・離合・廻文の如く遊戯的色彩を帯びているものもあり、果して本書にこうした雑詩が採録されていたか疑問の点もあるので、臆測を差控えたい。

紀斉名の死後間もなくその妻が『扶桑集』を藤原道長に献じたと見えるので(『御堂関白記』長保二年〈一〇〇〇〉二月二十一日)、かなり早くから流布していたらしい。さらに注目すべきことは『明衡往来』に

楽府、扶桑集、随レ命奉レ借。扶桑集紕繆已多。是書写之人誤也。

と記されていることで、『文粋』の編者と『扶桑集』との間に繋りを求めることが出来る。この様に考えて来ると、『文粋』の典拠として『扶桑集』の占める位置は大きいと判断して差支えなかろう。

(二) 本朝麗藻

『本朝麗藻』二巻は高階積善の撰で寛弘年間に成立したが、現存本は上巻の巻首と巻尾とを欠いている。『文粋』の詩序で『麗藻』に見えるものは十篇であるが、作者としては大江以言の七篇の外は高階積善二篇、大江匡衡一篇に過ぎない。『二中歴』に記述された『麗藻』の作者三十四人の中、『文粋』にその詩文を収める者は十二人を数えることが出来るが、詩序の作者としては上述した三名だけである。なお『文粋』(巻一)に詩を掲載されている詩人は、『麗藻』の作者の中には一人も存在しない。従って上巻の欠脱した部分に『文粋』にある詩序の典拠を想定しても、数少いといえようか。

さらに詩題から判断すると、明かに同じ時に書かれた作品であると思われるのに、『文粋』に詩序を留めながら

『麗藻』には詩のみを採録している場合がある。『麗藻』に「水樹多ニ佳趣一」の題で藤原斉信や源道済の詩（巻上）を収めるが、大江匡衡の執筆した詩序は『文粋』（巻八・232）にあり、大江以言の「閑庭花自落」の詩（巻上）は同じ作者の詩序が『文粋』（巻十・309）に収められている。また『麗藻』には「暮秋於ニ左相府宇治別業一即事」（巻下）の題で藤原道長等三名の詩を収めるが、その時の大江以言の詩序（『文粋』巻九・270）は削除されているし、藤原伊周の「暮春与ニ右金吾一眺ニ望施無畏寺上方一」と題する詩（巻上）は『文粋』（巻十・284）に見える大江以言の「暮春施無畏寺眺望詩序」と同じ時に作られたものと想定される。[13]

この様に考えると現存する『麗藻』の本文が、上巻の欠脱部分を除いたままの形で原形に近いものとすると、『文粋』との関係はそれ程深くないと言ってよい。さらに『麗藻』と『江吏部集』とに一致する詩序一篇を取上げて調査しても、『麗藻』の方が『文粋』の典拠として妥当であると決定する証拠はない。強いて臆測すれば、家集の存在が知られない積善の詩序二篇が本書に典拠を仰いだ可能性が強く、以言や匡衡の作品は積極的に本書を資料と考えることは出来ない。ただ林鵞峰が『麗藻』を評して「作者多是以ニ才名一聞レ世。而明衡亦取レ之。」（『本朝一人一首』巻五）と述べている様に、『文粋』の作者の中で一条朝に活躍した人が多いことは、一概に『麗藻』の存在を軽視できないと言えようか。なお『後二条師通記』（寛治六年〈一〇九二〉十二月二十八日）に「三代御製・本朝佳句・本朝麗藻等、依レ召明年可レ奉ニ上之一。」と記されているので、『文粋』編纂の頃にも『麗藻』が流布していたと考えられる。

（三） 政事要略

『政事要略』は年中行事や制度吏務などのことについて、諸書を引用考証し部類別に編纂したもので、寛弘年間（一〇〇四〜一〇一二）に令宗允亮が撰したものである。現存は二十六巻であるが、『本朝書籍目録』や『中右記』（寛治八年十一月二日裏書）によると百三十巻とある。允亮は明法道における第一人者で、『文粋』や『麗藻』などによって、しばしば令の講義を行ったことが知られる。この書物は藤原通憲の『法曹類林』などと同じく、法曹家の便に資せんがため資料文章を集めたもので、文章作成の規範に主眼を置いた『文粋』とは性格を異にするが、種々の形式の文書を収録している点で相通ずるものがあり、八篇が共通して載せられている。もしも本書の全巻が存したならば、『文粋』との間にかなりの作品の一致を見ることが出来るかも知れないが、現状では両者の間に直接的関係を想定することが困難である。

例えば『文粋』（巻二・49）にある「贈二故菅左大臣太政大臣一詔」の作者は巨勢為時であるが、『要略』（巻二十二）では年中行事の「北野天神会事」の条にあり、ただ「贈太政大臣」と題するのみにて作者名を記していない。また大江朝綱の「停二九日宴一十月行詔」（巻二・46）は、『要略』（巻二十四）では年中行事の九日節会の項に「残菊宴事」として載せている。その注に「十月五日、令三復レ旧用二九日一。然為レ見二往事一、独載二此文一。其儀又同。」と記しているが、これは『西宮記』（巻九）の九日宴の条に「承平以後、依二御忌月一無二節会一。天暦依レ詔、十月被レ行二残菊宴一。」と述べて『九記』から当日の行事を引用採録しているのと、記載態度を同じくする。そこには故実先例を整理排列し詳細に記録することに主眼があり、文書として完成された形式の文章を掲げるという考えはなかったといえる。

また大江匡衡の「為二左大臣一供二養浄妙寺一願文」（巻十三・403）は『要略』（巻二十九）では「木幡寺被レ始二法花三昧一願文匡衡作」と題名を異にし、同人の「木幡寺鐘銘」や菅原輔正の「木幡寺呪願文」と共に年中行事荷前の項に掲載する。三篇の文章の末に「皇后大臣陵墓、多在二木幡山中一。此願文為レ見二寺之草創一、便付二墓之末一。」と記しているが、便宜的に附載したものであろう。この時の模様は『御堂関白記』（寛弘二年十月十九日）や『栄花物語』（疑巻）にも見える。願文の題名から推して、『文粋』では作者を主体にし、『要略』では主催者を中心にしていることが分る。かりに『文粋』の編者がこの願文を『要略』から採録したとすると、他の願文の書式に合わせて題名を書替えたと考えねばならぬが、諸般の事情から推して殆どその可能性はないといってよかろう。

本書に引用された本朝の書目は七十二部に及ぶというが、(14) その中で特に『文粋』との関係を想定されるのは三善清行の『善家集』である。『文粋』に見える清行の作品の中「奉二菅右相府一書」「奉二左丞相一書」(巻七・187・188)が年中行事の北野天神会(巻二十二)に、「詰眼文」(巻十二・355)が至要雑事の学校(巻九十五)に収められている。道真に奉じた書状に注記して「在二家集第七巻中一。」とあるので、明かに清行の家集から引用していることが分る。ところがこれらとは別に、彼の「意見十二箇条」(巻二・67)の中の三箇条が分散して載せられている。即ち「請レ減二五節妓員一事」が年中行事の新嘗会(巻二十六)に、「請下勅二諸国一随二見口数一授中口分田上事」が交替雑事の雑田事(巻五十三)に、「請レ加二給大学生食料一事」が至要雑事の学校の項(巻九十五)に見える。しかも上述の最後の作には「封事十二箇条 事見二奏状一。在二雑部一。善」とある。現存の『要略』では欠けている巻に雑部があり、その中の奏状の項に「封事十二箇条」が収録されていたことが分る。ただしその項に前記の三箇条を重複させて掲載したのであるか、また『菅家文草』や『都氏文集』の詩序の例に見られる如く、他の巻に収載したものは題名だけを記すに止めたか不明である。何れにしても『文粋』に見える清行の作品全体から考えると、『要略』が『文粋』編纂の際に資料としてどれだけ貢献したか疑問視せざるを得ない。

『中右記』によると本書は藤原顕実の家に相伝されて「為二一本書一、不レ在二他家一」(寛治八年十一月二日)のものであり、白河法皇が中宮大夫属正則の家に本書所蔵の由を聞かれ、「我朝一本書也。」(康和四年〈一一〇二〉九月十一日)と召取るべき仰せを下されたのは、『文粋』編纂の頃には流布が稀であったことを物語っているといえよう。

(四)　類聚三代格

本書は弘仁・貞観・延喜三代の格を併せ分類したもので、『本朝書籍目録』では三十巻と記すが、現存本には欠陥が見られる。また本書が編述された時期は不明であるので、『文粋』との資料的関係は一応現存せる本書を通して、それぞれ「弘仁格」「貞観格」「延喜格」との間に成立つものと考える。『文粋』の作品で『三代格』と一致するものは三篇の書序(巻八・198・199・200)と延喜二年(九〇二)の官符、天長元年(八二四)の意見封事(巻二・63・66)、同年の論奏(巻四・95)の六篇である。

書序を除いて何れも下に「格」と注記があり、[15]『三代格』に載せられているので疑問はないであろう。そして現存の『三代格』には見えないが、官符の「応下補二文章生并得業生一復中旧例上事」(64)にも「格」の注記があり、この文章の一部が『桂林遺芳抄』に「貞観格曰」として引用されているので、「貞観格」を典拠にしていると断言したい。[16]『三代格』に収載された作品が、文書の典型として直接に『文粋』に採録されたといってよかろう。このことは『文粋』には三篇の書序の作者に編輯の最高責任者を記し、[17]序文の作者を記述しなかったことからも証せられよう。例えば「貞観格序」(199)の執筆者は『三代実録』(元慶元年〈八七七〉十一月三日)によると大江音人であるが、彼の家集が全く参照されなかったことを意味しよう。

(五)　三代実録

『三代実録』は清和・陽成・光孝の三代に亘る国史である。宇多天皇の寛平四年(八九二)に撰史の勅が下され、天皇の譲位によって中絶したが、醍醐天皇即位によって復活し曲折を経て延喜元年に完成奏上された。本書は『本朝世紀』(天慶四年〈九四一〉八月九日)や『本朝書籍目録』などに五十巻とあるが、現存本には脱落があるといわれる。

さて『文粋』に収録された作品で本書に記載されているものは、都良香の勅符一篇、菅原道真の賀表一篇と辞表三篇、貞観格序（既述）の六篇である。この中で勅符は『都氏文集』に、賀表と辞表二篇は『菅家文草』と一致するが、貞観十八年（八七六）十二月一日の藤原基経の摂政辞表のみが『文草』に見えない。『文草』を天皇に献上したのが昌泰三年（九〇〇）で、その翌年に『三代実録』が奏覧されているが、『文草』編纂以前に本書の大綱が完成していたと思われるし、[18] 道真も撰者の一人であるので『文草』から引用挿入したとは考えられない。『文草』と『三代実録』とはこの辞表に関する限り相互に関係がないことになるが、この問題については後述する。

六国史が事項の記載に際して史料を恣意的に取上げたり省略したりすることがあると言われるが、[19] 記述の形式やその有する性格から推しても『文粋』の原拠になったとは考えがたい。[20] この辞表については『菅家文草』の原形が現存本と内容を異にするか、辞表の集成が存在していたか、どちらかを想定する外はない。しかし何れにしても『三代実録』と『文粋』との間には資料的な関係がなかったと考えたい。

（六）　都氏文集

現在伝わっている『都氏文集』は三巻であるが、『三代実録』（元慶三年二月二十五日）の都良香卒伝には家集六巻があったと記されている。現存の『文集』は巻三から巻五までの三巻で、その部立は次の如くである。

巻三　賦　論　序（各付詩本）　銘　讃　表

巻四　詔書　勅書　勅符　牒　状

巻五　対策　策問　策判　省試詩判

後年徳川光圀はこの三巻に漏れた作品を集めて『都氏文集補遺』を作成し、その附録として林羅山に命じ小伝及び賛を撰せしめ、さらに人見卜幽をして校訂せしめている。[21] その内容は『文粋』や『扶桑集』などによって補ったものである。[22] そして和田博士は脱落した巻の中で巻一と巻二が詩で、巻六は願文などであろうと推定された。[23] 試みに『文粋』を繙くと、論一篇、銘一篇、讃一篇、勅符一篇、対策二篇は『都氏文集』に見えるが、その外に論奏一篇、詩序三篇、記一篇、伝一篇を数えることが出来る。

しかしながら対策二篇については、『文粋』（巻三・69～72）に春澄善縄の策文と併せて掲載しているが（『文粋』では必ず策文と対策を併載する）、『文集』では善縄の策文に触れる所がないので本書を原拠と考えることは躊躇される。しからば何に基いて採録したものであろうか。川口博士は『本朝書籍目録』に見える『勧策』二十巻、『本朝策林』十五巻[24]を対策文の編纂書と想定されている様に思われる。[25] 省試の詩を集めたものに『龍門集』の存在していたことが『文粋』（巻七）によって知られるし、その時の行事などを記したものに『登省記』や『登科記』などの書物があったことが『紫明抄』や『桂林遺芳抄』に見える。一方『桂林遺芳抄』などに「藤原雅材献策弁散楽村上御問也。」と記されているが、この記事が『文粋』の目録[26]や『本朝世紀』などに基いたものか、或はその対策が伝わっていたのか不明とする外はない。ただ『桂林遺芳抄』には遥か後世のものであるが、献策の儀式について説明が施されている。

この様な対策の文章や儀式を詳述したものが存在していたことは、彰考館所蔵の『献策記』によっても裏附けることが出来る。この書は永正十八年（一五二一）三月に行われた献策の記録で、文章得業生の対策と問頭博士の策文、さらに行事の次第や経費に至るまで克明に記述されている。この例から推して、私は平安時代においてもこれに類似したものが献策の度に記録され、それらが集成されていたと考えたい。しかも『文粋』の編者である藤原明衡が文章道の重鎮であったことを考えると、『文粋』に収められた対策はすべて同一の原拠から収録したと見てよいのではなかろうか。

また『都氏文集』に見えない作品の中、論奏は『類聚三代格』に収められているが、これが執筆された天長元年(八二四)は、良香の卒年から逆算して彼の誕生以前になる。しかも良香が史書に初見するのが貞観十三年であることなどから推測して、彼の執筆したものとは到底考えられず、『三代格』にいう小野岑守の作とするのが正しい。

『文粋』に収録された良香の作品で『都氏文集』にないものは、『文集』が六巻で現存本はその中の三巻に該当するという前提に立つならば、詩序三篇は目録に「各付詩本」と注記があるので、『菅家文草』と同じ様に詩と一緒に巻一と巻二に収められ、記と伝は恐らく巻六に収載されていたのではなかろうか。良香の作品は大部分『都氏文集』に原拠を仰いだと考えられる。

(七) 菅家文草

其一

菅原道真の作品は『文粋』に三十六篇が見えるが、その中で三十三篇を『菅家文草』に、二篇を『後集』に数えることが出来る。しかし前述した如く、『三代実録』に収める一篇の辞表が『文草』に見えないことと、『文粋』とは内容を異にする辞表一篇が『文草』にあることが、『文粋』の原拠の問題として残る。この二篇の作品は陽成天皇即位の際、藤原基経が摂政を辞する第一表(98)と第二表(99)に当る。常識で考えれば当然『文草』(巻十)の辞表の条に併載されるべきであろう。何故この様なことが生じたか、疑問の解明に先立って『文草』の成立に目を転じなければならない。

『菅家後集』の跋文に附された奏状によると、道真は昌泰三年(九〇〇)醍醐天皇の求めに応じて、祖父清公の『菅家集』六巻、父是善の『菅相公集』十巻と共に、自己の詩文集である『菅家文草』十二巻を献上した。その時『文草』編纂の資料について記す所があるが、それによると(イ)天皇が東宮の時に讃州客中詩両軸を啓進し、(ロ)即位後に或人の勧めで詩文の多少を献上し、(ハ)さらに元慶以往の藁草を捜し求めて文筆数百首を得、それに欠けたものは反故や残巻をもって首尾を補綴して十二巻に編纂排列したという。この中で元慶以往の藁草については、彼が讃州在住の間に書斎の雨漏によって書物が破損し、特に彼の詩文の被害が大きかった。巻軸の腐着、文章の破損、字句の消滅など惨憺たる状況を呈した上に、誰も彼の詩句を口にすることがなかったので途方に暮れた。ところが加賀介平有直が好んで天下の詩賦を書写すると聞き、頼んで篋中の資料を転写してもらったと述べている。

こうした成立事情を前提にして考えると、この二篇の辞表は共に(ハ)の藁草の部分に属する。先ず第一の辞表が『文草』に見えない理由について考えてみよう。

第一に現存の『文草』には見えないが、編纂当時のものには収載されていたという推測である。現存の『文草』諸本には、藤原広兼が保安五年(一一二四)に書写して天承元年(一一三一)に北野廟院に進納した旨の跋文が附されている。これは『文草』が成立した昌泰三年から二百二十年、明衡の死後六十年を経過している。それ故現存本が原形と同じものであると断言するには躊躇されよう。しかし現存本が道真の奏状に記す如く十二巻であることや、彼が文道の祖として詩人達に崇拝されていたことなどから推して、『文草』が世上に流布して居り、広兼書写の本も当時における流布本であったと考えることは許されよう。かかる推定に立つならば従来言われて来た様に、現存本が一応原形の姿を伝えるものであるといってよかろう。ただ広兼が書写の際、底本にしていた写本にこの辞表が脱落していたと考えることは出来よう。この場合異本であることは意味しないと思われる。

第二には『文草』編纂に際して、この辞表が欠損していたという推定である。しかし道真は『三代実録』の編者の一人として資料の蒐集や文章の執筆に携って居り、しかも『文草』成立の頃には草稿が完成していたと想定される。

とすると自分の書いた文章を知らないはずはないし、『文草』の編纂に当って残篇や断簡に至るまで網羅蒐集しようとした態度から考えても納得が行かない。『文草』の現存本が原形を伝えるという立場に立つ限り、その第二表(99)が掲載されて居り、彼自身第一表(98)も転写する機会があったのであるから、欠損していたという推定は成立しない。

第三に何等かの事情によって省略されたという推定である。『文草』に収録されない彼の散文で他書に見えるものは、川口博士の挙げられた[27]官符一篇(『三代格』)、縁起二篇、奏状二篇(『後集』)の外に、『実録』にあるこの辞表と、阿衡の事件に際して基経に献じた書状(『政事要略』)を数えることが出来る。後者の二篇が『文草』に採録されなかった原因については、両篇が共に基経に関するものであることから、その裏面に政治的意図が働いたことを臆測させる。しかしながらこうした推測が成立するためには、第二表だけが『文草』に採録された事情を証明しなければならない。このことは両篇の辞表の内容や表現からも歴史的な背景からも明かにすることが不可能であるので、恣意による臆測は慎しまなければなるまい。はっきりした理由は分らないが、現状では書写の間における脱落と考えるのが穏当であろう。道真自身の意図によって第二表のみが選択されたという推測は、蓋然性が少い様に思われる。

其　二

次に辞表の第二表の文章が、『文草』(『実録』も同じ)と『文粋』とで内容を異にする点について考察してみよう。現存の『文草』写本の中、比較的書写年代の新しいものには題目の下に他書に引用されたことを示す注記が附されているが、それと同時にこの辞表の文末に「或本云」として文章の異なる部分(」以下の後半部に該当する)を掲載している。この文章は後代に『文粋』との異同に気附いて書加えたものと思われる。試みに内閣文庫の写本(来歴志本)によって全文を掲載する。

為㆓右大臣㆒上㆓太皇㆒重請㆑被㆑停㆓摂政㆒表

臣基経言、中使右近権中将藤原山陰至、奉二伝勅旨一、抑二止臣請一。不レ知三愚款之乖二聖懐一、更疑三微誠之逸二天聴一。臣某誠惶誠恐、頓首々々、死罪。臣位貴官重、皆是陛下之殊私。禄原(厚カ)封高、亦復陛下之絶寵。殊恨淹二引日月一、偸二安非服一。不レ意綸命乍降、属以二重寄一。縦令陛下責レ臣、以レ有二一割之刀一、而復臣訴二陛下一、以レ無二再全之錦一。不二独顧一レ身、亦能思レ国。以二臣思レ国之慮一、将レ尽二報レ主之情一。陛下推而察レ之、莫レ重二臣罪一。臣以為、春蒼夏昊、猶是一天、朝東暮西、未レ為二両日一。伏願、臣心不レ離二魏闕一、将レ致二今上臣子之忠一。臣身常侍二仙陛(階カ)一、不レ失二亡叔臨終之命一。」臣謹検二故事一、皇帝之母、必升二尊位一。又察二前修一、幼主之代、大后臨レ朝。陛下若宝二重天下一、憂二思幼主一、則皇母尊位之後、乃許二臨レ朝之儀一。臣竭レ力施レ功、不二敢懈緩一。臣誠尽矣、臣願レ足焉。不レ堪二悃款之至一、累レ表上聞。臣基経誠惶誠恐、頓首々々、死罪々々。謹言。

　貞観十八年十二月五日

或本云、臣謹検二所(前)記一、太上天皇在レ世、未レ聞二臣下摂一レ政。幼主即位之時、或有二太后臨一レ朝。陛下若宝二重社稷一、憂二思少(幼)主一、臣願公政之可レ驚二視聴一者、将レ聞二勅於陛下一。庶事之無レ妨(施行)行者、又請二令於皇母一。然則天下有二艾安之治一、愚臣免二虚受之罪一。臣願レ足矣、臣誠竭焉。不レ堪二悃欵之至一、累レ表以聞。臣某誠惶誠恐、頓首々々、死罪々々。謹言。

『文草』と『文粋』(或本)との内容を異にする部分に目を向けてみる。『文草』の文章では天皇の生母が皇太后の位にある時は、皇太后自ら朝政に臨む。もし陛下(太上天皇)が天下を重んじ幼帝を憂うるならば、皇母が尊位につかれた後で臣下が廟堂に参することをお願いするという。これに対して『文粋』の文章では、太上天皇が世にある時は臣下が摂政をした前例がない。(28) また幼帝即位の際に皇太后が政治に参与されることがある。もし陛下(太上天皇)が国家を重んじ幼主を思うならば、天下の大事は陛下に勅を仰ぎ、庶事の施行すべきものは皇太后の令を受けることをお願いする。そうなれば天下は平穏にして臣は素餐の譏を受ける罪を免れるであろうと述べている。

この両表の大きな相違は、前者が太上天皇を除外して皇太后にのみ触れているのに対し、後者が太上天皇と皇太后とを併挙していることである。貞観十八年(八七六)十一月二十九日、清和天皇は右大臣の藤原基経に対し、忠仁公の故事に倣って、幼帝を補佐し天子の政を摂行すべき詔を出して譲位された。上皇はその後清和院に入られて落飾し、菩提心を発し名山を遊歴されるという晩年を送られている。陽成天皇は即位後父帝に太上天皇の尊号を奉り、封戸を献上されたが、翌元慶元年(八七七)正月に豊楽殿で即位の儀式を挙げられ、生母藤原高子に皇太夫人の尊号を賜った。父の清和天皇は退位後朝政に臨まれなかったが、陽成天皇は基経の近衛大将辞表について処置を上皇に仰がれて居り、両帝の間柄は密接であった。しかし政治の表面上は太上天皇が国政に参与されなかったのであるから、『文草』の辞表の内容が時宜に適っているといえよう。一方この辞表が飽くまで儀礼的なもので、基経に全く摂政を辞する意志がなかったとすると、『文粋』の文章の方が辞表の内容としては穏当であるといえようか。ただ現実の問題として『三代実録』にも『文草』と同じ表現の辞表が載せられているので、清和天皇に遜位の意図が固く、皇太后に主眼を置いた辞表が執筆された可能性が強い。それでは何故に二様の辞表が存在しているのであろうか。種々の推測が成立つであろう。

第一に両者の相違は草稿と完成原稿との間に生じたものであるという考え方である。即ち道真が始めに『文粋』に見える文章を執筆し、ある事情によって改作したものが『文草』の文章であろうというのである。貴顕の依頼を受けて書いた文章は当然その草案が手許に残って居り、それが家集編纂の際に資料となったと考えられる。とすると二種の草案が存在していたということになり、天皇に呈出された辞表と同文の方が『文草』に収録されたといえる。この推定は常識的には最も妥当と思われようが、他方の草案が『文粋』編纂までの百数十年間、どの様にして伝わって来たかという説明が出来ない。かりに辞表の纂輯を想定したとしても、『三代実録』の文章が『文草』のそれと全く同じであることは、草稿の伝来についての臆測を否定させるといえる。

第二は他の辞表の一部分が誤って記入され、その様な本文に基いて明衡が『文粋』を編纂したとする推測である。これは文章の本文の問題に絡んで来るが、『文粋』に見られる異文がぴったりと位置するものは、『文草』の他の辞表にも見られない。現存の資料に基いて考察を進める限り、この推測は成立たないといえよう。

第三は後世になって（『文草』の成立から『文粋』編纂までの間）改作しなければならない事態が生じ、その必要部分にのみ添削が加えられたとする考え方である。この場合は作者の関知しないことは言うまでもない。繰返して述べるが、両辞表の相違は太上天皇の幼帝に対する補佐助力の表現を含むか否かにある。それでは辞表執筆以後に、皇太后参政の内容だけでは不都合を生ずる事件が起ったであろうか。私は寛平八年（八九六）九月に生じた皇太后高子の不祥事件を当嵌めてみたい。『扶桑略記』によると高子は東光寺の善祐法師と密通したため皇太后を廃され、善祐は伊豆に流された。『日本紀略』ではその翌日廃后の次第が諸社に報告され、また高子には封四百戸が充てられている。

この事件は陽成天皇が退位された後のことであるが、かつては幼帝を補佐し朝政を施行すべき尊位にいた者が、かかる破廉恥な行為をしたのであるから大問題である。二十年前に書かれた辞表についても批判されるべき欠陥が生じたことは否定出来ない。だがもしもこの時に辞表改訂の意図が働いたとすれば、『文草』編纂の際に文章を書替える機会があったといえる。しかも『三代実録』が『文草』と同文であることはそれ以後の改訂を物語るものであり、文章に手を加えることの出来た時点は道真の左遷以後、もしくは死後ということになろうか。碩学道真の存命中はいかなる事情があるにせよ、その著述に筆を入れることは躊躇されたに違いない。

またその改作の理由としては、政治の変遷の中で、幼帝即位の際に太上天皇が何等かの形で補佐するという新しい解釈が要求されたか、或はそれを証拠づける先例を必要としたかの何れかと考えられないであろうか。これは政治上の手続の方法についての問題であるが、高子の不祥事件は一つの切掛を与えたということが出来よう。改作した人が誰であるか全く手掛はないが、私は為政者の意を受けた大内記の如き文書の作成者を想定したい。そして改訂の時期は広くいえば『文粋』編纂の時点までであるが、天慶六年(九四三)に二条前后を本位に復する詔が下されていることから、ここに下限を置くことが出来ないであろうか。高子が復辟すれば『文草』の辞表に手を加える必要がなくなって来ると思われるからである。この推定には一度完成し呈出された辞表に、如何なる事情があったにしても改訂補筆を施される様なことが行われるかという問題が残るであろう。ただこの様な例として道真左遷に関する詔書が後年すべて廃棄されたことを指摘して置きたい。

以上種々の推測を試みて来たが、両辞表の相違を生じた原因と経路を解明することが出来なかった。いささか附会な解釈の虞なしとしないが、第三の仮説を採用したい気がする。現存の『文草』を原形と想定する態度を取る限り、両辞表は『文草』とは別の資料によって『文粋』に採録されたと考えざるを得ない。そしてそれは辞表を蒐集したものであって、それらは文書として故実先例の意味を有していたと思われる。辞表が一括して官庁に保存されていたことは『本朝世紀』の天慶四年八月六日条に

太政大臣(忠平)藤原朝臣差二左近中将同師氏朝臣一、被レ献下辞二摂政一由之表上。写二件表案一、続二加局表巻一已了。

とある。即ち藤原忠平は摂政を辞する表を献上したが、その時辞表の案文を写して外記局の辞表の巻に続けて書加えたというのである。さらに同月十一日に大外記橘直幹を召して件の辞表に対して勅答を作らしめたが、「其文在二局表巻一」とある如く、その文章が辞表の巻に掲載してあると記されている。これは長年に亘る辞表(それに対する勅答も含めて)を加筆した巻子本があったことを意味するもので、この一例から推しても辞表の集成は充分推定される所で

ある。なお道真の他の作品三十四篇は『文草』と『後集』を原拠にしていると考えて差支えなかろう。

（八）江吏部集

『江吏部集』が『本朝書籍目録』にいう「匡衡集」と同一のものであるか不明であるが、現存本には大体彼の生涯の詩が収められている。『江吏部集』三巻は十五部に分けられ、それには細目が附されている。この様に詩を部類別にした家集が他に見えないので断定することは出来ないが、自撰もしくは作者の意図に基いて編纂されたものと考えたい。

さて『文粋』に見える匡衡の詩序十篇と和歌序一篇のすべてが『江吏部集』にあることは、両者の関係が密接であるという推測を可能にする。さらに注目されることは、詩序十篇の中で『江吏部集』上巻の四篇が『文粋』巻八に、中巻の二篇が巻九に、下巻の四篇が巻十と巻十一に順を追って按排採録されていることである（ただ巻十一の二篇が順序を逆にしている）。このことは『江吏部集』の分類部立が、『文粋』の詩序のそれを構成する時に考慮されたと考えられないであろうか。試みに両者の部立を掲げてみよう。

○江吏部集
巻上　天部　四時部　地部　居処部
巻中　神道部　釈教部　帝徳部　人倫部　文部　音楽部　飲食部　火部
巻下　木部　草部　鳥部
○本朝文粋
巻八　天象　時節　山水

巻九　帝道　人倫　人事　祖餞　論文　居処　別業　布帛　灯火
巻十　聖廟　法会　山寺　木
巻十一　草　鳥

この両者を比較した時、名称や排列の順序に相違があり、一概に『文粋』詩序の部立が『江吏部集』に基いているとは言えないが、何等かの影響を受けていることは否定出来ない。寛弘期文壇の第一人者として匡衡の存在は実に偉大なものがあり、明衡の青年時代におけるこの巨儒の影像は晩年に至るまで消え失せていなかったと思われる。現存の文献から判断すると、『文粋』の原拠として『江吏部集』の占める位置は大きかったと言ってよかろう。

『文粋』に収められた匡衡の作品は四十四篇で朝綱と並んで最も多いが、序以外の作品は何によって収載したのであろうか。彼の文才やその翰林における比重から推してその詩文が人々に重んじられたことや、また明衡の若年に彼がまだ健在であったことなどから、彼の作品が散佚しないで残されていたことは容易に想像される。従って種々の経路によって彼の作品を集めることが出来たと言えるが、私は現存の『江吏部集』とは別に彼の家集があり、それに殆どの詩文が収録されていたものと臆測してみたい。

（九）その他

『和漢朗詠集』が『文粋』の編纂に大きな影響を与えたことは、『朗詠集』に収める邦人の長句の九割が『文粋』の文章に見えることからも分る。当時における文章の鑑賞態度から考えて、『文粋』編纂の規準に文章の佳句に対する意識が強く働き、そのために『朗詠集』が参照されたことは疑いない。しかし朗詠のために秀句だけを集めた『朗詠集』と、文章作成の規範として形式の整った文章を収録した『文粋』とでは全く性格を異にするもので、両者の間に資料的関係は成り立たないといえる。(29) 従って『朗詠集』に見える源順の「詠二女郎花一」の作品にしても、一首の詩として完成した形を有しているが、『朗詠集』の編者に雑言詩としての自覚があったと思われない。『文粋』がこれに基いたと想定するのは不可能で、源順の家集から採録したと考えるのが妥当であろう。

『紀家集』は現在巻十四の残簡が残っているが、それには記五篇と伝二篇が収められて居り、『文粋』(巻十二・373)にある「亭子院賜飲記」がこの中に見える。もしも『紀家集』の編成が『菅家文草』と近いものであるならば、全体で二十巻程になると思われる。『本朝書籍目録』にいう「続紀家集三帖」や、『看聞御記』(永享五年〈一四三三〉八月一日)に見える「長谷雄卿集二帖」が、如何なる内容を有し『紀家集』とどの様な関係にあるか全く不明である。ただ『紀家集』の全巻を二十巻と想定すると、『文草』の例から推しても、『文粋』に見える長谷雄の作品は大方収録されていると考えることが出来ようか。

その外に先行作品として、『令義解』と『古今和歌集』との序が『文粋』に収載されているが、現存の文献からは直接これらに典拠を仰いだと考えるのが最も妥当であろう。

四

今まで現存する資料を中心にして『文粋』と先行作品との関係を考察して来た。その結果川口博士が扶桑集・日観集・本朝麗藻をはじめ、各家の家集や、大学寮や式部省や芸閣などにあった各種の資料や文書・反故などによって直接に編んだものと考えられる。と推定しておられるのは、(30) 一応正鵠を得ているといってよかろう。ただ先行作品を個人の家集と撰集や文書の纂輯とに区分するならば、二三のものを除いて前者に比重が置かれているのではなかろうか。ここで『文粋』の編纂に際して家集を重視したと思われる一例を挙げてみたい。

延長四年（九二六）七月、宇多法皇が河原左大臣源融のために誦経を修せられたが、その時の諷誦文が『文粋』（巻十四・427）に掲載されている。作者は紀在昌で、下に「于レ時秀才。」と注記がある。ところがこの諷誦文は『扶桑略記』にもあり、作者は三善文江と記されている。当時文江は文章博士であり（『二中歴』）、在昌は文章得業生であった（『類聚符宣抄』）。文江は三善清行の男であるが、現存せる詩文も少い上に翰林における活躍が殆ど見られない。[31] 元来諷誦文の類は時の鴻儒に作成を依頼するのが通例であり、この時も文章博士の作品として公表されたのであろう。しかし実際には文筆の才能があった秀才の在昌が書いたのではなかろうか。寛弘九年（一〇一二）大江匡衡が北野天神を祭る時の祭文（巻十三・392）の執筆を依頼された時、病気のために弟子の中原長国が代作した例もあるが、この場合も或事情があって在昌が代筆したものと考えたい。

それではこの両書は何に典拠を求めたのであろうか。種々の推測が可能であろうが、第一は願文や諷誦文などの集成があって、それに作者を三善文江と記し、下に紀在昌作の注記が施されているという想定である。これは両書が同一の典拠から採録したことになり、『略記』が名目上の作者を、『文粋』が実作者を選んだということになる。第二は両書はその典拠を異にするもので、『略記』が文江作を明示した先行作品――それは諷誦文の集成のごときものであろう――から引用し、[32]『文粋』が在昌の家集から転記したという推定である。第三は『略記』が『新国史』などの資料によって、此時に文章博士であった文江を作者に宛てたとする考え方である。

諷誦文などの執筆は学者にとって非常に重要であり名誉なことであるので、その草稿は必ず手許に保管されるであろう。だがその草案に代作者の名前が記してあったと考えるよりは、両書が別の資料に基いて作者名を記したと想定する方が自然であろう。『文粋』が作者名の下に「于レ時秀才。」と注記したのは、文章得業生の身分で諷誦文を執筆したことが全く異例であったからに外ならない。この様に考えると、『文粋』の資料としては在昌の家集を想定するのが最も妥当である。また延喜五年（九〇五）七月二十一日に紀長谷雄が宇多法皇のために封戸を停止せんことを請う書（『文粋』巻七・181）を執筆しているが、『扶桑略記』では「不レ知二作者一」となっている。『略記』では出典を明示することが多いので、この文が『文粋』に基かぬものであることは明かであり、前記の諷誦文の場合と同様両書が別の資料によるものと想定される。そして『文粋』では『紀家集』の如きを典拠に考えるのが最も穏当の様に思われる。現存の資料に基いて考察を進める限り、『文粋』編纂に当って個人の家集が重視されたと考えざるを得ない。

『文粋』の詩文で先行作品に見えるものは全体の五分の一に過ぎない。従って資料の散佚した残りの三百余篇についても、その典拠を想定して行かねばならないが、私の準備に欠ける所があり、これ以上臆測に走ることを避けたい。ただし推定の手掛を与えてくれるものが存在しないわけではない。

その最も大きなものが個人の家集であることは言うまでもないが、その外には例えば『江談抄』（巻五）に「策科判問諸儒論、尤可レ見物也。」と記されている所から、大江匡衡と紀斉名の「省試詩論」（巻七・176～179）の典拠が推定されよう。『古今集』の真名序を直接の原典と考えると、「新撰和歌序」（巻十一・343）の如き書序もその採録の経路を辿ることが出来る。また『粟田左府尚歯会詩』にある菅原輔正の詩の自注に「南亜相尚歯会、曾祖刑部尚書作二其宴序一。一昨同会日、吏部員外大卿亦以作矣。両会経レ年、一家記レ事。故云。」と記していることから、この詩巻は始めは菅原文時の詩序（巻九・246）があったと考えられ、尚歯会の詩は序を附し独立して存在していたと想定される[33]（『扶桑集』に収録された可能性もあろう）。これと同じ様に考えられるのは勧学会に関する作品で、開催された時の詩文及び行事の次第は書残されていたと推定されるし、さらに勧学会創立の際に執筆された慶滋保胤の知識文（巻十三・398）や橘倚平の牒(巻十二・382)なども一括して保存されていたといってよかろう。或は前述した『本朝世紀』の記載から辞表や勅答の集成が確められたし、また『日本紀略』(延喜十三年一月二十八日)に

前大宰大弐源朝臣依(悦)レ不レ赴二大宰府一、召二位記一不レ毀留二官底一。

と見えることから、文書の保存に暗示を与えられる。さらに時代は降るが、応永二十六年(一四一九)四月一日の火災に遭って外記局の文書が皆炎上したと『康富記』に記されており、同書の応永三十六年三月の県召除目の際に、申文は奏覧の後御所に留められるのが定事であると記している。これらの記事から推定して、公的な場所において文書が保存されていたと言えないであろうか。しかし長年に亘る文書の保管は、その間に火災などの事故もあったと考えられるので、家集を第一の資料と考えたい。

五

現存資料の不足を口実に推測を重ねて行くことは、非常に危険な方法である。たとえこうした臆測が許されたとしても、資料の経路が辿り難い作品の存することは否定出来ぬ。それは作者に家集がなく、作者が翰林で殆ど活躍していない上に、その作品が公文書にも属さず、または撰集の行われる可能性がなかったものと言えよう。その代表的なものは清原真友の字訓詩(巻一・33)、羅泰の「鉄槌伝」(巻十二・377)、桜島忠信と藤原衆海の落書(巻十二・388・389)である。この三部の作品について、その典拠を考えてみよう。

清原真友の字訓詩は「于レ時嘉祥元年秋。」と注記があるので、作者は仁明天皇の頃の人であるが、その出自経歴については全く不明である。ただこの詩の「里魚穿レ浪鯉、江鳥度レ秋鴻。」の句が『作文大体』に掲載されている。『文

粋』の詩がすべて雑体詩であることから推して、この詩が採録されたのは字訓詩という特殊な詩体であったからに外ならない。真友に家集があったとは到底考えられないし、またその内容から『扶桑集』に収められていた可能性も殆どない。とすると『扶桑集』以外に本詩が採録された撰集が、その典拠となっていると推定するの外はない。恐らくそれは本詩が字訓詩であるために掲載してあるもの、換言すれば詩体について記述した詩学書の如きものと想定される。『作文大体』によると、大江朝綱の『作文大体』や源順の『詩髄脳』などの書があった由であるが、その様な詩学書にこの詩が採録されていて、『文粋』はそれを典拠としたと推定出来ないであろうか。

次に「鉄槌伝」は内容の猥褻な戯文である。作者は「羅泰[34]前雁門大守」と偽名を用い、題名の下に「或説博文作云々。此伝付レ心而可レ被レ読者也。」と注記が施されている。この「博文」については林羅山の様に（内閣文庫蔵『本朝文粋』）人名と考えるか、或は単に博識能文を意味するもので作者不明ととるか、説が二者に分れる。前者に関しては『文粋』にその文章を収める藤原博文がおり、大江朝綱の「男女婚姻賦」（巻一・15）の如き淫靡な作品が収められているのであるから、博文が書いたとしても不思議ではない。また後者の説を取れば当然その作者が問題になって来るが、ここで参考になるのは静嘉堂文庫蔵の『本朝文粋』版本に山崎知雄の書入れがあり、『新猿楽記』をもって注を加えていることである。このことは本書の編者である藤原明衡が、偽名を用いて自己の作品を掲載したことを暗示している。

この作品は白行簡の「天地陰陽交歓大楽賦」の影響があると言われるが[35]、その用語は『素女経』や『洞玄子』の如き中国の医書に基いているものが多い。その上永観年中に撰述された丹波康頼の『医心方』（巻二十八、房内）に語句や表現の典拠を求めることが出来る。そして『医心方』より以前我国に『大同類聚方』や『金蘭方』の著述があり、『日本国見在書目録』に記録されている膨大な中国の医書から推して[36]、学者がこの様な作品を書くことは容易であったと考えられる。しかし藤原博文が作者であると仮定すると、その典拠になったと思われる彼の家集に、この様な作品が収録されていたか疑問視される点も少くない。後世平賀源内が「痿陰隠逸伝」を『風来六部集』に収録したのとは、性格を異にしていると思われる。

『文粋』に倣って編纂された『続文粋』の編者について、『本朝書籍目録』には「藤原季綱撰」と記している。しかし彼の死後の作品が収録されているので、現存本に関する限りは誤と言わねばならぬ。しかし岡本保孝が『難波江』において、季綱が偽名をもって「陰車讃」という戯文を書いたために彼を本書の編者に擬したのは、後人の増補を認めるならば成立つことになり、一概に否定することが出来ない様に思われる。本篇の卑猥な内容や戯名を使用したこと、『新猿楽記』との類似、編者明衡の軽薄な性格などから判断して、滝川政次郎博士や小島憲之博士[37]が述べられた如く、私は「鉄槌伝」の作者を明衡と考えたい。

最後の落書二首(388・389)であるが、元来落書とは市街の要所や権勢家の門壁などに、政治社会の不正を述べて衆人に自己の不運を訴えたり、諷刺批評をするために書いて貼られた文章をいう[38]。ここでは前者は除目任官に関する不公平を述べ、後者は文章道における偏頗堕落を訴えている。前者の桜島忠信の落書には「依二此落書一拝二任大隅守一云々」の注記があり、これについて林鵞峰は

此落書諷二刺其時政一。然未レ知件件指二何等事一也。彼因二此落書一任二大隅守一、則不レ過二其譴一而蒙二微禄一乎。抑亦左二降西海窮遠之地一乎。(『本朝一人一首』巻五)

と述べている。この落書二篇は真福寺本の出現によって全文通読が可能になったもので、江戸時代の流布板本はすべて欠字を持っていた。そしてこの落書の「右太閤賢帰二衆望一、左丞相佞損二皇猷一。」の詩句によって、右大臣を菅原道真に、左大臣を藤原時平に擬する説もあり[39]、一方鵞峰は「右」の欠字に「故」を当てて藤原頼忠と源雅信を当嵌めている。さらに彼は「桜独冷」「橘先抽」の詩句を取上げて

所謂桜独冷橘先抽者、託二言于左近衛桜右近衛橘一乎。或曰、桜者忠信託二其氏一言二官冷一乎、橘者当時橘姓者登庸乎。

と記している。しかるに忠信は『類聚符宣抄』（巻四、荷前）に「安和元年十月十一日、大外記正六位上桜島宿禰忠信。」とあり、『外記補任』によると同月二十一日に従五位下に叙せられ、十二月に備後権介に遷任されている。従って彼が冷泉・円融朝の頃に活躍したことは疑いない。『二中歴』（巻十三、名人歴）に学生の字として「桜島忠信 桜藝」とあり、大外記の職務にあった点から推して、文章道に学んだと思われ、文才があったと言える。

『政事要略』（巻八十四）の糺弾雑事に

闘訟律云、投二匿名書一、告二人罪一者、徒二年。得レ書者、皆即焚レ之。若将送二官司一者、杖一百。

とあり、藤原基経が大饗の日に束帯の六位が顔を隠して書を献じ逃げ去った時、匿名の書なるをもって書面も見ずに焼かせた話が附されている。従って落書の形式を取る限り、忠信が大隅守に任命されたことが事実であるならば、それは昇任ではなくて左降と考える方が自然ではなかろうか。

第二の「秋夜書レ懐呈二諸文友兼南隣源処士一」（389）の作者藤原衆海については、残念ながら知るところがない。林鵞峰は

源処士、衆海未レ知レ為二何人一。蓋其譏二時政一者、寓レ言託レ名乎。（『本朝一人一首』巻五）

と述べている。作者の「藤原衆海 貧居老生」が真福寺本では「貧居老生藤原衆海上 在列云々」と記し、内閣文庫本では「貧居先生上 在列」となっている。さらに内閣文庫本では「菅蔵不レ住名先改。」の「蔵」に「普隣大蔵弼邦」と注があり、「桜笠長居命可レ終。」の「桜笠」に「桜島忠臣笠忠信」と傍記する。鵞峰はこれによって「菅」（流布本欠字）の字も人の姓であり、「忠臣」は桜島忠信の族類であろうかと述べて、一条天皇の頃の落書と考えている。

さて二首の落書は如何にして『文粋』に収録されたのであろうか。たしかに落書はその時の巷間に流布したと推定されるが、そのままの形状で永続するとは考えられぬ。まして法律で焼き捨てねばならぬのであるから、これを書写でもしない限り後世に伝わるはずはなかろう。しかし二首の落書が同じ時に発表されたという証拠がないので、一緒に伝承されたと考えるのは躊躇される。もしも両者が別々に伝わったとすると次の如く考えられようか。第一の落書は作者の忠信が文人として認められた上に、『大江氏系図』(『続群書類従』所収)によると彼の女が為基・定基の母になっている。彼が江家に縁があったとすると、明衡が大学寮の東曹に属し大江氏に師事したことから、忠信の作品の経路が辿れないであろうか。第二の落書については解決が困難であるが、真福寺本などに注記された「在列云々」を強いて橘在列と考えれば、その経歴から言って充分可能性があると言えるし、その典拠に家集などが想定されようか。尤も後人が在列の不運に同情して仮托したとも考えられるので、単なる臆測に過ぎないと言ってよい。

落書というのは作品自体が持っている文体の名称ではなく、自分から離れた所に置くことが重視される発表の形式に関するものである。従って賦や序の如き他の文体とは性格を異にしており、かかる部門が中国の編纂書にないので、編者自身の独創になると言えよう。明衡が落書に興味を抱いていたことは種々の点から想像されるし、従ってその入手採録に際しては特に意を注ぐところがあったと推察されるのである。

典拠の求めにくい三部の作品を取上げて、『文粋』に採録される経路の推定を試みて来たが、飽くまでも私の臆測であって蓋然性がないと言ってよかろう。ただ本書収録の全作品についてその典拠を想定することは必要であるので、敢えて推測を試みたに過ぎない。『文粋』の異本の調査によって表記の相違に留意すると共に、その作品を一篇ずつ吟味しながら、典拠及び採録の経路を推定して行くことは重要である。しかし資料不足のためにこうした方法が非常に困難なことも事実である。そこで後代に編纂され現存している願文集・表白集や和歌序集などと同形態の先行作品を、『文粋』以前にまで遡上らせて想定するとか、『扶桑集』や『日観集』の全巻の構成や作品を推測するなどの方法が考えられよう。こうした方法は問題を合理的に解決し易い反面に危険を伴う。作品の採録に当って都合の良い編纂書や撰集を典拠の中心に想定するのは、現存の資料を無視し想像のみを駆使する傾向に陥り易い。どこまでも現存の資料を基礎にし、他の編纂書の成立などを参考にしてその典拠を推定して行く方法が穏当であると思われる。

(1) 拙稿「王朝漢文学の諸問題」（『解釈と鑑賞』昭和三十八年一月）を参照されたい。
(2) 高野本『本朝文粋』には朔旦冬至表二篇を収める。拙稿「山崎知雄書入本『本朝文粋』について」（国史大系『本朝文粋・本朝続文粋』月報）を参照されたい。
(3) 石山寺本『本朝文粋』には書状一篇を収める。
(4) 括弧内は書名の略号である。『本朝書籍目録』（書）、『通憲入道蔵書目録』（通）、『菅家後集』（後）、『三代実録』（三）、『本朝文粋』（粋）、『江談抄』（江）、『本朝麗藻』（麗）、『二中歴』（二）、『看聞御記』（看）がその主なもので、書名のないのは現存を意味する。なお和田英松博士『本朝書籍目録考証』と川口久雄博士『平安朝日本漢文学史の研究』を参照した。
(5) 菅原氏で参議になった人は是善と輔正の二人であるが、『菅家後集』の跋文によると是善には『菅相公集』十巻がある。この『菅相公集』がそれの一部（または別本）か、輔正の集か不明であるが、一応輔正の項に入れて置く。
(6) 三善清行の「奉二左金吾藤納言一書」（『政事要略』巻二十六）の注に「善八」とあるのは『善家集』巻八を意味するのであろうか。
(7) 東洋文庫蔵の『江相公詩』は『扶桑集』などから後人が抄出したもの故、問題にならぬ。
(8) ただ『田氏家集』のごとく、詩だけを採録した家集の存在も顧慮に入れる必要があろう。
(9) 『本朝書籍目録考証』三九二頁。
(10) 和田博士は「祖師」を編者の祖父の師と解されたが（前掲書）、『江談抄』（巻五）によると斉名の師である橘正通の師が源順に当るので、師の師という意味に解したい。なお林鵞峰の『史館茗話』に「斉名編二扶桑集一、多載二順詩一、以三其学之所二由来一也。」とある。

(11) 橘在列の作品は『文粋』の和歌序に排するが、題名に「春日野遊和漢任意」とあるので詩序としての性格を持つものと考える。

(12) 『江談抄』(巻五)には高岳相如が藤原公任の師匠であったので、『朗詠』撰集の際に作品を多く採入されたと記されている。

(13) 以言の詩序に「員外藤納言」とあるが、『公卿補任』によると長保三年から寛弘五年まで権中納言右衛門督であった藤原斉信を指すと思われ、『麗藻』の詩題の人物と合致する。

(14) 『本朝書籍目録考証』一九六頁。

(15) この注記が原本に附せられていたか問題であろうが、かなり古いものであることは疑いない。

(16) 本篇は塙保己一の「格逸」(『続々群書類従』法制部)に採録されている。

(17) 原本は身延本『本朝文粋』の如く作者名を記さなかったものと思われる。

(18) 坂本太郎博士の『日本の修史と史学』や『菅原道真』を参照されたい。

(19) 坂本博士の「史料としての六国史」(『日本古代史の基礎的研究』文献篇)による。

(20) 『三代実録』では辞表の作者名を記していないが、この時の辞表の第二表が『文草』に収められて居り、当時の慣例から推して第一表も当然道真の筆になることは言うまでもない。従ってここで辞表の作者名の不記に関しては問題にならない。

(21) 「跋都氏文集補遺」(『常山文集』巻十九)。

(22) 『群書解題』(第五)に見える山岸徳平先生の解説による。

(23) 『本朝書籍目録考証』四〇三頁。

(24) 『通憲入道蔵書目録』に「本策林目録一巻」とある。

(25) 『平安朝日本漢文学史の研究』一〇四二頁。なお和田博士は前掲書(四〇八頁)の中で、前者は不明、後者は『江談抄』に記された源為憲の『本朝詞林』と同じものかと述べておられる。

(26) 『文粋』の本文では対策者が「散楽得業生秦宿禰氏安」と偽名になって居り、また『日本紀略』では策問者について記す所がない。

(27) 前掲書二一一頁。

(28) 忠仁公良房が摂政の職を勤めたのは、文徳天皇が崩御され、即位された清和天皇が九歳の幼帝であったからである。

(29) 本書第三論文を参照されたい。

(30) 前掲書七八〇頁。

(31) 『弘法大師御伝』(巻下)に延喜二十一年十二月二日の「重請レ被三処分追二贈諡号真言根本阿闍梨大僧正法印和尚位空海一之状」の作者として「大学頭三善文江」とある。

(32) 現存の資料から推して文江の家集が存在していたとは想像しがたい。

(33) 『康富記』文安元年九月三日の条にこの時の「尚歯会御絵一巻」の名が見える。

(34) 小島憲之博士の『懐風藻 文華秀麗集 本朝文粋』(日本古典文学大系69)の「詩人小伝」に「羅は摩羅、泰は太か大に通じた戯名」と考えて居られる。

(35) 川口博士「本朝文粋・本朝続文粋の世界」(国史大系『本朝文粋・本朝続文粋』月報)。

(36) 服部敏良博士『平安時代の医学の研究』による。

(37) 滝川博士『倩笑至味』。小島博士、前掲書。

(38) 李家正文博士『らくがき史』四一八頁。

(39) 柿村重松氏『本朝文粋註釈』及び小島博士の前掲書。

六 『本朝文粋』の分類と排列

一

『本朝文粋』には弘仁期から長元年間まで二百年間に亘る代表的な文章、四百二十九篇を収録している。この中の文章がどの様に分類され排列されているかという問題を解明することによって、編者の編纂態度が明かになって来る。しかも本書の分類方法が後の『本朝続文粋』や『朝野群載』などの編纂の規範になったことを考えると、その意義は大きいと言える。だが当時において本書の編纂方法を論じたものは見えない。江戸時代になって『新刊本朝文粋』(寛永六年〈一六二九〉刊)の堀杏庵の序に「蓋擬二諸梁文選唐文粋一矣。」と記されているのが始めである。現在誰もが本書の編纂は『文選』や『唐文粋』に倣ったものであることを認めている。しかしすべての点において模倣したわけではなく、両者の間にはかなりの相違が見られる。その点に本書の独自性があると言ってよい。

さて本書は十四巻に分れ、三十九部門に分類されている。[1] そこでこの三十九の文体が、[2] 当時行われた文体の間にどの様な位置を占めているか、またその排列が妥当であるか否かという点が当然考察されねばならない。本書が当時の文章の精粋英華を収録したことは言うまでもないが、一方では文体の様式の模範を示すことになった。このことは本書に純粋の文学の世界に属する賦・詩・序の如き文体の外に、詔・勅書・奏状の如き公文書も少からず収められていることからも明かであろう。官符や位記の様な作品は文学的要素が稀薄である。また華麗な駢儷文に彩られた詩序の中で、紀長谷雄の「落花詞序」（巻十・305）は僅か三十数字より成っている。これらは明かに文体の形式を示そうとした意図以外の何物でもない。本書の後代における享受態度から考えて、文体における様式の規範と言うことが編纂意図の中心の一部であり、したがって部門即ち文体の考察と言うことは欠くことの出来ない重要性を持っている。

またその文体は名称の相違によって、当然内容や形式を異にするが、その間には共通的要素によって大別され得る性格を有する。例えば文章論の立場から文（韻文）と筆（散文）に分けられるし、筆はさらに後代の分類を借りれば議論文と叙事文とに分類することも出来る。一方また文学的性格の文体と文書の形式を持つ文体とに分けることも可能であるし、さらに後者は対人関係によって、上から下に賜ったもの、下から上に申上げたもの、同輩に書いたものという様な分類も出来よう。作品を編纂するに際して、そこに何等かの分類意識が働くのは自然である。しかも本書が我国最初の文章の選集であり、（3）後代の編纂の規範になったことを考えると、三十九の文体がただ無雑作に排列されたとは到底考えられない。そこで各巻の文体が、どの様な分類意図の下に並載されているかということが、次の問題になって来る。

最後に同一の文体の中で作品がどの様に排列されているかという問題が残る。三十九の文体の中には賦や詩序の如く細目を持つものがあるが、これは先行作品を規範にしたものか、編者の独創に成るものか、考察する必要があろう。そして作品の排列順序に何等かの基準が存するかも考えねばならない。

以上の三項の解明によって、始めて本書の分類と排列を明かにすることが出来ると言える。しかしこの問題を考察する重要な条件として、本文が編者自身の手によって編纂されたものであることが要求される。編者以外の手になった改竄本であるならば、分類や排列を調べることは全く無意味と言えよう。そして本書の原形については微すべき資料がないし、しかも流布本とは内容を異にする本文が存在しているのである。例えば石山寺本、高野本、大河内本などの異本は流布本とかなり相違がある。(4) その内容についての紹介は別に稿を改めることにしたいが、従来の諸家の見解も㈠異本と通行本との関係を原撰本と精撰本と見る説と、㈡通行本が原本で異本を改撰本と見る説に分れ、その可否については証明すべき資料がない。ただ私は『文粋』の後代における享受の仕方から考えてその実用性を重視し、各巻がかなり独立性を有していたと思われること、享受者が使用し易い様に加筆添削の行われた余地が想定されることなどから、全巻を含む異本が出現しない限り通行本を原形と考える立場を取りたい。従って通行本を本にして論を進めて行くことにする。

二

『本朝文粋』の文章は三十九部門に分類され、十四巻に収録されているが、その部門名と所収作品数は次の如くである。

巻一　賦十五首　詩二十八首

巻二　詔六篇　勅書一篇　勅答七篇　位記二篇　勅符三篇　官符三篇　意見封事三篇

巻三　策問十三条　対策十三条

巻四　論奏二篇　表二十篇

巻五　表二十六篇（附辞状四篇）　奏状六篇

巻六　奏状二十六篇

巻七　奏状五篇　書状十七篇

巻八　序三十七篇
巻九　序三十九篇
巻十　序四十六篇
巻十一　序三十四篇
巻十二　詞一篇　行一篇　文一篇　讃五篇　論一篇　銘九篇　記五篇　伝二篇　牒五篇　祝文一篇　起請文一篇
　奉行文一篇　禁制文一篇　怠状一篇　落書二篇
巻十三　祭文三篇　呪願文二篇　表白文一篇　発願文二篇　知識文一篇　廻文一篇　願文十二篇
巻十四　願文十五篇　諷誦文六篇

計　四百二十九篇(5)

この表を見ると、当時多くの文体が行われていたことが分る。そしてまた所収作品の多いことは、或意味においてその文体の盛行を示して居り、当時の社会情勢を反映していると考えられる。宮廷を始めとして頻繁に開催された詩会や竟宴が賦や詩序を生み出し、仏教の隆盛に伴う造寺や法会が願文となって現れ、翰林出身者の不遇が奏状を書かしめ、形式的な公事が三度に及ぶ辞表の執筆となる。しかも『和漢朗詠集』にある邦人の長句の多寡は、これらの文体の所収作品の多少ともほぼ一致している。それでは文体についての意識は何時頃から生じたものであろうか。

中国において始めて文体の分類が行われたのは後漢の頃と言われる。『後漢書』の「馮衍伝」には賦誄銘等十二類五十篇があり、「崔駰伝」には詩賦表等十類二十一篇があり、「蔡邕伝」には詩賦等十九類百四篇を世に伝えると記されている。(6) 郭紹虞氏によれば、これらの煩瑣な記載は個人の文集を何巻に収めるのが妥当であるかを示すと共に、類聚区分を加えようとする意識が現れたものであって、この文体の区分は総集を編纂する時に常に必要とされると言う。

そして文体の分類についての風潮が起り、種々の論がなされたのは三国魏の頃からと考えられている。(7) 魏の文帝の「典論論文」(『文選』巻五十二)に「文非㆓一体㆒。」と記し「蓋奏議宜㆑雅、書論宜㆑理、銘誄尚㆑実、詩賦欲㆑麗。此四科不㆑同。」と四体に分類している。また陸機の「文賦」(同上巻十七)には「体有㆓万殊㆒、物無㆓一量㆒。」と述べて、詩・賦・碑・誄・銘・箴・頌・論・奏・説の十種の文体を挙げている。明の李夢陽はこれを評して「此十者亦足㆑尽㆓古今文体之変㆒。」(『文選纂註評苑』前集巻七)と述べている。この様な文体論の精緻を極めたものが、晋の摯虞の『文章流別集』六十巻・『志』二巻・『論』二巻(『隋書』経籍志)と考えられる。現在は『流別論』の断片を『太平御覧』などの書によって知ることが出来るが、それは文体の変遷やその代表的作品、文体固有の記載態度などについて記してあったと思われる。李充の『翰林論』五十四巻もその断簡から推してこれに近い内容のものと考えられるし、摯虞の著述に次いで謝混の『文章流別本』十二巻や孔寧の『続文章流別』三巻などの書物があったことが、『隋書』の「経籍志」によって知られる。そして同書に見える多くの文章総集は、これらの文体区分に基いて編纂されたと想定される。

さて現存する書物で文体の流別を説いて最も纏っているものは、梁の劉勰の『文心雕龍』十巻である。この書には巻二から巻五まで二十篇に亘り、詩・楽府・賦・頌賛・祝盟・銘箴・誄碑・哀弔・雑文・諧讔・史伝・諸子・論説・詔策・檄移・封禅・章表・奏啓・議対・書記の二十種類について論じている。その説明の仕方について郭氏は

㈠各文体に適当な定義を施している。
㈡各文体間における異った風格を弁別して説明している。
㈢各文体の源流とその変遷を論述している。
㈣各文体の代表作家及び代表作品を挙げて模範標準を示している。

の四の特色を指摘し、従来の文体論を集大成したものであると述べている。(8)

また梁の蕭統の編した『文選』は詩文の総集として、中国のみならず我国にも大きな影響を及しているが、この書は三十九の部類に分類されている。(9)

賦○　詩○　騒　七　詔○　冊　令　教　文○　表○　上書　啓　弾事　牋　奏記　書○　移　檄　対問　設論　辞○　序○　頌
賛○　符命　史論　史述賛　論○　連珠　箴　銘○　誄　哀文　哀策　碑文　墓誌　行状　弔文　祭文○

この分類は後世の模範になったが、『文心雕龍』の影響が大きいと言われる。(10)編者は使用された文体を示すことを重視し、理論的と言うよりは実用面を考慮して区分したと考えられる。例えば本書に区分する七・連珠・対問の如きは、『文心雕龍』では文章の枝葉で区分し難いものとして、雑文に一括していることからも推測されよう。

『文選』の分類を基準にして当時の文体に則した編纂を行ったのが、宋代に勅撰された『文苑英華』や姚鉉撰の『唐文粋』である。前者は三十七類に、後者は二十四類に分けられている。我国の『文粋』がその書名を襲ったと称される『唐文粋』の部類を掲げて置きたい。(11)

賦×　詩×　頌　賛×　表×　書奏　疏　奏×　制策　文　論×　議　古文　碑　銘　記×　箴　誡　銘×　書×　序×　伝×　録　記
事

それ以後宋の呂祖謙の編した『宋文鑑』は分類の一典型を示したと言われるが、(12)『文粋』とは関係がないので省略する。

次に『文粋』以前における我国の文章について考えたい。中国から文物が移入されたのは応神天皇の御代と言われるが、それ以後大陸との交通や帰化人の増加によって、多くの文化が将来された。それと共にかなり古くから史官や博士が置かれて、文書や記録の作成が行われている。推古天皇以後には留学生の派遣によって我国の文化が大いに進歩した。そして日本人が自由に漢字を駆使して詩文を作ることが可能になった。我々は史書や金石文などを通して、詔書や碑文などの文体を知ることが出来る。詩賦が興ったのは近江朝と言うが（『懐風藻』序）、次の奈良時代になると種々の文体が発達した。その代表的な詩は『懐風藻』に収められ、賦は『経国集』に残されている。散文においては学令に基いて策試が課せられ、その対策文は『経国集』に収録される。また『日本書紀』や『続日本紀』などから、詔勅や上表を始めとする多くの文書の文体を知ることが出来る。さらに序については書序（『古事記』序）、詩序（『懐風藻』序）、和歌序（『万葉集』）の何れをも見ることが出来るし、和歌序の中には書状の形式を取るものもある。伝については家伝や『唐大和上東征伝』があり、碑文や銘は全国に出土するものも多く、願文は正倉院御物によっても知られる。[13] この様に奈良時代においては文体の分類意識はなかったが、種々の文体が行われていたことが分る。

平安時代になるとさらに多くの文体が見られるが、前代と異る点は文体を分類して詩文の編纂が行われたことである。我国で始めて文体に基く編纂が行われたのは、『経国集』である。本書は元明天皇の慶雲四年（七〇七）から淳和天皇の天長四年（八二七）までの、百二十年間における作品を分類収録したものである。二十巻の中、現存するのは六巻に過ぎないが、その序文に

賦十七首、詩九百十七首、序五十一首、対策三十八首。分為二両帙一、編成二廿巻一。

と記されている。即ち賦・詩・序・対策の四種に分類して作品を収めたのであり、さらに詩は現存する巻々の記述から推して、細目が設けられていたことが分る。しかし種々の文体の中で僅か四種からしか採用していないので、本書をもって代表的な文章の編纂と考えることは困難である。従って『文粋』に見られる様な種々の文体による分類編纂は、それ以後に求めなければならない。現存する最も古いものは個人の文集であるが、空海の『性霊集』を挙げることが出来よう。本書では後代の編書における如く部門を立てて分類されていないが、序に「夫其詩賦哀讃之作、碑誦表書之制、所レ遇而作。（中略）侍坐而集記、略得二五百以来紙一。兼摭二唐人贈答一、稍挙二警策一、雑二此帙中一、編成二十巻一。」

と記されて居り、種々の文体を集録類別する意図を持っていたと思われる。その大略を言えば巻一は詩（歌を含む）、巻二は碑銘、巻三は献上贈呈の詩文（表・序・状を含む）、巻四は表（啓・遺言を含む）、巻五は書・啓・状、巻六と巻七は願文・達嚫文となって居り、巻八から巻十までの闕巻は内容不明であるが、序文から考えて唐人との贈答が収載されていたのであろう。ただ本集の作者である空海が僧籍の人であることは、自らその内容に学者や詩人と違ったものを有する。『文粋』の作者に僧侶が含まれていないので、『性霊集』に見える文体の種類は、『文粋』のそれと相関わる所がないと言うことが出来よう。

そこで『文粋』に関係あると思われる古い文集として、都良香の『都氏文集』が浮び上って来る。この書は六巻（『三代実録』）の中三巻が残されて居り、収められた文体は

賦　論　序　銘　讃　表　詔書　勅書　勅符　牒　状　対策　策問　策判　省試詩判

の十五類である。そして序の下に「各付二詩本一」と注記があり、他の文集から考えて巻一と巻二に詩が収められ、それに序が附されていたのであろう。また『文粋』に彼の記や伝が見えるので、これらの文体は願文などと共に巻六に収録されていたと考えたい。(14)

菅原道真の『菅家文草』もこの様な分類編纂の方法を取っている。これは十二巻に亘って

詩　賦　銘　賛　祭文　記　序　書序　議　策問　対策　詔勅　太上天皇贈答天子文　奏状　表状　牒状　願文
呪願文

の十八類の文体が分類されている。この名称とその内容を『文粋』と比較すると、詔勅は詔・勅書・勅答から成り、太上天皇贈答天子文は辞状に該当する。『都氏文集』の分類種目と近似していると言えようか（但し『都氏文集』の欠巻の内容を想定してのことであるが）。この二文集を除いて個人の文章を収録した家集は残っていない。紀長谷雄の

『紀家集』は巻十四の断簡のみで、記と伝の二文体を知ることが出来るが、全巻の分類を想定することは困難である。ただ『文粋』(巻八・202)にある源順の「沙門敬公集序」に

公之所ㇾ作、詩賦、歌賛、啓牒、記状、呪願、願文等、且編録成二七巻一。

と記されて居り、或程度の分類内容を知ることが出来る。

ここでいよいよ『文粋』の分類について筆を進めよう。『文粋』の部門は三十九種で『都氏文集』や『菅家文草』などより遥かに多い。しかもこれらの文集が詩を巻首に置いているのに対して、『文粋』は賦を配している。『文粋』が我国で最初の形式の整った文章編纂書であることは言うまでもないが、当時の事情から考えて、その規範を中国に仰いだとするのが妥当であろう。そしてその先例が『文選』であることも、両者の分類や排列を比較する時肯定される。『文選』に収められた文体は前掲の三十九類を数えるが、その中○印を附した十二類が『文粋』と一致する。[15] そして賦を第一に詩を第二に置いていること、『文選』の賦や詩と『文粋』の賦や詩序が細目を設けていることなどを見れば、両者の類似に気附くであろう。さらに『文粋』に収めた詩に当時盛であった律詩や絶句を採らなかったのも、『文選』に倣ったためであると言われている。[16] 一方本書の書名が基いたと言われる『唐文粋』は、前掲の×印を附した十一類が一致するが、種々の点で『文選』程に密接な関係を持たない。しかし本書が『文選』を規模としているとは言え、両者の間にはかなり逕庭がある。それが文体において三十九類の中二十七類の相違となって現れている。

中でも仏教に関係ある文章、例えば願文や諷誦文などの文体は『文選』に見られず、本書の巻十三と巻十四の両巻は祭文を除いて我国独自のものである。これは平安時代に朝廷や貴族と結びついていた天台仏教の隆盛を意味するもので、学者が仏事の際に文章の執筆を依頼されたからに外ならない。次に中国の文章に見られないものは和歌に関するもので、本書には序の中に和歌序を十一篇も収めている。当時の漢文が和文と隔絶した所に行われたものではなく、

和歌と深い関連を持っていた。その最も良い例が橘在列の「春日野遊序」(巻十一・350)で、題の下に「和漢任意」と注記があり、漢詩と和歌が同一の場で作成されたことを物語っている。藤原公任の三舟の才の逸話もこれを裏附けるものであり、『続文粋』を繙いて分る様に時代が降るに従って和歌序の占める位置が大きくなって行った。また公文書に属する勅書・勅答・位記の如き文体が『文選』に見えないのは、彼我両国の政治体制や文書名の相違によるもので、『文選』にはないが後の『文苑英華』には「中書制誥」「翰林制誥」の分類の下に種々の文章を収めている。これは文章道の出身者が官人として公文書製作に大きな役割を果したことによるもので、編者は後世の範たらしめるため、かかる文体を採録したのである。

『文粋』と『文選』との相違は文体の名称の有無にだけあるのではない。同じ文体名を持ちながら、その内容において異るものが少くない。第一に賦は『文選』では十九巻に分けて五十七首の作品を収めているのに対して、『文粋』では一巻で十五首に過ぎない。中国で賦は楚辞以来の長い伝統があり、しかも文才を発揮するにふさわしい文体と認められて来た。それ故相当な学識と才能がなければ自由に作成することは困難である。賦は漢から六朝にかけて盛に作られたが、唐の天宝十三年(七五四)から進士の試験に賦が採用される様になっている。[17] これと違って我国では歴史も浅い上に、技術も高度であり、登用試験にも採用されず、詩に較べて発展を見ることがなかった。[18]

第二に詩は雑詩のみ二十八首を採録しているが、『文選』の四百三十五首に対すると余りにその差が大きい。これは『文選』に倣って律詩や絶句を省いたと言われるが、編者にかかる意図があったという確証はないし、本書に見られる古調詩は他に『菅家後集』や『江吏部集』から求めることが出来る。これは既に柿村重松氏が説かれた如く、[19] 我国には詩集の編纂が相次いで行われたので、蒐集の必要がなかったと考えたい。本書の作者七十人の中で『扶桑集』の作者三十九人、『本朝麗藻』の作者十二人を『二中歴』によって知ることが出来るが、これに散佚した『日観集』

などの詩集を顧慮に入れるならば、編者があえて雑体の詩のみを採録して形を整えたと考えるのが自然であろう。唐の白楽天の江南曲体に模した「憶亀山」(巻一・39・40)の詩を掲載していることからも、殊更に『文選』に倣ったとは思われない。

第三に『文粋』の表は四十三篇(辞状を含む)であるのに対して、『文選』では十九篇と遥かに少い。しかもその内容がかなり異る。『文心雕龍』(章表第二十二)の注に引用された蔡邕の『独断』によると、群臣が天子に上書するものに章・奏・表・駁議の四があると言う。そしてその差異について『文心雕龍』は「章以謝レ恩、奏以按レ劾、表以陳レ請、議以執レ異。」と説明している。従って天子に上書して請情を述べるのが表であり、その内容には種々のものがあるはずである。『文選』では細目がないが、それには推薦・諫言・辞任などが含まれている。『唐文粋』では尊号・肆赦・政事・献事・配祭・教化・請削爵に分れている。そして中国で後世に表の模範とされたのは、諸葛孔明の「出師表」や李密の「陳情表」や韓退之の「仏骨表」の如きものであった。しかるに『文粋』では賀瑞の表を除いて他はすべて辞表であり、その上辞状を附している。当時摂関大臣に任ぜられた時は、先ず謙遜して拝辞の表を奉り、勅許がなければ再度三度と繰返して辞表を献ずるのが慣例であった。本書にも第二第三の辞表の掲載されているものも少なく、第四表に及ぶものさえもある。この風習は中国に始ったもので、『文心雕龍』によると晋の文公が周王の策命に対し、三度辞した後にこれを拝受し、これによって漢末には三度の拝辞を限りとした。そして魏に至ってその浮華を退け三譲を廃したが、再び元に戻ったと言う。しかし『文選』や『唐文粋』には第二第三に及ぶものは収録されていない。我国における辞表が慣習とはいえ、その形式的な色彩は否めない所であり、しかも表が殆ど辞表一色に塗りつぶされている点は、当時の政治の一端を窺うことが出来る。

第四に表と同じことが奏状にも言える。『文選』に奏状はないが、『唐文粋』では奏の中心が疏と同じく論諫や方策にあり、檄や露布が奏に附されている。これに反して『文粋』では申請が奏状の中心をなしている。殊に学者や受領の官爵を求める奏状が圧倒的で、当時の詞人達の不遇な境遇と、彼等をしてその能力を発揮させる余地のなかった政治の状態を物語っている。これらの奏状が天暦以後に多いのは、律令体制の崩壊とそれによって生じた翰林の沈滞を表して居り、その中からは諷諭諫言の生れる空気はなかったと言ってよい。

第五に序は『文選』では僅か九篇であるのに対して、『文粋』では百五十六篇（和歌序を含む）の多数を四巻に配している。しかも『文選』のそれが書序・賦序・詩序・集序などから成っていて、詩序は「曲水詩序」二篇に過ぎない。しかるに『唐文粋』になると詩序が多くなるが、それでも集序の占める比率は大きいし、宴集や餞別の詩序だけではない。しかるに『文粋』では書序は僅か六篇で賦序や集序はなく、その大半は詩序である。そしてその詩序は讌集におけるそれが大部分を占めている。これは朝廷における年中行事及び臨時の詩宴、これに摂籙の家の詩会や頻繁に行われた法会などの席において詩が賦され詩序が執筆された。そのため華麗な駢儷によって構成されたその文章は、正に詩人の才筆を誇示するにふさわしいものがあったと言うことが出来る。

第六に『文選』では銘・箴・誄・哀の文体を収めるのに『文粋』では銘だけしかなく、彼の碑文・墓誌・弔文の如きものも此にはない。これは中国では先秦時代から存在している文体であって、我国にはかかる伝統がないからであろう。また『文選』に見えない記や伝が『文粋』にあるのは、小島憲之博士の言われる如く[20]『唐文粋』に学んだためと思われる。しかし六朝時代においても記や伝の文体が存在していたことは、『文心雕龍』を繙けば明かである。

以上考察する所によっても知られる如く、『文粋』が『文選』を模したとは言うものの、我国の事情に適う様な独自の内容を有している。しかも本書の文体の中心をなすものは、『都氏文集』や『菅家文草』などと共通して見られる。そこに本書の編纂が編者独自の意図による以上に、社会的要請に基く所の大きいことを暗示している。それでは本書に採られた文体は、当時のすべての文体を含んでいるものであろうか。他の文集を調べると、本書には欠けているものも少くない。

例えば前述した個人の文集に見える状・啓・遺言・達嚫文(『性霊集』)及び策判や省試詩判(『都氏文集』)・議(『菅家文草』)・啓(『沙門敬公集』)などは収められていない。また平安時代における種々の文体の典型を収録した『朝野群載』(巻一—三)によると、箴・碑文・歎・曲・引・縁起・式・誓願・告文・都状等の種目は本書には見えない。この中縁起は『続文粋』では記に含まれ、また告文に収められた作品が『文粋』では祭文の部類にあって、他の作品が殆ど院政期の成立であるので、『続文粋』にあって『文粋』に見えない都状や施入状などの文体と共に、平安後期に盛行を見たと考えられる。しかし他の文体はその作者が『文粋』のそれと一致するので、本書の文体に欠ける所があるのは否めない。一方『文粋』には種々の文書を収めているが、文書という点については全く不備であると言ってよい。我々は本書によっては移・解・宣旨・下文・勘文等多くの文書の型を知ることが出来ない。この点で『朝野群載』と性格を異にしている。相田二郎氏の言われた如く、[21]本書は文章を作る手本と言う点に主眼があり、古文書の全文を収録する意図によって編纂されたものではない。本書の編者藤原明衡の『新猿楽記』に

仍詩賦、序表、詔、宣旨、宣命、位記、奏状、願文、呪願、符牒、告書、教書、日記、中文、消息、往来、請文等上手也。

と書かれた文体が『文粋』のそれと一致しないのも当然と言えよう。

結局本書には当時行われたすべての文章の種類を収録していないと言えるが、これは本書の性格が模範的な文章の集成にあったからに外ならない。『和漢朗詠集』にある長句の中、『文粋』に見えるものが九十三首に上るが、その長句の数は本書の三十九の部類目に収められた作品の数とほぼ比例している。このことは本書が多分に美文意識によっ

て編纂されたことを意味するもので、当時行われた文体に欠けるものがあっても怪しむに当らない。しかるに美文的要素の少い官符や位記などを収録していることは、一方で文章の型を示そうとした意図があったことを物語るもので、不徹底の譏を免れないと言えようか。ただ当時行われた代表的な文体――その多くは美的表現を有している――を収録したものであることは、誰でも認めることが出来るであろう。

三

前段に述べた如く、『本朝文粋』の分類が三十九部門よりなることは、これが当時の代表的な文体であったためかと考えられる。しかしこれを十四巻に分類しているからには、そこに何等かの排列意識が働いていると考えるのが自然であろう。この三十九の文体が相互に関連を持っているか、またそれらが全巻を通して一定の排列基準を持っているかが考察の対象となる。

本書が分類の上で『文選』に倣ったと言うことは既に述べた。両者で一致する十二の文体は辞(『文粋』は詞)を除いた賦・詩・詔・文(『文粋』は対策)・表・書・序・賛・論・銘・祭文が、その間に他の文体を介入させながら同じ順序に排列されている。仮にこの十一の文体を全部の主軸と想定すれば、これを中心にして他の文体を按配挿入したと考えることも許されるであろう。『文選』の分類は実用面を重視して区分しているので、理論的な排列基準を求めることは難しいが、前述した如く『文心雕龍』の影響があるとするならば、そこに文体の区分意識を認めることが出来ようか。

『文心雕龍』の詩・楽府・賦・頌賛・祝盟・銘箴・誄碑・哀弔・雑文・諧讔・史伝・諸子・論説・詔策・檄移・封

禅・章表・奏啓・議対・書記の二十種は、詩から諧讔までが有韻の文(韻文)で、史伝から書記までが無韻の筆(散文)であり、さらに頌賛・銘箴・誄碑・詔策・章表・書記等の如きは、文体の性質の近いものを一括して論じている。[22] そして文体の間において、性格の類似したものを一纏めにして考察しようとする態度が、文体の淵源を古典(五経)に求める説となったと思われる。同書の宗経篇(巻一)には論説辞序が『易経』に、詔策章奏が『書経』に、賦頌歌讃が『詩経』に、銘誄箴祝が『礼記』に、紀伝盟檄が『春秋』に端を発すると説いている。また北斉の顔之推は『顔氏家訓』(文章第九)の中で「夫文章者、原出二五経一」と言い、詔命策檄が『書経』、序述論議が『易経』、歌詠賦頌が『詩経』、祭祀哀誄が『礼記』、書奏箴銘が『春秋』より生じたと述べている。両書の内容には多少の相違があるが、その説の可否については青木正児博士の考察がある。[23]

文体の細分化を不満とし、古今の文体を参考にして理論的に文章を大別しようとしたのが、宋の真徳秀の『文章正宗』の説である。彼は文章を辞命・議論・叙事・詩賦の四種に分けるが、前三者は散文で対人関係における上下によって区別されて居り、最後が韻文である。これも一つの見識であるが、実際の文章分類の上において、書状が差出人と受取人の関係から三部に分けられているなど不便な点が多い。そして清の姚鼐が『古文辞類纂』で、論辯・序跋・奏議・書牘・贈序・詔令・伝状・碑志・雑記・箴銘・頌賛・辞賦・哀祭の十三門に分類しているのが、最も優れた分類法であると認められている。[24] しかしこの分類法が妥当であっても、後代の分類基準を『文粋』に当嵌めることは出来ないし、また中国に行われた文体は必ずしも我国のそれと一致しない。そこで中国の分類法を参照しながら、『文粋』の文体を性格や形体から分析し、排列の妥当性について巻を追いながら調べて行くことにしたい。

巻一の賦と詩は共に韻文である。巻二は詔・勅書・勅答・位記・勅符・官符・意見封事を収めるが、詔から勅符までが文章の形式こそ異れ、天子の命を臣下に伝えるものであり、また官符は「所管から被官に下す公の文書」[25] を指すもので、上から下に逮ぶ文書と言うことが出来る。所が意見封事だけは臣下が天子に対して政策の意見を具申するという上申書に属するもので、全く性格を異にする。巻三の対策は官吏登用試験の最高のもので、策問に対して答える文章である。『文心雕龍』（議対第二十四）に「対策者、応レ詔而陳レ政也。射策者、探レ事而献レ説也。」とあり、下から上に申す文章と言える。巻四と巻五は論奏と表を収めている。論奏は「太政官から事を奏聞して勅裁を仰ぐために上る文書[26]」である。表は臣下が事を天子に言上する文章で、本書では慶事を祝す賀表と、官職を拝辞する辞表の二者から成っている。なお辞表の終に辞状を附す。巻六の奏状は臣下が奏上して事の執行を願うものである。

巻七の書状はこれまでの文章が公的な性格を有しているのに対し、私的な性格を持つ。本書の書状に見られる差出人と受取人との関係は、上から下に賜るもの、下から上に奉るもの、同輩に送るものの三者すべてを含んでいる。巻八から巻十一までが序で、この文体は客観的に事の端末を叙するのが本旨である。なお本書の序は書序・詩序・和歌序の三種に分類されている。

巻十二は詞・行・文・讃・論・銘・記・伝・牒・祝文・起請文・奉行文・禁制文・怠状・落書の十五の文体を収める。詞は辞と同じで問答体の形式を取り、不完全ながら辞賦の系譜に立つ。行は『文体明弁』の楽府に「歩驟馳騁、疏而不レ滞者曰レ行。」とあって詩の一種と目される。文は文章の一体であるが、『文体明弁』によると形式上散文も韻文もあり、内容も「或以レ盟レ神、或以レ諷レ人。其体不レ同、其用亦異。」と文体について明確な規定がない。讃は賛美の言で明の陳懋仁の『文章縁起註』に「颺レ言以明レ事、而嗟嘆以助レ辞也。」とある。同書に「四字為レ句、散韻為レ章。」とあるので、古くは四字句をもって構成されていたと思われるが、本書の讃は四言の外に七言や四六の隔句などがある。論は議論体の文章で、本書の論はある境遇に出合い己の意見を述べたものである。銘は『文心雕龍』（銘箴第十一）に「銘者、名也。観レ器必也正レ名。審レ用貴二乎盛徳一。」とあって、その功徳名声を称賛発揚するのが目的であることを知るが、また呉訥の『文章弁体』には「名二其器物一以自警也。」と説かれ、自戒の意を持つ。本来金石や器物などに刻するを以てこの名がある。なお本書の銘の内容は上述の両者を持っている。記は記事の文章のことで、客観的に観察した所をありのままに記すのが本来の目的である。しかし後代には叙事のみならず議論に亘るものもあり、本書には両者が見える。伝は人の事迹を記述して後世に伝える文章で、史書の列伝に基いている。牒はある官庁から他の官庁、もしくは官庁以外の所に出した文書で、差出す側と受取る側に限定がないのでその範囲は広い。その文書の書方には一定の形式があるが、後代には私信である書状と体裁を同じくするものが現れて来た。[27] 祝文は『文体明弁』に「饗レ神之詞也。」とあって神明に祈る文章であるが、本書のそれは元服の時慶賀の意をもって述べたものである。しかし内容は訓戒が主で箴に近いと言えようか。起請文はある事を発起した時、上に請い願う文章である。奉行文は「天子の命を受けて事を執行するための文」[28]をいう。禁制文は禁止すべき事項を人に知らせるために書かれた文章で、その内容から宣旨に属するものと思われる。怠状は自己の過怠を述べてその諒承を請うための文書で、その体裁は書状の形を取る。[29] 落書は時勢や人物に対する諷刺を目的とした匿名の文書を言う。

　巻十三と巻十四には祭文・呪願文・表白・発願文・知識文・廻文・願文・諷誦文を収めるが、共に神仏と関係を持つ文章である。祭文は『文体明弁』に「祭二奠親友一之辞也。」とあり、神明の加護によって多福と長寿を願う目的により書かれるものである。呪願文は施主のために福利を祈願する文章で四字句より成り、法会の際に導師がこれを誦する。食時と法会の二種があるが、本書には後者の場合のみを収める。表白とは『文筆問答鈔』(巻下)に「表二白事由一也。……表、表顕。白、白言也。」と記され、法事の趣を三宝及び大衆に告げる文章を言う。発願文は法事の時に施主の願旨を述べる文章で、願文と内容は殆ど変らない。知識文は他人に薦めて三宝に喜捨せしめる文章をいう。廻文はある事を行うに当り、二人以上の者に次から次へと廻して用を達する文章を言う。願文は法事をする時に施主が祈願の意を述べた文章である。(30) 造塔・造寺・写経・追善等種々の供養の際に願文が執筆されたが、本書も多くの場合における文章を収録している。諷誦文は仏事を修するに当り、三宝に布施を供えて僧に誦経を請う文章である。

以上『文粋』の文体について巻を追いながら説明をして来たが、文体相互の間にはある類似によってグループごとに纏めようとした編纂意図が窺える。巻一が韻文、巻二の大部分が天子の命を伝える文書、巻三から巻六までは臣下が天子に奏上する文書、巻七の書状は私的性格を持つ文書、巻八から巻十一までが序、巻十三と巻十四が神仏に関係ある文章と一応規定することが出来よう。ただ巻十二のみが性格の異った種々の文章を収録して居り、巻として寄集め的な傾向を持っている。

そこで一先ず巻十二を除外し、他の十三巻について考えて見るに、完璧な編纂をしているとは認め難い。本書においては種々の文体を配するに、各巻に収める作品の分量を顧慮したために、二巻以上に跨がるものも少くない。表(巻四〜五)、奏状(巻五〜七)、序(巻八〜十一)、願文(巻十三〜十四)の四者がそれである。この中で序は四巻全部を占め、願文は同類の文章との数の比率や、その排列順序の問題もあって、それ程不自然も目立たない。しかし表は巻四に論奏二篇、巻五に奏状六篇が同居し、奏状に至っては巻六全部を占めるだけでなく、巻五に六篇、巻七に五篇の表が他の文体と並んでいる。この様な分類法は先例とした『文選』にも見られるが、編纂書としては明かに欠陥である。後に編纂された『続文粋』が表だけを巻四と巻五に、奏状を巻六に収めているのは、本書を模してさらにその編輯を整備し、その欠点を正したものと言うことが出来よう。また各巻の分量の平均化を図ったために、例えば巻二の如く性格の違う文書を収める結果を生じている。

次に文体を収録するに際して、文体そのものの形体よりも、その書かれている内容によって排列しようとする意図が窺える。例えば表の中に辞状を含んでいるが、元来両者の書式は異っている。『文粋』の文章を見ると、表においては必ず「臣某言」と書始め、中間に「臣某中謝」の語があり、最後は「臣某誠惶誠恐頓首頓首死罪死罪謹言」と結んでいる。しかし辞状においては「右臣者」「右臣伏以」などの語で始まり、中間には一定の書式がなく、巻末も様式は決っていない。従って両者は明かに文体を異にして居り、『菅家文草』には辞状を奏状の中に入れて、表状とは区別している。本書は両者の内容が同じであるため一括したのであり、文体の形式によって分類していないことを表している。

また巻十三に廻文を収めているが、本来この文体は直接に神仏と関係がない。相田二郎氏は廻文を「二人以上の者に、諸役に参勤すべき由、若くは訴訟の沙汰の為め訴論両方に出頭すべき由を触れ知らす為めに出す文書」[31]と説明され、雑公文の中に入れて居られる。とすると文書としては上から下に出されたものに属し、強いて言えば巻二に収めるのが妥当であろう。本書の廻文が勧学院仏名のそれで仏事に関係するため、この巻に収録したものと思われる。

この様に一応分類が整っている巻においても多少の問題が存するが、巻十二に至っては収録された文体相互の間に脈絡を求めることが困難である。前述した巻十二の文体の中で詞・行・讃・銘・落書が韻文で、他は散文である。韻文の中で讃と銘は文体は違うが、銘の二体の中で警戒を置いて祝頌を取れば讃と通ずるものがあり、同一のグループに入れて差支えない。詞(辞)はその形式から唐宋に流行した詞(塡詞、詩余)ではなく、辞賦と考えるのがよい。明の鄒思明の『文選尤』に「弇州山人曰、詩変而為レ騒、騒変而為レ辞。皆可レ歌也。辞則兼二詩騒之声一。」とある。行は楽府体の名称であるが、本書の「老閑行」は一字より十二字に至る詩で、『江談抄』(巻五)にも触れている。[32]宋の陳応行が編した『吟窓雑録』(巻三十五)には、一字令として唐の裴休の一字より七字に至る詩を掲げ、さらに唐の鮑防等の作った「一字至二九字一詩聯句」を録している。また『詩人玉屑』には一字より七字に至る詩として、唐の張南史の「雪」「月」「花」「草」等の詩(『全唐詩』巻二百九十六)を挙げる。しかしこの作品は平安時代における影響から推して、白楽天の「一字至七字詩」(『全唐詩』巻四百六十三)と関係がなかろうか。[33] そしてこの様な詩は後の『詩体明弁』によると、雑言詩として七五言相間の詩や三五七言の詩などと一緒に扱われている。[34] 従って雑詩の一種と見做すのが適当であり、『朝野群載』(巻一)が吟・歎・曲と並記している態度は正しいと言えよう。また落書もその内容から白楽天の諷諭詩の変形と考えることが出来ようか。[35]

散文において論は唯一の議論文で(意見封事の如き文書は除く)、本書には『文選』の史論や『唐文粋』の議及び古文の中の原・辯・解・説の如き文体を収録していないので、独立して扱うべきであろう。文は文体の規定がないので不明であるが、本書の「詰眼文」(355)が韓愈の「送窮文」などと類似の性格を持って居り、記の変体と考えることは許されないであろうか。記と伝は叙事文の代表として同じグループに纏めることが出来る。残りの牒・祝文・起請文・奉行文・禁制文・怠状は一応公文書と考えることが出来るであろうが(祝文は不明)、その内容は雑多である。この中で牒・奉行文・禁制文は上から下に伝えられた文書であり、起請文と怠状は下から上に捧げる文書と考えて差支えなかろう。[36]

この様に調べて来ると、この巻は㈠詞・行、㈡讃・銘、㈢論、㈣記・伝、㈤牒・奉行文、㈥怠状・起請文の六に分けることが出来るかと思う。この中で㈠は巻一に、㈤は巻二に、㈥は巻四から巻六もしくは起請文を巻十三に分類する方が、文体の形式内容から言って自然ではなかろうか。結局他の巻から分離して扱うことの出来るのは、銘・讃・文・論・記・伝の六種になると思う(但し名称から落書も入れることが出来ようか)。

しからば何故にこの様な分類法が採られたのであろうか。それは巻十二の各文体に収められた作品数が少いからに外ならない。この十五の文体の中で最も作品数の多いのが銘の九篇で、以下讃・記・牒が五篇、伝・落書が二篇、他はすべて一篇のみである。従って他の巻と分量の上で調和を保つには、種々の文章を収録する必要があったと言える。

『文粋』の文体における作品数は、必ずしも当時における文体の使用の度合と一致しないとしても、多少の関連があることは否定出来ない。とすると巻十二においては、美文意識が影を潜め、文体の典型の表示という面が強く押出されている様に思われる。

さらにまたかかる雑然とした分類が、十四巻の中で巻十二に行われたかという問題がある。前述した如く、本書は『文選』に倣いながら当時の文章の実情に即して編纂された。ただ両書における最大の相違は、中国の文範には仏事に関する文章を欠いていることである。しかも当時の我国の情勢から言って、これを欠くことは許されなかった。そこで仏事に関する文章を収録するには、中国の選集を参考にする限り枠外に置かねばならなくなる。ただ中国には神事に関する祭文があり、『文選』では巻末に収めている。そこで神事に次いで仏事に関する文章を排列しようとしたことが予想されるし、また他の文体における作品との均衡から、その作品数も大体決められていたのではなかろうか。そしてそれが巻十三と巻十四の二巻に収録されることになった。つまり本書を十四巻に分ける時には、神仏に関する文章は二巻に収め、しかも最後に排列すると言うことが、巻十二の分類よりも先に考案されていたと言える。そのために巻十二の分類が最後になり、種々の文体が不整斉に採入れられたと考えたい。

『文粋』の文体は一応の排列意識をもって編纂されていることは認められるが、不完全であることも否定出来ない。その欠陥の原因は、各部門における収録作品数の量があまりに不均衡であるため、各巻に配分する時に無理を生じたと考えられる。このことは一面から言えば、本書が『文選』を参考にしながらも、我国の文章の実情を充分顧慮して編輯した結果であって、日本的な編纂書であると言うことが出来る。しかしその反面、本書の持つ二重の性格、即ち美的な文章を掲載することと、文体の典型を示すと言うことが、巧みに調和出来なかったことにもなろうか。また本書には文体の排列において、辞状や廻文の如く文体の形式によらず、作品の内容に基く例が見られる。これは漢文の文体論を本にして考えると、妥当な排列法とは言えない。しかし全体から言えば、文章の書式が重要視されていたことは厳然たる事実である。例えば牒に収められた勧学会に関する二篇の作品は、内容が書状と変りがないのに、その形式上ここに排するという方法を取っている。従って編者の文章流別についての知識を非難することは酷に過ぎると言うもので、我国最初の文章の総集であることを顧慮に入れるならば、むしろその整備されている点を強調すべきであろう。

四

次に各部門において数篇以上の作品を収録する時、いかなる順序に排列されているのであろうか。それには種々の分類方法が見られるが、大別すると次の四類に分けることが出来る。

一、部門をさらに分化して細目を設けたもの
二、作者の年代順に排列したもの
三、身分階級の尊卑の順に並べたもの
四、排列に基準を見出し得ないもの

以下順を追って説明を施すことにしたい。

第一の排列に属するものは賦と詩序である。賦は天象・水石・樹木・音楽・居処・衣被・幽隠・婚姻の八に分れているが、賦に細目を設けたのは『文選』や『唐文粋』に倣ったものであろう。しかし『文選』の賦が京都・郊祀・耕籍・畋猟・紀行・遊覧・宮殿・江海・物色・鳥獣・志・哀傷・論文・音楽・情の細目に分ち、『唐文粋』に宮殿・京

都・郊廟・符宝・象緯・閲武・誓師・海・名山・華卉草木・鳥獣昆虫・古器・物景・決疑・修身・哀楽愁思・夢と分類しているのは、その名称においてかなりの相違がある。この点に基いて岡田正之博士は、編者は必ずしも『文選』の題目に倣ったものではなく、その独創になったものであるとされている。[37] ただ小島博士が中国の類書の分類を参考にしたであろうと述べられた説[38]は注目される。当時我国に行われていたと思われる『芸文類聚』や『初学記』から、本書の賦の細目名と類似するものを求めると次の如くなる。

『文粋』	『芸文類聚』	『初学記』
天象	天部	天部
水石	水部・石（地部）	水・石（地部）
樹木	木部	果木部
音楽	楽部	楽部
居処	居処部	居処部
衣被	衣冠部	器物部
幽隠	隠逸（人部）	
婚姻	婚（礼部）	婚姻（礼部）

勿論両者が完全に一致していないし、その排列順序も異っている。しかし我国には従来賦に細目を設けて編纂した先例がないし、種々の点から推してすべて編者の独創によるものとは考えられぬ。やはり範を中国に仰いだと考えられ、類書の部立も参考にされたと見るのが自然であろう。[39]

詩序は本書に百三十九篇が収められて居り、その細目は天象・時節・山水・帝道・人倫・人事・祖餞・論文・居処・別業・布帛・灯火・聖廟・法会・山寺・木・草・鳥の十八を数える。しかしこの細目は『文選』の詩（詩序には細目がない）や『唐文粋』の詩序の細目と異る。また類書の部目と類似しているが、我々はもっと手近にその先例を求めることが出来る。それは本書以前に成立した漢詩集の分類である。詩序が詩に附して収録されたことは、当時の詩文集を見れば明かであるが、その中で詩題によって分類された漢詩集、例えば『扶桑集』『本朝麗藻』『江吏部集』などの分類方法が、本書の詩序を分類する時に用いられたと考えられる。試みにこの三詩集の部立を記す。但し『扶桑集』は巻七と巻九の一部だけしか残されていないので、他の資料によって推定された部目を記すことにする。(40) 従って『扶桑集』においては排列の順序を示すのみに過ぎない。

『扶桑集』

巻一、天　巻二、歳時　巻三、節日　巻四、地　巻五、帝徳・人倫　巻六、人事　巻七、哀傷・隠逸・贈答・懐旧　巻八、礼部・送迎・行旅・舞妓・音楽　巻九、文部・武部　巻十、居処・器用　巻十一、梵門　巻十二・巻十三、樹　巻十四、花　巻十五、草　巻十六、鳥・獣・虫

『本朝麗藻』

巻上、（巻首欠）春・夏・秋（巻尾欠）

巻下、山水・仏事・神祇・山荘・閑居・帝徳・法令・書籍・賢人・讃徳・詩・酒・贈答・餞送・懐旧・述懐

『江吏部集』

巻上、天部（月・風・雲・雨・雪）　四時部（早春・三月三日・暮春・避暑・七夕・雑秋・九月尽・雑冬・除夜）

地部（山・原・野・林・海・江・池・氷・泉・水・水樹）　居処部（院・池台・林亭・山居・田家・橋）

巻中、神道部（祠廟）　釈教部（仏・経・寺・僧・願文）　帝徳部（帝徳）　人倫部（賢・王昭君・慶賀・贈答・述

懐・餞別・行旅・猟）　文部（尚書・毛詩・礼記・左伝・孝経・論語・教学・詩）　音楽部（琴酒）　飲食部（酒）

火部（灯）

巻下、木部（草木・樹・桃・花・紅葉）　草部（蘭・菊・草花）　鳥部（鳥・鶯・雁・燕雀）

これらの細目名とその排列順序を一瞥すれば、『文粋』の詩序との関係を認めることが出来るであろう。これらの漢詩集は本書の詩序の典拠となっただけでなく、その分類方法も影響を与えていると言えよう。さらにこの詩序の中では時節が早春・三月三日・三月尽・夏・七夕・九月尽と季節の順に倣い、法令と山寺がほぼ作者の年代順に排されている。また木は松・梅・桜・紅葉と、草は竹を除いて春草・紫藤・菊と季節の推移に従って並べられている。しかし他の部門においては、一定の排列基準を見出すことが出来ない。

第二の作者の年代順に排列している例は、対策と奏状である。対策は最後の「弁散楽」（巻三・93・94）を除いた他の十二条は、貞観の都良香から長保の大江挙周まで、課試の年代順に排列されている。[41]『桂林遺芳抄』に「文章得業生課試之時、東西曹分、逓為二問頭博士一之例、古今通規也。」とあり、さらに式部輔が故障の際は「申二請諸儒一、為二問頭一者、古今之例也。」と記されている如く、儒者が試験官を勤めるのが通例である。しかるに最後の藤原雅材の対策は、村上天皇が問頭博士になっていることや、その策問の題名が一般のそれと異質であることなどから、編者は他の十二篇とは別に取扱ったものと考えられる。

奏状は巻五から巻七に亘り、建学館・仏事・申官爵・申譲爵・申学問料・左降人請帰京・省試詩論の七細目に分けて、三十七篇の作品を収めている。ここではその中心である申官爵状三十一篇について考えてみる。これらは最後の三善道統の奏状を除いて、延長二年（九二四）の大江朝綱の奏状から長和三年（一〇一四）の源為憲の奏状[42]まで、ほぼ年代順に排列されている。そして一人で二篇以上の作品が採られている場合はそれを年代順に並べ、最初の作品の年時を基にして全体の統一を図っている。例えば大江匡衡の奏状は四篇が並んでいて、正暦四年（九九三）から寛弘六年（一〇〇九）に至って居り、その次に紀斉名の正暦五年の奏状を排している。これは匡衡の作品の中で最も古い正暦四年の作品を基にして、次に年時の古い他人の作品を配置するという方法を取っているのである。但し誤と思われるものもないではない。菅原文時の四篇の奏状は、小野道風の代作をした天徳二年（九五八）のものを筆頭に、天延二年（九七四）、天元三年（九八〇）と続いて、平兼盛に代って書いた天徳四年の作品が並び、次に兼盛の天元二年の奏状が排されている。また大江以言の寛弘四年の奏状の次に、宮道義行の代作をした長徳三年（九九七）の作品が置かれている。もし代作を終に置いたとすると、小野道風の場合が理解に苦しむ。やはり排列上の不手際と考えざるを得ない。

第三の身分階級の尊卑に従う排列は、辞表・書・願文などに見られる。辞表は摂政関白・太政大臣・左右大臣・致仕・封戸・返随身・女官に分けて収録しているが、その大半は前三者に占められている。しかもその作品は年代順に排列されている。しかしながら三篇の辞表が巻四と巻五に重複して掲載されていることは、大きな欠点と言える。それは摂政関白の項にある「入道大相国謝二官文書内覧一表」（108～110）と、左右大臣の項にある「為三入道太政大臣一辞二左大臣幷章奏随身等一表」（127～129）で、共に第三表まであり、大江匡衡が藤原道長のために執筆したものである。『公卿補任』によると、第一表の書かれた長徳四年三月に「依病辞官職、停随身幷見内外文書。勅不許。」とあり、第三表の呈出された長保二年五月に「依重病辞左大臣第三度。勅許。平癒之後、左大臣如元之由宣下。」と記されている。この記事によっても、同一の辞表を二箇所に掲載したことは疑いない。『官職難儀』によると、関白には必ず内覧の宣下があるが、関白に任命されなくても内覧を仰せられることがあるという。この辞表が執筆された時道長は左大臣であるが、関白の職掌である内覧の宣旨を蒙っていたのであるから（彼は生涯関白に任命されていない）、職掌の内容から言えば関白の項に、その時の任命官職から言えば大臣の項に収録されることになる。従って両者の何れが誤であると言うことは出来ないが、ただ二箇所に重複して載せられていることは杜撰の譏を免れない。しかるに高野本では巻四にあるこの辞表を欠いているし、石山寺本は目録から判断すると流布本巻五に相当する辞表からこの作品だけが見えない。『文粋』の原本にこの辞表が重複して収録されていたか疑問であるが、仮に重複していたと想定すると、採用した資料の相違（例えば文書と匡衡の文集）に基くのであろう。何れにしても編纂上の不注意と言うことが出来る。

書状十六篇は醍醐天皇から大江匡衡に至るまで、ほぼ官位の順に排列されている（返書は必ず往書の次に置く）。ただ三善清行の「奉左丞相書」(188)が「奉菅右相府書」(187)の次に排列されて居り、これは菅公左遷をめぐる一聯の書状であるので、年時を追って排列した本書の編纂方法は穏当と思われる。ところで石山寺本では公家御書・贈異国書・上大臣書・消息状と細目が設けられている上に、巻頭に「菅贈大相国清和院重請レ減二封戸一書」が、巻尾に「藤為信被二廉義公仰一贈二勧学院一状」が見え、前者は本文があるが後者は欠いている。ただ通行本の十六篇はすべて石山寺本にあって、その排列も殆ど同じである。(43)

願文は神祠修善・供養塔寺・雑修善・追善の項目に分けて収録されているが、それらはほぼ官位に従って排列されている。試みに追善を取上げてみると、天皇（院）・皇太后・内親王・女御・摂政・親王家室・兵部丞・右近中将・僧都と概ね身分の順に排しようとした意図が窺える。しかるに願文の巻を収める大河内本においては、通行本に見える小項目もなく、その排列順序も全く異っていて何等の規範も求めることは出来ない。

第四の排列基準の不明なものは詔・勅答・銘など他のすべてがこれに該当する。この中で詔は改元詔から贈官まで、政治的に重要な内容を持つ順序に従って排列している様に思われるが、勅答は官職からも成立年時からも基準が認められない。銘もまた作者の年代からも、それを刻した器物の種類からも、排列の規則を求めることは出来ない。

以上四に分けて説明して来たが、本書が完全な排列の基準を持っていると言うことは出来ない。しかし不完全ながらも編者が作品の排列に意を用いたことは認められよう。繰返して述べるが、本書は我国で最初に行われた文章編纂であり、編者も大きな意気込をもってこれに当ったことは疑いない。そして中国の総集を規模としてこの編纂を進めて行ったのであるが、国情の相違もあって採用する文体及び所収作品の数も、かなり差違を生じて来た。そのため編者は独創工夫によって、仕事を進めて行かねばならなかったと想像される。しかし如何に編輯手腕があったとしても、個人の能力には限界がある。さらに好意的な見方をすれば、本書の出現を人々が待望していたため、充分な添削推敲を加える余裕がなかったと考えられないであろうか。そうした結果が作品の排列に意を用いながらも、現在から見れば多分に杜撰な面を露呈することになったと想像されるのである。

五

今まで『文粋』の分類と排列について、種々の点から考察を行って来たが、その結論として編者が充分に意を用いた点は認められても、現在から見ると不整斉な点が多いと言えよう。これを編者自身の軽率な性格に帰することも出来るであろうが、私は編者が独立でこの難事業を行った結果であると考えたい。ただ残念なことは当代いな後代においても、本書の編纂の適否について論じた意見が見えない。『文粋』が後世に及ぼした影響は大きなものがあり、そのことは多くの文献が語ってくれる。それ故本書の編纂自体に問題が残っている以上、それについての批評があってもよいと考えることは許されよう。仮に本書の権威を認める立場に立つと、その批評は『文選』の例から推して二つの点が考えられる。一は文体の問題であり、二は所収作品の問題である。

第一の点について『文選』から例を挙げると、弔文にある賈誼の「弔屈原文」は『漢書』では賦になって居り、後代も賦として扱われている。また清の李調元の『賦話』(巻七)によると、漢においては多く賦を頌と称していたと言う。このことは漢と六朝では文体についての考え方が違っていたと考えられる。これが後代になり文体の概念が明確になって来ると、明の郭正域の『文選批評』に、論にある王褒の「四子講徳論」を「雖レ論也宜レ入二符命中一。」とか、史論に収める沈約の「恩倖伝論」を「靡絢大非二史体一。」という批判になって現れて来る。

この文体についての問題は『文粋』にも存在する。例えば詩序(巻九・237)にある紀長谷雄の「白箸翁」は、大江匡房の『本朝神仙伝』には詩序として扱われているが、『本朝書籍目録』では人々伝の項にあり、後代は伝として流布している。また祭文の中にある大江以言の「為二員外藤納言一請レ修二餝美福門額字一告二弘法大師一文」(391)は『朝野群載』では告文に収められている。[44] 後者の場合は、祭文も告文も文体の性格が近似しているので殆ど問題はないが、前者の序と伝は同じ叙事文ながら形式内容を異にする。しかもこの序が他の詩序と同じく、末尾に「云レ爾」という形式を取りながら、内容は一老父の伝記であり、他の詩序が駢文で書かれているのと異って散文で執筆されている。これは恐らく陶淵明の「五柳先生伝」や劉向の『列仙伝』などの系譜を引くものであろう。従って後になってからその内容や形式などを本に、序より伝の方が妥当であるとして変更したと考えられる。平安時代の学者が文体についてどれ程明確な知識を持っていたか明かでない。『江談抄』(神田本)によると、菅原文時は源順の「河原院賦」(10)を評して「文ノ体無二過失一歟。但賦体ニハアラス。自二中間一之奥ハ已非二賦之文章一。」と述べたという。また源師房の和歌序を国成(姓不明)が見て「和歌序体にあらず、詩序に似たり。」と評した由が『十訓抄』(巻十)に見える。これらの逸話はその形式や内容によるものか、或は文章によるものかはっきりしないが(恐らく後者と思われる)、明かに文体についての意識があったことを物語っている。しかしながら『文粋』における文体の批評となって現れてはいない。

第二は作品論に属するもので、直接に分類編纂とは関係がないと思われる。『文選』においては『東坡志林』に

「恨㆓其編次無㆒法、去取失㆑当。」と述べて、陶淵明の作品を数首しか採らなかった非を指摘し、宋の范正敏の『遯斎閑覧』に王羲之の「蘭亭序」を欠いた編者の態度を攻撃している。また蘇軾は李陵が蘇武に与えた書及び二人の贈答詩を後人の擬作とし、宋玉の「神女賦」に序を設けたことを、司馬相如の「子虚賦」を例証に挙げながら論難している。[45]『文選』の所収作品についての不備不満が、後に『文選補遺』四十巻や『広文選』八十二巻の編纂が行われる原因になったのではなかろうか。

しかし『文粋』についてはこの様な批評を知らない。『和漢朗詠集』の邦人の長句の九割が『文粋』の作品に見えるが、本書に収められなかった十二篇の作品(長句は十三首)を、如何なる理由によって除いたか全く不明である。また『江談抄』(巻六)の長句についての逸話は、大部分本書に収められた作品に関するものであるが、匡房が秀句と認めた文章で本書に欠けているものもある。この様な問題を持ちながら本書についての議論も聞かないし、本書の補遺を編輯するということもなかった。

こうした事実を我々はどの様に考えたら良いのであろうか。本書は儒者詩人だけでなく貴族僧侶に至るまで、広い範囲の人に愛読された。それは実用的には文章を作成する時の手本になり、鑑賞的にはその中の佳句が朗詠や唱導などを通して和文にも浸透している。しかしながらその何れの面においても、『文粋』全体が問題にされることなく、一部の文体や一篇の文章、さらに細かく言えば一片の対属が享受の対象になったに過ぎない。そして文体についての議論が起った江戸時代になると、本書の文章の生命とも言うべき四六騈儷文は、否定される運命にあった。本書の意義を認めた儒者といえども、それはただ当時の文章を編纂し散佚を防いだ功績に対するもので、研究対象としての古典作品とは考えなかったのである。その意味において、中国で『文選』が後代文学に占めた地位の偉大さには及びもつかなかったのである。後代に多くの影響を与えながらも全体から考えると、本書は不幸な運命にあったと言わざるを得ない。しかしながら我国最初の文章の総集として、本書の有する価値は決して否定出来ない。そして本書に見られる分類や排列も、種々の欠陥を持っているとはいえ、整備されている点も少くないのであって、分類編纂に払った編者の努力を多としたい。

(1) 但し策問と対策は必ず一組になって排列されているので三十八部門とも考えられる。
(2) ここでいう文体は鈴木虎雄博士が「此に文体と称するは文の形式上の区別による種類、例せば詩、賦、賛、銘、等の名目を指さんとするものにして、文の風趣の上より見たる諸形相の名目を指すものに非ず。」(『支那詩論史』九一頁)と述べて居られるものである。
(3) 『経国集』にも文章が収録されているが、文章は序と対策の二類に過ぎない。
(4) 川口久雄博士『平安朝日本漢文学史の研究』や近藤喜博博士「異本本朝文粋の問題」(『芸林』八巻六号)及び拙稿「山崎知雄書入本『本朝文粋』について」(『国史大系』月報30)を参照されたい。
(5) 巻四と巻五に三篇の辞表が重複して掲載されているので、三篇を省く。なお、後述する『文選』と同じ文体名には○印を、『唐文粋』と同じ文体名には×印を附す。
(6) 郭紹虞氏『中国文学批評史』五六頁、及び鈴木虎雄博士『支那詩論史』九二頁を参照されたい。
(7) 青木正児博士『支那文学概説』一二二頁による。
(8) 『中国文学批評史』五七頁。
(9) 『文粋』と同じ文体名に○印を附す。なお文は『文粋』の対策文に、辞は『文粋』の詞に当る。
(10) 『支那詩論史』九四頁。
(11) 『文粋』と同じ文体名に×印を附す。なお文は策文・弔文・祭文等種々のものを含んでいるので、一応該当する文体から除くことにした。また銘が二箇所に分れて載せられている。
(12) 児島献吉郎氏『支那文学考 散文考』二三三頁。

(13) 柿村重松氏『上代日本漢文学史』を参考にした。
(14) 和田英松博士『本朝書籍目録考証』四〇三頁。
(15) 後述するが、ここでいう詞は辞賦の流れを汲み辞と同じである。『詩人玉屑』(巻二)は漢の武帝の「秋風辞」を「秋風詞」と記している。
(16) 柿村重松氏『本朝文粋註釈』叙説二頁、及び川口久雄博士『平安朝日本漢文学史の研究』七七九頁による。
(17) 李調元『賦話』巻一。
(18) 我国の賦については松浦友久氏の「上代日本漢文学における賦の系列」(『国語と国文学』昭和三十八年十月)に詳しい。
(19) 『本朝文粋註釈』叙説五頁。
(20) 『本朝文粋』(日本古典文学大系69)解説三三頁。
(21) 『日本の古文書』八九頁。
(22) 郭紹虞氏『中国文学批評史』五七頁。
(23) 『支那文学概説』一二八頁。
(24) 児島献吉郎氏『支那文学考散文考』、青木正児博士『支那文学概説』、塩谷温博士『支那文学概説』などを参照されたい。
(25) 『日本の古文書』一八九頁。
(26) 同右、二一四頁。
(27) 同右、二一三頁。
(28) 『本朝文粋』(日本古典文学大系69)四三九頁頭注。
(29) 小山田与清の『松屋筆記』(巻百十五ノ七)に「怠状はおこたりぶみといへり。過状も同じ。今世のあやまり証文也。本朝文粋巻十二に東丹国入朝使裴璆等が過状あり。怠状とも書たり。」とある。
(30) 『松屋筆記』(巻百十八ノ十六)に「願文といふは願の趣を漢文に書つゞけたる也。呪願とはその奥に四言の偈を附たるをいへり。」とある。
(31) 『日本の古文書』三五五頁。

（32）今井源衛氏「『老閑行』のこと」（『言語と文芸』昭和三十五年五月）。

（33）ただこの詩は一字のみが対句をなしていない。後に詞の一体に「一七令」があり、『歴代詩余』（巻二十九）に「従二一字一至二七字一成レ調。則一字単句。二字至二七字一皆双句。即以レ起二一字一為二本意一。而詠レ之単調五十五字。」と注記がある。この種の唐詩に令狐楚「賦レ山」（白居易に和す）、劉禹錫「歎三水別二白二十二一」、張籍「賦レ花」などがある。

（34）江戸時代の石川丈山『北山紀聞』や谷斗南『唐宋元明変体偽集』などに説明がある。

（35）匿名書については『政事要略』（巻八十四）に罪状が記されている。なお『松屋筆記』（巻六十九ノ二）と李家正文博士『らくがき史』を参照されたい。

（36）起請文は神仏に起請する例が多く、祭文などと同じグループに扱うことが出来る。『朝野群載』では告文や祭文と同じ性格の文体と考えている。

（37）『日本漢文学史』三三〇頁。

（38）前掲書、解説三三頁。

（39）なお嵯峨天皇の御代に書写された『文館詞林』一千巻も類書の代表として見逃すことは出来ない。『倭名抄』の序文に触れて居り、寂昭が入宋の時この書を宋の真宗に言上しているので流布していたと思われる。詳しくは神田喜一郎博士の『旧鈔本文館詞林解説』を参照されたい。

（40）林古渓氏が「扶桑集の巻数及び分類について」（『国語と国文学』昭和十二年六月）と題する論文で、『菅家文草』の注記を本にして推定された部立による。

（41）桃裕行氏『上代学制の研究』一六〇頁の表による。

（42）この作品は他の文献から長徳三年の誤であることが分る。

（43）十六篇の書状を通行本の排列順序に番号を附すると、14 15 16が石山寺本では16 14 15の順になっている。

（44）『古今著聞集』（巻七）では祭文として扱っている。

（45）陳仁子の輯する「諸儒議論」（『文選纂註評苑』の巻首に附す）による。

作品論

七 「書斎記」雑考

一

菅原道真の「書斎記」は『菅家文草』(巻七)、『本朝文粋』(巻十二・372)、『政事要略』(巻九十五)等に収録されている。この作品は寛平五年(八九三)七月に成る。道真はこの年参議に任ぜられ、左大弁、式部大輔等を兼ねている。時に四十九歳であった。これより先寛平二年に、国守の任終えて讃岐より帰京した道真は、宇多天皇の寵愛を忝くし、度重なる詩宴に文才を発揮しながら、父祖累代継承して来た鴻儒の位置を確立して行った。しかも橘広相・島田忠臣・巨勢文雄等翰林の碩学は次々に他界し、労せずして斯界の第一人者となった。寛平四年五月に勅を奉じて『類聚国史』を撰進し、翌五年九月には『新撰万葉集』を編している。この年四月敦仁親王立太子の際春宮亮を兼ねたのは、天皇の深い信頼によるもので、これから不次の登用によって政界の顕道を歩んで行く。こうした事情を背景にしながら、学者としての態度や人間的性格を端的に表明した作品として「書斎記」を取上げ、本文に添って考察を進めて行くことにする。

二

「書斎記」の説明に先立ち、本篇の文体である「記」について考えたい。「記」は『説文』に「疏也。疏謂二一一分別記レ之。」とある。「有レ事ヲ其儘ニ記シ述ル」（林羅山説。『古文真宝諺解』）をいうのである。「記」の祖については、『尚書』の顧命篇ともいい（『文体明弁』）、帝尭陶唐氏の「堀河記」ともいうが（尋到源頭。『箋解古文真宝』による）、はっきりしない。『文選』には「記」の類を載せず、劉勰の『文心雕龍』にも触れていない。『文体明弁』によると、漢魏以前には「記」の作者はなお少く、唐になってから盛になったとのことである。そして次の様にいう。

其文以レ叙レ事為レ主。後人不レ知二其体一、顧以二議論一雑レ之。故陳師道云、韓退之作レ記、記二其事一耳、今之記乃論也。蓋亦有レ感二於此一矣。然観二燕喜亭記一、已渉二議論一、而欧蘇以下議論寖多。則記体之変、豈一朝一夕之故哉。

唐代の「記」はその事を記するのみであったのに、宋代になってから「論」の傾向が濃厚になって来た。しかし唐代の「記」がすべて事実の単なる叙述ではなく、韓愈の「燕喜亭記」のごときは議論に渉っているが、一般的に言って宋代の欧陽脩・蘇軾等の作品は「論」に終始しているというのである。そして撰者徐師曾は「正体」「変体」「変而不レ失二其正一体」の三体に分け、巻末に「別体」を附して文例を挙げる。「別体」とは物に託して寓意したもの、篇首に序があったり、篇末に韻語を附するものを意味するが、ここでは関係がないので略す。また「記」は文体の上で「論」の外に「碑文」等と差別しがたい曖昧さを持つ。しかし「書斎記」を含めて平安時代の「記」は、文体の上で他の文類と厳密な区別を必要とする作品がほとんどないので、後代の編書であるが『文体明弁』の説明に従って論を進める。

さて『文体明弁』にいう「正体」とは事実の叙述に終ったもの、「変体」は「記」に名を借りて議論に重点を置いたもの、「変而不レ失二其正体一」とは叙述と議論とを併記したものと解される。例えば「正体」に収められた韓愈の「新脩滕王閣記」が、滕王閣の史実と景勝及び饗宴の快楽を述べているのに対し、「変体」に録された范仲淹の「岳陽楼記」は、岳陽楼の勝状を記すと共に仁者の態度を論じている。ただ『文体明弁』ではおおむね文例を、「正体」は唐代、「変体」は宋代に限定しており、かつ「変体」と「変而不レ失二其正一体」との区別が明白でない。「記」を事実の叙述のみに終始するものと、論を含むものの二つに分類しよう。

『本朝文粋』(巻十二・371～375)には「富士山記」「書斎記」「亭子院賜飲記」「池亭記」(二部)の五篇の「記」が収められている。『文選』には「記」の部立がないので、恐らく『唐文粋』によったものと思われる。『唐文粋』には古跡・陵廟・水石巌穴・府署・堂楼亭閣・浮図・讌会等七巻十七部門に亘り、八十七篇の作品を収録している。『本朝文粋』では僅か五篇の「記」であるから、細分して部門を立てることは要しない。この五篇の「記」はその内容から「富士山記」「亭子院賜飲記」のグループと、「書斎記」「池亭記」のグループに分けられる。前者は事実の叙述に中心を置いたもので、『続文粋』等に収められた縁起類や、「遊女記」「傀儡子記」等の雑記もこの系列に属する。その代表的なものが紀長谷雄の「亭子院賜飲記」(373)である。延喜十一年(九一一)宇多法皇が亭子院で酒豪八人に大盃を賜った時の記録で、酔客の醜体をユーモアを交えながら詳述している。これに反して、後者は書斎や池亭の結構勝状を記しながら、自己の感想や生活態度を強く表明している点で、前者と性格を異にする。例えば慶滋保胤の「池亭記」(375)は、池亭構築の由来やその規模、四季の変状等を記すが、俗塵名利を離れて閑寂な生活を尊び余生を送ろうとする生活態度を述べる所に主眼が置かれている。「書斎記」もその例外ではないが、それは逐次説明されるであろう。ただ後者の三篇の「記」は叙述の体裁において、白楽天の「江州司馬庁記」「草堂記」等の影響が見られることを附記しておきたい。

さらにここで道真の「記」に触れておこう。『菅家文草』(巻七)には「書斎記」の外に「左相撲司標所記」と「崇福寺綵錦宝幢記」の二篇の「記」が収められている。前者は元慶六年(八八二)の作で、相撲節会の標屋《しめや》の作り物について詳細に記述したもので、唐絵の絵様によるものであるという。(1) 後者は寛平二年(八九〇)、宇多天皇が近江の崇福寺に宝幢を捧げて供養した時の記録で、我国では珍しいが、すでに白楽天にかかる形式の「記」が見られる。(2) また昌泰元年(八九八)に、宇多上皇が近郊で遊猟を行われ、旬日に亘って宮滝・住吉に御幸された時の記録がある(『扶桑略記』)。十月二十日二十一日の狩猟は紀長谷雄が記し、「競狩記」と題して『紀家集』断簡に収められている。それからの行幸記録については、『扶桑略記』に「右大将菅原朝臣記レ之。依レ多略レ之。」とあり、後年二条道平の『白鷹記』にも「就中寛平宮滝の御幸、勝負の御狩の儀式、北野天神これをしるし給ふ。末代放鷹の道の亀鏡たるをや。」と記されている。(3)『看聞御記』(応永二十九年〈一四二二〉七月十一日)に天神作の「宮滝御幸記」と見えるのがこれであろう。尊経閣文庫蔵の『桑華書志』(七十二冊二十八ウ)の菅家御伝記目録に「宮滝記一帖」の名が見え、

　謹按歌書録謂、端紀中納言者、此注其儀式、奥菅丞相者、此載其勘例也歟。

とある。この記録は享保九年(一七二四)に前田松雲公が書留めたものである。それによると菅原賢長の言を引いて、本書は高辻家の蔵本の中にあったが、二十数年前の火災の際焼失したという。何れにしても、江戸初期まで宮滝の御幸に関する道真作の「記」が実在し、『扶桑略記』や「競狩記」等から判断して御幸の詳細な叙述であったと思われる。

三

ここに「書斎記」の本文を掲げる。

書　斎　記

東京宣風坊有二一家一。家之坤維有二一廊一。廊之南極有二一局一。局之開方纔一丈余。投レ歩者進退傍行、容レ身者起居側レ席。（第一段）

先レ是秀才進士、出レ自二此局一者、首尾略計近二百人一。故学者目二此局一為二竜門一。又号二山陰亭一。以レ在二小山之西一也。（第二段）

戸前近側、有二一株梅一。東去数歩、有二数竿竹一。毎レ至二花時一、毎レ当二風便一、可三以優二暢情性一、可三以長二養精神一。（第三段）

余為二秀才一之始、家君下レ教曰、此局名処也。鑽仰之間、為二汝宿盧一。余即便移二簾席一以整レ之、運二書籍一以安レ之。（第四段）

嗟乎、地勢狭隘也、人情崎嶇也。凡厥朋友、有レ親有レ疎。或無二心合之好一、顔色如レ和、或有二首施之嫌一、語言似レ昵。或名レ撃レ蒙、妄開二秘蔵之書一、或称レ取レ謁、直突二休息之座一。又刀筆者、写レ書刊レ謬之具也。至二于烏合之衆一、不レ知二其物之用一。操レ刀則削二損几案一、弄レ筆亦汚二穢書籍一。又学問之道、抄出為レ宗、抄出之用、稾草為レ本。余非二正平之才一、未レ免二停滞之筆一。故此間在在短札者、惣是抄出之稾草也。而闖入之人、其心難レ察。有レ智者、見レ之巻以懐レ之、無レ智者、取レ之破以棄レ之。此等数事、内疚之切者也。自外之事、米塩無量。又朋友之中、頗有二要須之人一。適依レ有レ用、入在二簾中一。闖入者、不レ審二先入之有一レ用、直容二後来之不一レ要。亦何可レ悲、亦何可レ悲。（第五段）

夫董公垂レ帷、薛子蹈レ壁。非二止研精之至一、抑亦安閑之意也。余今作二斯文一、豈絶交之論哉、唯発レ悶之文也。殊慙闔外不レ設二集賢之堂一、簾中徒設二鬮入之制一。為二不レ知レ我者一也。唯知レ我者、有二其人三許人一。恐避二燕雀之小羅一、而有二鳳凰之増逝一矣。悚息悚息。癸丑歳七月日記レ之。（第六段）

私は青松万里が宋の王元之の「黄州竹楼記」を解釈した仕方（『箋解古文真宝』）に倣って構成上本篇を六段に分ける。以下順を追って解説して行きたい。

第一段は書斎の場所について記したもので、本篇の巻首を成す。菅原氏の邸宅は紅梅殿と呼ばれ、『拾芥抄』に「五条坊門北、町面」とあり、西洞院・五条坊門・町尻・綾小路に囲まれている。[4]『枕草子』（二十二段）の邸宅を列挙した中に紅梅の名があり、別に菅原の院もあって両者の区別がはっきりしない。『拾芥抄』の東京図によると、紅梅殿の南五条坊門を隔てて天神御所があり、菅原の院はこれを指すのかも知れぬ。紅梅殿の名は道真が左遷の時筑紫に出発するに当って「東風吹かば」の和歌を詠んだ邸で、中世の飛梅伝説と結びついて有名になったものである。

「書斎記」によると、東京の五条（宣風坊）に邸があるというが、これが紅梅殿か天神御所かははっきりしない。その邸の西南隅に廊下があり、その南端に方一丈余の局がある。この局は後述する様に、道真が父に代って塾主となってから譲られたものである。僅かに方丈の部屋であるから塾主の書斎として規模狭隘で、進退起居は甚だ不自由であった。従ってここは道真個人の書斎であり、ここで大勢の門生を教育するなどは不可能に近いことである。菅家の門弟達がどこで学習したかについて、桃裕行氏の詳細な研究がある。[5]それは本篇の廊に該当するもので、菅家廊下と称された。即ち『北野天神御伝』（前田家本）に

曾祖父（清公）門人若（名カ）二其請一益之処一、曰二菅家廊下一。至二大臣一時、其名弥盛。[6]

とあるのがこれで、既に祖父清公の時から門弟達に呼称されていた。後に大江匡衡が子息挙周に学問料を賜った時の所懐を廊下の諸賢に寄せた詩（『江吏部集』巻中）から推して、単に廊下と呼ばれていたらしい。

第二段はこの書斎出身の進士秀才が百人にも及び、故に当時の学者がこれを目して登竜門と号したと記す。菅原氏は清公・是善・道真の三代に亘って文章道に君臨したのであるから、その門人子弟が朝野に大きな勢力を有していたことは予想される。江家の祖音人が清公に学び（『扶桑集』巻九）、橘広相・島田忠臣が是善の門に遊び（『田氏家集』『江談抄』巻五）、道真門には藤原博文等の俊秀を挙げることが出来る。『三代実録』（菅原是善薨伝）に「上卿良吏、儒士詞人、多是門弟子也。」と記し、『北野天神御伝』に「門徒数百充二満朝野一。」と述べているのも、あながち誇張ではあるまい。「外帥累代儒家、其門人弟子、半二於諸司一。」（『文粋』巻七・188「奉左丞相書」）と三善清行が記しているのもこれを裏書するもので、後に道真を中心とする門弟達が藤氏一門の恐怖となり、彼の悲運の原因となったともいえよう。こう考えると、当時の学者がこの書斎を竜門と号した裏には、羨望と嫉妬が潜んでいたと思われる。

竜門とは後漢の末に、鑛固の難に遭った清節の士、李膺の故事による。『後漢書』（列伝五十七）に「膺独持二風裁一、以二声名一自高。士有下被二其容接一者上、名為二登竜門一。」と記す。天下の名教是非を自己の任としたといわれるが（『世説』徳行）、彼の徳を慕って後進の堂に昇る者跡を絶たなかった。『後漢書』の注によると、この語は魚をもって喩えたもので、竜門は河水の下る所、嶮にして水が通じないために江海の大魚がその下に集っても上ることが出来ない。上ることの出来るものが竜になるという。従ってこの書斎に学んだ者は俊才に限られ、しかも官吏として昇進した者が多かったので、当時の青年の憧れの的であり人々が登竜門と目したのである。[7]道真が自己の書斎を竜門と豪語するのも、父祖三代に亘って儒門の棟梁である自負の情が然らしめたのであろう。

四

第三段は前庭の景物を記す。局の戸の前に一株の梅とその東に数本の竹を植えてあり、彼はそれを情性を寛《くつろ》ぎ精神を養う料にしているという。道真が草木の中で特に梅と竹とを愛したことは、その詩文から伺うことが出来る。梅は「東風吹かば」の和歌によって飛梅説話を生み、後世菅公祠には必ずその境内に梅を植えるのも、幸田露伴が

公の実に梅花を愛する、東風の歌これを証す。画裏に一枝を添へ、祠畔に数株を植うる、亦皆拠るところ無しとすべからず。(8)

と述べる如くである。また斎藤竹堂は「題二菅公愛レ梅図一」の中で「梅之為レ花、高標逸韻、超二然於歳寒霜雪中一。而花愈潔香愈遠。与二公明徳之馨、節操之高一、黙契冥合、莫レ逆二其心一。」(『続竹堂文鈔』巻下)と述べている。彼が梅を愛したのは、「随処有レ梅惣可レ憐、不レ如独立月明前。香風豈啻花吹出、半是清涼殿裏煙。」(巻五「翫梅花」(9))とか「羊角風猶頒二暁気一、鵝毛雪剰仮二寒粧一。不レ容二粉妓偸看取一、応レ叱二黄鸝戯踏傷一。」(巻六「殿前梅花」)と賦している様に、梅花の馥郁たる芳香と鵝毛雪粉にもまがう純白の美しさによる所が大きい。梅は中国でも古くから春の景物としてしばしば詩に賦されている。『白氏文集』を取上げてみても「梅房小白裹、柳彩軽黄染。」(巻十一「開元寺東池早春」)、「白片落梅浮二澗水一、黄梢新柳出二城墻一。」(巻十八「春至」)、「粉片粧二梅朶一、金糸刷二柳条一。」(巻五十三「新春江次」)の様に、柳と共に新春の勝景には欠くべからざるものであった。しかし道真が梅を愛したのは単に春の景物としての芳香と白艶のためではない。

一年何物始終来　　請見寒中有二早梅一

更使二此間芳意篤一　応レ縁レ相二接故人盃一（巻一「翫庭前早梅」）

に見られる、寒中他の草木に先立って花を咲かせるためである。これは彼が元稹の「不二是花中偏愛レ菊、此花開尽更無レ花。」の詩を好み、この理由によって菊を愛した心情と表裏をなすものである。梅花に対するこうした観賞態度は和歌などには見られないが、当代の漢詩文の世界では珍しいことではない。例えば橘正通の「繞簷梅正開詩序」（『文粋』巻十・289）に

浅紅嬋娟、仙方之雪媿レ色、濃香芬郁、妓鑪之煙譲レ薫。誠是為二万樹之先唱一、於二百花一而独歩者也。

と述べていることからも、その一端が判明するであろう。梅花独特の花香を愛するだけでなく、寒中に咲くことを強調してそこに嗜好を向けるのは、自然に対する正しい観賞態度とはいえぬかも知れない。しかし儒教的知識教養を身につけた文人達には避けがたかったのであろう。

竹を愛したのは道真ばかりでなく、当時の詩人に共通したもので、藤原篤茂が「脩竹冬青詩序」（『文粋』巻十一・321）に

晋騎兵参軍王子猷、種而称二此君一、唐太子賓客白楽天、愛而為二我友一。

と賦す王子猷や魏晋の賢人の好竹の逸事がその背後にある。道真も「此君何処種、閑在二子猷籬一。」（巻二「疎竹」）、「子猷一日猶馳恋、豈敢渉レ年無二此君一。」（巻三「思家竹」）と眼前の竹景の背後に王子猷を想起している。昔から閑雅な生活を楽しむ上に竹は必要であるが、詩人達が竹を愛したのは、松と並んで四季枯凋することなく緑を保っているからである。白楽天は「千花百草凋零後、留向二紛紛雪裡一看。」（巻十三「題李次雲窓竹」）と賦しているが、彼の「養竹記」（巻二十六）では竹を賢人に喩えてその貞節を讃えている。道真の観賞態度もこれと同じであることは、「可レ愛孤叢意、貞心我早知。」（巻二「疎竹」）、「寒霜如可レ払、万歳表二貞堅一。」（巻五「竹」）等の詩章によって明かである。

こうした彼の姿勢を最もよく表明したものは「春惜桜花詩序」（巻五）であろう。清涼殿の東に植えられた桜花を宇多天皇が愛され、春になるとその紅艶を惜み薫香を翫んで詩宴を催された。道真は帝の好文を讃え、さらに

夫勁節可レ愛、貞心可レ憐。花北有二五粒松一、雖レ小不レ失二勁節一、花南有二数竿竹一、雖レ細能守二貞心一。

と記して、人々が桜花を愛して松竹を顧みないことを嘆き、帝に松竹を兼愛せんことを願って文を結んでいる。林羅山がこの詩序に注目しているが[10]、斎藤拙堂もこの詩序を評して次の様にいう。

当二此之時一、世稍尚二華麗一。実学不レ及レ古、有二国勢不レ振之漸一。蓋公憂レ之、因レ事納レ忠如レ此。可三以見二大臣用心之深一矣。（『拙堂文話』巻一）

羅山や拙堂の如き後代の儒者にとっては、こうした批評も当然と思われるが、爛漫と咲く桜花の下で貴紳が盃を銜み興に耽っているのに、貞堅の故をもって松竹を讃えるのは、あまりに人間の性情を軽視した態度といえよう。かように考えると、彼が庭前に梅と竹を植えたのは、決して任意の二草木によったのではなく、然るべき理由があったのである。梅も竹も閑静な生活を営むに好箇の植物であることは勿論であり、そのために情性を優暢にし精神を長養すると述べているわけである。この二草木が彼の好みに適ったことはその詩文から明かであるが、その背後に古典によって培われた漢詩人共通の観賞態度を窺うことが出来る。

五

第四段はこの書斎を父から譲られた経緯を記す。道真が秀才の時、父是善はこの局が名処であるから修学のための部屋にせよと譲与したので、彼は簾席を移し書籍を運んで書斎の体裁を整えたという。前述した様に、菅原氏は三代

に亘って翰林に君臨し、幾多の俊秀を輩出した。そのために私塾となった局は学者から竜門と称され、自他共に名処と認めていたことは予想される。しかも菅家の棟梁として「藻思華贍、声価尤高。」といわれ、当代の詩匠通儒と文章をもって互に相許した（『三代実録』）是善が、息子の才能を見抜けぬ程凡庸であったとは到底考えられぬ。累代の儒業を託するに足りる学才器量を認めたからこそ、安心して道真にこの由緒ある書斎を譲ったに違いない。是善がこの息子に期する所如何に大きかったかは、省試の際に毎日予備のため詩を賦せしめた（巻一「賦得赤虹篇」の自注）ことからも明かである。道真も父訓を体して学業に励んで来た。「我是煢煢鄭益恩、曽経二折桂一不レ窺レ園。」（巻二「講書之後戯寄諸進士」）とか「少日為二秀才一、光陰常不レ給。朋交絶二言笑一、妻子廃二親習一。」（巻四「苦日長」）と刻苦した青年時代を想起しているが、これも自己の名利の外に家門の繁栄を求めたからに外ならない。彼が「文章暗被二家風誘一、吏部偷因二祖業存一。」（巻二「講書之後戯寄諸進士」）と賦す時、三代に亘って儒業を継ぐことの出来た喜びと責任感が看取される。この詩の自注に「文章博士非レ材不レ居、吏部侍郎有レ能任レ之。」と正論を吐いているのも、父祖の輝しい功業が彼の脳裡にあったからである。翰林に対するかかる彼の姿勢は、無意識の中に少年時代から確立されて行った。多年に亘って体得した学業と識見は、儒門の中心として門生を率い家名を顕彰するに充分であり、それ故にこそ是善は住み慣れた由緒ある局を道真に譲ったのである。

道真は局を譲られると、直ちに簾席を移し書籍を運んだという。方一丈の書斎であるから、座右に必要な書籍に限られていたのであろう。祖父清公は『令義解』『文華秀麗集』の撰に与ると共に『菅家集』六巻の作あり、父是善は『貞観格』『文徳実録』を撰進し、『東宮切韻』『銀牓翰律』『集韻律詩』『会分類集』等の編書や『菅相公集』十巻がある。以上の如き父祖の著述の外に、累代相伝の図書も少くなかったと思われる。こうした膨大な書籍はとても方丈の書斎に収蔵することは不可能で、恐らく紅梅殿のどこかに文庫を作って秘蔵していたのであろう。

当時の学者にとって蔵書の多寡や書庫の有無は、家学の伝統を守る上からも重大な問題であり、累代に亘り相伝し儲蔵して来た書籍を管理するのに、大きな努力と細心の注意が払われた。儒家の経済力から推して、購入した書籍より書写した方が多かったであろう。その書庫は一二の富裕な公卿を除いては、ほとんど儒家に限定され、家学の形成につれて書籍は秘蔵され、その公開は一族の子弟に限られていた。当時の代表的な文庫としては、菅家の紅梅殿を筆頭に藤原資業（日野流）の法界寺文庫（『雍州府志』巻五）や江家文庫（『宇槐記抄』）等を挙げることが出来る。大江匡房が藤原忠実の問に答えて、日域の亡びざる限り江家の書庫は亡びないと豪語し（『宇槐記抄』仁平三年〈一一五三〉四月十五日）、万巻の書が焼失した時「朝之遺恨、人之愁悶也。」（『兵範記』同日）と嘆かれている。橘直幹が「生二於累葉刺史之家一、素無二一巻文書之蓄一。」（『文粋』巻六・150「申民部大輔状」）と慨嘆するのも儒門でなかったためであり、道真が讃岐の国守になり都を離れ家業を捨てたことを悲しんで「家書久絶吟レ詩咽。」（巻三「早秋夜詠」）と賦するのも儒家と書籍は切離すことが出来ないからである。

私はここで阿衡事件に活躍した藤原佐世について、中村直勝博士の卓論を紹介したい[11]。藤原佐世は藤氏献策の始めといわれるが、彼は藤原基経の庇護によって学者になることが出来た。都良香が藤原氏の翰林席捲を恐れて、その進出に強く反対したが（『江談抄』巻二）、基経の圧力によって止むなく合格させたという（『都氏文集』巻五）。儒門と全く関係なかった藤原佐世が翰林に棹さすからには、その背後に漢籍の入手が必要である。中村博士は聖護院所蔵の『智証大師求法将来目録』の奥書に、天安三年（八五九）円珍が大相国藤原良房に奉上した由が記されてあること、円珍が他の留学僧と異り裕福な生活をしていたこと、これ以後中国人が書籍を書写して円珍の許に届けていることなどから、円珍は藤原氏の保護と内命を受けて渡唐し、藤原氏のために内典の外に外典を蒐集請来したものであり、これが因となって藤氏儒家が出現し得たのであろうと推測されている。かように考えると、儒門の新興勢力に過ぎぬ佐世が阿衡事件で碩学橘広相と渡り合い、後に『日本国見在書目録』を編述したことも頷けるものがある。何れにしても当時の学者と書籍との関係の一端を、「書斎記」の短い文章から引出すことが出来よう。

六

第五段は書斎生活の実情を記して、本篇の中心部分をなす。ここでは塾生朋友の行状を細述し、彼等が勉学を妨げると嘆いている。先ず地勢の狭隘と人情の崎嶇を慨嘆した後、朋友に親疎ありという。朋友の中には蒙を啓くと名づけて妄りに秘蔵の書を開いたり、面謁を請うと称して案内も乞わずに書斎に突入する不埒者も少くないと眉を顰めている。朋友に親疎ありとはいうものの、道真には殆ど親しい友達はいない。後に「唯知レ我者、有二其人三許人一。」と記す如く、彼の孤独で偏狭な性格が親友を作らせず、反対の立場に追いやってしまった。

次いで塾生の顰蹙すべき行動に移るが、ここで興味深いのは、彼の学問の仕方である。学問に最も必要なものは刀筆で、筆は書物を写し、刀は誤を削るためのものであるという。このことは空海の『文鏡秘府論』(西巻)に詩病を論じ、従来の諸家の説は机上に満ちるが読者に弁じがたく、徒に疑を抱かせ書写も困難であるので「載二刀之繁一、載二筆之簡一。」せて整理したと述べている。当時の学者は暇をみては書写に専念していたのであり、このことは儒門の蔵書が大部分書写によることを物語る。そして「学問之道、抄出為レ宗、抄出之用、藁草為レ本。」の章句は、当時の勉学の大概を示している様に思われる。当代の儒者詞人は宮廷蓮府のため、詔勅・辞表・詩賦・願文の執筆、経書や史文の講述、古例故実の引勘等を要求された。従って中国日本の古典を読破し、記憶していなければならぬ。しかしいかに才能ある鴻儒といえども、すべての書籍を暗記することは不可能である。後年読書家の藤原頼長が『南史』伝七十巻の中五百九十一事を聞きながら、記憶しているのが二百八十五と半分にも足りないことを嘆き（『台記』康治二年〈一一四三〉十一月十七日）、『太平御覧』百三十八巻の大冊を読破しながら、覚る所僅か十に過ぎずと己れの痴鈍を悲しんでいるが（康治二年九月二十九日）、むしろ彼の記憶力の非凡さが知られる。だから頼長が、近代儒士は無才に拘らず父祖の推薦で学問料を支給される非を鳴らし、鳥羽法皇に奏上して自らその賦詩の試験官になり、儒者を驚愕せしめる挙に及んだのであろう（『宇槐記抄』仁平三年〈一一五三〉六月八日）。

道真も自分は正平の如き文才がなく、文筆の停滞を免れないから抜書を作ると、抄出の理由を自己の無才に帰している。正平とは漢末の鬼才禰衡のこと、「攬レ筆而作レ文、無二加点一、辞采甚麗。」（『後漢書』列伝七十）と称されている。彼の文名を後世まで伝えた「鸚鵡賦」序（『文選』巻十三）には「筆不レ停レ綴、文不レ加レ点。」とあり、その才能は労せずして珠玉の文辞を紙上に躍らせることが出来た。道真は禰衡の才がないと記すが、廟堂に参与する翰林の鴻儒と、英才を頼りに詩賦によって仕官を求める文学青年とは、その立場や責任感が全く違うのであるから、一概に両者の才の優劣を論ずることは困難である。ここでは一応道真の謙辞と見ておきたい。故実や出典にうるさかった時代においては、学者詩人の作品が古典に則った断章取義に陥り、独創的な著作より綜合的な編述の傾向を持つ。そのためには文章の抄出ということが、彼等の学問の中核になることは当然過ぎるといえる。従って坂本太郎博士が『類聚国史』の編纂に、この抄出したカードが広汎に利用されたものと考えられた(12)のは当然であり、こうした方法と努力があの膨大な著述を完成せしめたといえる。

しかし彼の取った学習方法は、ただ単に書物の編纂の場合に限るものではない。文章を書く場合にも古典の字句の一部を切り取って使用するという方法が取られた。その最も良い例が阿衡の事件(13)における学者の態度である。問題の語「阿衡」の疑義について諮問を受けた学者達は、この語の典拠を中国の経書や史書に探って橘広相の説を退けた。

これに対して広相も五条の愁文を奏して反駁したが敗北に終っている。この時讃岐守であった道真は藤原基経に意見書(『政事要略』巻三十)を献じて広相を弁護したが、その中で彼は学者の態度を次の様に述べている。

夫作レ文者、不三必取二経史之全説一。雖二邂逅取一レ之、或断レ章為レ義。遺三辞之所二膏液一、弄二聖賢於筆頭一、随三手之所二剪裁一、破二経典於紙上一。況遇二膠黏之数字一、得二髣髴之成文一。偸足二其言詞一、不レ知レ触二於忌諱一。

学者が断章取義の立場を取るのは当然であって、本義は経書の義に反くかも知れないが後の史書に見える実例と同じであり、広相には落度がないと説いている。道真の説はまことに理路整然とした正論であるが、別の観点から見ると、学者が全説を取らず章句を断じて義を為すという態度が、紛争を混乱させる一因となったと考えられる。この事件の時、学者達が献上した勘文には、諸史を検索すると「阿衡」の用例は夫々同じでないから経書の義によるべきであると記している。「凡作レ文之断レ章為レ義、迭有二不同一、無レ可二適従一。」という言に断章取義的態度が相手に利用され挙足を取られるもとになった原因を孕んでいる。

学者が学問の研究や文章の作成に当って古典の章句を抽出するのは、当時の常習であって道真個人だけではない。寛平九年(八九七)彼が藤原菅根の官位昇進を請うた奏状(巻九)にも、菅根の日頃における研鑽を讃えて「縦容之次、宿侍之間、引二経伝一以発二叡情一、抽二章句一以催二文思一。」と述べている。また時代は降るが、藤原明衡が多年の儒労によって大学頭に任ぜられんことを請うた奏状(『続文粋』巻六)にも「明衡久遊二虎館一、適献二鳳策一。再致二李部銓衡之勤一、重抽二芸閣鈔写之節一。」と儒官としての功績を自讃している。この時代においては、抄出とか鈔写ということが学者の任務であり、また学問の本質であったといえよう。(14) そしてこうした方法が一般教育の面に活用された時、『世俗諺文』や『明文抄』の如き著述がなされたのであり、『世俗諺文』の序にも「老爛目昏、閑散心嬾。遁二抄写役一、豈不レ悦乎。」と記されている。

抄出ということは学問の世界だけでなく、詩賦を作る時にも行われた。昌泰四年（九〇一）道真が筑紫において賦した「読二楽天北牕三友詩一」と題する七言古詩（『菅家後集』）に、

身多二忌諱一無二新意一　口有二文章一摘二古詩一
古詩何処閑抄出　官舎三間白茅茨

と自分の作詩態度を詠んでいる。これは新しい詩想が湧かないので、古詩の秀句を借りて無聊を慰め傷心を癒したものと解されるが、これが更に進むと古人の佳句を本にして詩を作るという創作態度に繋ってくる。『文鏡秘府論』（南巻）に、

凡作レ詩之人、皆自抄二古今詩語精妙之処一。名為二随身巻子一、以防二苦思一。作レ文興若不レ来、即須下看二随身巻子一以発上興也。

と書かれており、先人の詩句を換骨して洗練された表現を取ることが詩人達の関心事となり、[15] またこれを享受する人々も断章的に朗詠などによって愛好したのである。

この様に考えると、本篇の文章「学問之道、抄出為レ宗、抄出之用、藁草為レ本。」が有する意味は、当時の学習の本筋と、それによって習得される学問の本質を知る上に貴重である。石川謙博士はこの文章から、大学寮の聴講本位の学習に比して、私塾の教育ははるかに自学自習本位であろうと推測されている。[16]

さて道真は塾生達のしだらない行実を詳細に説明している。学問の大事な道具である刀筆の用途を知らず、刀を執って机案を削り、筆を弄して書籍を汚す。また抄出した短札については道真の辛苦を全く理解せず、智ある者は巻いて懐中に入れ、智なき者は破り棄てる。これらのことは心中最も遺憾とする所で、その外の無作法は数え切れない。また朋友の中には、用事があって室内で談話をしているのに、後から用事もなくて妄入する輩がいるが、まことに悲

しむべきことである。

道真の門弟は朝野に充ち、しかも藤原道明・藤原扶幹・藤原博文等納言に登り対策及第した逸材も多いのであるから(『北野天神御伝』)、すべての塾生が分別もなく乱暴な行為に及んだのではあるまい。ただ大学に入学した年が当時の記録から見て、斉世親王は十一歳、大江匡衡は十五歳(実質的にはもっと早かったと思われる)、時代は下るが平信義(『兵範記』の著者信範の子)は十三歳、また『源氏物語』(乙女巻)の夕霧は十二歳等多くは幼少である。それ故塾内で静粛に学業に専心するよりも、規則から逃出して自由に跳廻りたい者がいたことも事実であろう。しかし国内の英才が名誉あるこの竜門に集まり、厳格な師匠を戴いている上に、その背後に先輩や父兄が目を光らせていることなどから推して、いつも学問に縁のない不埒者が闊歩していたわけではあるまい。私はこの叙述には多分に彼の潔癖な性格による誇張潤色があると思う。

ここでこの文章から道真の性格を抽出した論を掲げてみたい。その代表的なものは、高山樗牛に見ることが出来ようか。(17) 彼は「又公が細心自ら持し、厳峻人に待つ事は「書斎記」の一篇最も明に是を証する。」と記し、本篇の文章を引き内容を解説しながら次の様にいう。

書斎中の行状は尤も好く其為人を顕はすものなるべし。是の文に拠りて菅公の為人を察するに、細心丁寧、日常の瑣事と雖も、苟もせず、人の是を等閑視するものあれば、太だ是を嫌忌したるが如し。然らざれば一々友朋の非を指摘して、是を云々する是の如くならむや。

樗牛は後章で「要するに公は天成の詩人也、其の性格は全く詩人の性格也。」と述べている様に、道真の本質を為我的詩人と規定し、詩人の陥りがちな多情多感、神経性を彼の性格と考えて、その証明をこの文章に求めたのである。この説に反論を加え、かかる道真の性癖は青年時代のもので、それをもって道真の一生を断ずるのは不当であると説く論者もいるが、[18] 本考とは直接に関係がないので省略したい。

他にこの「書斎記」に言及した説として徳富蘇峰を挙げて置きたい。[19] 蘇峰は最も道真自身を描いたものとして「書斎記」の全文を掲げ、彼の書斎は聖徳太子の夢殿の如く神聖にして侵すべからざる場所であったと評して、次の如く述べている。

之で見れば、彼の書斎は、門戸開放どころか、極めて厳重にして、近づき難き清処であつたものと察せらるる。所謂る「一見能傾ㇾ座。虚懐只愛ㇾ才。」と云ふ如き風景は、夢にも見ることが出来なかつた。

蘇峰は道真の人物を極めて潔癖で我執強く、多恨多情で女性的であると評するが、かかる道真の本性を最もよく表明するものとして、この「書斎記」を取上げたのであった。

道真の性格論について一々掲げることを止め、ここでは「書斎記」に現れた彼の態度について言及した論に留めておきたい。私は先に「記」を内容から二種に分けたが、本篇は自己の感想及び生活態度を強く打出したもの、即ち論をなすものと考えている。従って書斎に出入し学業の邪魔をする朋友門弟に対する彼の態度は、平静な気持で苦笑しながら書いたものとは考えない。無遠慮な人々の行状を列挙して「内疚之切者也。」と嘆く時、彼のいらいらした神経質な姿を眼前に思い浮べることが出来る。「亦何可ㇾ悲、亦何可ㇾ悲。」と綴る文章には、激怒に近い感情の高ぶりを看取出来よう。こうした性格は、多くの門弟を教育し翰林の要職にある人間としては、大きな欠点であることというまでもない。これも本性の然らしめたもので、後天的努力をもってしては如何ともしがたかったといえようか。こうした彼の性格は第六段において一層はっきりするであろう。私は樗牛や蘇峰の説に賛意を表し、道真の性格を以上の様に考えたい。

七

第六段はこの文章を記した所以を述べて結びをなす。彼は古人の例を挙げて、書斎はただ研究に意を注ぐのみならず、安閑な精神生活を欲するためのものであるという。そしてこの文を書いたのは、決して絶交の論をなすためではなく、煩悶の情を払うためである。門外に集賢の堂を設けず、簾中に闖入の制を設けるのは慙ずべきことであるが、これも我を知らざる小人のために止むを得ざる処置といえよう。ただ我を知る二三の賢人がこれによって、書斎に近づかなくなることを恐れるだけだと記して筆を擱いている。

前漢の大儒董仲舒は帷を下して講授し、弟子は誰も師の顔を見ることがなかった。その専学の様子は三年園を窺わずと称されたが(『漢書』列伝二十六)、雑念を払い研学に倦むことを知らなかったこの大儒は、後世学者の亀鑑と讃えられた(20)。また隋の詩人薛道衡が詩文に沈思熟慮する態度は、「必隠二坐空斎一、蹋レ壁而臥。聞二戸外有一レ人、便怒。」(『隋書』列伝二十三)と記されている。書斎は研究に専心すべき所、しかも心の安静を与えてくれる所であるから、静粛にしなければならぬことは当然である。だが道真の叙述からは、妄りに出入を許さない神聖な場所という感が強い。純粋な学者としての態度と同時に、孤独な姿を見ることが出来るのは私一人ではあるまい。ここに彼の本来の姿が、清濁合せ飲むといった剛腹な人間とは縁遠い、神経質で他人の謬を許容しない狭量な人物であることを示している。

彼がこの文章を書いたのは絶交のためではなく、自分の煩悶を啓くためのものであると弁解している。そして門外に集賢の堂室を作らず、ただ簾中に禁制を設けたのは慙ずべきことだと記しているが、当代の碩儒としてかかる文章を執筆したことに気が引けたに違いない。大勢の門弟を指導教育している学者の取るべき態度ではない。大聖孔子は弟子の才能特質によって、個々にその短所を指摘し長所を伸張させる教育法を取っているが、自分の弟子を度し難いものとして匙を投げ出している道真とは大きな懸隔があるといえよう。所詮彼はその性格から教育者として適格ではなかった。彼は儒門の嫡男として（三男であるが兄は夭逝している）翰林に学び、父祖累代の家塾を継いだ。学者として箕裘を守り、孔子の教を実践に移すことが、彼の場合はその性格から内面に向けられたのである。己れを持することと厳にして、時の権力者にも屈しない毅然たる精神は、阿衡事件において美しく発揮された。だがその精神が外に向けられた時、自己の態度を善とし、妥協を許さぬ偏狭なものに陥ってしまった。純粋を愛し節操を尊ぶ彼の精神は、世俗の汚濁から完全に浮き上ってしまったのである。その時彼はどの様な姿勢を示したであろうか。

彼はこの文章の終で我を心から理解してくれる友人は二三人しかいないと述べている。この二三人とは秋山虔氏もいわれる如く[21]、故人となった島田忠臣を始め紀長谷雄・小野美材・高岳五常等当時の代表的詩人を指すのであろう。道真は交際範囲を自ら狭め、二三の詩人達にのみ気を許していたに過ぎなかった。彼の孤独な性格は学閥意識と結びついて、自家と関係のない者を排斥したばかりでなく、その門弟までも敵に廻した。当時の学閥の争いは、文章道からの藤氏排斥にもその一端が現れているが、道真に至って殊に甚しかった。彼は巨勢文雄がその弟子三善清行を推薦した時、これを嘲笑したばかりでなく、橘広相が彼の見解に同意しなかったので、先君是善の門人でありながら芳意を示さなかった態度を怨んだという（『江談抄』巻五）。三善清行が道真と親しかった紀長谷雄を「無才博士ハ和奴志与利始也。」と罵倒したのも（『江談抄』巻三）、学閥の現れであろう。後年清行が道真に右大臣辞職を勧告したのも（『文粋』巻七・187）底意があってのことであることは、道真左遷後清行が藤原時平に送った書翰（『文粋』巻七・188）に道真を「悪逆之主」と威丈高に極付けていることからも判るであろう[22]。また藤原菅根が道真左遷の際、内裏に駈けつけた宇多上皇を拒絶したのは、殿上で庚申の夜道真に頬を打たれたのが遠因になったといわれるが（『江談抄』巻三）、その菅根を宇多天皇に推薦したのは外ならぬ道真であった（巻九）。後年彼が配所で小野美材の死を嘆き「自余時輩惣鴻儒。」（『菅家後集』）と二三の詩人を除いて世俗にたけた鴻儒を排したのも、真の詩人として自己を矜持し、二三の親友とその栄誉を分ち合おうとしたからに外ならぬ。

詩人天才にありがちな性格は我執の強いことである。道真といえどもその例外ではない。彼は自尊の念が強く、かつ名誉心も旺盛であった。「博士難」「詩情怨」（巻二）を読んでも、儒業の名門に生れた誇と、自己の才を恃む自負心、さらに世間の流言に拘泥して煩悶する繊細な神経がよく現れている。また「結レ綬与レ垂レ帷、孜孜又汲汲。栄華心剋念、名利手偏執。」（巻四「苦日長」）と賦している様に、名利栄達を願っていたことも事実である。父是善は儒労によって従三位参議にまで昇進した。道真も家門の名誉、翰林の発展のために自己の栄進を夢みたのであろうが、彼の場合はそれ以上に彼個人の性格に萌している様に思われる。当時最高の良吏と世間に許された藤原保則が、後任として讃岐の国守に任ぜられた道真を評して

新大守当今碩儒、非三吾所二測知一也。但見二其内志一、誠是危殆之士也。

と述べたといわれる（『藤原保則伝』）。『保則伝』の筆者が道真と犬猿の間柄であった三善清行であるので、これが直接保則の口から出たものであるか、諸説があってはっきりしない(23)。もしこれを保則の言とすると、道真の作品に見られる所の他人に下らず名誉心の強い性格を諷したものと思われる。道真が元慶以来有識者が義を立てること堅固ならざるに論を好む様を痴鈍・酔舞と罵倒し、「更怪通儒四面多。」（巻二「勧吟詩」）と賦するのも、昂然たる意気の裏に俗人を眼下に見下す独尊的態度の現れといえよう。

彼がかかる通儒や世俗に対して取った態度は、多分に戦闘的であった。春澄善縄は翰林の諸博士が門戸を張って互に争った風習を嫌って門徒を取らず、恬退として己れを修めたといわれ（『三代実録』）、父の是善は世情を忘れて風月

を愛し、仏道を好んで他人に心よく接したと記されているが(同前)、道真は退いて独りその身を善くすることはなかった。口に人物を臧否しなかった賢人とは全く異り、常に他人の短長を口にして軽蔑し、学閥を背景にして争った。山路愛山は道真が朋党を組まなかったことが、満朝に援なく失脚を余儀なくされた原因であるというが[24]、彼に朋党比周の意識がなかったとはいえない。むしろ学閥による朋党意識があまりに強過ぎたために、多くの敵を作り、味方をも敵にしてしまったのではなかろうか。晩年の孤影悄然たる彼の姿は、その朋党意識が齎した結果であるといえよう。しかもその朋党意識は、残念ながら欧陽脩の「朋党論」にいう、道義を守り、忠信を行い、名節を惜しむことをもって、身を修め道を同じうする君子のそれではなかった。個人の好悪の念に発した偏狭で感情的なものである。ただ道真の朋党が詩人精神によって結びついていたことは、せめてもの救いであった。

文章によって国を治めるために、身をもって儒教主義を実践し、文章道の重要性を主張して来た彼の態度は正しい。だが道真のこうした精神が次第に薄らいで行った時、文章道が衰退の道を歩まねばならぬのは自明の理である。ただ儒後儒孫の故をもって仙桂に登り、海内の俊秀に門戸が鎖されてしまったのは、道真の死後間もなくのことである。鴻儒には一片の詩心さえ影を潜め、児孫の継業にのみ全精力が集中された。

「游夏之徒、元非㆓卿相之子㆒、揚馬之輩、出㆑自㆓寒素之門㆒。高才未㆓必貴種㆒、貴種未㆓必高才㆒。」(『文粋』巻二・64「天長四年六月十三日官符」)と人材の登用、学問の機会均等を高らかに謳歌した文章道の精神は、道真の死と共に滅びてしまったといってよかろう。と同時に後年の文章道の門閥意識が、道真に胚胎していることも否定出来ない。平安時代の文章道の盛衰を背景にして考えると、道真の一句一文、一挙手一投足は、単に彼個人の性格や人物を浮彫にするばかりでなく、斯界に大きな影響を与えるものとして軽視することは出来ない。

八

私は今まで雑駁であったが、一通り「書斎記」の文章に沿って解説を試みて来た。それによって、この作品が道真の文学において、いな平安時代の漢文学においてさえ重要な意味を持ち、私達に多くのことを語ってくれることが分ったかと思う。最後に「書斎記」全体を俯瞰しながら、感想を述べて結びとしたい。

先に「書斎記」から道真の性格を論じた高山樗牛と徳富蘇峰の説を挙げたが、本篇全体の文学的批評として梅沢和軒の論に目を向けたい(25)。彼は白楽天の「草堂記」に比較して次の様にいう。

〔前略〕而して吾人は草堂記と書斎記とに於いて、二家の性情の差別と文章の優劣とを感ず。香山の廬山に入るや、之れを愛すること恰も「遠行客過故郷恋々不能去」が如く、観山聴泉の間、外適内和体寧心怡たるを得、よく自然に同化して俗塵を脱却せり、反之公や東京の宣風坊に、俗士少人の無遠慮なる行為に忿慨して「此等数事内疾之切者也」と云ふ。少壮の作とは云へ、気魄才藻下ること数等なり、香山が草堂記は直ちに宋元が鈷鉧潭記以下の諸什に接すべく、景情相待つて八分の禅味あり。

そして彼は白楽天は唐代の文豪であるが文をもって鳴ることなく、しかも道真はその楽天にさえ及ばず、和臭平浅の失を免れないという。「書斎記」が文体や記述態度の上で、「草堂記」に影響を受けたことは否定出来ない。白楽天の「草堂記」は元和十一年(一六三四)四十五歳の時の作で、楽天が江州の司馬に左遷され廬山の麓に建てた草庵の描写である。彼はこの文章の中で、自然の景勝を讃え、閑適な生活を営む時と所とを与えてくれた天地に感謝し、恬淡洒脱な心境を賦している。酒と琴と詩を友としながら、失脚に遭っても直ちに宦情を抛って自適する楽天は、酒を嗜まず(『北野天神御伝』)、讃州赴任を悲んで号泣した(巻三)道真と全く異るが、これも両者の性格や境遇に基く所であるから致し方ない。ただ先入観を排して両篇を通読するならば、作者の繊細な感情が爆発した「書斎記」は平静な心境で生活を楽しんでいる「草堂記」に一籌を輸すといえよう。しかし和軒が気魄才藻において数等下ると評するのは、道真の純粋を愛し一切の妥協を拒否する詩精神を無視したもので、酷評というよりも妄評に近いといえようか。この作品に見られる偏狭な性格の奥に清純な心情を認め、道真の性格の短所を詩人天才にありがちなものとして許容したいと思う。

また川口博士は「書斎記」を淡々たる叙述のうちにリアルに書いたものと考え、道真の態度を「事実に伴うてくる感情や気分をありのままに軽妙にとらえようとする柔軟な自由な散文精神」[26]と讃美している。これについては、私は本篇を作者の感情を打出すことを主眼にした「記」の変体と解するので、全面的に首肯出来ない。やはり先人の説く様に、彼の女性的で神経質な性格の一面を現したものと考えたい。この「書斎記」一篇をもって道真の性格を規定することは冒険であるが、彼の詩文や逸話から推して高山樗牛の次の言[27]に与したい。

公を以て廉直細心、人の悪を仮借せざるの人となすは可なり、所謂温厚の君子と為すは、聊か其の当を得ざるに似たり。

道真は学者として教育者として欠点を持っていたが、その詩人としての精神においては、他の通儒と同日に論ずることの出来ぬ卓越したものを身につけていた。それ故に悲劇的運命に陥らなければならなかったわけであるが、そうした彼の心情の一端をこの「書斎記」は物語ってくれるといえよう。さらにこの作品は当時の学者の研究生活を知る上にも貴重なもので、斎藤拙堂が「観二菅相国書斎記一、乃知二古人学問之勤一。」(『拙堂文話』巻一)と述べている如く、日本の教育史の上でも欠くことの出来ぬ資料である。

(1) 川口久雄博士『平安朝日本漢文学史の研究』上、三三二頁。
(2) 「如信大師功徳幢記」(巻五十九)、「智如和尚荼毗幢記」(巻六十)等がある。
(3) また二条良基の『嵯峨野物語』にも「寛平法皇の院にならせ給ひて。みやたきの御鷹狩。天神も右大将にて供奉させ給ふ。かの御記分明なることにや。」とある。
(4) 『拾芥抄』附図及び刊本『十訓抄』巻六「道真旧宅梅枝飛于太宰府事」の紅梅殿の傍注による。
(5) 『上代学制の研究』第六章「上代に於ける私学」を参照されたい。
(6) 本書は複製されているが、大森金五郎氏の「菅家伝」(『国学院雑誌』昭和三年四月)によって句読返点及び傍注を附した。
(7) 平安時代の漢詩文では「李門」を敷衍して翰林とか課試の意に用いている。『本朝文粋』にも「李門浪高、人之送レ吾幾日。」(巻九・249「別路花飛白詩序」江以言)、「泝二於李門之浪一二年、朝恩未レ及。」(巻十・298「隔花遥勧酒詩序」菅輔昭)とある。
(8) 『洗心録』中の「梅と菊と菅公と」による。
(9) 以下『菅家文草』からの引用は書名を省き巻数だけを記す。
(10) 『本朝一人一首』(巻四)に「先考(羅山)曾見二公文草一、深賞下春惜二桜花一応レ制遅時糸遺四韻上。然先考所レ注レ心者、在下彼小序兼惜二松竹一之諷諫上。」と記されている。
(11) 『菅公頌徳録』所収の「菅原道真公」による。
(12) 『菅原道真』(人物叢書)一四六頁。
(13) 『日本紀略』仁和三年閏十一月二十六日条に「太政大臣上表。」、同二十七日条に「勅二答太政大臣表一曰、宜下以二阿衡之任一為中卿之任上云々。」とある。
(14) 学問における抄出の有益について太宰春台は『和読要領』(巻下)の中で「是ニ五ツノ益アリ。一ツニハ故事古語ヲ記憶ス。二ツニハ他日ノ検閲ニ便ナリ。三ツニハ字ヲ識ル。四ツニハ書学進ム。五ツニハ抄スルニヨリテ、其本書ヲ看ルコト必精シ。」と記している。
(15) 『江談抄』(巻四)に「件朝臣(為憲)毎二文場一所レ随レ身之嚢、名曰二詩(書)嚢一。此入二抄筆一之器也。」とある。

（16）『日本学校史の研究』八〇頁。
（17）『菅公伝』四八—五〇頁（後に『樗牛全集』第三巻に収録）。
（18）梅沢和軒『菅公論』。本書は坪内逍遥閲とあって、その中心をなす道真の性格論は逍遥の影響が強い。逍遥の菅公論は早稲田叢書の一冊として出版された大隈重信『菅公談』の跋文に見ることが出来る。
（19）『国史随想——平安朝の巻』第四十七章の「神経質にして女性的の道真」による。
（20）董仲舒の垂帷を記したものとして、当時の文章から菅原文時の「一出二董帷之内一、再拝二庾楼之西一。」（『文粋』巻一・1「織月賦」）や藤原敦光の「研精無レ倦、久垂二董生之帷一。」（『続文粋』巻六、奏状）などが挙げられる。
（21）「菅原道真論の断章」（『国語と国文学』昭和三十二年十月）。
（22）幕末の大村藩の儒者松林伯鴻は「三善清行論」（『飯山文存』巻一）の中で「顧清行之才、非下甘為二時平一所二駆使一者上。而其至レ此者、蓋妬忌之心使レ之也。」と述べている。
（23）藤原保則の言とする代表的なものは喜田貞吉博士の「菅公の左遷は果して寃罪か」（『国学院雑誌』昭和三年四月）であり、反対にこれを学閥の争に基いた三善清行の誣言とするものは星野恒博士の「藤原保則伝」（『史学雑誌』三十八号）、久米邦武博士の「菅丞相とは如何なる人ぞ」（同前二十六号）、辻善之助博士の「菅原道真」（『修訂人物論叢』）等数多い。また後者に傾きながらなお疑問を残すものとして、重野安繹博士の「菅相公論」（『菅公論纂』）や高山樗牛の説がある。
（24）「菅家文草を読む」（『国民の友』百四十七号）。
（25）『菅公論』七一頁。
（26）前掲書、二一六頁。
（27）『菅公伝』五一頁。

八　三善清行の「意見封事」

一

延喜十四年（九一四）二月十五日、醍醐天皇は当今の施政の得失について官人に封事を献上せしめる旨の詔書を渙発された（『貞信公記抄』）。そして四月二十八日に三善清行は十二箇条の意見を録して奏上した（『文粋』巻二・67）。天皇が封事を献ぜしめた先例は古くからあるが、これに近い例としては仁和四年（八八八）に橘広相等が意見を奏上しており（『日本紀略』）、宇多天皇の譲位に際して菅原道真が封事を奉ったと言われる（『寛平御遺戒』）。さらにまた清行自身も延喜元年に意見を献上している。しかしながら延喜十四年の意見封事が最も著名なのは、この作品が現存しているだけではなく、その内容が当時の政治の欠陥を指摘して、その改革方策を縷述した大論文として他の駢儷に彩られた死文字とは類を異にするからに外ならない。彼の経世済民の精神は後代に継承され、殊に孔子の教を信奉実践した江戸時代の儒者に賞讃されたのである。

さて延喜十四年の時点において、何故に封事献上の詔が発せられたのであろうか。その時の詔書は現存していないので推測の外はないが、長年の政治の弊風が顕著になって来たばかりではなく、その数年前から天変地災が相続いて生じ、万民が塗炭の困苦に陥ったからである。当時の記録を調べてみると、延喜八年から九年にかけて疾疫が蔓延し、十年には天文に異変があって夏は大旱の災があり、十一年の六月には霖雨が降り続いて京都は洪水が氾濫し、ために紀長谷雄は「苦雨賦」を賦して人民の憂苦に思いを馳せている。十二年には天界に日蝕や彗星の異変があって地上には雨が降らず、十三年には風水や大風の災があって田畠の損害甚だしく年穀が登らなかったために、翌年の元日の朝賀や内宴の行事も廃止されている。天地の変異が政治と密接な関係を有していることは、『漢書』の天文志に

政失二於此一、則変見二於彼一。猶二景之象レ形、響之応一レ声。是以明君覩レ之而寤、飭レ身正レ事、思二其咎一謝、則禍除而福至、自然之符也。

と記されており、当時においては当然のことと考えられていた。このことは平安時代における封事献上の詔書によっても裏付けることが出来るかと思う。即ち天暦八年（九五四）の詔書（『類聚符宣抄』第六）に「爰陰陽難レ和、貢賦易レ闕。稆蔵自乏二栄辱之主一、康衢久絶二治安之謡一。」とあり、永観二年（九八四）の詔書（『文粋』巻二・45）に「頃年、蒼蒼屢降二水旱之災一、元元動労二土木之役一。倉廩已竭、田園自荒。」と記され、現状の悲惨を述べて益国利民の方策を求めているのである。天子が臣下に封事を献上させ忌憚なき諫言を望むことは、理想的な政治の姿勢と言えるが、実際は政策の破綻や天災などによって国民が疲弊窮乏に陥っていることを物語るものである。清行が意見を献上した当時の情勢もその例外ではなかったのである。

時に清行は六十八歳の高齢で、従四位上式部大輔に任ぜられた直後である。この数箇月前に書かれた「詰眼文」（『文粋』巻十二・355）によると、殆ど失明に近く筆を取ることの出来ない状態であった。この文章によると、彼は多年の学業も功を成さず、権門に媚びることなき剛腹な性格のため貧困に甘んじる境遇にあり、その文章は人の嘲笑を受け、その学問は無用のものとなったので、無明の闇を逃れて仏門に入ろうと決心している。しかし彼の心の中には儒学によって培われた済世憂国の精神が残っており、それがこの大文章を生み出したのである。しからばそれはどの様な内容を持っているのであろうか。

二

この「意見封事」は十二箇条の題目を掲げ、旧記先例を引用しながら現状の弊風とその具体的な救済改革の施策を述べる。それに先立って序論があり、現実の衰弊の様を正税の減少と課丁の激減の二点から説明している。

我国は昔から土壌膏腴で人民も多く、賦税の料や徴発の役が軽少であったので帰化人も多かったが、次第に賦斂傜役が重くなったため戸口は減じ田畠は荒廃した。その上仏教の伝来によって壮大華麗な造寺造仏の事業や、正税による国分二寺の建立によって国費の半を失った。さらに平安奠都に伴う宮殿や第宅の造営、仁明天皇の奢侈、貞観年中（八五九〜八七七）の大火による宮殿の修復などによって、国費は往年の十分の一にも足らなくなったと述べている。また彼の任国であった備中国邇磨郷を例にとって、皇極天皇の時二万の課丁を召集出来たのに、天平神護年間（七六五〜七六七）には千九百余人、さらに貞観の初には七十余人、彼が赴任した寛平五年（八九三）には僅か九人、そして延喜十一年（九一一）には遂に一人の課丁もいなくなったと衰弊の速やかな様子を記している。

ここに記している疲弊の現状は必ずそのよって来るべき因由が存在しているのであり、当然それは救済の眼目となって来る。この序論にも見られるが、政治の根幹は土地が豊かで人民が富み栄え、民の風俗が敦厚であると言うことである。これは第一条に『漢書』の酈食其伝を引いて「国以レ民為レ天、民以レ食為レ天。[1]」と述べている如く、民を中心にして国は成立つという儒教の精神に立脚していると言えようか。これが具体的に左の十二箇条となって現れて来る。

一、応下消二水旱一求中豊穣上事

一、請レ禁二奢侈一事

一、請下勅二諸国一随二見口数一授中口分田上事

一、請レ加二給大学生徒食料一事

一、請レ減二五節妓員一事

一、請三依レ旧増二置判事員一事

一、請三平均充二給百官季禄一事

一、請レ停下止依二諸国少吏并百姓告言訴訟一差中遣朝使上事

一、請レ置二諸国勘籍人定数一事

一、請レ停下以二贖労人一補中任諸国検非違使及弩師上事

一、請レ禁二諸国僧徒濫悪及宿衛舎人凶暴一事

一、重請レ修二復播磨国魚住泊一事

以下各条についてその内容を考えてみよう。

第一条は(イ)毎年行われる祈年祭・月次祭の儀式の際に奉納する祭物などを、諸社の祝部達は各々その本社に奉納することなく勝手に処分するので、官吏を遣して厳重に取締るべきこと、(ロ)吉祥悔過や仁王会を修しても効果がないのは祈禱僧が戒律を守らないためで、かかる僧徒を排すべきこと、(ハ)諸国の法務を扱う講読師は贖労によらず戒律を守る僧を任命すべきことの三点から成り、国民生活のため豊穣を祈願することを強調している。

(イ)については祈年祭や月次祭に国司が禰宜祝部等を率いて神祇官で幣帛を受取るべき旨の官符(『類聚三代格』巻一)が寛平六年に発せられており、(ロ)の吉祥悔過を勤めて災難を攘うべき由の官符(同上巻二)が昌泰元年(八九八)に、(ハ)の

諸国の講読師を簡ぶに階業の次第によるべき官符（同上巻三）が寛平七年に発布されている。本条は除災豊稔を神仏に祈願した当時の政治を示しているが、彼の民本主義的な態度と神仏は非礼を享けずという礼を尊重する儒者の姿勢を重視すべきであろう。

第二条は奢侈を禁ずべきことを説いたもので、最近上下競って衣服や飲食饗宴に莫大な出費をする弊害を述べ、(イ)衣服の奢靡を禁じ、(ロ)仏事供養に浪費する弊を指摘し、(ハ)僧徒の酒饌に与ることを戒めている。醍醐天皇が過差を取締るため左大臣藤原時平の華美を叱責勘当した『大鏡』の逸話は、後世まで伝えられている。しかし父の宇多法皇が風流韻事を好まれたことは、人民の困苦をよそに上戸を招いて競酒の宴を催した一事によっても知られるが（『文粋』巻十二・373「亭子院賜飲記」）、上の行う所下がこれに倣うのは世の常であり、当時の奢侈華美は目に余るものがあったと想像される。奢侈が租税の減少と国費の支出を招き、国民の窮乏に直接結びつくことはすでに序論にも記されており、彼が声を大にしてその弊を説くのも当然である。

(イ)については彼が延喜十七年に奉上した「請レ禁二深紅衣服一奏議」（『政事要略』巻六十七）に

諸□糜爛、士庶飢寒。農畝為レ之荒廃、盗徒由レ是繁興。其為二傷害一、過二於旱火一。

と述べているのも同じ態度に基くものと思われる。衣服の華美を禁止する条令はこれ以後も屢々発布されている。(ロ)において作者は当今の法事が家産を尽して盛宴を張り大酔する愚行を指摘している。この中に『論語』（述而篇）の「子食二於有レ喪者之側一、未二嘗飽一也。」を引いているが、孔子は形式化した葬礼に反撥して人間の真情を重んじたのである。況んや物質的な面にだけ意を注いで葬礼を行うことが、死者に対する追善にならないことは自明の理であろう。

第三条は国司が計帳の記載に随って身なき農民にも口分田を充ち調庸を徴収しているため、身ある者のみが纔かに調庸を収めている現状を指摘し、諸国の戸口を調査して口分田を班ち、遺田は沽却して地子を収めしめよと説いている。『類聚三代格』を繙くと、延喜二年三月十三日に七通の官符が発せられているが、それらは殆ど班田に関する事項である。班田不履行による土地の荘園化の傾向は、耕作農民への重税とそれによる彼等の逃亡を招き、律令政治は根柢から破壊される。[2] その時の勅旨開田及び貴豪の土地買取占拠を禁止した法令に

且諸国奸濫百姓、為レ遁二課役一、動赴二京師一、好属二豪家一。或以二田地一、詐称二寄進一、或以二舎宅一、巧号二売与一。遂請レ便取レ牒、加レ封立レ牓。(中略)因レ茲出挙之日、託二事権門一、不レ請二正税一。収納之時、蓄二穀私宅一、不レ運二官倉一。賦税難レ済、莫レ不レ由レ斯。

と記されているが、これによっても地方政治の状態が知られる。この条令が如何程の効力を発揮したかはっきりしないが、この封事を書いた時には前に逆戻りしていたのではなかろうか。律令体制の擁護を信条とする官人の清行にとっては、看過出来ぬ政治の根本問題であること言を俟たない。

第四条は古典を引用して学校の必要を説いた後、我国の大学の変遷と勧学田の推移に及び、勧学田の返却衰耗によって大学の衰退した様を述べる。そして請託濫吹の挙によって高才が卑淪に沈んでいる現状を指摘し、勧学田の回復と学寮の充実を訴えている。文章道の顕職を歴任した清行にとって、大学の現状は憂慮に堪えないものがあった。既に天長四年(八二七)の官符で良家の子弟の大学入学が禁止され大学の権威が保たれたが、時代の降下と共にそれが崩れてしまったことは、藤原佐世の対策及第をめぐっての事件がそれを物語っている。剰え儒家の確立によって俊秀に門戸が鎖されてしまった。学問の機会均等と海内の秀才養成という大学創立の精神が危機に陥った現状を、本の正しい姿に帰そうとするのが清行の精神であるが、彼はその解決を財政面に置いている。いかにも現実的に物事を考え処理して行こうとする経世家としての面目躍如たるものがある。

第五条は五節の舞姫に関する事柄で、大嘗会には五人、毎年の祈年祭には四人と決められているが、前者は叙位があるため権貴が競って其女を進め、後者は皆敬遠するので神事を欠くことになり、そのため制を立て献ぜしめることになったが、その費用は莫大である。しかも現今は後宮の制が修まっていて内寵に与る者もなく家庭に帰すので、舞姫を二人に減じて官物を豊かに給し待遇をよくせよと願い出たものである。この意見は『政事要略』(巻二十六)によると採用されなかった様である。この条は第二条の奢侈を禁じ倹約を守ることから生れた派生的なものと言えよう。彼が延喜十五年に疫病を理由に新嘗会の停止を乞うた藤原定方への書状(同上)も同じ精神に基くと思われる。

第六条は寛平四年の詔によって大少判事各一人に減じ、大判事のみ法家を採用することにしたのは疑問があると言い、法吏の愛憎によって刑罰の軽重が左右されることを憂慮し、令に決められた如く判事を六人に戻し、法律に通ずる者をもって裁判に当ることを求めたものである。これは裁判の公平と司法の独立を主旨にしている。「聖主之政、刑法為レ大。」と記しているが、決して法家の思想的立場を是認したものではなく、公正な審判と姦吏の追放によって良治の実を挙げた中国の聖代を規模としているのである。

第七条は毎年二回支給される百官の季禄が、近年官庫の品物の不足により不公平に支給されていることを糾弾し、式文の如く公卿百官一様に支給して偏頗の弊がない様に願い出たものである。公平な季禄の支給によって官吏の勤務意欲を高めようと意図したものであろうか。

第八条は国司の威厳を保ち濫りに下人の誣告によって朝使を派遣するのを禁ずる意見である。近年下級役人や百姓達の誣告愁訴を採上げて使者を遣し、虚実を弁明しないで国司を投獄するが、たとえその無実が証明されても以後国司は軽侮されて政令が行われず、また朝使の推問によって吏務が停止し、ために国司は任限の日に解由状を受けることが出来ない。従って法則に拘泥することなく国司の宰領に任せて地方政治を行わしめ、新吏交替の際にその過失を判定するのが得策であると説いている。

天長元年の「意見封事」（『文粋』巻二・66）にも国司はその才幹を選び、政績ある者は増爵し公卿に抜擢すると共に、その罪に対しては寛恕に従い法則に拘ってはならぬと書かれている。国の本は民にあり、その民を直接に統治する役が国司であるから、律令政治の推進には彼等の権限を増大し、自由にその行政能力を発揮させることが必要である。従ってここに引かれた『漢書』循吏伝にある宣帝の言葉

庶民所㆘以安㆓其田里㆒、而亡㆗歎息愁恨之心㆖者、政平訟理也。与㆑我共㆑此者、其唯良二千石乎。以為大守吏民之本也。

は真理を衝いて居り、清行自身地方官を経験したことによって一層重みを増して来る。当時の記録によると私腹を肥すため苛斂誅求を行った貪吏もいたが、一方では菅原道真の長詩「路遇㆓白頭翁㆒」（『菅家文草』巻三）に登場する安倍興行や藤原保則等の循吏も少くなかった。殊に保則は王朝随一の良吏として名声が高く、清行はその伝を書いて彼の功績を絶賛している。彼が史書によって学んだ中国の名吏の治績や、彼自身が直接見聞した日本の良吏の姿を通して、清行の脳裡には模範的な受領の像が造型されていたのであって、国司の任務の重大性を考える時、声を大にしてその擁護を叫ばずにはいられなかったのである。

第九条は親王家以下の資人や諸司の勘籍人、諸衛府の舎人等が毎年三千人の多きに及ぶことは、以後四十年を出でずして天下は皆不課の民となるであろうと言い、資人に補せられた者が他の官司に移って諸省の書生と結び奸悪をなすので、勘籍人は国の大小に随って数を定めて蠲符に載せ、他は一名も加えない様に願ったものである。ここに現れた精神は第三条と同じく調庸の制を確立し律令制を維持して行こうとするものである。

第十条は(イ)諸国の検非違使は、百姓で贖労料を納めて任命された者が多く物の用に立たないので、明法生を監試し

て任命すべきであり、(ロ)辺境の弩師は年給に充てて売官の制を採っているため全く無能者が多いので、六衛府の舎人の中から才技功労に随って任命せよと説くものである。地方官や防衛兵の綱紀を正す本意によるものであって、当時の世相の一端を窺い知ることが出来る。なお弩師を置くための条令が殆ど毎年発せられていたことは、『類聚三代格』によって知られる。

第十一条は(イ)諸寺の年分度者及び臨時の得度者が毎年二三百人に及び、調庸を逃れて勝手に法服を着ける諸国の民が多いが、彼等は邪悪不逞の輩にして暴戻を逞しうするので、かかる僧徒を追捕して度縁戒牒を返却させ本職に復帰させるべきである。(ロ)六衛府の舎人は在京して防衛を任とすべきなのに、諸国に散在して門籍に名を列するのみで、しかも国司の追捕を逃れて乱暴を働く者が多いので、舎人は本国に帰住せしめず、帰省の際も日限を決めて厳重に看視せよと説いている。

(イ)は当時の僧侶特に私度僧の堕落ぶりを述べているが、既に貞観八年（八六六）に僧侶の飲酒贈物を禁止する官符（『類聚三代格』巻三）が発せられている。(ロ)については『寛平御遺戒』に営宿の舎人を優遇すべき由が見え、誠意をもって勤務した者もいたのであろうが、実際は昌泰四年の官符（同上巻二十）に、播磨国の百姓の大半が六衛府の舎人で、課役を備えず正税を受けず濫悪を恣にすると記されている如き実状であった。[3] これは第九条とも関連した問題であるが、清行の解決策は本筋を外れて枝葉に走っている感がしないでもない。

第十二条は朝廷が播磨国魚住泊を廃してから公私の船舶の難破するものが多いと言い、その沿革について説明した後に播磨・備前両国の正税を充てて修復する様に願い出たものである。これは海上輸送についての事項であるが、雑物貢進と関連して律令制の根本をなす調庸正税の問題に還元されて来る。

以上十二箇条の意見は軽重の差こそあれ、当時の政治が逢着したあらゆる分野の問題に触れていると言うことが出来よう。清行の多年の研鑽によって貯えられた該博な知識と、能吏としての経験から生れた高邁な識見が、儒教精神に裏打されてこの大論文になったのである。そこで次に「意見封事」を執筆した作者の精神や、記述の態度及び文章について考えてみたい。

三

「意見封事」を貫いている清行の根本精神は前に述べたが「国以レ民為レ天、民以レ食為レ天。」という民本主義の立場である。これは『孟子』に見える「易ニ其田疇一、薄ニ其税斂一、民可レ使レ富。」（巻十三）とか「民為レ貴、社稷次レ之、君為レ軽。」（巻十四）の精神と全く揆を一にするものである。しかも清行は退いてその身を善くするより、進んで天下を済う経世家としての面が強い人間であった。菅原道真に引退を勧告した書状、藤原時平に菅家門下の学生の擁護を願い出た書状(4)、さらに辛酉革命に関する一連の勘文などは、単に彼の学識を表明しているだけでなく、災異を未然に防ぎ現実に対処しようとする実践家であることを示している。彼は学者であると共に官人であった。

十二箇条の「意見封事」は研究者の立場によってそれぞれ興味の中心が異るであろうが、私の立場（それは政治的歴史的なものでなく文学的なものと言えよう）から言えば、大学の財政を扱った第四条と国司を擁護する第八条である。前者において彼は

治国之道、賢能為レ源、得賢之方、学校為レ本。是以古者明王、必設ニ庠序一、以教ニ徳義一、習ニ経芸一、而叙ニ彝倫一。

と大学の本義を説いた後に我国の大学寮の歴史に触れ、天平年中（七二九～七四九）に吉備真備が学生四百人をして五経三史、明法算術、音韻籀篆等の六道を習わしめたと記している。このことについては真野時縄が『本朝学原浪華

鈔』（巻六）において「意見封事」の文章を挙げ（松下見林の『本朝学原』に基く）、逐条的に説明を加えている。ここで言う五経三史とは明経と紀伝の両道を指していると考えられる。奈良時代には紀伝道は明経道の陰にかくれ僅か二十人の定員で、しかも雑任及び白丁から採用することに定められていた。所が平安時代になって両道の勢力関係が逆転し、紀伝の名称が文章に変更すると共にその性格も変質して来た。従来の具体的歴史的なものから教養的文学的なものへとその主体が移って行ったのである。学者達は歴史の鏡に照して現実の政治を改良するよりも、遊戯的な詩賦文章に鏤骨の苦心をするという傾向が生じて来た。文章道に学んだ清行とても決してその例外ではなく、彼も華麗な作品を当時の詩文集に収めている。しかしながら彼が当時の詞人達の中で特別にその詩才が卓越していたとは思われない。

『三代実録』によって六国史の編纂が終ったとはいえ、朝廷に修史の業を断絶する意図がなかったことは撰国史所の継続から見ても分るであろうし、また清行は『延喜格』の撰定に参画している。時代の空気はまだ美的な文章一色に塗られていないし、彼の才能は多分に文苑よりも儒林の世界に属するものであったことは疑いない。清行によれば、大学の目的は徳義を治めて経芸を習い、国を治める道を学ぶ官人を養成するものであって、学者は政治に参与し時務策を奉じて経世済民の術を講ずべきものであった。我々は菅原文時の「封事三箇条」（『文粋』巻二・68）の中で、鴻臚館を存続して詞人に文才を発揮させんことを願った意見と比較してみる時、いよいよその感を深くするのである。[5]「文章経国之大業、不朽之盛事。」（魏文帝「典論論文」）であり、「文者貫レ道之器也。」（李漢「集昌黎文序」）であって、雕虫の小技に堕してはならないのである。

これが具体的な人物の上に現れたのが『藤原保則伝』である。前述した様に第八条にはこの作品に表明された清行の考えが反映していると思われるが、この名史の治政態度は「府君化レ民、専用二仁義一。」と記されている如く寛恕の精神に基くものである。これは当時の地方政治の現状が然らしめたとも言えようが、[6] 彼が書いた保則の人間像には史書に登場する循吏、例えば前漢の黄覇や龔遂、後漢の第五倫や劉寛、晋の王宏や鄧攸と言った人々の言動——彼等の逸話は屢々当時の詩文に記されている——が二重写しになっていると考えてよかろう。彼が『保則伝』を執筆したのは、この名吏の業績を天下に広め後世に遺すためであったことは言わずもがな、彼が平素抱いていた官人の理想像を保則に託そうとしたことは疑いない。そこには文人としてではなく史官としての清行を見ることが出来る。史官として最も肝要な精神は劉知幾の言を借りるならば「申以二勧戒一、樹二之風声一」(『史通』巻二十四)ことであり、「彰レ善貶レ悪、不レ避二強禦一」(同上巻三十五)ことである。この様な歴史家の精神は『保則伝』にも表明されており、それはまた「意見封事」にも通ずるものである。文章道に学んだ清行は、文人としてよりも史官としてその才能を発揮したと言ってよかろう。

もしも彼を史官と考えることが許されるならば、この「意見封事」に見られる叙述は確実性を持っているものであろうか。この点に関しては従来諸家によって指摘されている様に、表現の誇張や事実の誤謬が少くない。この論文が読者に感銘を与え説得力を有しているのは、歴史的事実に立脚し自己の体験に即しながら数字を挙げて論を展開している点にある。しかしながらその歴史的事実や数字は確実なものとは言えないのではなかろうか。坂本太郎博士が述べておられる如く、[7] 序論に記述されている推古天皇から現在に至るまでの国費の損出に関する数字が正確であるか疑問視されるし、皇極天皇の代に備中国邇磨郷から二万の課丁を得たと言うのも事実から離れた地名説話に過ぎない。さらに皇極と斉明との年紀を誤るに至っては、坂本博士ならずとも歴史家としての見識を疑いたくなる。また桃裕行氏によると勧学田の増減についての記事は史実と合致しない点があるとのことであるが、[8] これは現存史料の不足によると言うよりも清行の叙述態度に欠点があるからと考えたい。第六条に寛平四年の詔を引くのが八年の誤であり、第十一条に延喜元年の官符を挙げているのが二年の誤であることは、『類聚三代格』によって判明する。史料の散佚によって、この「意見封事」に挙げられた歴史的事実や数字の信憑性について一々調査することは出来ないが、少からぬ誤謬や誇張があることを想像させる。

結局坂本博士の言葉の如く「確実な資料を持つてゐたのでなく、その数字的な頭脳中に構想した歴史図表に基づ」いて執筆されたものであり、彼は「歴史理論を樹立せんが為には裏附となるべき史実を改作するを辞しなかつた」のである。読者は多分に彼の例証とする数字の羅列に眩惑され、それを事実と思い込むことによって、より一層彼の意見の妥当性と学者としての良心的態度に讃美を送るであろう。そしてまた誇張された事実がより為政者の肺腑を突くであろうことも、彼自身計算していたのではなかろうか。『江談抄』などの逸話によって知られる狷介にして不遜傲慢な性格や、不遇轗軻を喞っていた境遇から推して充分推察される所である。

そのことはまた文章表現とも関連している。「意見封事」の本文は古記を引用しながら題目の趣旨を説明し、現実との相違を記してそれに対する自己の改革案を述べるという叙述の方法を取っているが、その多くは故事を踏まえた華麗な駢儷文で結んでいる。例えば

十旬之雨随レ節、千箱之詠満レ衢。（第一条）

不レ待二扶南之鰐魚一、豈用二堯時之獬豸一。（第六条）

鳲鳩在レ桑、均二哺養於七子一、単醪投レ流、期二酣酔於三軍一。（第七条）

猨臂比二肩於門欄一、狗吠休二警於州壌一。（第十一条）

の如きがその代表的なものである。我々はこの文章を通読する時、諄々と説いて相手を納得させる学者と言うよりは、大声叱呼して自己の意見を主張する雄弁家の姿を想起するのである。元来封事とは上章を封入して天皇の御覧に供す

るもので、『漢官儀』に「密奏以二皁嚢一封レ之、不レ使二人知一。故曰二封事一。」とあり、[9]文体の上では『文体明弁』に分類する如く奏疏の類に属する。そしてその文体については『文心雕龍』（巻五、奏啓）に

夫奏之為レ筆、固以二明允篤誠一為レ本、弁析疏通為レ首。強志足二以成一レ務、博見足二以窮一レ理。酌レ古御レ今、治レ繁総レ要、此其体也。

と説明されている。事理を明かにして説得性があり、文章は繁縟に陥ってはならないのである。翻ってこの「意見封事」を見る時、「治レ繁総レ要。」という点において欠ける所が少くない。残念ながら私は斎藤拙堂が「其文不レ免二排偶之習一。」（『拙堂文話』巻一）と評し、頼山陽が「読レ之猶病二其太長一。」（『山陽先生書後』巻中）と不満を述べているのに荷担せざるを得ない。

以上の説明によって「意見封事」の大概を知ることが出来ようが、最後にこの作品が後人に如何なる影響を与え、如何なる批評がなされて来たか述べて置きたい。

四

清行の「意見封事」が作者の経世憂国の精神と当を得た時務策によって、後代の封事の範となったことは想像に難くない。天暦十一年（九五七）に上奏された菅原文時の「封事三箇条」（『文粋』巻二・68）といえども、直接には触れていないが、その内容が㈠奢侈を禁ずること、㈡売官の停止を請うこと、㈢鴻臚館の存続を願うこと、の三箇条から成っていることは、社会事情の反映とは言え、清行の封事に影響された点があると見られるであろう。

そして最も影響を蒙ったと思われるのが、崇徳天皇の保延元年（一一三五）に献上された藤原敦光の勘文（『続文粋』巻

二）である。これは当時変異が相次いで生じ、疫病と飢饉によって人々が困苦に陥り、盗賊の横行によって辺境の安寧が破られたので、諸儒に意見を求められたが、敦光は古今の事実を引用して災異の生ずる所以とその解決策を説いたのである。その内容は

一、天地変異、人民疾疫事。

二、去年風水有レ難、今年春夏飢饉事。

三、陸地海路盗賊旁起事。

の三箇条より成る。中でも特に注目すべきことは第二条で、飢饉の依って来る原因につき㈠廟社を祀らざること、㈡仏事不信のこと、㈢民の農時を奪うこと、㈣賦斂を重くすること、㈤奢侈を禁ぜざること、㈥学校廃止のこと、㈦府庫の空虚なこと、の七項目を掲げ、この中一事も廃すべからずと記している。この七項を清行の十二箇条と並置すれば両者の類似に気附くであろう。これはさらに

伏惟、延喜年中、式部大輔三善清行朝臣封事之中、天下費非二往世十分之一一者。以二彼一分一、比二之今時一、復非二延喜十分之一一。国之衰耗、指レ掌可レ知。

と述べていることからも裏附けることが出来ようか。「意見封事」が『政事要略』に掲載されているのも、その内容が制度や吏務に資する所大であったことを物語る。また文章の一部が『源平盛衰記』（巻三、澄憲雨を祈る事）や幸若舞曲（「満仲」）、さらに下って江戸時代の漢詩文[10]に引用されていることも、影響の一端を表すものと言えよう。

ここで本作品に関する批評の中、特に江戸時代の儒者のそれから捃摭してみたい。まず古典籍の板行に貢献した那波活所は『本朝文粋』の読後感を

文粋復抽二文粋中一　十余巻子是雕虫

一篇封事少二人識一　日月争レ光善相公

と詩に賦して絶賛している（『活所遺藁』巻三）。そして林鵞峰は『本朝一人一首』（巻四）で

夫清行者、本朝千載之奇才也。以二明法一雖レ立二其家一、該二通諸流一。所謂意見封事之詳、可レ謂レ忠二于上一也。

と記している。[11] 彼は父羅山の死後その業を継承して『続本朝通鑑』を編纂したが、巻四はこの「意見封事」の全文掲載によって塡めている。[12] その間の事情について彼の日記に[13]

見二春信草本一。自二延喜十四年一至二同二十三年一、其中有二三善清行意見封事十二条一。見レ之感二其忠一奇二其才一。乃知本朝之古不レ可レ謂レ無レ人也。故其文雖レ繁全載レ之。

と記述されているが、もって彼の傾倒を知ることが出来る。また朱子学者藤井懶斎もその略文を掲げて「清行所レ奏、皆良深切。」と述べている（『国朝諫諍録』巻上）。

時代が下ると尾藤二洲が我国の議論文の最も優れたものと評し（『静寄軒余筆』巻上）、斎藤拙堂は『文話』（巻一）の中で王朝の文章は清行の「意見封事」のみであると称え、次の如く記している。

善相公意見封事、娓娓万余言、剴切核実。皆補二時政一、不レ減二賈董之策一。其文雖レ不レ免二排偶之習一、然気象渾健、詞不レ害レ意。亦陸宣公之亜也。

鵞峰が清行に卓識の明あるをもって韓退之に比した[14]のに対し、拙堂は駢文を経世の議論文に採用して椽大の筆を揮った陸贄に譬えているのも興味深い。また頼山陽はその文が長文であるのを歎じて刪修し、八百余言に削って『日本政記』（巻七）に収めた後

三善清行、以二実用之才一為二実用之学一。雖二菅原相公一、恐有レ所レ不レ及。其封事者所レ言、雖レ有下不二敢尽一者上、而切二中時弊一、可レ用二当世一。与下彼為二無用之文詞一者上大異。

と称揚し、宇多天皇が退位せずに清行を抜擢して道真と併用したならば、興復の実効を挙げることが出来たであろうと述べている。彼はさらに『山陽先生書後』(巻中)で「善相公封事、陳二朝野時弊一、如レ梳レ髪爬レ垢。」と言い、同時の公卿の文集数十巻も清行のこの一紙に及ばないと評している。

その他一二の例を挙げると、仙台の斎藤竹堂は寛平延喜にあって清行は道真に次ぐ賢者で、その意見封事五千言は「率皆張レ紀脩レ綱、熟二籌当日利弊一、而剖二析之一。可レ謂レ詳矣。」(『読史贅議』巻上)と賞して唐の魏徴に媿じずと言い、水戸の青山延于は弘仁以後の上疏の中最も剴切痛快なものは清行の封事であり、「真可レ謂二経世有用之才一矣。」(『皇朝史略』巻五)と記している。そして当時文章家として知られた篠崎小竹は「読二三善清行伝一」(『小竹斎詩抄』巻二)と題する長詩の中で

延喜才子三善耀　　上書不レ負真言詔
遠慮大息十二条　　宛与二賈生一議相肖

と賦している。

これらの批評の根柢には、文章は治国経世を論じてこそ意義があり、単なる表現の華麗巧飾は排すべきであるとする、経学至上主義的な思考が潜んでいると言えようか。かかる批評は彼等を取巻く時代や社会を考えれば当然の結果であり、「意見封事」に関するものとしては的を外れていない。経世済民をもって自己の使命と考え、一本の筆によって時の弊害を指摘し政治の指導を試みようとした点において、時代の隔りを無視し、両者の間に近似したものを見ることが出来る。私もこの様な立場に立って考えるので、本作品に見られる記載事実の誤謬誇張や文章の冗漫繁縟の故をもって殊更にこの作品を過少評価したくはない。当時の文壇に瀰漫していた華麗な浮詞と比較すれば、その差違は瞭然であろう。坂本博士の言にある如く、清行は歴史理論家であり、歴史主義的経世家であった。従って我々がこ

の「意見封事」から彼の経世済民の精神を汲み取ることは正しい。だがここに書かれた事柄をそのまま事実として信奉する盲目的態度は慎しまねばならない。

(1) この文は潘岳の「藉田賦」(『文選』巻七)にも見え、また承和八年(八四一)の官符「応レ設二乾レ稲器一事」(『類聚三代格』巻八)にも引用されている。貝塚茂樹博士は『古代の精神』で漢の高祖が酈食其を登用したことを儒教的精神の勝利であると言われている。

(2) 北山茂夫氏『日本の歴史』第四巻の「時平と道真」の項を参照されたい。

(3) この条の(ロ)については村井康彦博士『古代国家解体過程の研究』の第四章第一節に詳論されている。

(4) これらの書状をもって清行が自己の学問に忠実で、至情に溢れ、義気に富む人物と評する見解が多い。これらは林鵞峰の『本朝一人一首』(巻四)や江村北海の『日本詩史』(巻一)の説に立つものである。しかし私は、松林伯鴻が「三善清行論」(『飯山文存』巻一)で説く如く、彼の心に朋党意識があり、表面を糊塗する作為が潜んでいたと考えたい。なお『革命勘文』についても、安積艮斎の「三善清行論」(『史論』巻上)や五弓久文の「三善清行論」(『晩香館史論』)に見られる否定的評価を取りたい。

(5) 藤井懶斎の『国朝諫諍録』(巻上)に記されている。

(6) 吉村茂樹博士『国司制度崩壊に関する研究』第三篇第一章を参照されたい。

(7) 「二人の歴史家」(『日本歴史』一九四八年三月)。以下引用した博士の言葉はすべてこれによる。

(8) 『上代学制の研究』五七頁。

(9) 『中国学芸大辞典』による。

(10) 大典顕常の『北禅詩草』(巻五)に「寄二題二万木谷氏環山堂一」と題する詩がある。その題の自注に「事見二文粋善清行故事一。」とあり、第三首に「若使三清行在二当代一、不レ論編戸日凋亡。」の句が見える。

(11) この説は巨勢正純の『本朝儒宗伝』(巻下)にも引用されている。

（12）徳川光圀の編した『大日本史』（巻百三十四）にも、清行の伝の項に全文を掲載する。
（13）『国史館日録』寛文四年十二月二十四日。
（14）「両朝詩配序」（『鵞峰文集』巻九十）。

九　「池亭記」論

一　はじめに

慶滋保胤の「池亭記」(『文粋』巻十二・375)は、従来『方丈記』に影響を与えた先行作品として取扱れて来た。それは『方丈記』が「池亭記」を如何様に継承し発展させたかに研究の中心があり、両者の内容思想の比較検討から、「池亭記」の消極性や不徹底さを強調する傾向があった。そうした評価が正鵠を射ているか否かは後述するとして、「池亭記」を正面から論述した研究がなかったことは残念でならない。この作品を、一人の知識人が腐敗した貴族社会の中で、如何に毅然たる態度を持し、理想の生活を営もうとしたかを語る自照文学として受取るならば、軽率な批判を下すことは出来ない。時弊を見つめ真摯な生活態度を綴ったこの文章は、華麗優美な修辞を誇る他の文章とは全く類を異にするものであり、王朝随一の文章と称しても過言ではなかろう。その文章を分析しながら作者の思想を考察するのが本稿の主旨であるが、それに先立って作者の経歴を略述することにしたい。(1)

二　慶滋保胤の生涯

慶滋保胤は系図によると、賀茂忠行の次子である。父は陰陽に明るく、兄の保憲はその道の大家として世に喧伝された。そして弟の保章や保遠も学者として知られ、また保憲女は歌人として名高いなど、彼の一族は学問や文芸に関係が深く才能に富んでいた。

保胤が生れたのは朱雀天皇の承平の頃と思われるが、『続本朝往生伝』に「雖レ出二累葉陰陽之家一、独企二大成一、富レ才工レ文、当時絶レ倫。」と記されている様に、青年時代に家業を捨てて紀伝道に学び、菅原文時に師事してその貫首となった。大江以言の詩序（『文粋』巻九・251）に「天徳応和之間、天下士女之語二才子一者、多云二高俊茂能一。」と記されている如く、高岳相如と並んでその文才を天下に称されたと言うが、[2] 彼自身も天賦の才を恃み鬱勃たる野心を抱いていたと思われる。

その卓越した才能に加えて学業の研鑽に努めた彼は、また一方で「予自二少日一念二弥陀仏一。」（『日本往生極楽記』序）と晩年の述懐にある弥陀念仏の信仰生活を送っていた。それが康保元年（九六四）に始めて催された勧学会の主唱者となって現れた。それは大学の学生と叡山の僧侶が春秋二回西坂本に会して、法華経を講じ弥陀を念じ讃仏の詩を賦す行事であるが、我国の浄土教史の上で劃期的な意義を持つものであった。[3] その背景には下級官人達の貴族社会体制への批判、叡山の腐敗と僧侶の自覚、及び聖達の布教による浄土思想の浸透などが考えられるが、保胤はこの会の維持発展に心魂を傾けた。しかし次第に深まって行った信仰は、この会を風流韻事と解する他の学生達との間に懸隔を生じ、これから離れて行った。

その後彼は文章生の労によって近江掾になり、その任期が満ちてから方略の宣旨を受けて対策に及第し、内記の職に任ぜられた。その時既に四十歳を過ぎていたが、それも彼が儒門を外れた起家の出身であったためである。その間に政界では次々に不祥事件が出来している。安和二年（九六九）に左大臣源高明が筑紫に流されたが、博学多才なこの皇流の左遷は、文人にとって打撃であったに違いない。保胤は「池亭記」の中でその邸宅の荒廃を記しているが、ただ栄枯盛衰を示す世事の一齣として受取っただけではなかろう。

それから数年を経た貞元二年（九七七）に、左大臣源兼明が藤原氏の隠謀によって失脚し、中務卿親王の閑職に退けられた。その時に憤懣の心情を綴ったのが有名な「菟裘賦」（『文粋』巻一・13）である。[4] 執政者の横暴と混濁した世相を慨嘆し、人生の無常を説きながら孤影悄然と都を去る悲痛な叫びは、当時の知識人の胸を強く打ったことであろう。親王と保胤との関係は、この後中務省において密接になり、彼は公私に亘って指導薫陶を受けることになる。晩年親王は嵯峨に隠退したが、保胤はその山荘を訪れて『日本往生極楽記』の草稿の添削を乞うたのである。また本作品が、その構想の上で親王の「池亭記」（『文粋』巻十二・374）の影響を受けていると言われ、[5] 保胤にとって文学思想の上で親王の存在は大きかった。

保胤には深い関係のあった親王が他に存在した。それは村上天皇の第七皇子で、兼明親王と並称された具平親王である。親王が保胤に贈った詩（『本朝麗藻』巻下）に「少日受二君業一、長年識二君恩一。」と賦している如く、親王の若い頃から学問の師として側近く仕えていた。[6] 親王は当時の詩人達の庇護者の位置にあり、その邸を訪問し文雅に遊んだ詩人は数多い。そして摂関家と姻戚関係にありながら政治の外にあり、学問詩文の世界に没入して行ったのである。[7] 博識な親王の学問形成に保胤が与って力あったことは言うまでもない。さらに親王が「願共生二極楽一、願共謁二慈尊一。」（同上）と常に浄土を悕望していたことは、親王の信仰生活の上に保胤が多大の感化を及したと言えよう。だが保胤は親王の侍読という社会的名声だけを求めたのではない。この二人の精神的結合は当時稀に見る程美しいものであった。その上保胤は親王から生活上の助力を得ていた可能性が強く、後述する様に彼の池亭は親王の好意によって購入されたと想像される。保胤と親王とは学問信仰のみならず、物質的な面でも深い繋りがあったといえようか。

保胤が内記に任ぜられたのは貞元の末年か天元の初年と思われる。それから出家するまでの十年間、彼は公私に亘って文才を遺憾なく発揮した。天元四年（九八一）に長年轗軻を嘆いていた師の文時の死に遭い、紀伝道の衰退と学者の不遇を身をもって体験した。そして翌年には奝然の渡唐を見送り、再び逢うことの困難な仏友と死後の往生を契っている。この年の十月に彼は「池亭記」を執筆し、池亭の閑適な生活を通して社会を批判したが、永観二年（九八四）花山天皇の即位と共に、官人として政治の刷新に加って行った。時の権勢者と血縁のない天皇は、外戚の藤原義懐と卑位の藤原惟成に朝政を委ねたが、彼等は律令政治の復活を目標に、革新的な政策を実行しようとしたのである。これを支えた官人は紀伝道出身者が多く、保胤もその一人であった。[8]だがこの理想に燃えた改革運動も、権力者の圧力のために二年に至らず崩壊したのである。

寛和二年（九八六）四月、保胤は突如として出家し寂心と号した。『拾遺集』（巻二十）には「法師にならむとていでける時に家にかきつけて侍ける」の詞書で、

うき世をばそむかばけふもそむきなんあすもありとはたのむべき身か

と詠まれている。『続本朝往生伝』には子供達が成人したので、出家の本意を遂げたとあるが、混濁した時勢に理想的政治を実行しようとする気力も失せ、官人としての未来への希望も萎んでしまったのであろう。この時既に執筆されていたと思われるが、[9]『日本往生極楽記』はまさに俗世間に対して訣別を告げる記念碑であった。その年の七月に記した願文（『文粋』巻十三・400）には、往年栄分名声のために廟社仏法に祈願したことを告白して、「花言綺語之遊、何益二於神道一、希有難解之法、可レ期二其仏身一」と風雅詩文の道までも捨棄しようとしている。[10]また九月には横川首楞厳院二十五三昧起請を記して居り、私達はそこに源信のもとで念仏三昧に専心する彼の姿を見ることが出来る。

彼は出家の後横川に登り増賀に止観を学んだと言われるが（『今鏡』巻九、『発心集』巻二）、白河の如意輪寺に身を寄せていた。その高名を慕って大江定基が訪れ、剃髪したのは永延二年（九八八）のことである。寂心は播磨の書写山に

性空上人を訪ねてその徳を讃え、諸国の霊場を経歴して修行に勤めた。正暦二年(九九一)河原院で開催された仁康上人の五時講に列し、大江匡衡の秀句に感動した逸話があるが(『江談抄』巻六)、難行苦行も遂に天性の詩魔を追払うことが出来なかったのであろうか。都における寂心の名声は益々高くなり、藤原道長も彼を受戒の師と仰いだが(『文粋』巻十四・431)、長保四年(一〇〇二)十月に入滅した。(11)

その生涯を振返ってみると、彼は才能に対する自負と将来への野心をもって、家業を捨てて紀伝道に学び官人の道を歩んだが、当時の腐敗した政治や因襲的な制度などのために、その希望を適えることが出来なかった。しかし彼の学んだ儒教的倫理観と少年時代からの仏道信仰は、彼の生活を清潔真摯なものに高めて行った。晩年にして漸く得た池亭の生活は、彼にとって最も精神の安静なものであったが、花山朝の政治刷新運動に参劃して行った。しかしその実現の不可能を知り、俗世を捨てて念願の出家を遂げた後、修行に専念する聖として生涯を終えた。それは暗い時代に生きた一人の知識人の真摯な生涯であった。当時の文人で保胤程己れの生活を凝視し、真面目に生き抜こうとした者が他にいたであろうか。その希望は実現せず挫折に満ちていたかも知れぬが、彼の人生は知識人の一典型を示していると断言してよい。

三 「池亭記」の分析(前半)

(イ)「記」について

「池亭記」は文末に「天元五載、孟冬十月」と記されている如く、天元五年(九八二)十月に執筆されたものである。この時作者の年齢ははっきりしないが、文中の「予行年漸垂二五旬一、適有二小宅一。」の詞句から推して、略々五十歳の頃と見てよいであろう。この作品は池亭の生活によせて自己の感懐を述べたもので、都における住居の変遷を記した前半と、池亭の快適な生活と心境を綴った後半に分れる。題名は恐らく作者が崇拝していた兼明親王の「池亭記」を襲ったものであるが、その構成は白楽天の「池上篇」の影響を強く受けている。なお池亭が池辺の亭を意味するものであることは言うまでもなかろう。従ってこの題名を重視するならば、後半の池亭生活の叙述が本作品の中心となるであろう。

この作品の属する「記」の文体は、事物をありのままに記すという意味を持つ。『文体明弁』によると漢魏以前には「記」の作者が少く、唐代になって盛になったと言う。確に『文選』には「記」に属する作品は一篇も収録されていないし、『文心雕龍』にも説明がない。そして『文体明弁』の「其文以レ叙レ事為レ主。後人不レ知二其体一、頗以二議論一雑レ之。」の記述によると、「記」に叙事と議論の二種があることが知られるが、唐代の叙事から宋代の議論にと変って行った。我国の「記」にもこの二種が見られるが、「池亭記」は後者に属すると見てよかろう。これから「池亭記」の文章に沿って解説しながら、その中に潜む作者の思想及び作品の意義について考えてみたい。

（ロ）　西京の荒廃

「池亭記」の前半は当時の都の構造と変遷を示す貴重な資料として大きな価値があり、従来歴史社会的方面から取扱われて来た[12]。「予二十余年以来、歴二見東西二京一。」の発端は、普通の文章の様に発句を用いず、直接に自己の体験を語ろうとするもので、文章全体に具象性を賦与し、読者に対して大きな説得力を持っている。そしてそれは『日本往生極楽記』の叙とも相通ずるものである。「池亭記」執筆の二十余年前は、作者が文章生として内御書所に出仕し、官人としての生活を始めた頃に当る。従ってこの二十余年間の都の観察は、表面上の社会的変遷に終るものではなく、その奥に彼の政治的理念が潜んでいると解され、それが住居を通して語られていると考えられる。

この二十余年間に西京は人家が稀になって、荒廃したまま放置され、財貨を貯えて利欲を計る人は一日として留ることが出来ぬという。歴史的に眺めると、西京の荒廃はこの二十年間に始ったのではない。既に承和の初めに、東西両市の均衡が崩れて、西市は「今百姓悉遷二於東一、交二易件物一。仍市廛既空。」(『続日本後紀』承和九年十月二十日)という有様であった。また天慶五年(九四二)四月、都内の飢饉疾病の輩に金銭を分配したが、西京は東京より割当が少なく(『本朝世紀』)、このことは『西宮記』(巻三)や小野宮年中行事にある京中の賑給の分量によっても知られる。西京の人口が減少した最も大きな原因は、土地が湿潤で住居に適しなかったためと思われ、『今昔物語集』(巻二十六)に見える西京の開発者上緌の主の説話が、その一端を物語っている。承和五年(八三八)の勅書に「元来卑湿之地、聴レ殖二水葱芹蓮之類一。」(『続日本後紀』七月朔)とあり、「左右京式」にも「凡京中不レ聴レ営二水田一。但大小路辺及卑湿之地、聴レ殖二水葱芹蓮之類一」とあるが、『宇治拾遺物語』(巻二)の清徳聖の話によると西京に水葱が多く殖えられていたことが知られる。

そして「池亭記」が書かれた十世紀の後半になると、居住者の西京からの離脱はかなり甚しかったと想像される。『安法法師集』に「にしのきやうにて」の題で

神無月紅葉ふる里あれにけり時雨とみえて袂ぬるれば

と詠まれているし、『枕草子』(八十三段)には藤原斉信が西京の荒れはてた光景を見て「もろともに見る人のあらましかばとなんおぼえつる。垣などもみな古りて苔生ひてなん。」と語ったと記されている。

この様な西京の荒廃に、左大臣源高明の左遷と西宮殿の焼亡が大きな役割を果していることは明かである。彼の邸宅が如何に豪壮華美を極めたものであったか、私達は源順の詩序(『文粋』巻十・296)によってその一端を知ることが出

来る。順は古老の言として

　此地本主、奢与レ富期、買レ巌為レ山、浸レ塩成レ海。夫海非二人力之所一レ成、白塩尽兮海岸遺レ体、山是地勢之自得、碧巌高兮山嵐伝レ声。

と述べている。主人高明は白砂碧巌の仙境に豪奢を尽した台閣を建て、文人を招いて遊宴を開き、詩歌管絃に歓楽の時を過していたのである。順は高明の大納言大饗に屏風歌を詠んでいるが（『源順集』）、邸宅は歌文の花開く場であり、主人は文人のよき庇護者であった。しかし安和二年（九六九）に高明が事に坐して筑紫に流されると、邸は日ならずして火災に遭いその大半を焼尽したのである。藤原倫寧の女は北の方の心痛を思い遣って

　やどみれば蓬のかどもさしながらあるべき物と思ひけんやぞ

と歌を詠んでいる（『蜻蛉日記』巻中）。そして主人を失った後の邸の荒廃は、筆舌に尽しがたいものがあったのであろう。恵慶法師はその邸の跡を訪れて感慨に堪えず

　松風もきしうつなみももろともにむかしにあらぬこゑのするかな

の歌を詠んだのである（『後拾遺集』巻十七）。以前の豪壮な面影が都人の脳裡に残っているために、その荒廃はより一層対蹠して銘記されたのであろう。それに増して権勢利欲に走る人間の習は、この悲劇を強めることになった。邸の近辺に住居した門客数十家は、長年に亘る主人の恩顧を捨てて去って行った。菅原道真が故右大臣源多の旧宅を過り、「駕肩来客知何在、未レ葬争馳到二勢家一。」（『菅家文草』巻四）と述懐し、兼明親王が「髪落詞」（『文粋』巻十二・353）に「孟嘗君之庭前、只住二馮驩一、衛将軍之門欄、独臥二任安一。」と賦した嘆きは、高明左遷の時の作者の感懐でもあったと思われる。

　それから三年後に罪を聴された高明は、上洛して葛野別屋に落着いたが、[13] 最早往年の権勢財力もなく、政界に復帰

することも適わなかった。彼の子孫も邸を去って、跡は荊棘に鎖され狐狸の住家に化した。「夫如㆑此者、天之亡㆓西京㆒、非㆓人之罪㆒明也。」の詞句には、荒廃した西京への詠歎と、主人への同情を底に秘めながら、人為では如何とも し難い天威の支配を強く認めているかに見える。しかし作者が西京の荒廃を、天命として傍観していなかったことは、以下の叙述に明かである。それは都人の生活態度と密接に結びついて居り、西宮殿の廃亡も普遍的な住居論として検討すべき問題であったのである。

（八）　都における住居の構成

次いで作者は現実の都における住居の構成に筆を及している。東京の四条以北は貴賤の別なく都人の集合して来る所で、高家が門を並べ堂を連ねているかと思うと、小屋が壁を接して犇きあっている。そのため東隣に火災があれば西隣は類焼を免れず、南宅に盗賊が押入れば北宅は流矢を逃れることが出来ぬ。貧富の家が向い合っているが、富者に徳がないのに貧者は我身を恥じて卑屈になっていると述べる。

四条以北が何時頃から人口稠密になったか不明であるが、『拾芥抄』（諸名所部）を繙くと貴族の豪壮な邸は殆どここに集中している。平安奠都の際の都市計画で、河川の整備や道路の拡張が行われ、住宅地が開発されたが、この地が宮廷出仕に便利であるので、貴族達に支給されたと考えられる。そして寛平八年（八九六）四月の太政官符（『類聚三代格』巻八）によると、三条大路の北で鴨河堤の東西の水田二十二町を、水害の憂のない場所に限って耕作を聴しているので、次第に開発されて都人が移動して行ったのであろう。これに反し五条以南の地が次第に荒廃して行ったか分明でないが、六条にあった源融の河原院が宇多法皇の崩後に全く廃屋と化し（『今昔物語集』巻二十四）、三善清行の購入した五条堀河の邸に霊鬼が現れたこと（同上巻二十七）などは、その傾向があったと見てよかろうか。ともかく東京の四条以北に年を追って都人が移住したことは否定出来ぬ。このことは平安京の理想的な構成の崩壊を意味するもので、看過出来ぬ社会問題である。保胤の目から見れば、それは外形的な都の跛形を示すだけでなく、その根柢にある律令制度及び政治理念の瓦解に結びつくものであった。そしてさらに重要なことは、貧富が軒を接して生活することから生ずる、都人の精神の荒廃であったのである。

権勢家の近くに住む卑賤者は、屋根が破れても葺くことが出来ず、垣が壊れても築くことが出来ない。楽しいことがあっても大いに口を開いて笑うことが出来ず、悲しいことがあっても声を揚げて泣くことが出来ない。その挙動は常に勢家を怖れるばかりで、心神の安まる暇がない。まして権勢家が新しく第宅を構え門戸を広くする時には、小家は併合されて賤者の訴は数多い。その最も甚しい者は狭い土地のために一家を亡すに至る。或は鴨河の畔に家を建てて、洪水の時には水中に溺れ、或は北野の中に居を移して、旱魃に遭い渇死する者もあると述べている。

三善清行の「意見十二箇条」(『文粋』巻二・67)に「富者誇二其逞一志、貧者恥二其不一及。」とあるが、貧富という低俗な差別によって精神の安定を欠くのは人間の常習である。孔子の弟子の原憲は貧窮に安住して、高官の子貢を赤面させたというが(『荘子』譲王篇)、貧富を超越した態度を持することは、聖賢でない限り困難であろう。洛中における貧富の差の拡大は、土地を兼併して肥大する富者と、土地を追われて逃亡する貧者を増大させたのである。作者はこの様な醜い世相を傍観的立場から冷静に観察している。都の住みにくさは主として貧者の側から説かれているが、作者は決して貧者に同情しているわけではない。権勢者のために不安に戦き、卑屈な態度を取り続ける貧者は、なおも頑にその土地を墨守して一家を滅し、危険な郊外に争い逃れて困窮している。その様な貧者の姿は、作者には憐愍いな嘲笑に価すべきものであった。作者の目には東京の四条以北を除いた洛中の到る処に、好適な居住地が残されて居り、都の住みにくさは結局住民の頑愚な態度に基因していると映ったのである。「彼両京之中、無二空閑之地一歟。何其人心之強甚乎。」の詞句には、高処から批評する作者の姿が見られる。言うまでもなく作者は下級官人であり、決して富貴な身分ではない。しかし一定の収入があり、生活に困窮していたわけでもなかろう。そしてここに書かれた都の住居に対する観察批評は、作者の新築した閑静な池亭を基準にして行われているのである。彼の身分が貴族社会の末端に位置するものであり、彼の学問思考が貴族の側におけるものであったことは、観察の目の確実さに比して、その解決の法の安易さを露呈する結果を招いたと言えようか。都の住居の問題は、作者が考える様に住人の広い視野と、深い思慮によって解決出来る程、単純なものではなかったのである。

(二)　住民の東北部への移動

作者はさらに引続いて、人々が鴨河の堤と北野に争って移住する様子を記述する。鴨河の辺や北野の地は、ただ家屋が密集しているだけでなく、次々に田畠が耕作されている。老農は永久に土地を占めて開墾し、河を塞止めて田に水を引く。そのために毎年増水して堤が切れ、防河の官は修治の功なく放置したままになっている。都人は概ね溺死を免れ難いのではなかろうか。鴨河の西は水害を防ぐために崇神院のみが耕作を聴されて居り、北野の地は天子が時を迎える場所として居住を禁止している。しかるに郊外に都人が争い移ったため遊覧の地がなくなり、それに反して洛中は日々に衰えて、四条以南の地は荒廃して雑草が繁茂している。肥沃な地を去り墝埆の地に移るのは、天の然らしむる所か、また人の狂ったためか、作者は茫然と歎息しているのである。

鴨河が毎年の様に氾濫して京中の人家が流失したことは、当時の記録に詳しく記されている。天禄三年(九七二)五月には「六日のつとめてより雨はじまりて三四日ふる。かは水まさりて、人ながるといふ。」(『蜻蛉日記』巻下)と連日の大雨で人家が流され、天元二年(九七九)六月の暴風雨の時には安法法師が

松もなく池もあせぬるやどなれば風も音なく月もかげなし

と荒涼たる光景を歌に詠んでいるし(『安法法師集』)、翌三年七月には「洪水溢、東西京中等如二大河一、舎屋流損甚多。」(『日本紀略』)という悲惨な有様であった。そして鴨河の堤の修復に当ったのが防鴨河使であるが、技術が稚拙な上に河辺を耕作したため、全く治水の効果が上らなかった。時代は下るが康治元年(一一四二)六月に藤原通憲は

抑防河事、近年絶無二修復一。貴賤之輩、悉占二居宅於鴨水之東一、各築二堤防於東岸一。如レ此之間、京洛殆為二魚鼈之害一歟。

と慨嘆しているが(『本朝世紀』)、年を追って住民の鴨東への移住と、防河対策の軽視は甚しいものがあったと思われる。しかし朝廷では初から水害に対して拱手傍観していたわけではなかった。それを怖れたがために、既に貞観十三年(八七一)閏八月に、水害の憂ある公私の田畠の耕作を禁止した(『類聚三代格』巻八)。だが前述した様に、寛平八年四月には百姓の徭調のために、堤辺の東西に水陸田二十二町余の開墾を許可し、昌泰四年(九〇一)四月には崇神院の所領地五町の耕作を聴す官符が出されている(同上)。この地が堤から離れて卑湿な故に、堤の欠壊に関る所がなかったためである。荒地の開墾が増進して行ったことは容易に想像される所である。

さらに作者は天子の政治と都人の遊覧の両面から、鴨河と北野の重要性を説いている。『礼記』の月令によると、天子は三公九卿以下百官を率いて、立春には東郊で春を、立夏には南郊で夏を、立秋には西郊で秋を、立冬には北郊で冬を迎える儀式を行う。これは天子が四方の神を祭り、天の運行に従って秩序を維持するのが、古代中国の政治の規範であり儒教の理想とする所であった。我国においてこの儀式が行われたか否かは問う所ではない。儒教に基いた政治が行われる限り、それがあるべき姿なのであり、そのために神聖な郊外の地として維持されねばならなかったのである。

一方これを都人の立場から見た時には、それは遊覧の地として欠くべからざるものであった。鴨河は夏の納涼の地であり、北野は秋の放鷹の野である。源道済が

涼みしてあくまでけふは心みつ河べは夏のほかにぞありける

と詠んだのは(『源道済集』)、鴨河の河原で夕涼をしている時のことである。また北野は平安初期から猟場として知られ、元慶六年(八八二)十二月に民の農事の妨になるとして猟場が閉鎖された時も、北野だけは除外された程である(『三代実録』)。宇多・醍醐の両帝も屢々ここで狩猟を試みられたが、後の承保二年(一〇七五)における白河天皇の嵯峨野の鷹狩は、末代の語草になっている(『嵯峨野物語』)。こうした公共の遊覧の場に、自恣に侵入して住居を占めることは、官人である作者の目には秩序の破壊と映ったに違いない。

そのことは逆に洛中の荒廃を招く結果となった。四条以南の荒廃を「荒蕪眇眇、秀麦離離。」と形容しているのは、作者がそこに亡国の姿を見たのであろうか。麦秀の詩を作って涙を流した箕子は、暴政の果に亡んだ殷の遺臣であるが(『史記』宋微子世家)、その箕子の嘆きが作者に予測されたのであろう。この様な都人の移住に対して、作者は「是天之令ㇾ然歟、将人之自狂歟。」と自失歎息している。しかし作者は解決のないままに、自己の疑問を記したのではない。作者はこれを天理に外れた非道な行為と認識して居り、綿密な観察を通して人間の住居とは如何にあるべきかという問題を呈示したのである。都における住みにくさは、単なる無常観によって全面的に捉えられるべきものではなく、人間の住居と生活に対する姿勢が肝要なのである。作者は己れの住居と生活を公示することによって、世人のそれを批判しようとしたのである。その意味において都の住居を記した前半部は、池亭の構造と生活を叙述するための導入部と見ることが出来ようが、単なる序の役割に終っていない。

作者は卑位ながらも官人として政務に携って居り、長年の研鑽によって身につけた学問見識をもって、政治に役立

てようとする抱負を持っていたと考えられる。しかし現実の政治は、作者の志向する方向とは全く別に進んでいた。円融天皇が藤原兼家の横暴に苦慮して居られたことは、この年の三月関白藤原頼忠の女遵子の立后事件によっても知られよう。権力者の恣意によって左右される現実の政治に対し、作者が憤懣の情を抱いていたことは想像されるにしても、彼の微力では何の改革も出来なかった。都における住居の非常識な移動、それによって生じた社会不安は、明かに長年に亘る政治の積弊であり、それは為政者の責任であった。作者はそのことを熟知しながらも、正面切って現実の批判をするわけではなく、都人の生活の安定を計る方策も示していない。そして飽くまでも個人の行為に帰し、天意によるものと記述しているに過ぎぬ。作者のこの様な傍観的消極的態度は、己れの治国経済の方策が実施不可能と悟ったためか、或は新居の平静な生活に満足していたためか、それを確めるすべはない。ただ作者が都における住居の変遷を、政治の崩壊と人心の荒廃によるものと認めていたことは明かであり、この文章によって消極的ながらも、作者の政治姿勢を看取することが出来るのである。

四 「池亭記」の分析(後半)

(イ) 池亭の構造と景観

後半は「池亭記」の本論と言うべきもので、作者は池亭の規模と四季の景観及び生活態度を述べた上で、理想の住居論を展開している。

作者は元来住居がなくて上東門院の他人の家に寄居していたが、そこに永住する意志もなく、また地価が高くて購入出来なかった。偶《たまたま》六条以北に荒地を求めて小屋を建てることが出来たと述べる。

上東門の辺は当時の高級住宅地で、作者の如き下級官吏の資力では到底手に入れることの出来る筈はなかった。これから八年後の正暦元年(九九〇)に、藤原実資が乳母の夫源清延に二条の邸を直五千石で売却していることから推しても(『小右記』)、土地の価が想像されよう。

作者は六条以北に荒地を占め、初めて邸を建てたと言うが、これが有名な池亭である。『拾芥抄』に「池亭、六条坊門南、町尻東隅、保胤宅云々。」と記されて居り、『二中歴』にも「池亭、六条坊門南、町尻東隅、保胤宅。」と見える。当時一般の貴族の邸は一町が基準であるが、彼が購入したのは「地方都盧十有余畝」とあって、千三四百坪に相当するが、[14] それでも六位内記の身分には過ぎた広さであった。六条の辺は東京の東北部に較べて廉価であったろうし、荒地であったことも幸したのであろう。しかしこれだけの広さの土地を、作者が容易に手に入れることが出来たかは疑問である。六位内記の微々たる俸禄と支給の遅延、賀茂家の財政状態など種々の状況を顧慮すると、彼の資力が土地の購入に充分であった様には思われない。

ここで注目されるのが具平親王の千種殿である。千種殿は『拾芥抄』に「六条坊門南、西洞院東、中務卿具平親王家、保昌伝二領之一。」とあるが、同書東京図には六条坊門北、町尻東の一町を指示している。また『二中歴』には「六条坊門北、西洞院東、中務卿具平親王家。抄云、保昌幷江帥伝二領之一。」と記されていて、邸の位置が一致しない。角田文衛博士は後世の文書を本にして、千種殿を六条坊門北、西洞院東に位置して二町を占める邸宅と推定し、保胤は親王の勧誘または援助によって千種殿の向側に居を卜したものと考えて居られる。[15] これに対して川口久雄博士はその邸を四町を占める広大な邸と推測して居られる。[16] 私もこの推論に与して、作者の池亭は千種殿の一隅に当るものと推測したい。作者と親王が親密な師弟の間柄にあったことは既に述べたが、親王は知命に近くして寄寓を余儀なくしていた師の境遇に同情し、己れの邸の一部を廉価で譲渡したのではなかろうか。

ところで作者が四条以北の雑踏の土地を避け、不便な六条に居を構えたのは、蕭何や仲長統の幽居に倣ってのことであった。前漢の功臣であった蕭何は、田宅を購入する時常に辺鄙の処を選び、家を建てて垣を造らなかったという。『漢書』（巻三十九）には

何買二田宅一、必居二窮僻処一、為レ家不レ治二垣屋一。曰、令下後世賢師二吾倹一、不賢毋中為二勢家一所上レ奪。

と記されているが、彼が倹約を宗としたのは深慮遠謀に基くものであった。天下平定の後、百姓が彼の慈愛を慕って数千万の田宅を寄進したが、猜疑心の強い高祖のために縲紲の憂目に遭っている。功成り名遂げて官を退くのが賢人であり、倹約質朴は彼が身をもって体験した人生哲学であった。彼の行為は後世の模範とされ、北周の名臣長孫倹は天子から下賜された広大な邸を返却して、世人に「昔叔敖辞二沃壌之地一、蕭何就二窮僻之郷一。以レ古方レ今、無レ慙二曩哲一。」と称讃されている（『北史』巻二十二）。

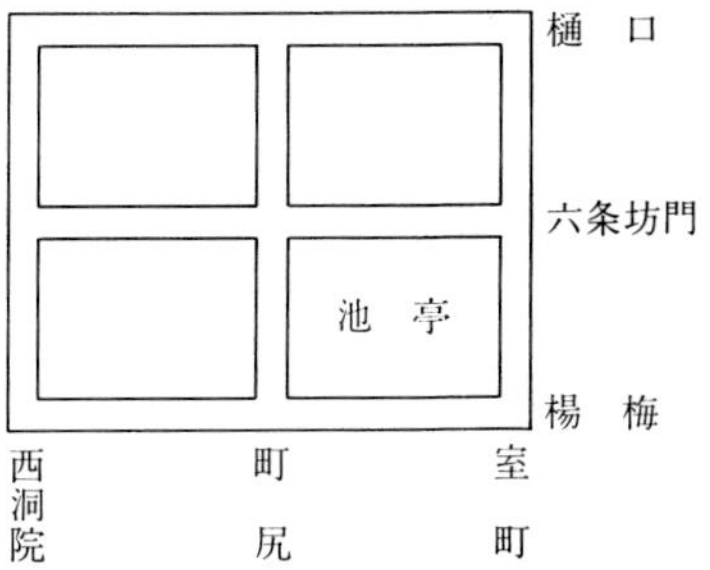

また後漢の仲長統が清曠な邸に住み、俗世を超越した生活をしていたこともよく知られている。仲長統は少年時代より博覧で、天下の名士として評判高かった。彼は天性直言を好んで小節に誇らず、州郡の招きにも疾と称して仕えなかった。帝王に仕えるのは身を立て名を揚げるのが目的であるが、名は常に存せず人生は滅び易いので、優遊として自ら娯しむに勝ることはないと考えていた。そこで清曠な居を定めて、己れの志を楽しむ論を書いた（『後漢書』巻四十九）。その大略を記すと、自分の住居には良田広宅があり、後に山を控え前は川に臨んでいる。溝池竹木が家を囲み、前園後園には蔬菜果樹が植えてある。そして舟車が歩行を助け、奴僕が労役に代ってくれる。親妻子を養うのに労苦はなく、来訪する朋友と酒肴を陳ねて歓楽する。自分は庭園樹

林に遊び、涼風を追って猟と釣に楽しい時を過している。心神を安じて老子の玄妙虚無の教を思い、達人名士と道を談じ書を講じて天下の人物を月旦する。かくして俗世を超越し天地を睥睨して、束縛を受けず天命を全うしたい。何も帝王の門に出入するだけを羨む必要はないと言うのである。閑居の楽しみを述べ精神の自由を謳歌したこの作品は、後世「楽志論」の題で人々に愛読され、彼の態度は模範になった。[17]

中国ではこれに類した作品が伝統的に書かれて来た。魏の曹植の「閑居賦」や東晋の陶淵明の「帰去来辞」、梁の沈約の「郊居賦」などがそれであり、中でも西魏の蕭大圜の「述志」は最も秀れている。[18] そしてこれらの作品の延長上に白楽天の「池上篇」があった。

保胤は池亭の規模構成と四季の景観について次の様に記している。

地方都盧十有余畝、就レ隆為二小山一、遇レ窪穿二小池一。池西置二小堂一安二弥陀一、池東開二小閣一納二書籍一、池北起二低屋一著二妻子一。凡屋舎十之四、池水九之三、菜園八之二、芹田七之一。其外緑松島、白沙汀、紅鯉白鷺、小橋小船、平生所レ好、尽在二其中一。況乎春有二東岸之柳一、細煙嫋娜。夏有二北戸之竹一、清風颯然。秋有二西窓之月一、可二以披レ書。冬有二南簷之日一、可二以炙レ背。

即ち邸内に屋舎・池・菜園・芹田を置いてその比率を記し、四季折々の景観が満足出来ることを述べている。この記述が白楽天の「池上篇」(『文集』巻六十)を模したものであることは、既に先学により指摘されている。[19]「池上篇」は唐の太和三年(八二九)夏、楽天が太子賓客として洛陽に分司した時、履道坊の邸の生活における幽閑の気分を記したものである。先ず序において邸の位置を示してその構造を次の如く説明している。

地方十七畝、屋室三之一、水五之一、竹九之一。而島樹橋道間レ之。初楽天既為レ主、喜且曰、雖レ有二台池一、無レ粟不レ能レ守也。乃作二池東粟廩一。又曰、雖レ有二子弟一、無レ書不レ能レ訓也。乃作二池北書庫一。又曰、雖レ有二賓朋一無二

琴酒一、不レ能レ娯也。乃作二池西琴亭一、加二石樽一焉。

そしてこの時あるを期して、以前赴任した各地から持ち帰った備品を配置して理想の邸を造築し、四季の佳節に盃を挙げ琴を弾じて、悠然と天地の間に遊ぶ心情を綴る。次いで本論の長詩には

十畝之宅、五畝之園。有二水一池一、有二竹千竿一。勿レ謂二土狭一、勿レ謂二地偏一。足二以容一レ膝、足二以息一レ肩。有レ堂有レ亭、
有レ橋有レ船、有レ書有レ酒、有レ歌有レ絃。

と狭小とはいえ家族が安住し、自らも知足の心境にある喜びを歌い、さらに「霊鶴快石、紫菱白蓮。皆吾所レ好、尽在二我前一。」と新居の快適に満足し、三友と共に老年を竟えようとする心情を賦している。

「池亭記」と「池上篇」との構想や叙述が類似していることは贅言するに及ばないであろうが、一二の例を指摘するならば、前者が建物の配置について「池西置二小堂一安二弥陀一、池東開二小閣一納二書籍一、池北起二低屋一著二妻子一。」と述べているのは、後者の「作二池東粟廩一」「作二池北書庫一」「作二池西琴亭一」の記述を換骨したものであり、また邸内の比率について「屋舎十之四、池水九之三、菜園八之二、芹田七之一。」と記すのは、「屋室三之一、水五之一、竹九之一。」の叙述と発想を同じくして居り、「平生所レ好、尽在二其中一。」の表現が「皆吾所レ好、尽在二我前一。」を模していることは明かである。平安時代における白詩崇拝の風潮を知るならば、作者が白楽天の作品を規模としたことは頷けるものがある。

作者はさらに兼明親王の「池亭記」を意識していたと思われる。この作品は親王が漸く老境を迎えるに当り、俗塵を離れて独善生活を遂げるため、池亭を営んだ時の心境を叙したものである。親王は池亭の構造について

亭在二曲池之北、小山之西一。傍レ山臨レ流、結レ茅開レ宇。亭中置二筆硯一両一而備二居閑一、携二絃歌十数一而当二行楽一。
夏条為レ帷、冬冰為レ鏡。南島之五大夫作二老伴一、東岸之一眼泉為二知音一。

と屋舎の位置や室内の備品及び庭中の風物を述べた後「毎レ至二池水緑、岸葉紅、華前春暮、月下秋帰一、一吟一詠、聊以卒レ歳。」と四季の景観を記している。直接に辞句の上の影響を指摘することは出来ぬが、両者が希求した生活は同じものであった。二人の個人的関係から考えても、親王の「池亭記」が保胤の脳裡にあったことは明かである。

保胤の池亭が洛中の閑静な場所にあり、その景観は彼の隠逸生活を支えるために必須のものであった。菜園や芹田にしても、単に幽閑な気分を増長させるためのものではなく、外界から隔絶して自給自足の生活を試みようとした作者の姿勢を示すものであった。それはまた中国の伝統的な隠者の生活に憧れたためでもあった。このことは邸内に竹や柳を植えたことによっても知られる。柳は五柳先生で知られた陶淵明を、竹は此君と称した王子猷を想起させるが、白楽天もまたその例外ではなかった。彼は柳を愛して「北簷梅晩白、東岸柳先青。」（早春即事）とか「両枝楊柳小楼中、嫋娜多年伴二酔翁一。」（別柳枝）と賦し、竹を好んで「惟憶新昌堂、蕭々北窓竹。」（思竹窓）とか「水能性淡為二吾友一、竹解二心虚一即二我師一。」（池上竹下作）と詠んでいる。その閑適生活を維持し精神を慰藉するために、柳や竹は必須のものだったのである。「池亭記」に記された作者の自然に対する嗜好は、作者個人のものであると同時に、その背後には中国の隠者文人の長い伝統が隠れていることを見逃してはならない。

作者が池亭を新築するに際して、白楽天のそれを規範としたことは言うまでもないが、両者の間に違いがあることも事実である。それは作者の池亭には阿弥陀堂が欠くことの出来ぬものであり、逆に楽天の座右にあった琴酒を欠いている。作者の年と共に深まって行った念仏読経の信仰生活と、楽天の晩年における知足安分の余裕ある趣味的気分との違いによるものであろう。作者の生活態度については後述するが、やはり池亭の構造と生活は作者独自のものだったのである。

（ロ）　作者の生活態度（其一）

次いで作者は自己の生活態度について述べる。作者は漸く五十歳に近くなって小宅を得た。それは譬えて言うと蝸がその家に安んじ、虱がその縫目を楽しんでいる様なものである。またそれは鷃が小枝に住んで広大な鄧林を望まず、蛙が曲井にあって渺茫たる滄海を知らぬと同じである。家主の職は内記であるが、心は俗塵を離れて山中に住むに等しい。天の行為は万人に対して平等である故に官爵は運命に任せ、孔子の言を信奉して寿夭は天地に委ねている。風に翔る鵬の如く出世することを願わず、南山の霧に住む豹の如く隠遁することも欲しない。また膝を屈し腰を折って権力者に媚を売ることも欲せず、言語色欲を避けて深山幽谷に遁れることも求めぬ。作者は官にあっては暫く王事に従い、家においては永く仏陀に帰依する生活を送っている。

この箇所が本作品の中心部分に相当するが、私達は最も典型的な駢儷文に出会う。即ち駢儷文の重要な要素である典故ある辞句の使用を見ることが出来る。作者の生活心境を語る最も重要な箇所を、古人の辞句を借りて叙述する文章作成法に不満を抱くのは当らない。こうした方法が古典のイメージと二重写しになって、当時の読者に強い印象を与えたことは確かである。

　鷃住二小枝一、不レ望二鄧林之大一、蛙在二曲井一、不レ知二滄海之寛一。

が『荘子』の南溟を指して搏く鵬を笑った鷃の寓話（逍遥遊篇）と、小を知って大を知らざる蛙の譬喩（秋水篇）に基くもので、「池上篇」の「如三鳥択レ木、姑務二巣安一。如二亀居レ坎、不レ知二海寛一。」とも趣を同じくする。また

　官爵者任二運命一、天之工均矣、寿夭者付二乾坤一、丘之禱久焉。

の詞句に、孔子が重病の時弟子の祈を停止させた逸話（『論語』述而篇）を想起する。(20)

　不レ楽三人之為二風鵬一、不レ楽三人之為二霧豹一。

の対属に『荘子』（逍遥遊篇）の風の中九万里を飛翔する鵬と、『列女伝』（巻二、陶答子妻）にある毛皮の模様を守って七日間霧雨に隠れる南山の玄豹の話を知る。これは白楽天が元稹に与えた書（『文集』巻二十八）に「時之来也、為二雲竜一為二風鵬一、勃然突然、陳レ力以出。時之不レ来也、為二霧豹一為二冥鴻一、寂兮寥兮、奉レ身而退。」の文章に継承され、『扶桑集』（巻七）の唱和詩にも「豹変蟄蔵二南嶺霧一、鵬搏空失二北溟雲一。」と詠まれている。

　不レ要三屈レ膝折レ腰、而求二媚於王侯将相一、又不レ要三避レ言避レ色、而刊二蹤於深山幽谷一。

の前半には五斗米のため腰を折って小人に仕えることを恥じ、帰郷した隠者陶淵明を想い出すであろうし、後半には『論語』（憲問篇）の「賢者避レ世、其次避レ地、其次避レ色、其次避レ言。」の詞句が換骨されているのを見る。

　作者がここで述べている心境は、晩年漸く小宅を構えて知足し、すべてを運命に任せようとするものである。彼は後年の「一称南無仏詩序」（『文粋』巻十・276）の中で「少壮之年、愁詠二一事一物一、強求二名聞一。」と述べているが、壮年時代までは経国の大志を抱き、名誉を求めて辛苦煩悶して来た。だが知命に近づいて己れの将来を考えた時、その希望が実現不可能なことに気附いたに違いない。しかも社会は学者文人を優遇抜擢して政治を行うことなく、一部の権力者の恣意横暴のために腐敗して行った。こうした時に知識人の取るべき道は大きく分けて二通り考えられようか。一はあえて政治の世界に飛込んで現状を改革し、己れの名を揚げ身を立てることであり、二は社会から遁れて完全に精神の自由な世界に遊ぶことである。しかし保胤はその何れの道をも選ばなかった。立身栄達の道も否定し、深山幽谷への隠遁も拒絶した。彼は現実の世界に腰を据えて古人を友とし、ただ精神の安寧を求めて己れを運命に任せたのである。ここに当時の知識人の脆弱を見るのは現代人の自由であるが、作者の置かれた境遇や地位、長い間身についた知識学問、さらに当時の社会状勢を顧慮に入れるならば、真摯な生活を続けて来た知識人として最も自然な肯定されるべき態度であったと考えられる。そしてそれはまた作者独自のものではなく、古来から中国の文人達が取って来た生活態度でもあった。

作者はここで「職雖レ在二柱下一、心如レ住二山中一。」と述べているが、この詞句は前述の詩序（276）にも見える所で、彼の晩年における生活態度を端的に示すものである。彼は官に仕えながらも、その心境は俗塵を離れて清澄であった。これは独り孤高を尚ぶ賢人とも違うし、また俗流に身を任せて世人と推移を共にする隠者とも異る。ところで隠者賢人について『晋書』（巻五十）の庾峻伝に

山林之士、被レ褐懐レ玉、太上棲二於丘園一、高節出二於衆庶一。其次軽二爵服一、遠二恥辱一以全レ名。最下就二列位一、惟無レ功而能知レ止。

と記されている。丘園に住んでその高節が衆愚に挺でている者が最高で、次が爵位を逃れ恥辱を遠ざけて名を全うする者であり、位に就いて功無くただ止足を知る者が最下位の隠者であるという。また『梁書』（巻五十一）の処士伝の序には隠者を三等に分けて次の如く記している。

或恥レ聞二禅代一、高譲二帝王一、以二万乗一為レ垢二辱之一、死亡而無レ悔。此則軽レ生重レ道、希レ世間出。隠之上者也。或託二仕監門一、寄二臣柱下一、居レ易而以求二其志一、処レ汙而不レ愧二其色一。此所謂大隠隠二於市朝一。又其次也。或躶体佯狂、盲瘖絶レ世、棄二礼楽一以反レ道、忍二孝慈一而不レ恤。此全レ身遠レ害、得二大雅之道一。又其次也。

万乗の位を恥辱と見做し、生を軽んじ道を重んずるのが上隠であり、官に仕え市井にあって志を高く持するのが中隠であり、狂人を装い身を全うして害から遠ざかるのが下隠であるという(21)。これらの分類に従えば、保胤が志したのは中隠か下隠に相当するのであろう。これと関連して逸することが出来ぬのが白楽天の「中隠」（『文集』巻五十二）の詩である。

大隠住二朝市一、小隠入二丘樊一。丘樊太冷落、朝市太囂諠。不レ如作二中隠一、隠在二留司官一。似レ出復似レ処、非レ忙亦

非レ閑。不レ労二心与一レ力、又免二飢与一レ寒。終レ歳無二公事一、随レ月有二俸銭一。（中略）人生処二一世一、其道難二両全一。賤即苦二凍餒一、貴則多二憂患一。唯此中隠士、致レ身吉且安。窮通与二豊約一、正在二四者間一。

楽天のいう中隠とは、官に仕えて忙に非ず閑に非ず、心力を労することなくして、飢寒を免れることが出来る。しかも一年中公事は平穏で毎月俸銭を受け、自由な行動が出来る。それ故中隠の士のみが窮通豊約の四者の間にあって、安穏に暮すことが出来るのである。吏と隠とが趣を同じくし、朝にあると野にあるとを問わず、自由平穏な生活が晩年の楽天の希求し実践したものであった。[22] この詩に見られる吏隠同一の心境は、真の隠者賢人のそれとはかなり懸隔があるといえよう。

『今鏡』（巻九）に「池亭の記とて書かれたる書侍なるにも「身は朝にありて、心は隠にあり」とぞ侍なる。」とあるのは、この「職雖レ在二柱下一、心如レ住二山中一。」の詞句と趣を同じくするものであるが、作者はただ生活の安楽のために官俸の支給を願い、内記の職にしがみついていたのではない。政界の醜悪な権力抗争や、貴族官人が栄達を求めて阿諛奔走する態度を蔑視し、その様な場から己れを遠ざけて、精神の自由な飛翔を求めたのではなかろうか。ただし彼が官人としての責任感と倫理観を持ち続けていたことは言うまでもない。「在レ朝身暫随二王事一、在レ家心永帰二仏那一。」の詞句も、この時点で作者が官人としての職務を廃棄し、出家しようと志向していたことを意味するものではない。[23] それはまた「身」と「心」との対立相剋を示すものでもない。精神の身体への優位が「暫」と「永」の対比となって表現されていると解したい。官に仕えている時と家にいる時とでは、全く生活態度が異っているが、作者自身はこの二重生活には何等矛盾を感じていなかった。昼の儒教道徳に基く官人生活と、夜の仏教行法による信仰生活との間に軽重はなかった。環境の変化に応じて処世の態度を改めるのが賢者であるならば、その意味において彼の生活態度は何等非難されるべきものでなかったと言えよう。

（八） 作者の生活態度（其二）

作者はさらに自己の生活態度を縷述する。彼は出でては緑袍を着る官人であり、官は低くともその職は貴い。家にいる時は白麻の衣服を着るが、それは春よりも温く雪よりも潔い。その日常生活は先ず起床して手を洗い口を漱いだ後に、西堂に参り阿弥陀仏を念じ『法華経』を読むことから始まる。

作者の邸内における生活の重要部分は仏道信仰であった。その内容は弥陀念仏と法華読誦であるが、それは当時隆盛して来た天台浄土教の中心をなす行業である。彼が少年時代から深く仏法に帰依し極楽を慕っていたことは既に述べたが、『日本往生極楽記』の序に

予自二少日一念二弥陀仏一。行年四十以降、其志弥劇。口唱二名号一、心観二相好一。行住坐臥暫不レ忘、造次顚沛必於レ是。

と記されていることからも明かである。その念仏の行業は具平親王の「贈心公古調詩」（『本朝麗藻』巻下）の自注にも「公在俗之日常念レ仏、言談之隙合レ眼唱二仏号一。」と記され、在俗の身でありながら修行僧と変らぬものがあった。そして彼の首唱開催した勧学会の行事は「十五日の朝には法華経を講じ、夕には弥陀仏を念じて、そののちに詩を作りて仏をほめ」（『三宝絵巻』下）るという、朝法華夕念仏だったのである。彼が勧学会で『法華経』聴聞の詩序（『文粋』巻十・277）に

方今令三一切衆生、入二諸仏知見一、莫レ先二於法華経一。故起レ心合掌、講二其句偈一。滅二無量罪障一、生二極楽世界一、莫レ勝二於弥陀仏一。故開レ口揚レ声、唱二其名号一。

と法華読誦と弥陀念仏の功徳を強調して居るが、「世世生生、見二阿弥陀仏一、在在処処、聴二法華経一。」（『文粋』巻十三・398知識文）ことこそ往生のための大善根であったのである。

こうした行業は保胤個人に止るものではなかった。源信の横川首楞厳院の二十五三昧起請にも、毎月十五日には午前に『法華経』を講じ、午後念仏を勤め、夜は不断念仏を修する規則になっている。また時代は降るが、後白河法皇が乙前のために仁和寺で理趣三昧を勤めて「朝には懺法をよみて六根を懺悔し、夕には阿弥陀経をよみて西方の九品往生を祈ること」五十日間に及んでいる（『梁塵秘抄口伝集』巻十）。法華と念仏の両者兼修が天台浄土教の説く行業であり、当時の修行者の常道であった(24)。平安時代の往生人の多くが、生前の行業として多くこの両者を兼修していたことは、数々の往生伝によって知ることが出来よう。保胤の書いた『日本往生極楽記』にも、禅静と延睿の兄弟は「昼読二法華経一、夜念二弥陀仏一」じ、高階良臣も「日読二法華経一、念二弥陀仏一」じ、越智益躬も「朝読二法華一、昼従二国務一、夜念二弥陀一」じて共に往生の瑞相があったと記されている。源信に値遇して業を受け、後代往生人として尊敬された保胤の信仰が、天台の浄土思想の影響を蒙ったことは言うまでもないことで、彼の弥陀念仏と法華読誦の日課行事は極めて自然のものであったと言えよう。

作者の生活の他の重要部分は読書三昧であった。彼は食事の後に東閣に入り、書物を開いて昔の賢人に遇う楽しみを持った。読書の世界で漢の文帝を異代の主とするのは、倹約を好み人民を安んじたからである。唐の白楽天を異代の師とするのは、詩句に長じ仏法に帰依したからである。晋の七賢を異代の友とするのは、俗世にありながら隠遁に志が向いていたからである。作者は賢主・賢師・賢友に遇うという、一日に三遇があり、一生に三楽を持ったのである。

作者の読書生活は書物の中で古賢に遇い、その行業作品を通して自己の精神を高め、理想の世界に没入することであった。それは「近代人世之事、無二一可一レ恋。」と記している様に、腐敗した現実社会と対比した時、より一層意義あるものであった。だが作者は決して現実を逃避して古典の世界に遊んだのではない。それは飽くまで現実を見つめ、現実に立脚しての行為であった。しかもそれは池亭における閑居生活から生れたものであったのである。

彼は読書の世界で、先ず漢の文帝を賢主と仰いでいる。文帝は中国で理想の天子として崇拝されて来た。農業を奨励して租税を軽くし、老人を慰撫して諫言を好むなど、儒教に基いた仁政を行って前漢の基礎を確乎たるものにしたと言われている。『漢書』(巻四)の賛には

身衣二弋綈一、所レ幸慎夫人、衣不レ曳レ地、帷帳無二文繡一。以示二敦朴一、為二天下先一。(中略)専務以レ徳化レ民。是以海内殷富、興二於礼義一。

と質素倹約を率先して行い、先憂後楽を実践した天子と讃えられている。『今鏡』(巻二)には後三条天皇の仁政を文帝のそれに擬して居り、また『続古事談』(巻六)には文帝が上書の袋を縫い集めて帳を作った話を挙げて

サレバ保胤ハ、漢文帝ヲ異代ノ聖主トス。倹約ヲコノミテ、人民ヲ安クスルガ故ニトカキタル也。

と「池亭記」の文章を引用している。作者が文帝を理想の天子と仰ぎ、その仁政を憧憬したのは、心中深くその様な政治の実現を夢みていたからではなかろうか。孔子の教を信奉する知識人が現実の政治を凝視した時に、文帝の仁政は一層希求されたのである。

当時の政治は後に「冷泉院後、政在二執柄一。」(『続本朝往生伝』)とか「円融院末、朝政甚乱。」(『江談抄』巻二)と評されている様に、執政者の横暴により紊乱の極に達していた。卑位ながらも官人であった作者は、文帝の仁政を理想と仰ぎ、現実の弊政の改革を潜かに考えていたのである。その機会は幾もなく訪れた。これから二年後に花山院が即位するが、その政治は「寛和二年之間、天下政忽反二淳素一。多是惟成弁之力云々。」(『江談抄』巻二)とか「花山天皇二箇年間、天下大治。」(『続本朝往生伝』)と賞讃されている。(25) 税制の改革を中心にして冗費を省き、昔の淳素に反そうとするもので、(26) その中枢を占めたのが権左中弁藤原惟成であった。保胤も昔共に大学に学んだ親友として(『本朝麗藻』巻下)、

この改革運動に加わり活躍した。それはただ自己の栄達を目的にしたのではなく、政策に共鳴し才能を発揮したかったからに違いない。花山朝の治政と彼の行動を思い遣ると、文帝の仁政を理想と仰いだのは、決して書物の世界における読書人の空想と規定することが出来ないであろう。作者の心中には、官人として理想の政治を実現しようとする意図があったと考えてよい。私達は作者が、鼓腹撃壌して帝力の及ばぬことを謳歌した様な、古代社会を夢みる隠者と全く異ることを知るべきであろう。

次に白楽天を異代の師とするのは、彼が詩に秀れ仏に帰依していたからであると述べている。『唐書』（巻百十九）に「暮節惑二浮屠道一尤甚、至レ経レ月不レ食レ葷、称二香山居士一。」と非難されている如く、晩年は仏道に帰依し、浄土を悕望すること甚しかった。彼は「余早棲二心釈梵一、浪二跡老荘一。」（「病中詩序」）と告白しているが、功成り名遂げた後は弥勒像や西方浄土図を飾って、一向に往生の素意を遂げようとしている。「極楽世界清浄土、無二諸悪道及諸苦一。願如二老身病苦者一、同生二無量寿仏所一。」（「画西方幀記」）や「願当二当来世一、与二一切衆生一、同二弥勒上生一。」（「画弥勒上生幀記」）の言に現れている様に、死後の極楽浄土や兜率天への往生を求めて善根を積もうとしている。その窮極が「香山寺白氏洛中集記」（『文集』巻七十）の「願以二今生世俗文字之業、狂言綺語之過一、転為二将来世世讃仏乗之因、転法輪之縁一。」の佳句を生み出す心境に到達した。しかし実際は詩魔から遁れることが出来ず、求道一途の信仰生活を送ることが出来なかったのである。

彼の仏道への傾斜は、その詩に仏味を帯びさせる結果を招いたが、そのことが我国における白詩流行の原因ともなった。[27] 保胤が白楽天を師と仰いだのは、彼が熱烈な求道者であったからではなく、浄土教の信奉者であると共に偉大な詩人であったためである。「居易於二文章一精切、然最工レ詩。」（『唐書』）と評されているが、その詩を士人が争って買求めたと言われ、我国においても「集七十巻、尽是黄金。」（『都氏文集』巻三、白楽天讃）と讃えられ、文曲星神と崇められている（『本朝麗藻』巻下）。平安時代の貴族詩人が、その影像を屏風に書いて追慕し、彼の作品を模倣して世人の喝采を博した逸話は数多い。保胤もかかる時代の風潮を強く受けて居り、白楽天の生き方に共鳴しそれを羨望していたことは想像される。しかし保胤は後に詩文の業を狂言綺語の遊と否定し、菩提を求めて修行生活に没入して行ったのであり、在俗の時に憧れた白楽天の生き方とは全く別の道を歩んだのである。

最後に竹林の七賢を友とするのは、朝に仕えながらも隠遁に志が向いていたからであるという。彼等は概ね老荘思想の信奉者で、世俗を超越し無欲恬淡にして不羈曠達な生活をしていた。[28] 官に仕えた者が多かったが、魏晋の乱世にあって保身のために韜晦し、その卓越した才能を経国のために発揮することはなかった。阮籍が酒にことよせて王家との縁組を拒否したのも、嵆康が仕官を薦めた友人の山濤と絶交したのも、形式的な礼教主義を打破し、自由な生き方を求めたからである。彼等は思想革命の上で大きな役割を果したと言われているが、我国では俗世を睥睨した高尚な隠者として受取ったのであった。そして彼等の言動や作品は、『晋書』『世説新語』及び『文選』などの書物を通して知識人に愛好され、その生活態度は憧憬の的になった。その最も代表的なものとして島田忠臣の「題竹林七賢図」（『田氏家集』巻下）を挙げてみよう。

晋朝澆季少浮風　七子超然不二混同一
欲下対二琴樽一終中性命上　何要二台閣一録二勲功一
生涯毎寄孤雲片　世慮都忘一酔中
若遇二求レ賢明聖日一　廟堂充満竹林空

酒と琴に俗塵を忘れ名利を離れた彼等の生活を、高尚潔白なものと見たのであり、それは平安時代の知識人の通念であった。そして彼等の不羈奔放な行動や機智溢れる警句の裏に、暗い時代に生き延びようとした苦汁を認識していなかった。彼等の言動に対する正しい評価が行われたのは近代のことであり[29]、当時の詩人達の受取り方を皮相と見るのは当らない。彼等の隠逸的生活は長い間知識人の理想とされていたのであり、保胤が池亭の閑適生活において彼等を想起したのも当然のことと言えようか。

ここで作者は読書の世界で三遇を得たというが、そこに私達は作者の官人・詩人（仏道信仰を含む）・隠者の三面が現れ、儒仏老の三思想が併存していることを知る。このことは特別に作者が種々の思想を併有した、複雑な思想の持主であることを意味するものではなく、当時の知識人の趨勢であったと思われる。これらの思想は我国固有のものではなくて、中国から渡来したものであり、白楽天が「儒道仏書各三両巻」（「草堂記」）と記しているのと同じく、書物を通し知識として移入吸収したものであった。そして知識人の理想的な生き方は、固定した思想に基いて行動するよりも、環境に応じて身の処し方を変えることであると考えられていた。それ故何れに比重があるか穿鑿するより、三者併存が作者の理想であり、実生活に適用しようとしたものであったことを知るべきであろう。

さて作者が書物の世界から離れて現実を見た時、この俗世には何一つ心惹かれるものがなかった。世の師たる者は富貴を先にして文章を軽視し、人の友たる者は勢利を専らにして君子の淡白な交りを好まない。それ故師や友を持たぬに勝ることはないという信念を抱くに至ったのである。ここで作者は常に門戸を閉じて独り吟詠し、余興があれば童児と小船に乗って遊び、余暇があれば僮僕と菜園を耕す理想的な池亭生活を確立するのである。

当時の学者が学問の権威を失墜し、金銭に執着していた様子は、藤原衆海の落書（『文粋』巻十二・389）に描かれている[30]。

貢物来時脣更咲　　訴言到処耳初聾
招二留潤屋一褰レ簾出　　厭二却縕袍一閉レ戸籠

の記述が誇張であるにしても、学者の堕落は貧書生にとって憤懣遣る方ないものがあった。起家出身の作者が、才能を抱きながらも幾多の辛酸を経て、辛うじて現在の地位に到達したことを顧慮に入れるならば、かかる非難が口を衝いて出るのも頷けるものがある。

作者はさらに友人が勢利に走ったことを嘆いているが、その様な体験があったからであろうか。往年勧学会に加った学生や善秀才宅詩合で才を競った詩友、さらに具平親王宅の詩宴に席を並べた仲間も、文事の上で深い交りがあったとしても、政治的立場から必ずしも行動を共にしたわけではない。しかしそれ以上に、作者は社会の風潮として貴権に追従し、人を陥穽に陥れて栄達を計る醜悪な世相を、長い間観察して来た。梁の劉孝標は「広絶交論」（『文選』巻五十五）の中で、澆季の世人が勢利のために交際することを慨嘆し、それを五種に分けて説明している。権勢者に競って集る勢交、富豪の本に走る賄交、名士の下に附いて名声を揚げようとする談交、同病相憐んで志を遂げることを忘れる窮交、勢力の軽重を量って友を選ぶ量交がそれであり、その醜い交友が徳を破り、朋友を裏切り、名声を捨てる三罪を招くに至る。それ故に彼は利の交りを捨てて、山林の禽獣を友とする決意を抱くのであるが、保胤も書物の中の賢人を友として、世上の交際を絶とうとしたのであった。

かくして門戸を閉じ独吟独詠の生活を楽しんだのであるが、ここで始めて池亭は俗塵を離れた別天地となった。それは作者にとって、長い労苦の末に辿りついた桃源郷であったのである。だが作者はこの池亭生活に埋没して、現世をすべて忘却してしまったわけではない。己れの築いた新生活に充足し、その生活を肯定した上で、それを基に当代の住居のあり方を批判し、その理想の姿を追求する。このことは言うまでもなく、本作品の前半で都の住居の不当を具体的に叙述したことと首尾照応する。

（二）　理想の住居論

作者は最後に理想の住居論を陳述するが、その概略を記そう。

応和（九六一～）以来世間の人は好んで高大な家屋を建て、彫刻や彩色を施しているが、そのために千万銭の費用を投ずること少くない。だがそこに住むのは僅か二三年に過ぎない。「造者不ㇾ居。」の古人の言は至言というべきである。作者は晩年に始めて小宅を建てたが、我身には贅沢に過ぎていて、天を畏れ人に愧じている。それは旅人が仮の宿を造り、老蚕が繭を造る様なものであって、幾程も住めぬであろう。聖賢が家を造る時は、人民や鬼神の労力を使わず、仁義を棟梁とし、礼法を柱礎とし、道徳を門戸とし、慈愛を垣墻とし、倹約を好むことをもって家事とし、善行を積むことをもって家産とする。この様な道徳をもって建てられた家は、火も焼くことが出来ず、風も倒すことが出来ず、妖怪も現れず災難も襲わず、鬼神も窺伺出来ず、盗賊も侵犯出来ない。その家は自然に富み栄えて、主人は長命で官位を維持し、子孫が相継ぐであろう。よく身を慎んで道を外れてはならぬと結んでいる。

作者は応和以来二十年間に亘って、貴族達が次々に豪壮な邸宅を構築する光景を見て来た。その弊は既に天暦十一年（九五七）十二月に書かれた師の菅原文時の「封事三箇条」（『文粋』巻二・68）の中にも

方今高堂連閣、貴賤共壮二其居一、麗服美衣、貧富同寛二其制一。（中略）富者傾二産業一、貧者失二家資一。

と記されている[31]。自己の権勢財力を誇示して、家屋の高層華美を競う世相は、繰返して発布された奢侈禁止令も何等効力を示さなかった。だが如何に壮大にして贅を尽した家といえども、主人が永久に住み果《おお》せないことは自明である。白楽天も「如何奉二一身一、直欲ㇾ保二千年一。」（『文集』巻二「秦中吟・傷宅」）と慨嘆しているが、保胤自身もかつて「古今有下造二高堂大館一者上、寧非二旅宿一乎。」（『文粋』巻十三・398「勧学会所欲ㇾ建二立堂舎一状」天延二年〈九七四〉九月十日）と述べたことがあった。僅かの間しか住めぬ家屋に、何故千万銭も投ずるのであろうか、作者の目にはそれが腐敗した社会の

姿と映ったのである。

さて翻って我身を顧みた時、この小宅も分に過ぎた贅沢であり、これから幾程も住めぬことを知ると、天地に愧じねばならなかったのである。作者が「造者不レ居。」の格言を持出したのは、単に人間が死を免れぬという無常観からではない。分に過ぎた家を建てることが道徳に外れていたからである。魏の卞蘭の「座右銘」（『芸文類聚』巻二十三）に「重階連棟、必濁ニ汝真一。金宝満室、将レ乱ニ汝神一。」とあるが、それは人間の精神を乱すが故に否定されねばならなかったのである。かかる姿勢こそ、作者が精神の自由を謳歌し、独善閑適の生活を営む上で欠くことの出来ぬものであった。

作者は書物を通して賢人の住居に対する姿勢を学んで来た。初唐の名臣李義琰は宰相になった時に、弟から堂材を送られたのを拒絶したという（『唐書』巻百五）。彼は責任の地位にある高官が広大な邸宅を構えることは、道理に外れ殃を招くと考えたからである。中国において貴紳王公が、広壮な邸宅を構えたために一族を亡した例は少くない。邸宅の新築が天子の疑惑や嫉妬を招くという、現実的な低次元の問題ではない。それは遥に肝要な人間の生き方の問題と繫っている。人間が生活する上で何が最も重要であるか。それは家屋でもなければ名利でもない。仁義礼法に適い、天地に俯仰して愧じざる、高邁毅然たる生活態度である。作者は聖賢の名を借りて正しい家の建て方を列挙しているが、その徳目と効能は彼が古賢に学び、胸中に抱懐し続けて来たものであった。ここに表された彼の思考が、儒教の倫理観に基いていることは言うまでもない。彼が最後に新築の池亭における自適生活の讃美に終らず、高処に立った住居論を展開したのは、この作品を単なる自己の生活記録とすることに満足せず、現実批判の書として世の識者に問おうとしたからではなかろうか。前半における都の住居の描写が、己れの新居の快適を浮彫にするための序の役割を果しているだけでなく、理想の住居論を開陳するための伏線ともなっていることを知る。作者にとって住居は物質的な外形ではなくて、精神的な生活の場であった。それ故に池亭の生活描写が、住居のあり方を示す具体例となり、最後の住居論を空虚浮薄な観念論として終らせずに、一段と生彩を与えることになったのである。それは取りも直さず、住居を通しての現実批判の書ともなっている。ただ残念なことに、都における住居の政治的な具体策について、作者が言及していないことは既に述べた所である。

五　結　び——作品の評価——

以上「池亭記」の文章に沿って内容を解説しながら、作者の思想や態度について述べて来た。それは池亭の閑適生活を理想的なものとして肯定し、それを基にして都人の住居を批判したものと言えよう。作者は完全に俗世を棄て去った隠者として、当時の社会体制の枠の外に居たわけではなく、「在レ朝身暫随二王事一、在レ家心永帰二仏那一。」という現状に満足した平穏な官吏生活を送っている。それ故に社会に対する批判も、己れの生活に対する反省洞察も、不徹底の譏を免れないと言えよう。その点において、「池亭記」が『方丈記』に較べて深みがないと言われるのであろう[32]。かかる批評は妥当なものとして作者もその非難を甘受せねばなるまい。だがその非難を肯定した上で、私は作者のために弁護したい。作者はこの作品の執筆時点において、卑位ながらも大内記の職にあり、文筆をもって朝廷に仕えていた。しかも彼が長い間学んで来た学問は、治国平天下の道を説く孔子の教であり、作者も心底に儒教政治の実現を夢みていた。それ故官人でいる限り、儒教的思考から抜け出ることは出来なかったのである。才能を抱きながら世に用いられず、卑位に甘んじていた作者が、漸く晩年に新居を建てることが出来、始めて自適生活の喜びを味ったことを誰が非難出来よう。その上若年から念仏と法華の信仰生活を送って来た作者が、自己に忠実であればある程、その信仰生活からも離れることは出来なかったと思われる。とすれば外面の官人生活と内面の隠逸信仰生活の二面性を併存した生活は、当時の知識人として最も自然な庶幾すべきものであったと言えよう。そうした観点から私は、作者の二面的な生活から生じる不徹底な社会批判、消極的な生活態度を取上げて非難する考え方に与したくない。作品の執筆時点における作者の身分教養、及びそれを取巻く社会環境を無視し、同一次元の下で「池亭記」と『方丈記』を比較するのは当を得ていない。またたとえ文学作品として『方丈記』の優位を認めたとしても、それが作者の生き方の優劣を意味しないことは明かであろう。鴨長明の出家の動機は一先ず置き、日野の閑居における長明の芸道に傾いた不徹底な生活態度を、出家後の寂心の求道一途な生き方と比較すれば、その差異は言うまでもなかろう。

また作者が常に貴族社会の体制にあり、現実の世の中を安易に否定して、新しい社会観世界観を齎さなかったことを非難する説[33]もあるが、私は全く取らない。社会に対して改革批判の精神を持ち、それを作品や行動の上に表すのが、隠者としての不可欠な条件であるとは毛頭考えていないからである。「池亭記」に見られる作者の生活は、真の隠者とは懸け離れているが、その故をもってこの作品を低く評価するのは当らないであろう。それを取巻く環境や条件の中で、作者がどの様な生き方をしたかが肝要であり、そうした観点から私は「池亭記」に書かれた作者の生活態度を容認したい。

最後にこの作品をどの様な観点から捉えて評価するかという問題が残されているが、その受取り方については従来種々の意見があって一定していない。第一はこの作品を池亭の閑適生活に満足している作者の心情を記述した隠逸文学として捉え、白楽天の影響を重視する考え方である[34]。第二は保胤の池亭における生活が、勧学会などの実践運動から脱却し内省の時期に入ったものと考え、作者の信仰と思索に重点を置くものである[35]。丁度この時期に彼が『日本往生極楽記』を執筆していたと想定されるので、後年の出家と結びつける見方も成立つであろう。第三に池亭の生活を在家の念仏者と公職の儒家との二重生活を融合させたものと規定し、作者を市隠的性格を持った浄土教的文人と考える。[36] 第四に池亭の構築を貴族精神の変質に対して、作者の批判的精神が構想し得た理念の実現と考え、作者は無秩序で腐敗した現実とは別の次元に真の貴族たり得る根拠を求めようとしたのであり、この池亭生活を貴族への隠遁であると規定する。[37] この説は稿者が言われる様に貴族の本質が問題になるが、もしもこれを伝統的な儒教の学問を身につけた士大夫と考えることが許されるならば、既に加藤盤斎が『長明方丈記抄』の中で「池亭記」と『方丈記』との関係を論じて

されば保胤は身官人也、業は儒者なり、所居は市朝なり。蓮胤は身隠者也、業は仏者也、所居は山林なり。

と述べている考え方の流れを汲むもので、『方丈記』との比較においての考察と言えようか。

これらの批評の間には大きな違いがある様に見えるが、何れも的外れのものとは言えない。「池亭記」に現れた生活態度は、官人でもあり、隠者でもあり、文人でもあり、在家の信仰者でもある。その重点の置き方によって、評価にずれが生ずるのは当然である。私の見る所では概ね、この作品を白楽天の「池上篇」との関係から考察しようとする漢文学研究者は、文人の手になる隠逸文学と規定する傾向が強いし、作者の生涯を俯瞰してその信仰生活を重視する浄土教史研究者は、『日本往生極楽記』や出家後の一途な修行生活との間に繋りを求めようとする方向にあり、『方丈記』の先蹤文学として両者の差異に興味を抱く国文学者は、作者の儒教思想を強調する趣がある。

既に述べた如く、「池亭記」に見られる作者は、これらの異る思想を共時的に併有している。作者が池亭において信仰と読書を中心とした閑適生活に満足していたことは否定出来ない。しかもこの作品の中心が、自己の生活心情を綴った後半の部分にあることは、「池亭記」の書名によって知られよう。従って独善閑適の生活を謳歌した隠者文学と規定するのは自然であると言えよう。しかも白楽天の「池上篇」の影響を強く受けていることを考えると、こうし

た立場は一層妥当性を帯びて来る。

　しかし「池上篇」において白楽天が、池亭生活にすべて好む所が備わって居り、優遊として終老せんと結び、兼明親王が「池亭記」で、放歌歓娯してここに残生を送ろうと述懐しているのに対して、この作品では豪壮な家を建てることの愚かしさと、住居における精神生活の優位を説いて文を終えている。この儒教的な感懐には、独善生活に埋没して現実を超越する隠者の姿は影を潜めている。勿論彼の隠者的面影は、白楽天のいう中隠とか吏隠とか称すべきものであるが、やはり真の隠者文学と規定するには多少躊躇せざるを得ない。

　また信仰生活に重点を置くにしては、あまりに他の要素が多過ぎる。都における住居の変遷も、作者は世の無常というより都人の無思慮無定見と考えて居り、理想の住居についての思考も信仰者のそれとは思われない。この時期が作者の信仰生活における思索の時期であることは是認されても、「池亭記」の執筆と彼の出家とが直接に結び附かないと思われるので、一概に彼の信仰生活を強調するのは無理ではなかろうか。

　それでは儒教的立場に立った現実批判の書と受取るのが正鵠を射ているのであろうか。確かに住居の変遷の叙述の裏には、現実社会に対する批判が窺えるし、最後の理想の住居論の陳述には、作者の儒教精神の発露を見ることが出来る。しかもこれから間もなく花山朝の官僚政治に参劃した点を顧慮に入れるならば、こうした考え方は首肯される所である。だが彼の池亭生活はあまりに悠々自適の趣が濃い。作者はやはり兼済より独善に傾斜していたと見るべきであろう。「職雖レ在二柱下一、心如レ住二山中一。」「在レ朝身暫随二王事一、在レ家心永帰二仏那一。」というのが作者の本心であり、儒教思想のみをもってこの作品を捉えるのは誤であろう。

　この様に考えて来ると、この作品を一つの固定した思想によって書かれた作品と規定することは困難である。作者には種々の思想が併存融合して居り、それが池亭の自由閑適な生活において表出されたのである。繰返して述べるが、本作品の題名が「池亭記」であることは、その新築した池亭の生活を述べた点に中心がある。確かに池亭生活は現実社会から切離された個人の存在を意味するものであるが、それはまた全体社会に対応していることを忘れてはなるまい。(38) しかも作者は完全に超俗的非社会的な隠者の生活をしていたのではないから、そこに現実社会に対する批判が現れるのは当然と言えよう。その意味において、この作品を隠逸文学と考えることは許されるのではなかろうか。そして私達はそこに十世紀における知識人の真摯な生き方の一典型を見ることが出来るのである。

（1）保胤の生涯については増田繁夫氏の「慶滋保胤伝攷」(『国語国文』昭和三十九年六月)が最も詳しい。

（2）大江匡衡が子息能公に学問料の支給を請うた奏状(『文粋』巻六・174)にも「其時有二高岳相如、賀茂保胤者一。雖レ富レ才不レ争。」と見える。

（3）勧学会に関しては桃裕行氏『上代学制の研究』や井上光貞博士『日本浄土教成立史の研究』に説かれている。

（4）拙稿「菟裘賦と鵩鳥賦との比較考察」(『国語と国文学』昭和三十二年六月)、「兼明親王の生涯と文学」(同上、昭和三十七年一・二月)及び今浜通隆氏「兼明親王論」(『平安朝文学研究』所収)を参照されたい。

（5）増田氏前掲論文及び金子彦二郎博士「方丈記と中国文学との関係」(『平安時代文学と白氏文集』所収)を参照されたい。

（6）彼が親王の師となったのは、この詩に「結レ契年幾改、十五変二寒温一」とか「君已為二儒士一、対レ冊上二竜門一」とあるので、彼が出家した寛和二年より十五年前の天禄・天延の頃と思われるが、『和漢朗詠集』の「第七親王始読二孝経一詩」に「開レ巻已知二為レ子道一、秋風悵望鼎湖雲。」とあるので、父の村上天皇崩御間もなくの頃とも考えられる。

（7）拙稿「具平親王考」(『国語と国文学』昭和三十三年十二月)を参照されたい。

（8）増田繁夫氏「花山朝の文人たち」(『甲南大学文学会論集』第二十一号)。

（9）菊地勇次郎氏「日本往生極楽記の撰述」(『歴史教育』昭和三十二年六月)。

（10）保胤の狂言綺語観については山田昭全氏「狂言綺語観の一側面」(『豊山学報』第五号)や柳井滋氏「狂言綺語観について」(『国語と国文学』昭和三十七年四月)などに詳しい。

（11） 保胤の歿年について『続本朝往生伝』は長徳三年と記し、増田氏は幸田露伴の『連環記』の説をとり注（1）の論文でこれを採用して居られるが、平林盛得氏は『文粋』の記事を重視し、「慶滋保胤の死」（『日本仏教』第二十一号）の中でこの説を否定された。

（12） 村山修一博士『日本都市生活の源流』や村井康彦博士『平安貴族の世界』などがその代表的なもので、殊に後者の説明に恩恵を蒙った。

（13） 『大日本地名辞書』には西宮殿と同一のものとして扱われているが、岡田希雄氏はそれより一里程西の梅津河畔にあった高明の別業と考えて居られる（「源順伝及年譜」『立命館大学論叢』第四輯）。

（14） 角田文衛博士「慶滋保胤の池亭」（『王朝の映像』所収）。

（15） 「夕顔の死」（『若紫抄』所収）及び注（14）を参照されたい。

（16） 『大江匡房』（人物叢書）一〇四頁。但し博士の千種殿推定図は私と見解を異にしている。

（17） 『古文真宝』後集巻九に収録され、江戸時代の学者詩人に喜ばれたことは、安東省庵の「貧楽志論」（『省庵先生遺集』巻一）や市河米庵の「集二仲長統楽志論字一二首」（『米葊先生百律』巻下）などによっても知られる。なお仲長統の政治論に昌言の著述があり、その政治思想については岡崎文夫博士『魏晋南北朝通史』や金谷治博士「後漢末の思想家たち」（『東洋文化論集』所収）などに説かれているが、保胤はそのために彼を崇拝したとは思われない。

（18） 明の王志堅の『四六法海』（巻十二）に「此篇与二楽志論一相類。如レ此則夫人而能楽レ之。但恐世間少二此地行一仙耳。」と評している。

（19） 金子博士注（5）の論考及び堤留吉氏「池上篇と池亭記」（『国文学研究』第十四号）。

（20） 『世説新語』（徳行）に「劉尹在レ郡、臨レ終綿惙。聞二閣下祠レ神鼓舞一、正レ色曰、莫レ得二淫祀一。外請下殺二車中牛一祭上レ神。真長答曰、丘之禱久矣。勿二復為一レ煩。」とある。

（21） 『塩尻』（巻十八）には「垂末の齢ならすともすみやかに事を致して静に三径の清風を伴とし、ひたすら人間を忘れ茅屋の月にうそふき思ひを歌詠にのへて天年を待へき人こそ真の隠者とはいはめ。」と記している。

（22） 堤留吉氏『白楽天研究』一三〇頁。なお『閑際筆記』（巻下）はこの詩を批評して「若実ニ隠セント欲レバ、尚俸銭貪、隠安在哉。恐ハ為スルコト有テ言ナラン。」と述べている。

（23）『発心集』（巻二）には彼の畜生に対しての慈悲深い行為と関連させてこの句を引用している。

（24）重松明久博士『日本浄土教成立過程の研究』二五六頁。

（25）『平治物語』（巻上、信頼信西不快の事）にも「世を淳素に返し君を尭舜にいたし奉る。延喜天暦の二代にも越、義懐惟成が三年にも過ぎたり。」とある。

（26）花山朝の政治の特色とその経緯については、今井源衛氏『花山院の生涯』に説かれている。

（27）岡田正之博士『日本漢文学史』二八五頁。金子博士『平安時代文学と白氏文集』九七頁。

（28）青木正児博士「清談」（『支那文学思想史』所収）に詳しい。

（29）魯迅「魏晋の気風および文章と薬および酒の関係」（『魯迅評論集』所収）。

（30）『文粋』の落書については後藤昭雄氏に「桜島忠信落書について」（『語文研究』第二十三号）の論考がある。

（31）幸田露伴の『連環記』に指摘されている。

（32）永積安明博士「方丈記と徒然草」（『中世文学の成立』所収）や冨倉徳次郎博士『徒然草　方丈記』（日本古典鑑賞講座）などがその代表であろう。

（33）桜井好朗氏『隠者の風貌』二七頁。

（34）注（19）参照。

（35）平林盛得氏「摂関期における浄土思想の一考察」（『書陵部紀要』第六号）。

（36）川口久雄博士『平安朝日本漢文学史の研究』五五一頁。

（37）伊藤博之氏「方丈記論」（『国文学雑誌』第四号）。

（38）根本誠博士『専制社会における抵抗精神』一三五頁。

文章論

十　平安時代における対偶表現

一

『文心雕龍』麗辞篇に

造化賦レ形、支体必双。神理為レ用、事不二孤立一。夫心生二文辞一、運二載百慮一、高下相須、自然成レ対。

と、自然界に存在するものはすべて左右対称の形を賦与されており、文章表現が対偶の形式を採るのは自然の摂理であると述べている。中国では先秦時代から文章に均斉の取れた表現が行われて来たが、対偶表現が公的な文章だけでなく日常の私的なものまで支配した時代があった。それは後漢から魏晋南北朝を経て唐代中期にまで及んだが、特に六朝時代にそうした文章が発達して盛行をみた。それが駢儷文である。その文章の代表は梁の蕭統の編纂した『文選』に収められており、これは我国に古くから将来され、『養老令』では進士科の試験課目に入っている程で、駢儷文の修得は知識人に欠くべからざるものであった。

駢儷文は四六文とも称されるが、これは文章を構成する句が四字と六字を中軸にして成立しているからで、もっとも整備された音律を有していたためである。『文心雕龍』章句篇に

若二夫筆一句無レ常、而字有二条数一。四字密而不レ促、六字格而非レ緩。或変レ之以二三五一、蓋応レ機之権節也。

と筆（文章）の句数は制限はないが、各句の字数は定まっており、四字句は緊密でありながらせせこましくなく、六字

は緩やかだが間延びせずもっとも調和が取れており、三字句や五字句は臨機応変の処置に過ぎぬと説いている。ただ四字と六字の句も上下が直接に対偶関係にある直対と、句を隔てて対偶をなす隔句対とがある。『文選』の文章は主として四字と六字の直対を中心にして構成されており、その後に陳の徐陵や北周の庾信らによって四字と六字の隔句対が頻繁に行われる様になり、「夫瑰麗之文、以㆓唐初四傑㆒為㆑最。」（『四六叢話』巻二十八）と初唐に至って均斉の取れた駢儷文が完成した。駢儷文は我国では既に奈良時代に見られるが、平安時代に至って全盛を極める。『文鏡秘府論』北巻に

　在㆓於文章㆒、皆須㆓対属㆒。其不㆑対者、止得㆓一処二処有㆒㆑之。若以㆑不㆑対為㆑常、則非㆓復文章㆒。

という文章観が当時の翰林を席捲したのである。

　駢儷文が対句を中心にした文章であるといっても、一篇の文章が対句だけで終始するものではない。その中には不整斉な句が挿入されることもあるし、また発端や結び、さらに文意を転換するための助辞が必要になって来る。しかも対句には直対と隔句対の別があり、それらは一句を構成する字数が異る。これらの句型について説いた代表的な論が『作文大体』の「筆大体」である。(1) それによると対句は句を構成する字数によって種々の名称が附されているが、さらに末尾の平仄を変えることが要求されている。駢儷文は韻文的要素を有しているために、音声の協調が文章に取入れられた。それは読者が朗読する際に美感を得るのが目的である。我国では漢音の学習が廃止された後は全く音律的効果が期待できないにも拘らず、義務的に守られていたのである。

　そして駢儷文の特徴は華麗な語句を鏤めて文章を修飾する点にあるが、その表現には必ず典拠のある語句を用いるのを常とする。宋の王銍が「四六尤欲㆘取㆓古人妙語㆒以見㆖工耳。」（『四六話』巻上）と述べ、明の章斐然が「四六有㆑声有㆑調有㆑色有㆑律、而又必以㆓典故㆒為㆑先。是以取㆓古雅㆒者、為㆓最上一乗㆒。」（『四六積玉』凡例）と記しているのは、典

故の引用が必須の条件であることを意味する。これは表現が優麗になること、読者に説得力を有すること、作者が古典と自己との二重世界を表出し得ることなどが原因と考えられる。この様に見て来ると、駢儷文は修辞に重点を置いた文章であることが知られるが、その主眼は前後の句の対照によって別の一つの世界を生み出すことにあり、文章の調和を重視するものであったといえよう。

二

駢儷文を構成する対句には古くから種々の工夫技巧が凝らされて来た。それは対句自身の意味や、対句を形成する文字や音韻によって複雑な対比を呈示する。対句とは相対する句の字数が同じである上に、句を構成する各語が同一品詞によって構成されるのが原則である。両句間の等位の文字における内容や形式の上から種々の対偶が生じる。対句の種類について言及した最も古いものが『文心雕龍』麗辞篇である。

麗辞之体、凡有二四対一。言対為レ易、事対為レ難、反対為レ優、正対為レ劣。言対者双二比空辞一者也、事対者双二挙人験一者也、反対者理殊趣合者也、正対者事異義同者也。

これは抽象的な言辞を対比した言対と、人の事跡を並列した事対、物事の筋道が対立しても趣旨が一致する反対と、事柄は異っていても内容が同じである正対の二種類に分けられるが、前者が故事の引用の有無による分類であり、後者は内容の対立か並列かによる分類である。だがこの二つの分類基準によってすべての対句を分類することは不可能である。そのためその後の詩学書ではさらに細かい分類が行われた。六朝から初唐にかけて現れた『文筆式』『詩髄脳』『詩議』『唐朝新定詩格』などの分類法が『文鏡秘府論』東巻に集成されて、二十九種の分類が行われている。こ

れが最も詳細なものであるが分類基準は雑多で整合性は認められない。また観智院本『作文大体』の巻頭に

凡詩有二八対一。其常可レ用者、色対数対声対、是也。

と三種の対偶の名を挙げる。詩の八対とはいかなるものであるのか不明であるし、この三種の対偶で当時の対句全体を説明することは不可能である。成簣堂文庫本『作文大体』では「作文作法」に七対として的名対・異類対・双擬対・聯綿対・互成対・賦体対（東山文庫本によると隔句対が欠落する）を挙げるが、これは『秘府論』二十九種対の最初の七対と合致する。[2] 今まで述べて来た対偶は詩におけるもので、すべてが文章に適用されない。例えば隔句対[3]は駢儷文の句型の一を示すもので、対偶の種類として扱うのは妥当ではない。

これに対して東山文庫本の「文章対」の項に、八種の対属として色対・物対・同対・異対・数対・畳対・音対・義対を挙げて説明を施し、「文章之道、雖レ有二多対一、大概不レ可レ過レ斯也。」と記している。だがこれによって文章の対属を網羅できるとは到底思われず、本書にはこれに含まれぬ対属の例句を挙げて要点を指摘する。一方群書類従本ではさらに聯綿対・正対・傍対・双対の四種を加えて十二対とするが、分類の基準が不明確な上に用例も重複し不適当なものを含んでいる。

それでは対句を分類する基準は存在しないのであろうか。『秘府論』の二十九種対は体系的に分類することが困難だが、対句の性質によって類別を施す試みが従来行われて来た。鈴木虎雄氏は㈠文字の性質、㈡字の句中に於ける位置、㈢句の位置、㈣字音、㈤字形、㈥句法より観たる対偶の六種に分類された。[4] また古田敬一氏は形式的分類と内容的分類に二大別し、さらに前者を字形・字音・連字・語位・句位・句法・篇法の七基準によって細分化し、後者を反型・同型・中間型に分って考察しておられる。[5] これは現時点における分類基準として妥当なものと思われるので、これを参考にしながら平安時代における文章の対偶を『本朝文粋』に求めることにする。

（イ）　内容的分類

対偶の本質からいって表現形式を中心にするものよりも、意味内容に基くものが重視されるのは当然であるが、その中で最も簡明で顕著な対偶が的名対（正名対・正対・切対ともいう）である。『秘府論』の説明に

　的名対者、正也。凡作二文章一、正正相対。上句安レ天、下句安レ地。（中略）上句安レ傾、下句安レ正。如レ此之類、名為二的名対一。初学作二文章一、須下作二此対一、然後学中余対上也。

とあるが、反対語（品詞の如何を問わず）を対属せしめるものと考えられる。

　草木扶疎　春風梳二山祇之髪一
　魚鼈遊戯　秋水字二河伯之民一　（80「弁山水策」）
　来而不レ留　薤壠有二払レ晨之露一
　去而不レ返　槿籬無二投レ暮之花一　（408「供養自筆法華経願文」）

などの用例を挙げることができる。『秘府論』北巻の「論対属」に事義各相反する対偶を反対と名づけるが、これは的名対の典型であり、さらに「除レ此以外、並須二以レ類対一レ之。」として挙げられた数之類（一二三四）、方之類（東西南北）、色之類（青赤玄黄）などの諸対偶も的名対に入れるのが妥当といえる。「的名」が明かなる概念の意であるからには、対偶された内容が明確な概念を持つものであれば、反対語でなくても差支えなかったといえようか。[6] 従って『作文大体』にいう色対や数対は的名対の一部に過ぎないことが知られるが、当時邦人にこの対偶が好まれたので区別したのであろう。唐の駱賓王は好んで数対を用いたので算博士と称されたという（『全唐詩話』巻一）。的名対は広義に解すると対偶の大部分がこれに属すといっても過言ではなく、対偶の基本をなしている。宋の洪邁が「旧説以二紅生白

熟、脚色手絞、寛焦薄肥之属一為二天生対偶一。触レ類而索レ之、得二相伝名句数端一。」（『容斎続筆』巻十二）という天生対偶も的名対に外ならない。

反対語を対偶させるのが的名対であるのに対して、同義語や同類語を対偶させるのが同対である。『秘府論』に

同対者、若二大谷広陵、薄雲軽霧一。此大与レ広、薄与レ軽、其類是同。故謂二之同対一。

と記す。

暫全二暗質一　拝二聖日初昇之光一
更洗二愚心一　欽二明時中興之化一　（102「為貞信公辞摂政第三表」）

軽漾巻兮微微　崎嶇吐レ雲之色頻蕩
細文鋪兮瑟瑟　崔嵬戴レ石之勢不レ閑　（229「波動水中山詩序」）

の如きが該当するが、同義語の対偶は顕著でないから的名対に劣ることは否めない。ところでこれに似て詩病の一に数えられたものに合掌対がある。これは「言換而意不レ換」（『詩律』）もので、意と字の別があるという。(7)

研二乎其志一　所二以披レ沙練一レ金
礪二乎其心一　所二以琢レ玉成一レ器　（264「第四皇子始受蒙求命宴詩序」）

薫蕕不レ同　賢夫与二愚士一各レ畝
玉石自異　聖哲将二凡庸一隔レ流　（84「陳徳行策」）

の前者が字の合掌、後者が意の合掌といえよう。両句が同位的に対偶されていることは意味伝達の言語としては完成しているが、余情に乏しい憾みがあるので漢詩では非難されたのであろう。

同対に近い対偶として隣近対を挙げることができるが、これは詩句に詠まれている境地が近い対偶である。『秘府

論』は「寒雲軽重色、秋水去来波。」の例句を挙げて「上是義、下是正名、此也。対、大体似二的名一。的名窄、隣近寛。」と説明する。これは「寒雲」が秋の季節のもので「寒」が秋の属性といえるので「秋水」と対偶をなすことを意味する。両者が共通した性格を持つので、的名対より同対に近いといえる。隣近対の例句を『本朝文粋』に求めるのは困難であるが、強いて挙げれば

李将軍之守レ辺　胡人不二敢南下一
楊太尉之在レ鎮　敵国亦以子来　（61「新羅賊勅符」）

の如きが該当するといえようか。

隣近対は範疇は異るが属性の近いものを指すのに対して、それが反対を表すものに『作文大体』の義対がある。東山文庫本に「白与レ烏、雪与レ紅、鳥与レ風也。」と見える。

軽棹穿レ雪　似三乗レ興尋二在レ剡之人一
小橋踏レ紅　疑三濯レ窠移二成都之俗一　（302「花影泛春池詩序」）
問二其夜学一　則収二寒雪一而破レ眠
聞二其風情一　亦知二春花之随レ手　（359「源元忠讃」）

などが挙げられるが、色彩の対偶に関するものが多い。

対偶の意味内容に基く分類には、対比と類似の外に両者の何れにも属さない中間型の対偶がある。中間型は対偶を構成する両語の関係がはっきりしない。その代表が異類対で、相対する用語の意味範疇を異にするものをいう。『秘府論』には

異類対者、上句安レ天、下句安レ山、上句安レ鳥、下句安レ花、上句安レ風、下句安レ樹。如レ此之類、名為二異類対一。

非二是的名対一、異同比類、故言二異類対一。但解二如レ是対一、並是大才。

と記されているが、高度な対偶と解されていたらしい。

投二意緒於遊魚之浦一　　誰見レ含レ鉤
張二月弓於射的之巓一　　未レ聞レ嚙レ鏃　（80「弁山水策」）
周晨三首之盃　　栢葉酌レ露
晋日二毛之鏡　　蓬鬢捉レ霜　（86「詳春秋策」）

などが例句として挙げられよう。

意味内容の分類に属する対偶として意対が挙げられる。意対は語自体には対属性がないが、意味の上で対偶をなすものをいう。『秘府論』には「歳暮臨二空房一、涼風起二坐隅一。」の詩句を挙げて

釈曰、歳暮涼風、非二是属対一。（中略）事意相因、文理無レ爽。故曰二意対一耳。

と説く。「歳暮」と「涼風」とは字面の上で対偶をなさぬが、ともに寂しい気分を起こさせる点で共通している。例えば

閑居属二於誰人一　　紫宸殿之本主也
秋水見二於何処一　　朱雀院之新家也　（230「閑居楽秋水詩序」）

の「閑居」「秋水」はともにのどかな感じを与えることで共通し、

秋山運レ心　　所レ設者百羅漢之綺饌
蘿逕分レ味　　所レ助者千比丘之霞飡　（414「朱雀院周忌御願文」）

の「秋山」「蘿逕」はともに物寂しい雰囲気を持つ点で相通ずる。この意対は日本の連句の心付に似た対偶と解する

説があるが、(8) それと離れた技巧的な用例もある。例えば

洛水春遊　昔日閣レ筆
商飈秋宴　今時巻レ筵　（46「停九日宴十月行詔」）

の「洛水」と「商飈」は語の上で対偶をなさぬが、昔洛水の上で周公が曲水の宴を始めた故事（『晋書』束晳伝）を知れば季節の点で共通性がある。また

劉伯倫宅　誰知二麦麹之有一レ英
王無功郷　只恨二聖賢之無一レ意　（212「消酒雪中天詩序」）

の「麦麹」と「聖賢」は範疇を異にするが、後者が『魏志』徐邈伝に「平日酔客、謂二酒清者一為二聖人一、濁者為二賢人一。」と見える故事によって共通性が見出せる。(9) これらには句全体が醸し出す情趣を殆ど感ずることができぬ。

意対の一種に属すると思われる対偶に傍対がある。『秘府論』には見えぬが、類従本『作文大体』には次の様に説明されている。

春対レ西、春是東故。秋対レ東、秋是西故。金対レ東、金是西故。木対レ西、木是東故。陰対レ南、陽対レ北。子対レ南、午対レ北。水対レ陽、々是火故。火対レ陰、々是水故也。

これは陰陽五行説や干支説に基いた特殊な対偶であるが、平安時代には好んで用いられた。

梁元之昔遊　春王之月漸落
周穆之新会　西母之雲欲レ帰　（340「鳥声韻管絃詩序」）

秋風索索　子野之商絃譲レ音
暁霜森森　南山之羽括呑レ舌　（88「松竹策」）

『史館茗話』に「寛弘帝瑶琴治世音御製曰、無為化出二南風曲一、有道心聞二子野調一。以二子野一対二南風一、帝之著二心於文字一、可二推知一焉。」と見えるのは傍対を指摘したものである。ただ傍対の名称がいかなる意味を持つか不明である。

特殊な対偶に奇対がある。『秘府論』は平対と対比して挙げるが、平対は「青山緑水、此平常之対。故曰二平対一也。」と見えるので、平常の対偶を指すと思われる。これに対して奇対は

奇対者、若二馬頬河熊耳山一。此馬熊是獣名、頬耳是形名。既非二平常一、是為二奇対一。他皆放レ此。又如二漆沮四塞一、漆与レ四是数名、又両字各是双声対。又如下古人名、上句用二曾参一、下句用中陳軫上、参与レ軫者、同是二十八宿名。若レ此者、出レ奇而取レ対。故謂二之奇対一。

と説明されている。しかし後世『詩轍』に「平対ハ奇対アルニ因テノ名、定メテ平対ノ一法アルトハ見エズ。」と説くのが肯綮に当っており、平対を対属の一種と見るのは困難である。奇対は奇抜な対偶を意味するが、『秘府論』の説明から判断すると、対句の中の或部分がさらに別の対偶をなしているといえる。例えば

春夜欲レ明　望二牛漢之西転一
夏日告レ朔　指二象魏一而北レ轅　（273「古廟春方暮詩序」）

において「牛漢」と「象魏」はさらに「牛」と「象」が獣名、「漢」と「魏」が国名で別の対偶をなす。また

宮漏三声　商庚鳴而夜夢漸短
胡角一部　斉乙帰而暁聴方幽　（86「詳春秋策」）

の章句で「商庚」(うぐいす)と「斉乙」(つばめ)はさらに「商」と「斉」が国名、「庚」と「乙」が干支名の対偶をなしていることが知られる。奇対は平安時代の漢詩文にしばしば用例を見出すことができる。

（ロ）　形式的分類

対偶の種類を形式の上から考察すると、字形・字音・連字・語位などの基準によって分類することができよう。まず字形による対偶は用字の形態上の特質によって成立するものである。その代表が字対で『秘府論』に

或曰、字対者、若二桂楫荷戈一。荷是負之義、以二其字草名一故、与レ桂為レ対。不レ用レ対、但取レ字為レ対也。或曰、字対者、謂二義別字対一、是。

と説くごとく意味の上では関係ないが、その字形が対偶を構成するものである。『作文大体』に

少二於楽天一三年　猶已衰之齢也
遊二於勝地一一日　非二是老之幸一哉　（246「藤亜相山庄尚歯会詩序」）

楽天者人名也。勝地者非レ名。然而字相叶、天与レ地也、所二用来一也。以レ之可レ知歟。

と見えるのは字対を指している。また

尋二之於山郵一　則紫燕馳二雲関一兮不レ及
求二之於浪駅一　亦赤烏挂二風帆一而難レ追　（220「林亭春已晩詩序」）

の「紫燕」と「赤烏」もこれに該当する。『江談抄』[10]に「落花狼藉風狂後、啼鳥竜鐘雨打時。」の詩について「楊巨源詩、有二狼藉竜鐘為レ対之詩一云々。」と記しているのは「狼」と「竜」が獣名の対偶をなす字対を指していると思われる。また『史館茗話』に「菅相客舎対レ雪一聯曰、立二於庭上一頭為レ鶴、坐在二炉辺一手不レ亀。句云意云、其用レ字可レ謂二佳対一也。」とあるのは、「鶴」と「亀（カガマル）」が文字の上だけで対偶をなしていることを暗示している。

字対の変形で文字の或部分が対偶をなすものを側対という。『秘府論』に

側対者、若二馮翊竜首一。此為二馮字半辺有レ馬、与レ竜為レ対。此為二側対一。又如二泉流赤峯一、泉字其上有レ白、与レ赤

為レ対。凡一字側耳、即是側対、不三必両字皆須二レ側也。（中略）或曰、字側対者、謂字義倶別、形体半同、是。

と説明されているが、文字を分解して考えるのは一字だけでよく、上下二字に亘ることを必要としない。この対偶は漢字の特性に基くもので、漢字には構成上二種の文字を組合わせた会意や諧声の文字が多いことが、この対偶を可能ならしめている。

携レ何兮得二来遊一　屈曲横首杖
向レ誰兮談二往事一　一両白眉僧　（10「河原院賦」）

書信易レ通　不レ期二雁足繫一レ帛之秋一
帰去無レ妨　豈俟二烏頭変一レ黒之日一　（252「餞裔上人赴唐詩序」）

などが挙げられる。側対は当時の人々の関心を惹いたとみえて、『江談抄』に「以二仏神通一争酌（酌）尽、経二僧祇劫一欲二朝宗一。」の詩句について「此句酌字、夕作甚大レ之。朝宗為レ対レ之也。」と記し、『和漢朗詠集私注』巻下に「酔対二落花一心自静、眠思二余算一涙先紅。」の句に「以レ静対レ紅、時人称歎云々。」と記すのは、何れも側対についての言及であるが、当時の詩文の側対の多くは色彩に関するものである。

字音によって分類される対偶としては重字対（畳対）・双声対・畳韻対がある。『秘府論』では何れも賦体対に含まれ、

賦体対者、或句首重字、或句首畳韻、或句腹畳韻、或句首双声、或句腹双声、如レ此之類、名為二賦体対一。似二賦之形体一、故名二賦体対一。

と記されている。重字（同字を重ねるもの）、双声（子音を等しくする連語）、畳韻（母音を等しくする連語）の対偶で、この三者はさらに句首・句腹・句尾の三体に分けられるが、等位は厳守されねばならぬ。中国では音律の上で美感を

与えるので古くから盛んに用いられたが、我国でも朗詠にふさわしいので多くの用例を見ることができる。賦体対は擬態語が圧倒的に多い。重字対としては

淵変為レ瀬之声　寂寂閉レ口
沙長為レ巌之頌　洋洋満レ耳　（342「古今和歌序」）
春花面面　闌二入酣暢之筵一
晩鶯声声　与二参講誦之座一　（260「侍前鎮西都督大王読史記詩序」）

などが挙げられる。双声対としては

皁蓋紫綬　映二晩霞一而繽紛
玉佩金章　対二春風一而璀錯　（247「風月一朝阻詩序」）
燕姫之袖暫収　猜二繚乱於旧拍一
周郎之簪頻動　顧二間関於新花一　（340「鳥声韻管絃詩序」）

などの用例が見える。清の銭大昕は六朝の人は双声を重んじて婦女といえども好んで口にしたといい（『十駕斎養新録』巻十六）、また古人の名に双声畳韻を取るものが多く、草木虫魚の名称に双声が多いと述べている（同上巻五）。畳韻対としては

欲レ謂二之水一　則漢女施レ粉之鏡清瑩
欲レ謂二之花一　亦蜀人濯レ文之錦粲爛　（301「花光水上浮詩序」）

の「清」と「瑩」はともに平声庚韻、「粲」と「爛」は去声翰韻であり、また

落花飄颻之光　寧如レ飜レ袖

垂柳婆娑之態　難レ及レ転レ腰　（402「村上天皇供養雲林院御塔願文」）

の「飄」と「颻」は平声蕭韻、「婆」と「娑」は平声歌韻である。王銍が『四六話』巻下に

王文恪公陶嘗言、四六如二蕭条二字一須レ対二綽約一。与二抛レ鞍矍鑠一須レ対二攬レ轡澄清一。若不レ協レ韻則不レ名レ為二声律一矣。

と述べているのは駢儷文における畳韻対の重視を示すものである。なお上句が双声で下句が畳韻の双声畳韻対や、上句が畳韻で下句が双声の畳韻双声対の用例もしばしば見ることができる。

ところでこれらの対偶に類するものとして『秘府論』には双声側対と畳韻側対を挙げ、崔融の説によって「双声側対者、謂二字義別、双声来対一、是。」「畳韻側対者、謂字義別、声名畳韻対、是。」と意味の上で対偶をなさぬが双声畳韻という点で対偶をなすものであると説く。しかるに『江談抄』に

古人云、范叔与二瀟湘一所謂双声側対也。以二蕭相一対二范叔一歟云々。

雲衣范叔羈中贈　風櫓瀟湘浪上舟　賓鴻是故人　後中書王

とあるのは「瀟湘」の旁の「蕭相」が漢の宰相蕭何を指すので、秦の相范叔（范雎の字）と人名の対偶（側対）をなすと考えられ、双声側対を対偶の片方が字音の上で双声であり、しかも字形の上で側対であることを意味していて『秘府論』の説と異る。中国の詩学書の説を曲解したものか、或は我国で独自に名称を附したのであろう。なお『秘府論』に「釈曰、上句若有二重字双声畳韻一、下句亦然。上句偏安、下句不レ安、即為二犯病一也。」と双声や畳韻に対して直語を対偶せしめるのを詩病として退けているが、(11) 文章ではかかる用例が少くない。これは平安初期に行われた漢音学習が廃止になった後は、中国における様に双声畳韻の音律的効果が得られなかったためであろうか。

字音による対偶に声（音）対がある。声対は意味の上では全く関係ないにも拘らず、音が通ずる字をもって対偶せし

めるものである。『秘府論』には

声対者、若㆓暁路秋霜㆒。路是道路、与㆑霜非㆑対。以㆓其与㆑露同声㆒故。或曰、声対者、謂㆓字義倶別、声作㆑対㆒、是。

と説かれている。例えば

生者必滅　釈尊未㆑免㆓栴檀之煙㆒
楽尽哀来　天人猶逢㆓五衰之日㆒　（423「重明親王為家室四十九日願文」）

は「栴」が「千」と同声であるので「五」と対偶をなすのであり、

征馬鳴㆑珥　秋踏㆓仙珂之雪㆒
宿禽斂㆑翅　夜栖㆓一枝之風㆒　（8「落葉賦」）

は「仙」と「千」と音通なので「一」と対偶をなす。『史館茗話』に「橘倚平詩曰、楚三閭醒終何益、周伯夷饑未㆓必賢㆒。伯字与㆑百通㆑音、故対㆓三字㆒。其句可㆑読㆑之。」とあるのは声対を指すものである。類従本『作文大体』に「一二三対㆓先専朽㆒。謂先字千音也、専字又千音也、朽亦九声也。故謂㆑之。」と説明が数字の対偶に終始しているが、平安時代の声対はその殆どが数対に還元される。当時の邦人の嗜好によるのであろう。なお既述した奇対・意対・字対・声対の如きは後世纏めて仮対と称されている。

連語による対偶として賦体対の重字対を述べたが、これと似て性格を異にするものに聯綿対がある。『秘府論』に

聯綿対者、不㆓相絶㆒也。一句之中、第二字第三字是重字、即名為㆓聯綿対㆒。但上句如㆑此、下句亦然。

と記すが、五言詩において第二字と第三字に限定するのは『文筆式』の説で、これに限らずすべての連語に適用さるべきものである。『作文大体』に「一句之内有㆓同字㆒。上下不㆑同、離読㆑之。」とある如く、連結した同字が一語としてではなく、意味の上で独立してそれぞれ別の働きをするものをいう。例えば

量レ能授レ官官乃理　択レ材任レ職職乃脩　（68「封事三箇条」）

の如きが知られるが、隔句対には殆ど見られない。

聯綿対が拡張して同句の中に同字を用いるのが双擬対である。『秘府論』に

双擬対者、一句之中所レ論、仮令第一字是秋、第三字亦是秋、二秋擬二第二字一。下句亦然。如レ此之類、名為二双擬対一。

と見える。「双擬」とは二字が中間の字に向って並ぶことで、中間[12]の字は一字とは限らない。

瑩レ日瑩レ風　高低千顆万顆之玉
染レ枝染レ浪　表裏一入再入之紅　（300「花光水上浮詩序」）

悲之又悲　莫レ悲二於老後一子
恨而更恨　莫レ恨二於少先一レ親　（424「為亡息澄明四十九日願文」）

この双擬対は我国では古くから修辞の技巧として用いられ、『懐風藻』の釈弁正の「在レ唐憶二本郷一」詩に

日辺瞻二日本一　雲裏望二雲端一
遠遊労二遠国一　長恨苦二長安一

と詠まれている。

双擬対の特殊なものに類従本『作文大体』は双対を挙げて、「隔二衆字一用二同畳字一、是也。」と説明している。例えば

先二父兄一而帯レ爵　古人恥レ之今亦恥レ之
推二栄班一而譲レ親　賢者思レ之愚亦思レ之　（170「賀茂保憲請以所帯爵譲親父状」）

の如きが該当するが、柳原本『作文大体』に

紅葉亦紅葉　連峯之嵐浅深
蘆花亦蘆花　斜岸之雪遠近　（352「紅葉蘆花和歌序」）

の例句を挙げ「一句之中多用二同字一、古人所二始来一也。」と記すのは、特殊な対偶としての認識があったからで、衆字を隔てていないが双対と解すべきである。

句中における用語の位置に基く対偶に互成対がある。これは二字の間で互に対照になっている連語を両句に用いる対偶である。『秘府論』に

互成対者、天与レ地対、日与レ月対、麟与レ鳳対、金与レ銀対、（中略）両字若上下句安、名二的名対一。若一処用レ之、是名二互成対一。

と説く。例えば

東岸西岸之柳　遅速不レ同
南枝北枝之梅　開落已異　（217「春生逐地形詩序」）

喪レ馬之老　委二倚伏於秋草一
夢レ蝶之翁　任二是非於春叢一　（13「菟裘賦」）

において一句の中の上下の文字が相対するだけでなく、両句の間で対偶をなしていることが知られる。『江談抄』に菅原文時の秀句「桃李不レ言春幾暮、煙霞無レ跡昔誰栖。」について「桃李不レ言、煙霞無レ跡、乃為二対句一。」と述べているのは互成対を意味していると思われる。かかる用例が数多く見られるのは、漢字の熟語に反対概念の文字を組合わせたものが多いことや、対偶として鮮明な印象を与えたことが原因であろう。

上下二句の対偶の配列順序が逆になっているものを交絡対という。『秘府論』では「出二入三代一、五百余載。」の例句を挙げ、

或謂、此中、余属二於載一、不レ偶二出入一。古人但四字四義皆成レ対。故偏挙以例焉。

と説くが、この例句は整然とした対偶をなさず分明でない。貝原益軒の『初学詩法』に「交股法」について

王介甫詩、春残葉密花枝少、睡起茶多酒盞疎。此一聯以レ密対レ疎、以レ多対レ少。正交レ股用レ之。所謂蹉対也。

と記す蹉対がこれに当るもので、対応する語が両句の間で交叉している対偶である。かかる対偶は稀にしか見られないが、強いて挙げれば

身自精勤講レ経図レ像　十之三四
聞レ説見レ形展転随喜　十之八九　（357「普賢菩薩讃」）

の「講経図像」と「聞説見形」、「身自精勤」と「展転随喜」（前者ほど整っていないが）が引違えて対偶をなしているといえようか。対句の基本は両句間における対応語の等位にあるので特殊な対偶といえる。

廻文対は同じ連語を上下の句で倒置させて相対せしめる対偶をいう。『秘府論』には「情親由レ得レ意、得レ意遂情親。」の例句について

双情著二初九一、両親継二於十二一。（中略）列レ字也久、施レ文已周。廻文更用、重申二文義一。因以名云。

と説くが、『詩轍』は「此句誠ニ倒読スベケレバ、回文ナリトイヘドモ、字ニ依ラズシテ意ニ回文アルニ似タリ。」と述べている。「情親」と「得意」の二つの連語が上句と下句とでは逆になっており、語の流れが上から下へ、下から上へと連環している。

故人未二必親友一　親友未二必故人一兼レ之者文郎中也

詩家未㆓必酒敵㆒　酒敵未㆓必詩家㆒兼㆑之者文郎中也　（288「翫庭前早梅詩序」）

不㆑知落花之為㆓舞衣㆒也　不㆑知舞衣之為㆓落花㆒也　（306「落花乱舞衣詩序」）

はそれぞれ隔句と長句における廻文対の典型である。『秘府論』西巻の「文筆十病得失」に「文以㆓両句㆒而会、筆以㆓四句㆒而成。（中略）故筆之四句、此文之二句。」と記されているが、二句に跨る例句としては

花飛則尋常惜㆑之　況当㆓客別㆒

客別亦尋常恨㆑之　況当㆓花飛㆒　（249「別路花飛白詩序」）

が挙げられる。

対句はまたそれを構成する句の配置の関係から考察することができる。対句は向い合った両句の間に成立するのが原則であるが、一句の中で対偶をなすのが当句対である。『秘府論』は例句を挙げるのみだが、『容斎続筆』巻三に

唐人詩文、或于㆓一句中㆒自成㆓対偶㆒、謂㆓之当句対㆒。蓋起㆓于楚詞、蕙蒸蘭藉、桂酒椒漿、桂櫂蘭枻、斲冰積雪㆒。自㆓斉梁㆒以来、江文通・庾子山諸人亦如㆑此。王勃宴㆓滕王閣㆒序一篇皆然。

と述べている。(13)「当句ニ就テ対ヲトルノ意」（『詩轍』）である。

紅栄黄落　一樹之春色秋声

結㆑綬抽㆑簪　一身之壮心老思　（132「為清慎公請致仕表」）

陰条陽葉之誇㆓天時㆒　開㆓春風㆒落㆓秋霜㆒

月台水閣之随㆓地勢㆒　郢斤声越斧跡　（270「宇治別業即事詩序」）

などの例句を挙げることができるが、当時の文章における当句対は枚挙に遑がない。

（八）　虚　実　対

最後に虚実対について述べる。既述したように対句は相対する語が同一品詞で構成されるのを常則とするが、実字と虚字とを相対させるものを虚実対という。[14]『秘府論』には双虚実対の名称で「故人雲雨散、空山来往疎。」の詩句を挙げ「此対二当句一、義了不レ同二互成一。」と述べる。「雲雨」が形を備えた実体詞であるのに対し「来往」は形を持たぬ作用詞であることをいう。津坂東陽が「亦避レ板活手段也。」（『夜航詩話』巻二）と記すように、平板陳腐な表現を避けるための方法と考えられていた。

行人休止　猶避二幽僻之煙一
道子山池　誰迷二斟酌之水一　（88「松竹策」）
裁無二刀尺一　経二西母之路一而弥縫
染有二浅深一　逐二子喬之駕一而潤色　（225「織女雲為衣詩序」）
江都好二勁捷一　七尺屏風其徒高
淮南求二神仙一　一旦乗レ雲其何益　（311「霜葉満林紅詩序」）

などの例は随所に見られるが東山文庫本『作文大体』に

七尺屏風者物名也。一旦乗雲詞字也。然而文字有レ対。又用レ之也。

とあるのは虚実対についての言及と思われる。だが一方では『秘府論』に崔融の説を引いて「夫為二文章詩賦一、皆須二属対一。不レ得レ令レ有二跛眇一者。」と記し、「跛」は前句双声で後句直語の類、「眇」は有形をもって無色に対する如きものと説く。宋の孫奕の『履斎詩説』には二物を一物に対偶させるものと合わせて偏枯対と名付けている。二をもって一に対するのが詩病として忌まれたことは、長徳年中の省試をめぐる大江匡衡と紀斉名の論争によって知られる。[15]し

かし文章においては問題にされなかったのか例句が散見する。例えば

羊叔子之帰二故里一也　指二二疏一而為二吾師一
鄭巨君之挙二新材一也　推二五倫一而進二其位一　（114「為入道前太政大臣辞職第二表」）

の「二疏」は前漢の高士疏広と疏受の二人を指すが、「五倫」は後漢の循吏第五倫を略したものであり、

胡太尉之患レ病　刊二死籍於蒲柳之秋一
葛仙公之伝レ方　塞二邪竇於桑楡之暮一　（326「賜群臣菊花詩序」）

は一木を二木に対偶せしめている。

『秘府論』の対属論では他にも種々の対偶を挙げて説明しているが、漢詩にのみ適用されるものや特異なものに終始していて、我国の文章の対偶には殆どその用例を見ないので省く。

三

対偶表現の本質は両句の対照によって一つの別の世界を生み出すことにあるが、両句の間には何等かの共通要素を前提にして、両句が相互に表現範囲を規定し、表現として自己を完結する点にある。[16] 従ってその根本は『文心雕龍』にいう反対と正対、つまり意味内容に基く対偶にあるといえる。両句間における対偶は複雑なものがあり、視点の置き方によって対偶の名称も変って来る。表現技法の発達によって様々な技巧的対偶が生れたが、言語が意味内容の伝達を使命としている限り、すべての対偶は基本的なものに帰結し得るであろう。三浦梅園が実作者の立場から

右意対以下（平対・奇対・声対・側対を指す）瑣細ニ分ツトイヘ共、総ジテ仮対ノ類如レ此分別シ得テ対ヲ作レトニハ

非ズ、作リタル跡ニ、是等ノ事アル也。（『詩轍』巻五）

と述べているのは、興に任せての技巧的対偶の作成を批判したものであろう。ただし江戸時代と平安時代では対偶に関する考え方が異るので、梅園の意見をそのまま当嵌めることはできない。彼は『秘府論』によって対属論を展開しているが、『作文大体』を見ると当時の人々は中国とも異る対偶意識を持っていたことが知られる。例えば

隴山雲暗　李将軍之在レ家
潁水波閑　蔡征虜之未レ仕　（140「為清慎公請罷左近衛大将状」）

は前漢の将軍李広と後漢の征虜将軍祭遵の故事によるものだが、事実を曲げ、あえて「祭」を「蔡」に改めたのは（祭氏と蔡氏は出自を異にする）「李」との対偶を意識したからに違いない。対偶の巧拙を巡る詩話文話が数多く残されているが、当時の人々の対偶意識は現代人には計り知れないものがあるといえる。しかし駢儷文の典範ともいうべき『本朝文粋』を繙いても、修辞のための修辞と目すべきものは数少い。「今学二四六文法一者、応レ要二語勢通暢而不二浮誇一也。」（『文海知津』巻上）とある規範を平安時代の駢儷文に求めるのは困難であるにしても、対偶における技巧上の節度は守られていたといってよいであろう。

（1）駢儷文の句型については後に大顛梵通の『四六文章図』や佐々豊明の『文海知津』に言及されている。
（2）赤沢一堂の『詩律』には詩対として的名対・隔句対・畳字対・互成対・賦体対・折句対・流水対・意対・錯綜対・借対・交絡対・当句対の十二種を挙げる。林東溟の『諸体詩則』は「上官儀云、詩有二六対一」として正名対・同類対・連珠対・双声対・畳韻対・双擬対を挙げるが『詩人玉屑』の引用である。
（3）『滄浪詩話』は「扇対」と呼称する。
（4）『駢文史序説』。

（5）『中国文学における対句と対句論』。
（6）松浦友久氏「中国古典詩における対偶の諸相」（『中国詩文論叢』第二集、昭和五十八年六月）。
（7）三浦梅園の『詩轍』巻五及び清田儋叟の『芸苑談』を参照されたい。
（8）古田敬一氏『中国文学における対句と対句論』一一一頁。
（9）『万葉集』巻三の大伴旅人の讃酒歌に詠まれ、また李白の「月下独酌」に「已聞清比㆑聖、復道濁如㆑賢。」とある。
（10）以下『江談抄』の引用はすべて群書類従本の巻四に収められている。
（11）『詩律』に「如㆓前句双声、後句直語或空談㆒、名曰㆓跛対㆒」とある。
（12）古田氏、前掲書五八頁。
（13）日尾省斎の『詩格刊誤』巻下に引用される。なお『滄浪詩話』は「就句対」と称す。
（14）『詩人玉屑』巻三に「軽重対」とある。
（15）『本朝文粋』巻七。なおこの論争に関しては金原理氏に「平安時代漢詩人の規範意識」（『平安朝漢詩文の研究』所収）の好論文がある。
（16）松浦氏、前掲論文。

十一　平安時代の駢儷文について

一

平安時代の文章が対句を中心にして構成されていることは言うまでもないが、形式的に辞句を排列しただけで一篇の文章が出来上るものではない。そこには題意に適った内容が必要であり、内容と形式の両者が相俟って文章が完成する。作文には先ず思考を組立てることが第一で、構想が纏ったら辞句の配置と前後の脈絡を考えることが必須の条件である。『都氏文集』（巻五）に

凡作文之体、自有二定准一。其開発端緒、陳二置大綱一。必須下予論二物理一、暗合二題意一、起二文於此一、会二理於彼一、取二上事一以証二下事一、論二後義一以足中前義上。

と述べているのは、対策文についての注意であるが、最初に大綱を立て、題意に沿って議論や叙事を展開しながら前後を照応させ、一貫した趣旨の文章を作ることは、如何なる文体にも適用される意見と言える。

ただ文の大小や文体の種類によって、内容は勿論のこと、叙述の形式や強弱緩急の置き方まで違って来る。即ち議論文と叙事文では異同があり、序や銘などの文体の種類によっても必然的に相違が生ずる。当時の文章は文体が同じでも多少叙述の内容や形式に違いがあった。それは『本朝文粋』にある記の中に、ありのままの記載に終始する叙事文と、自己の意見の発現に中心がある議論文の両者があることや、銘に称讃のものと自戒のものとがあることによっ

ても分る。しかし概ねその文体によって大略の規則があったと考えられる。殊に公文書においてはその書式が一定して居り、[1]例えば辞表の形式は「臣某」若くは「臣某等言」の語句で書始め、中間には「臣某中謝」とあり、終は「臣某誠惶誠恐頓首頓首死罪死罪謹言」で結ぶ。そして最後に日附を書き、その下に位署を加えるのである。[2]その内容は天子の過分の寵用と自己の非才を記し、任に堪えないので伴食の罪を逃れて隠退したいと述べるのが常套である。ところが同じ内容を持ちながら前記の形式を取らないものに辞状があり、この両者は書式の相違によって厳然と区別されていた。

書式の規定は公文書だけではなく、公的な場で発表されるものにも一定の規範があった様に思われる。その内容については判然としないが、詩序や和歌序の題目の書様について故実があったことは、『朝野群載』(巻十三)や『八雲御抄』(巻二)によっても知ることが出来る。記や伝の如く私的な性格を有する文体は、かなり自由な表現を取ることが出来たであろうが、朝廷や摂関の求めに応じて執筆する詩序や願文などには、書くべき内容や形式について一応の枠が決められていた。そこに文章を如何に書くかという内容の項目と、章段の問題が生じて来るのは当然であり、文体の相違によって形式上の規則が作られていたと考えられる。『文鏡秘府論』(南巻)に

　凡製二於文一、先布二其位一。猶三夫行陳之有ㇾ次、階梯之有ㇾ依也。先看三将ㇾ作之文体有二大小一、又看三所ㇾ為事理或二多少一。体大而理多者、定ㇾ製宜ㇾ弘。体小而理少者、置ㇾ辞必局。須下以二此義一用ㇾ意准上ㇾ之。

と述べているのも、文章の段落の重要性を説いたものと解して良かろう。そして段落は形式的には句切を表す発句や傍字の如き句端の字の使用と言うことになる。『秘府論』(北巻)には

　属ㇾ事比ㇾ辞、皆有二次第一。毎ㇾ事至二科分之別一、必立ㇾ言以間ㇾ之、然後義勢可ㇾ得二相承一、文体因而倫貫也。

と述べた後、二十六類に亘ってその用法と意義を説いている。

しかしこれは修辞上の問題であって、句端の字句によって前後の文を接続させることは出来るが、首尾脈絡があり内容を持った一篇の文章を作ることは意味しない。従って我々が当時の文章を分析するには、段落を示す句端の字句を参考にしながら、さらに内容の上で章段を分けて行かねばならぬ。ただ残念なことは、平安時代の文章作法書には章段についての具体的な説明がない。『作文大体』に見える文章の分析も形式的な句型についてのもので、文章を構成している句の排列は分っても、その文体が如何なる内容を持ち、どの様な順序に叙述されているかという、一貫した文章の構成については解明されていない。これは日本だけでなく、当時の学者が手本にした中国の修辞学においても、文章の段落については筆が及んでいなかった様に思われる。『文心雕龍』(章句第三十四)に

夫人之立レ言、因レ字而生レ句、積レ句而為レ章、積レ章而成レ篇。篇之彪炳、章無レ疵也。章之明靡、句無レ玷也。句之清英、字不レ妄也。振レ本而末従、知レ一而万畢矣。

と文章の構成を篇・章・句・字の四法に分類しているものの、それ以後これを発展させて研究されることはなかった。殊に駢儷文の隆盛は句法にのみ重点が置かれて精緻な修辞学が生れたが、他の文法については顧慮が払われていない。字法に属する助辞の如きも蔑にされたが、篇法や章法に至っては全く無視されてしまった。

文章の体段に関する篇法や章法が重視されるようになったのは、韓退之によって古文が復興した後のことである。とすると平安時代に体段の論がなかったことは当然と言える。それ故我々は後代の文章理論をもって当時の駢儷文を分析することは出来ない。このことについては後述する。そこで当時の代表的な文章を取上げ、内容形式の上で段落を設け、そこから帰納して一般の文章に推当てて行く方法を取ることにしたい。本稿では『本朝文粋』(巻十・300)にある菅原文時の「暮春侍二宴冷泉院池亭一、同賦二花光水上浮一応製」詩序を取上げて分析を試みる。

二

章段の説明に先立って、詩序の文体と種類について述べて置きたい。序とは『爾雅』に「序、緒也。」とあり、『文体明弁』に「言其善叙二事理一。次第有レ序、若二糸之緒一也。」と解説されている如く、順序次第を追って其の事柄を述べるものを言う。『文章弁体』によると詩序は『詩経』の大序に始まると言う。[3] そして序には大序と小序とがあり、前者は文籍作成についての作者の意図を記したもので、後者は篇章のそれを述べたものである。また『文体明弁』ではその体を議論と叙事の二に分けている。

さて『文選』には九篇の詩序を収録しているが、小項目を附していない。しかしその内容から書序・賦序・詩序が中心を成していることが分る。これが『唐文粋』になると分類も精細になり、集序・著饌・歌詩・讌集・餞別等十三類に分けられている。だがこの分類方法は煩瑣な感を与える。一方我国では『文粋』の分類が後代の範となったが、それは書序・詩序・和歌序の三に大別して居り、詩序はさらに天象・時節以下、木・草・鳥に至る十八の小項目に分けられている。私の考えでは明の王志堅が編纂した『四六法海』の詩文・宴集・贈別の三分類が最も妥当と思われる。江戸時代の『文法授幼鈔』(巻一)にも

凡文籍ノ序ニハ作者ノ本意ヲ述ベシ。又贈送燕集ノ序ハ各事ニ随其実ヲ述ベシ。

とこの三類を挙げている。これから論ずる「花光水上浮詩序」(巻十・300)は『文粋』の分類では木部に属しているが、宴集の序であることは明かである。次に本文を掲げて説明を施すことにしたい。

暮春侍二宴冷泉院池亭一、同賦二花光水上浮一応製　菅三品

漫　句　冷泉院者
長　句　万葉之仙宮平　百花之一洞他也送句
緊　句　景趣幽奇平　煙霞勝絶他
傍　字　聖上
緊　句　暫出二紫闥一他　近幸二綺閣一他
傍　字　以来
雑隔句　供奉無レ暇他者　瑞露薫風平
　　　　扈従猶留平者　詩情詞思他
傍　字　及レ至二
緊　句　春輝漸闌平　物色可レ愛他
長　句　人間之芳非欲レ尽他　象外之風煙猶濃平
漫　句　爰宴二于林下之池台一誠有レ以矣
発　句　観夫
緊　句　花綻在レ岸他　水清盈レ科平
長　句　花垂レ映而水下照他　水浮レ光而花上鮮平
雑隔句　瑩レ日瑩レ風平　高低千顆万顆之玉他
　　　　染レ枝染レ浪他　表裏一入再入之紅平
密隔句　誰謂水無レ心平　濃艶臨兮波変レ色他

以上一段

誰謂花不レ語他　軽漾激兮影動レ脣平

発句　嗟呼

緊句　花之遇レ時平　水之得レ地他

送句　者歟　　以上二段

発句　夫

雑隔句　布レ政之庭平　風流未三必敵二崐閬一兼レ之者此地他也(4)

好レ文之代他　徳化未三必光二于黄炎一兼レ之者我君平也

傍字　故

緊句　筆硯承レ恩平　糸竹含レ賞他

発句　即将下

長句　閲二詩律一以為二択レ賢之道一他

播二楽章一以為中易レ俗之音上平也

漫句　明聖之事猗乎盛哉　　以上三段

発句　于レ時

緊句　宴入二夜景一他　酔蕩二春風一平

長句　詠二謌於琪樹之陰一平　蹈二舞於沙涯之畔一他

傍字　臣文時

緊句　籍非二煙客一他　名謝二風人一平

長　句　謬以㆓詩家之末塵㆒平　叨霑㆓楽池之余沢㆒他
長　句　記㆑言者昔勤平也　叙㆑事者新責他也
緊　句　敢対㆓華塘㆒平　聊献㆓実録㆒他
送　句　云㆑爾　　　以上四段

この詩序は四段に分けることが出来る。第一段は冷泉院の風趣が他に比して一段と優れていることを述べているが、これは更に二段に分れる。前半の章段においては、この院の百花が咲き乱れる光景は実に奥深くて美しく、たまたま天皇が行幸される時には、供奉の者達は春秋の景観を賞して詩を賦すと言う。後半は現今春も闌になり景色も愛すべき時になって、世間の花は散ってしまったのにこの仙院だけは風景も素晴しく、そこで林下の池台に宴を張って楽しい時を過ごすのも、当然であると述べる。

第二段は前段を承けて具体的に風景の美を叙したもので、題意に基いた描写がなされている。観れば花は開いて岸にあり、水は清く池に満ちている。そして花は水に映じ水は花を浮かべているが、花の光は玉の輝くごとく日や風に瑩かれ、その色は何度も染めなした紅錦の様に枝や浪を染めている。花の濃厚な色が水に臨むと浪の色を変え、細波が立つと花の影が屑を動かす。まさに花の時を得、水の地を得たと称すべきである。

第三段は今日の遊宴の意義を述べ、天皇の徳を讃えた章段で前後に分れる。最初にこの地は朝廷の威厳と仙院の風流を兼備し、我君は好文徳化の両者を併有していると一般的な讃美を記し、次いで具体的に本日の会の模様を通してそれを証明する。人々は天恩により詩文を弄し管絃を奏することを以て賞されると述べ、これによって天皇は詩文をもって賢才を択ぶ道とし、音楽を広めて風俗を改める縁とするのであって、この聖明な行事は実に美しいと言う。

第四段は作者が卑才を顧みずに詩序を執筆した次第を謙遜して述べる。時に宴会は夜に至って春風に酔を催し、花樹の陰で歌う者もあれば砂浜で舞う者もいると饗宴に列席した人々の酔態を述べた後、本段の中心に入る。文時（作者）は殿上人でもないし文士の才もないのに、謬って詩人の末席を汚し、この音楽の宴に列する恩恵に浴することが出来た。作者は昔は内記の職に居て記録を事としたが、今また事を叙する命を承って、この花塘の宴について実事を録し、献上する次第であると結んでいる。

作者はこの詩序を執筆するに際して、予め記載すべき内容とその順序、即ち一篇の文章の布置結構を脳裡に描いていた。㈠冷泉院の勝絶、㈡その具体的な風景描写、㈢天子の徳の讃美、㈣作者の謙辞の四項について、この順序に執筆するという大綱が始めに出来上っていたと考えて良かろう。

そしてこの序は形式の面からは、夫々句切を示す辞句が配されている。第一段では「冷泉院者」と直接に場所を呈示して、読者の関心を強く惹きつけようとしている。これは駢儷文としては珍しく、一般には「夫」とか「伏惟」の如き発句を置くのが常である。第二段は「観夫」と言う発句を用いているが、この字句は『秘府論』（北巻）に「発レ端置レ辞、汎叙二事物一也。」と説明されていて、文章全体を言起こす時に用いるもので、大文に施されるのが常儀である。ここでは池亭の景観を讃美し強調するために用いたものと考えられる。第三段は「夫」と言う発句を用いて居り、これは前段の「観夫」と同じく文章を説起こす機能を持っている。第四段の「于時」も『作文大体』に発句として挙げられて居り、其時が常態と異ることを強調する意味を持つが、ここでは前段を承けて時間の観念を読者に喚起するものと考えたい。

その上各段に見られる小段も、やはり句端を示す語によって段落が見られる。第一段の「及レ至」は『秘府論』に「因二事変易多一、限二之異一也。」と説明されている様に、季節の推移を叙して特にある段階を示す語である。第二段の「嗟呼」は歎息の語であるが前文を承けて居り、伊藤東涯の『操觚字訣』（巻二）によると句頭に用いる語で、「イヒタラズシテ、サタンノ声ヲ発シテ、タスクルナリ。」と説明されている。第三段の「故」は傍字で、『秘府論』に「取㆓下言㆒、証㆓成於上㆒也。」とある如く、前文を後文によって証明するものである。第四段の「臣文時」は傍字に属し、主格を明示している。

　この様に句端を示す語句によって段落を設けながら、前文との関係を保ちつつ叙述を展開して行くのであるが、文章の中心が対句によって構成されていることは言うまでもない。その対句が華麗な表現を持っていることは一瞥して明白であるが、この詩序には単対が多く隔対が少ない。しかもその隔対に当時の駢儷文の主軸をなしていた四字と六字の句から成る軽隔句（上四下六）や重隔句（上六下四）が全く見られない。だがこの隔句の中「瑩㆑日瑩㆑風」「誰謂水無㆑心」「布㆑政之庭」の三句は『和漢朗詠集』に採られ、特に前二者は古来佳句として人口に膾炙している。この詩序の対句の種類如何に拘らず、その典雅な辞句によって醸し出された春景は、まことに艶麗の世界と言って良かろう。宋の呉可は『蔵海詩話』に

　凡文章先㆓華麗㆒、而後㆓平淡㆒。如㆓四時之序㆒、方㆑春則華麗、夏則茂実、秋冬則収斂。若㆓外枯中膏者㆒、是也。

と述べている。春の作としてはその季の華麗な風趣をよく表現して居り、傑作と言って差支えない。この詩序の製作が遅いために還御されようとした村上天皇が、首句を聞いて留まったと言う逸話が『江談抄』（巻六）に記されている。

　しかしながら対句や傍字を細かく分析しても、それはどこまでも文章の形式的な処理であって、執筆されるべき内容や前後の章段の関係などについては、別に考えねばならぬ。そこで内容の説明に当って、『王沢不渇鈔』の解説を借りることにしたい。

三

『王沢不渇鈔』二巻は鎌倉時代に作られた問答体の文章作法書で、上巻は文（詩）を論じ、下巻は筆（序と願文）を説いている。本書の説明は体系的なものではなく、時代の趨勢に応じて詩文作成に直接役立てようとしたものである。そして作者の態度は飽くまで現実的実践的で、説明に適当な文範がない時は、自分で作詩作文をしながら具体的な解説を施すと言う方法を取っている。従って本書に理論的説明を求めるのは無理で、作者は先人の優れた文章を分析帰納して一つの文章論を構築したと言うことが出来る。しかも和歌序や願文の文範として引用された文章がすべて平安時代の作品であるので、作者が手本とした文章も前代のものと推定される。それ故にそこから帰納された文章論は、一応『本朝文粋』の文章を分析する定規の役割を果してくれることになるかと思う。そこで本書に記された詩序の叙述方法を紹介しながら、平安時代の文章に当嵌めて考えて見たい。なおここで言う詩序は、前述した詩序の中で宴集の序である。

本書の作者は客の問に答えて、詩序には傍字をもって前文を結び後文を催すことが肝要であると述べた後、序の体について次の如き説明を施している。作者は仮に「待レ花催二勝遊一」と言う題を設けて論を展開するが、先ず執筆に当っては題意を理解せねばならぬと言う。この題字の中「花」と「遊」の二字の情が最も強く、前者においてはそれを待つ心が頻りであることを呈し、後者においてはそれに惹かれる思いが切であることが大切で、題意の把握が不完全であると無味乾燥になると言う。

次に詩序の体を五段に分けて解説する。初段には種々の様式があるが「美二亭主之敏思名誉一」「賦二地形之勝絶奇異一」「述三時節之勝二他時一」「詠三景物之超二異物一」の四次第が主なもので、その時と処によって使分け、この風情を呈することが望ましい。そして此段の初には後文を引起こすために傍字を施さねばならぬと言う。前掲の文時の詩序は第二の地形の勝絶を賦すものに該当すると言えよう。平安時代の詩序は概ねこの分類の何れかに当嵌まる。例えば『文粋』の詩序の冒頭を取上げて見ても

左相府者、王佐之重器也。興二立礼楽之中衰一、弥二縫文章之殆絶一。（324「寒花為客栽詩序」）

去月西郊遊覧之次、大王命云、書閣之畔、有二一株桜一。願待二花開一、共相賞翫。（297「香乱花難識詩序」）

は第一の亭主（主催者）の名誉敏思を褒めることをもって、初段を飾ろうとしたものである。第二の地形の勝絶を賦したものは例文の外に

洛城以東、有二一勝地一。都督大王之深宮也。（221「今年又有春詩序」）

雍州上腴、洛城南面、有二一勝境一。（270「陪左相府宇治別業即事」）

などが挙げられるが、『文粋』ではこの叙述形式を取るものが最も多い。第三の時節が他のそれに勝ることを詠んだものとしては、

八月十五夜者、秋之仲、月之望也。（206「映池秋月明詩序」）

春之為レ気也、霏霏焉、漠漠焉。（215「早春侍宴春暖詩序」）

などの例を見るが、宮廷の内宴や七夕・重陽の宴における詩序は、この体を取るのが通例である。第四の景物の他に優れることを詠む形式は好例が見えない。これは景物が時節や地形と結びついているためで、第二や第三の様式に包含することが出来るかと思う。また中には前述の四項の中、二項を併有している者もあるし、「白氏文集云、」（299）とか「古人有レ言曰、」（307）の如く、古典を引用して一般的な教訓や詩境を説くものもある。

第二段は「風漸暖而聞二歌鶯之声滑一、日已遅而見二舞蝶之翅軽一。」の如き対句を用いて、花に艶がある様に執筆することが要求される。この段は初段を承けて、華麗な表現による景物の描写を事とするのであろうが、傍字の説明がないことから推してもそれ程長文に亘ることなく、ただ第三段への繋《つなぎ》の役割をしている様に思われる。文時の詩序ではこの段を欠いている。

第三段は題字を華麗な辞句によって表現することが大切である。その場合に直接に題字を載せる、題字をもって他句と対属をなす、その詩題の風情を取る、題意と同じ発想を取る、の四種の様式を挙げている。「可レ聞二口伝一」と注記があるので、この段が最も重要であったと想像される。このことは殆どの詩序に見られるところで、例文においては「花光水上浮」の題意を取って「花垂レ映而水下照、水浮レ光而花上鮮。」と対属に仕立てている。当時の詩題には先人の佳句を取った句題が多いので、典雅な文章を書くために直接に題字を取るより、詩題の風情を賦す例が多く見られる。もっとも中には「何処堪レ避レ暑、河陽館勝境矣。」（222「何処堪避暑詩序」）とか「古詩曰、梅近夜香多。誠哉此語。」（290「梅近夜香多詩序」）の如く、詩題を初段に置く例もないわけではないが、それらは極めて稀で異例に属する。

第四段は最初に「至二于如一」の如く重ねて理を明かにする傍字を用い、次いで隔句対を置くのがよいと言う。例文として「苑中匂馥、遥如二沈麝之薫一、庭前粧散、誤疑二錦繍之幅一。」などの駢儷が記されているが、範例として作者の書いた詩序は、五段の中でこの段が最も字数が多く、対句が併列してあるので、序者の文才を評価される章段であったと考えられる。

第五段は初に「如レ予者」の如き傍字を置き、次いで非才を顧みず拙詞を献ずると言う謙遜の辞句で結ぶのである。この末段の執筆様式は当時の詩序に多く見られるところである。

以上の五段によって詩序は構成されているが、この中で形式的に守るべきものは、第三段の詩題を取ることと、第五段の作者の謙辞を述べることの二者であろう。この二者を脳裡に置いて、時節に従い題目に基きながら麗筆を揮うことが、詩序の執筆態度であったと考えられる。従って本書に説かれた詩序の様式は墨守すべきものではないし、この規格に塡った作品は妙趣に乏しいものとなる。私は先に、本書の作者は先人の文章から帰納してこの様式を作成したと述べたが、先人の詩序はその大綱において共通点が見られるものの、その表現には種々の形があって一定していない。従って作者は詩序の典範として掲載するのに困難を感じ、自己の考案した規則に該当する様、序を作成したと思われる。この様に考えると、本書の規範をもって平安時代の詩序を律することは出来ない。しかしながら詩序を分析して行く時の一応の目安にはなると思われる。そして例文として掲げた菅原文時の詩序も決して特異な形式のものではなく、詩序の一典型と考えることが許されるであろう。なお『不渇鈔』には四季に亘って詩序の体を説明して居り、これが印融の『文筆問答鈔』に受継がれて、中世においては詩序の様式の規範と仰がれるに至った。

四

『王沢不渇鈔』はさらに和歌序に筆を進めて

　其情同二詩序一。但其体可二優玄一云々。以レ置二訓詞一為二故実一也。

と述べている。和歌序においては詩序以上に優麗典雅な表現が要求されたのであって、『袋草紙』（巻上）にも大江匡房の言として「可レ書レ序ハイタクタハレズ、ウルハシク可レ書。」と記されている。漢詩よりも和歌の持っている優しい風趣が、その序の表現に反映して来るのは当然であろう。顕昭の『古今集序注』（巻下）に、『古今集』の真名序と「能因法師集序」の佳句を挙げて「如二此説一者、可レ用二真名序一歟。」と両序を秀逸と推している。しかし両序とも集（書）

序に属するもので、宴集の序としては『不渇鈔』に掲載されている源経信や藤原明衡等の和歌序が、後代の模範になったと考えられる。平安時代の漢詩文は時代が降るに従って格調が下ると言われて居り、『文粋』に較べて『続文粋』が劣るのは誰でも認める所である。しかし和歌序に関しては院政期において最も頻繁に歌会や歌合が開催されたこともあって、数多くの和歌序が作成され傑作も少くない。そのためこの期の和歌序が形式の整備した模範例として、本書に採録されたのであろう。和歌序の体については煩瑣になるので説明を省略する。[5]

最後に願文の構成について解説したい。願文とは「仏事を修して祈願の意を敬白するために作る文書[6]」を言う。願文には造仏造寺・追善・祈願など種々の内容があり、『文粋』では神祠修善・供養塔寺・雑修善・追善に分類されている。その書式は仏寺作善の事柄を列挙した後、行を更えて「右云々」と願意を詳細に記し「敬白」の語をもって結ぶ。そして年月日の下に願主の位署を加える。元来願文は儀礼を重んじるために充分留意して書くべきもので、当代一流の学者に執筆を要請するのが常である。これは依頼を受けた学者にとっては非常に名誉なことで、その出来映の如何によっては世間の賞讃を博すると共に、自己の栄進にも繋って行く可能性を有している。従ってその文章は学者の彫心鏤骨になるもので、その辞句は整斉された中にも華麗を極めている。勿論願文の種類によってその執筆の様式も異るが、『不渇鈔』では追善の願文を対象にして、十番の目録を設けながら解説を施している。

それには先ず巻頭の辞句が肝要であるから、よくよく考案すべしと述べた後、第一番には四種の次第があると言う。即ち㈠世間無常、㈡孝行儀、㈢仏法讃歎、㈣悲歎哀傷、の四がそれである。その例句としては㈠に「人中之尊、猶現二四枯之相一、天上之楽、後為二五衰之悲一。」などを、㈡に「父母之恩、四恩之中深恩、孝養之福、三福之中始福。」などを、㈢に「天上天下、妙覚之理独円、三千大千、無縁之慈普覆。」などを、㈣に「五内如レ割、一心已迷。唯願、大悲照二我幽憤一。」などを挙げる。そして特に㈣の悲歎哀傷は後述する五番の悲歎事が死去の悲を述べるのに対し、一般的な世間の無常を記す点においてその体を異にする。一番はこの四種の中で、その時と人に随いその一を取って書くべきで、二番以下が必ずしも具備する必要がないのに比して、欠くことの出来ぬものである。

二番は聖霊の存生の様子を讃えて書くもので、「仁義備レ身、礼忠存レ思。」などの対句が用いられる。三番は病中の様子を述べるもので、「自二去歳之冬一至二今年之夏一風霧之気屢侵、薬石之験忽空。」などの表現が使われる。四番は逝去の様を記すもので、「忽出二蓬萊之宮一、長帰二蓮花之殿一。」などの例句が掲載されている。五番は人々の悲歎の事を記し、「戴レ眼呼レ天、蒼旻黙而不レ答、投レ身倒レ地、白砂平而為レ何。」などの表現を取る。六番は日数（死去より追善まで）の事で、「今当二七七忌景一、未レ休二懇懇之恨一。」などの例を挙げている。七番は修善仏経の事で「課二毘首之巧匠一、造二弥陀三尊之聖容一、屈二雪眉之弁才一、講二妙法八軸之真文一。」などの句が要求される。この項目は願文の性格から言って必須のものである。八番は時節の景趣で「林花紛々、自添二金容紺殿之色一、山鶯関々、暗助二讃歎和雅之声一。」などの表現が用いられる。季節感に鋭敏な邦人にとっては、やはり必要な項目であろう。九番は昔の因縁の事で「昔漢帝之焼二恋慕之香一、弥添二妄執之縁一、今弟子之捧二恭敬之花一、須レ為二功徳之因一。」の如き対句を使う。願文が駢儷文によって構成されている限り、古典の引用は当然の結果と言える。十番は廻向の言葉をもって全文を締括るもので、「凡厥一切衆生、普遊二四種仏土一。」とか「乃至法界、平等利益。」などの句が置かれる。

以上が願文を構成する十番の目録であるが、ただこの体を墨守すると言葉の妙趣がなくなる。これは古人の願文も長短が一定していないのであるから、時と事によって詞句の添削が必要になって来る。作者も述べている如く、上句と下句との理が離れない様に言葉を工夫することが必要になるのである。そうして作者が最も規格に適った作品として『文粋』（巻十四・415）にある菅原輔正の「円融院四十九日御願文」を掲げ、それに章段を設けている。いささか長文になるが、ここに載せることにしたい。

円融院四十九日御願文　　菅相公

奉レ造白檀阿弥陀仏像一軀、観世音菩薩、得大勢至菩薩像各一体。

奉レ写金字妙法蓮華経一部八巻、無量義経、観普賢経、阿弥陀経、般若心経各一巻。

漫句　以前仏経供養演説

平隔句　八万四千之相他　秋月満而高懸平

開三顕一之文平　春花貫以永点他　　以二仏法讃歎一為二最初之次第一

発句　伏惟　表名　太上法皇

緊句　慈悲稟レ性他　仏法刻レ心平

長句　従二少齢之日一他　及二大位之年一平

傍字　莫レ不下

長句　臣妾感二其恩一平　華夷帰中其徳上他

傍字　然猶

雑隔句　泡山可レ厭他　忽尋二姑山之幽邃一他

苦海将レ救平　遂入二仏海之清虚一平

雑隔句　誦二一乗経一平　全護二宝珠於頂上一他　　聖霊平生御在生之様

受二五部法一他　新瀉二智水於瓶中一平

漫句　去冬以降聖体不予

長句　天使相二望於路一他　医人多尽二其方一平　　御悩之様也

傍字　豈図　漫句　二月十二日中夜
緊句　機縁薪滅他　花界駕催平　崩御之様也
雑隔句　留而消レ魂平者　皆是緇門之遺弟他
仰而恋レ恩他者　寧非二丹墀之旧臣一平　悲歎事也
傍字　嗚呼
雑隔句　過二於熙連河之苦行一年他　禅定水静平
先二於沙羅林之涅槃一三日平　応化月空他　昔因也
雑隔句　法皇平日讃揚之窓平　経巻之塵漸積他
今上毎春臨幸之地他　輦路之草初繁平
雑隔句　鶯舌無レ識他　猶奏二怨曲於庭樹之暁風一平
柳眼無レ情平　空添二啼粧於池堤之暮雨一他　時節景気事
長句　視聴之悲未レ半他　忌景之期既臻平　日数事
長句　天官依レ勅而輸二銭帛一他　旧院有レ儀以営二仏経一平
傍字　夫　傍字　円融院者
長句　当二受図一所二草創一平　類二脱屣一而棲息他
緊句　爰設二斎会一他　弥増二善因一平　修善仏経事
雑隔句　臥雲之後他　雖レ謙二一乗仏子之名一平
昇霞以来平　定到二無上法王之位一他

傍　字　何疑

雑隔句　鉢羅樹下他　開二菓屑一而転二妙輪一平

　　　七宝池中平　破二波旬一以登二覚路一他

長　句　今勤二信心之恵業一他者　唯添二法身之荘厳一平也　別廻向也

長　句　凡厥一切衆生平　普遊二四種仏土一他

　　　敬白　　　　　　　　　　　　惣廻向也

正暦二年閏二月二十七日

この後で作者は、この願文を見てその体を知るべしと述べている。願文を書くにはこの様式を本にして、文章の長短により項目を加減すれば良いと言うことになろう。この範例から推しても、願文において明かに段落の意識があったと考えられる。それは内容からは十番の目録となって表されるものであり、形式からは傍字によって句切が示されることになる。これを前述した詩序と合わせて考察する時、形式的には句端を示す辞句によって章段を区分することが出来るが、内容的には詩序と願文とは異り、前者の五段に対して後者の十段に分けられる。従ってこれは如何なる文体にも通用する、文章全般の段落についての文則にはならない。段落を示す辞句は後代の用語を借りるならば句法に属するもので、段落に関する篇法や章法の問題ではない。とすると文章の布置結構に関する論は別に求めねばならない。そこで文章の体段についての文論が必要になって来る。

五

文章の体段の法を論ずることを篇法及び章法と言う。篇法は一篇の段落についての論であり、章法はその一段についての論である。この篇法や章法についての論が盛になったのは、山県周南の『作文初問』に

篇法章法起結鋪叙過接照応起伏、凡一篇ノ文字縄墨ヲヒキ寸法ヲアツルニ其次第分明ナリ。是韓柳以後ノ文法ナリ。

と記されている如く、韓柳二家による古文復興の後に生れたものである。『文章秘蔵』と称する書物（東京大学国語研究室蔵）に、著者を「南宋奇屈家筆法、日本清家指南伝」と記すが内容上疑問の点があるので、ここでは通常言われる如く元の陳繹曾の『文章欧冶』（『文筌』ともいう）を本にして考えてみたい。(7) 彼はこの中で文章の体段を次の六に分ける。

起　貴二明切一如三人之有二眉目一
承　貴二疏通一如三人之有二咽喉一
鋪　貴二詳悉一如三人之有二心胸一
叙　貴二重実一如三人之有二腹臓一
過　貴二転折一如三人之有二腰膂一
結　貴二緊切一如三人之有二手足一

起は平明にして題意に適うことが肝要で、作者は賦を例にして起端に問答・頌聖・叙事・原本・冒頭・破題・設

事・抒情の八法を説いている。そして起句は下文をその中に包含したり、これから下文を生起したり、下文を呼応させたりするのである。承は起句を承けてその意を疏通させることが望まれる。しかも起と承とは問と答の如き関係にあり、起が叙事ならば当然承も叙事の体を取ることになる。鋪は承の略義を詳しく布き広めることで、故事などを引いて事の道理を強め文章を飾るのである。叙は鋪において故事を引用したのを再び引締め、承の実意に帰って叙べることを言うのである。過は承・鋪・叙の中に入れては接続しない余分のことをここに書くことで、大転と小転の二がある。結は起句の意に立返り強く引締めて、題意に適うことが必要である。

そして作者はこの六法は種々の文体に用いられるもので、文の大小によって増減があるが、起と結の二者は必須のもので、しかも最も難事であると述べている。これは文章の段落についての説としては最も詳しい。恐らく詩の絶句における起承転結を応用したものであろう。首尾呼応して起伏があり、しかも脈絡が通じて題意を貫通させると言う、文章作成上最も重要な点が段落を通して説明されている。

これに対して明の曾鼎が『文式』に説く分間法は遥かに簡単なもので、それには文章を頭(起)、腹(中)、尾(結)の三段に分けている。頭は強剛重厚な叙述態度が必要で、大文は腹の五分の一、小文は腹の三分の一の分量が適当である。腹は題意を充分に満たしながら曲折を持たせることが大切で、文意は明快壮健でなければならない。尾は軽妙にして意を尽し、その比率は頭の三分の二がふさわしい。そして如何に段落を有する長文といえども、その要点はこの三節に過ぎず、ただ文意が明かで首尾一貫していることが肝要であると記している。『文章欧冶』に較べて簡略であるが、その説明は要を得ていると言えよう。この両説は文体の如何を問わず、文章の長短に係ることなく、文章の体段について適用される。これらの説が我国に移入され、江戸時代の漢文を支配する文章論になった。

藤原惺窩の『文章達徳綱領』は文章に関する先人の論を分類することに中心が置かれているので省略したい。伊藤

東涯は『作文真訣』の中で作文においては先ず結構が大切であると言う。(8)そして

蓋文有二一篇主意一、有二一篇綱領一。作レ文者、須レ使下一篇主意、通篇貫穿、先伏後応、前抑後揚、一瀉千里、脈絡無レ礙、起承復尾、言言有レ叙、綱提二乎上一、而目張中乎下上。

と記した後、結構布置が整わねば如何に秀句といえども価値はないと述べている。これは彼の『操觚字訣』（巻一）にも見える所で、文章における首中尾の区分や起承鋪叙過結の体段は、人に頭足があり、家に堂室がある様なもので、欠くことが出来ないと記している。

篇法についての論は、荻生徂徠の『訳文筌蹄』の序や太宰春台の『文論』（第四篇）、海保青陵の『文法披雲』（巻上）などにも見える。山県周南は『作文初問』の中で、作文には先ず題に対して意を立てることが重要であり、

主意已ニ出来タラバ首ハ何ト言起シ、中ニテ何ト云ヒロゲ、尾ニテ何ト云収ムベシト首中尾ノ分段ヲ布置スベシ。是ニテ一篇ノ体立ナリ。

と体段を説いている。

そして文章の段落を最も強調しているのは海保漁村であろう。彼は『漁村文話』の中で、作文の過程を命意・体段・段落・達意・詞藻に分けて説明している。命意においては、題に適う様に深く思考して意を取定むべきであると述べ、体段では次の如く記す。

大意スデニ定マリテ後一篇ノ体段ヲ考フベキナリ。体段トハ一体ノ布置スベテノ配リ付ケナリ。スベテ何レノ題ニ望ミテモ起ハ如何ニ語ヲ下シタルガ篇意ニ協フベキ。如何ナルガ体裁ニ合スベキ。承接ハ如何スベキ。中間鋪叙ハ何ト衍説スベキ。結尾ハ如何ナルベキト云フ処ヲ深ク考ル事ナリ。コレ一篇ノ大体スベテノ仕組ナリ。

この体段を学ぶには、古人の文章を熟読玩味して自得すべきであると言う。さらに段落においては

行文ノ間段落尤モ緊要ナリトス。文ニ段落アルハ猶人ニ骨格アルガ如シ。人ニ骨格アリテ後ニ長短大小或ハ横或ハ竪或ハ圜或ハ鋭各各ソノ形状ヲナシテソレ〳〵ソノ欵会ニ適スルナリ。文モ亦是ノ如シ。……故ニ文章ヲ作ルニハ先ヅ段落ヲ定ムルヲ以テ緊要トスルナリ。

と文章を人体に譬えてその重要性を説いている。これは文章の作成についての意見であるが、取りも直さず文章を読解し鑑賞する時にも必要になって来る。斎藤拙堂が『拙堂文話』(巻七)の中で

晰レ文之法、先分ニ章段一、次看ニ照応一、而求ニ旨意所一レ在、則莫レ不レ通。

と記しているのがそれに当る。そして我々は段落を中心として文章を分析して行く方法を、当時の儒者の著述に見ることが出来るが、私はその最も優れたものとして尾藤二洲の『文章一隅』(9)を挙げたい。以上の説明によって、江戸時代の学者が文章を作成する時、如何に体段を重視したか判明したであろう。

六

私は前節において文章の体段についての説を紹介して来たが、これはそのまま平安時代の駢儷文に適用され得るであろうか。これについては残念ながら否定的態度を取らざるを得ない。その理由の第一は、『文章欧治』に韓柳二家の文章を熟読して文章の体段を自得せよと述べているが、その対象となった文章は韓柳以後のものである。従って『作文初問』に

是韓柳以後ノ文法ナリ。此文法ヲ秦漢以上ノ古文ニ附会シテ論ズル者ハ非ナリ。

と説かれている如く、体段の規則を古代の文章に適用するのは誤である。まして韓柳によって非難された駢儷文に用

いることは不適当と言えよう。

第二は篇法や章法が問題にされたのは、その例文から推すと、主として叙事文よりも議論文においてである。ところが平安時代の文章には議論文が殆ど見られず、その大部分が叙事文であった。そして議論文の代表と目された三善清行の「意見十二箇条」(67)も、江戸時代の学者達は作者の経世の精神を讃美したが、その文章は駢儷にして冗漫であると言う理由から非難している。(10) 当時の議論文としては都良香の「弁薫蕕論」(361)が体裁を整えている様に思われるが、段落の上から考察すると欠点が少くない。当時の叙事文にはやはり篇法などの法則を当嵌めることは的外れと言えようか。

我々が平安時代の文章を眺めた時、作者達は文章の結構や布置という大きな点を思案すると言うよりも、辞句の修飾という小さなことに腐心している傾向を看取する。これは当時の学者詩人について語った詩話文話によっても、その一端が窺える。一聯の対句によって任官が適ったり、鬼神を感動させたなどと言う逸話はすべて句法に関するものである。稀には用字についての字法に係る話柄も見られるが、篇法や章法についての話は残されていない。また稀に文体について触れる所があっても、それは全体の構成ではなくて、その文章の醸出す風体に関するものと思われる。これは詩人達の活躍する場所が限定されていて、常に依頼者の意を汲んで執筆すると言う態度が取られたからである。そこには自己の心情を吐露すると言うこともなく、ただ文章の修辞にのみ鏤骨の努力を払っている姿勢が窺えるのである。しかもその文章を享受鑑賞する人達もその中の佳句のみを取上げ、文章全体を評価することは皆無であった。文章の中に読者の注目を惹く様な句が要求されることは当然であるが、佳句を排列して文章が出来るものではない。句に重点を置過ぎると文章が繁縟になり、文意が不鮮明になり貫通しなくなる。駢儷文の弊害はこの点が最も大きいと言えるが、平安時代の文章も表現の華麗な反面内容の空疎な憾が少くない。当時の文人儒者が尊崇した白楽天は文

章を論じて

稂莠秕稗生二於穀一、反害レ穀者也、淫詞麗藻生二於文一、反傷レ文者也。

と虚美の辞句を排斥している。[11] しかし我国の儒者達はこの意見を採用することがなかった。結局彼等は対句の作成に全能力を傾けていたと言わざるを得ない。太宰春台の『文論』(第四篇)に

作レ文者、積レ字成レ句、積レ句成レ章、積レ章成レ篇。四者皆有レ法焉。

と述べているが、平安時代の学者達はこの四法について意を用いる所がなかった。従って文章の体裁や段落についての法則は見られないし、彼等は体系的に文章を執えることが出来なかったと言って過言ではなかろう。

(1) 『禁秘抄』(巻下)には詔書、宣命、論奏などにつき執筆の故実を記し、『内局柱礎抄』(巻上)には位記の書様を説く。
(2) 相田二郎氏『日本の古文書』七六六頁。
(3) 『文章縁起』には漢の鄧后の作品と言う。
(4) 「峴」字の上に「于」字があったものと思われる。
(5) 拙考「和歌序について」(『国史大系』月報46)を参照されたい。
(6) 『日本の古文書』八三四頁。
(7) 引用は明の高琦篇の『文章一貫』による。なおこれは我国の『文章達徳綱領』や『作文真訣』及び『作文初問』などにも見える。
(8) このことは「文章先知二結構之法一為レ要。工拙其余事也。」(『後篇鳩巣先生文集』巻六「答二堀正修一書」)とも相通ずるものである。
(9) なお漢詩における四法については三浦梅園の『詩轍』(巻四)に詳述されている。
(10) 本書第八論文を参照されたい。

（11）「策林六十八、議二文章一」（『白氏文集』巻四十八）。

十二　四六駢儷文の行方

一

平安時代の文章は通常四六駢儷文と称されるもので、華麗な対句を中心にして構成されている。それは四字六字の句を中心にして構成されているばかりでなく、音律の調和が取れていて、表現に種々の技巧が凝らされ、しかも典拠ある辞句を使用するなどの特色が見られる。これが中国の駢儷文の影響によるものであることは言うまでもない。当時の学者達が文章を作成する際に、多大の努力を払ったことは、種々の文話によって知られる。それは彼等の活躍する場が、次第に狭い文場のみに限定されたので、いきおい詩文に自己の名声と立身を求めざるを得ない苦境に陥ったことと、当時の公文書がすべて駢儷文で書くのを要求されたことが大きな原因であるといえる。そして博士の書いた願文や中文などが、中国の『文選』や『白氏文集』などと並んで当時の人々に愛好され評価されたのであった（『枕草子』八八段・二二一段）。しかし残念なことに、学者達の執筆した文章は、その全体の構成や叙述内容が評価されたのではなく、文章の中心を成す対句だけが取出されて鑑賞され享受されたのであった。当時漸く流行し始めた朗詠を通して、邦人の佳句が人々の間に広く愛唱されて行ったのである。『和漢朗詠集』を繙けば分かる様に、収録されている長句は詩句と違って平安時代の詞人の作品が中心を成し、しかもその殆どが対句（隔句対が大部分である）によって占められている。また当時の文話も対句をめぐる詞人の逸話が圧倒的に多いことが知られる。

いうまでもなく当時の文章は対句を中心にして構成されているのであるから、その対句の巧拙が文章の評価と一致していたといって誤りではないし、学者は一字の置換、一句の構想に己れの身体を磨滅らした。この様な創作態度は現代から見ると、的外れで異常に思われるであろうが、文章の価値がその点にある上に、同時代人の批評鑑賞を免れることが出来ないとすれば、また止むを得ないことといえようか。この様な態度で執筆された文章の精粋を収録したものが、藤原明衡の編纂した『本朝文粋』である。編者の意図が当代の美文を蒐集し、後代の作文の手本にする点にあったことは否定出来ぬし、しかもその佳句が朗詠によって人口に膾炙して行ったのであるから、後世の人々が座右に置いて作文の時に規範としたことは当然予想されるところである。『本朝文粋』の文章を典型とする平安時代の駢儷文が、後世どの様に享受されまた変遷して行ったかを考察するのが本稿の目的である。

二

平安時代に学者が童蒙の教育のため、種々の作文指南書を著している。菅原是善の『東宮切韻』、大江朝綱の『倭注切韻』、源順の『作文大体』や『新撰詩髄脳』などの書名が知られるが、その全貌は殆ど分からない。ただこれらの書物の内容は概ね文(詩)に関するものと考えてよかろう。院政期の藤原宗忠撰の『作文大体』になると、文と共に筆(文章)について解説が施されている。その中の文章に関する項目を捃拾すると、「筆大体」と「文章対」の二つを挙げることが出来るが、前者は文章を構成する句型についての解説であり、後者は句の対属の種類についての説明といえる。後文の説明のために「筆大体」(観智院本)を挙げておく。[1]

発句。施レ頭。夫、夫以、(中略)如レ此類言皆名二発句一也。或一字二字、或三字四字。無レ対。

壮句。三字有レ対。発句之次用レ之。但賦及序未二必用一レ之。随レ形施レ之。可レ調二平他声一。

緊句。四字有レ対。或施レ胸或施レ腹或施レ腰。賦多可レ施レ胸云々。可レ調二平他声一。

長句。従二五字一至二九字一用レ之。或云二十余字一。有レ対。可レ調二平他声一。或施レ頭施レ腹。賦或猶見レ可レ施レ腹也。

隔句。有二六体一。軽重疎密平雑也。軽重為レ勝、疎密次レ之、平雑次レ之。六体同可レ調二平他声一。

　軽隔句。上四下六。重隔句。上六下四。

　疎隔句。上三下不レ限二多少一。

　密隔句。上五已上下六已上、或上多少下三有レ体。

　平隔句。上下或四或五。

　雑隔句。或上四下五七八、或下四上亦五七八。

漫句。不二対合一。不レ調二平他声一。或四五字七八字、或十余字也。或施レ頭或施レ尾。或代二送句一。

送句。施レ尾。者也、而已、（中略）此等類言皆名二送句一也。或一字或二字。無レ対。或云、詩有レ対筆不レ対。

傍字。且、就中等也。如二発句一。


これらの句を適当に排列して一篇の文章を構成するのであるが、その生命が対句（特に隔句対）にあったことは、当時の文章によって知られる。換言すれば対句を中心にして発句や傍字などを挿入し、文章を作成すると見ることが許されようか。『作文大体』では次いで句の運用排列の手本として、紀長谷雄の「仁和寺円堂供養願文」「画虚空蔵菩薩讃序」、兼明親王の「御筆御八講問者表白」、慶滋保胤の「石山奏状、請被降宣旨停止寺前用釣網状」の四篇を掲載している。これらの文章は夫々文体を異にしているので、多少文章の型に相違はあるが、何れも仏事に関するものであり、しかも作者は『文粋』や『和漢朗詠集』に作品を収める当代の代表的詞人である。このことは『文粋』作者の文章が作文の模範となったこと、さらに仏事供養の隆盛を背景に、そのための文章が社会的に要求されたことを物語っている。

そして時代が降るにつれて、『作文大体』は次第にその項目内容を増して行ったが、特に「諸句体」と「文章対」にその傾向が著しい。「諸句体」（東山文庫本や成簣堂文庫本）では隔句対について「上三下六」より「上十三下七」に至る五十二の用例を挙げ（『文粋』の章句が多い）、「已上隔句其体甚多。然而世之所レ用。大略不レ可レ過レ斯也。」と記している。これによっても作文の上で如何に隔句対が重視されたかが分かる。また「文章対」も東山文庫本の八対から柳原本や類従本の十二対へと増加しているが、これも対属の巧緻に腐心していた人々の要請に答えたものといえようか。この流れを汲むものに、弘安十年（一二八七）了尊が編した『悉曇輪略図抄』がある。[2] その巻七の「文筆事」に発句・傍字・長句・軽・重・疎・密・平・雑・壮句・緊句・漫句・送句の句型を挙げて例句を掲げているが（説明はない）、『作文大体』の引例と同じものが見られ、他の例も『文粋』から引用したものが多い。当時の僧侶が願文や表白を作成するために、駢儷文の知識が求められたからに違いない。

現に平安末期から鎌倉時代にかけて、僧侶の手になる表白や願文の類聚が行われている。『澄憲作文集』や『言泉集』『海草集』『転法輪抄』などはその代表的なものであるが、収録されている文章は殆ど駢儷文である。これらの文章は『文粋』などに収録された学者の作品と比較すると、結構も小さく和臭味が強いが、僧侶達が庶民啓蒙のために俗耳に入り易いことを目的としていたのであるから、当然のことといえようか。[3] しかし彼等が作文の際に模範としたのは平安時代の学者の駢儷文であり、その佳句を換骨して文章を潤色するだけでなく、章句をそのまま引用収録している。例えば『言泉集』の「亡息悲歎」の項には大江朝綱の「為亡息澄明四十九日願文」（424）が、「亡妻夫婦儀」には同人の「為重明親王家室四十九日願文」（423）の一部が、「無常事」には慶滋保胤の「勧学院仏名廻文」（399）の文章が掲載されて居り、『澄憲作文集』の「五七日善」には朝綱の「生者必滅、釈尊未レ免二栴檀之煙一。」、「老苦相」には大江匡衡の「太公望之遇二周文一、渭浜之波畳レ面。」の秀句が『和漢朗詠集』から採録されている。(4) これらは庶民の説教のために使用されたのであるが、その中心は朗詠唱導に適した対句にあった。これが作文においても同様であったことは、藤原通憲の文章を抄出分類した『筆海要津』を繙けば明かであろう。

『作文大体』は種々の句型を適宜に排列して文章を構成することを説くが、執筆すべき内容や前後の章段との関係については触れる所がない。文章の内容について段落を中心に説いた作文指南書が、鎌倉時代に出来た『王沢不渇鈔』である。本書は上巻で文(詩)を取上げ、下巻で筆(序と願文)を説いているが、作者は従来の文章を分析帰納して一つの文章論を構成している。詩序(詩宴の序)においては五段に分けて説明を施しているが、第一段は「美二亭主之敏思名誉一」「賦二地形之勝絶奇異一」「述二時節之勝レ他時一」「詠三景物之超二異物一」の四次第の何れかを時節場所に応じて使い分けることが必要であり、第二段は前段を承けて景物の描写を行い、第三段は題字を華麗な詞句によって表現し、第四段は詩宴の盛会を讃美する佳句を連ね、第五段は序者の謙辞で結ぶことを通例とする。この中第三段と第五段が形式上厳守すべきもので、他は必ずしも墨守することを要せず、適宜に取捨按排しながら秀句を連ねることが要求されている。また願文(追善供養の願文)は十番の目録を掲げて解説しているが、一番は「世間無常」「孝行儀」「仏法讃歎」「悲歎哀傷」の四種の次第があり、二番は聖霊存生の様子、三番は病中の様子、四番は逝去の様子、五番は関係者の悲歎の様子、六番は死去より追善までの日数、七番は修善仏経の内容、八番は時節の景趣、九番は往昔の因縁を記し、十番を廻向の言葉で結ぶ。勿論願文には長短があり、すべてがこの十番の目録を具備しているわけではないが、夫々の場合に応じて項目の取捨と詞句の添削が必要になって来る。(5) ただ本書の作者が願文の典型として『文粋』巻十四(415)にある菅原輔正の「円融院四十九日御願文」を掲載し、項目に沿って章段を分けていることは、『文粋』作者の文章が手本になったことを示している。これは和歌序の模範文として平安後期の詞人の文章を掲げ、願文の各項目の例句に『文粋』の願文の章句を引用していることからも窺えるところで、平安時代の駢儷文が当時の文章を支配していたと見ることが出来ようか。

そして『作文大体』の句型の解説と、『王沢不渇鈔』の文章段落の説明を併せ、『文鏡秘府論』の句端についての記述を抜萃し、さらに他の文体について広く文章の構成を論じたのが、室町時代に印融が書いた『文筆問答鈔』である。内外の典籍に通暁し六十種に及ぶ膨大な著述を残した彼は、文章作詩法に関心が深く、(6) 既に『三教指帰文筆解知鈔』を執筆して全文を句型から分類し、空海の駢儷文の解明を行なっている。本書における文章論が、『王沢不渇鈔』から引用した願文の説明を除き、他の文体すべてが句型の分類に終始している点からも、引用の例文は異るにせよ、彼の文章観が平安時代の駢儷文に基くものであることが知られる。かかる文章観は元和九年(一六二三)に伊予松山の報誉無住の書いた『諷誦指南集』にも跡を留めている。

また公家の世界においても、一般に公的な文章が駢儷文で書かれて居り、彼等の先例故実を尊重する姿勢から推しても、駢儷文が重視されたことは容易に想像される。『実隆公記』(永正三年〈一五〇六〉六月二十六日、享禄二年〈一五二九〉十月五日)に『文粋』講義の記事が見えるのも、公文書の作成に平安時代の駢儷文が手本にされたことを示している。そして詞句熟語を分類編纂した『文鳳抄』や『擲金抄』などが、文章作成の際に類書的役割を果したことは疑いない。この様に考えると、平安時代の駢儷文は貴族や僧侶の公的文章は勿論のこと、唱導書においても規範となっている。しかもその中の佳句は、朗詠や唱導を通して広く庶民の間に浸透して行くと共に、中世の仮名文学にも影響を与えたのである。

三

鎌倉末期から室町時代になると、文化の中心が禅林に集結された感があるが、禅僧達は宋元の禅林の風潮に倣い、秀れた文章を書いた。林羅山は禅林の文章の変遷について次の様に記している。

至二足利氏之領二天下兵馬之権一、洛陽五山諸師之以二文字禅一名二于時一者、間出也多矣。於レ是乎天下之文章、皆流二於禅一、更無二言レ儒者一。悲。夫南禅寺信義堂・相国寺津絶海、草創之裨諶乎。少林岩惟肖・建仁派江西、討論之世叔乎。厳東沼・沢天隠・三横川、修飾之子羽乎。村庵・雪嶺・月舟・常庵、潤色之子産乎。於レ是乎禅林之文章、集二大成一者也。禅者之文章内、莫レ難二於疏一。所謂四六八六錦上添レ華者是也。善レ疏者莫レ過二於此諸作一。設使二訴蒲室再生一不レ能レ絶也。（『羅山文集』巻六十六）

これによると、室町時代の学問文章はすべて禅林に流れて行ったが、その文章は義堂周信・絶海中津によって草創され、惟肖得巌・江西竜派が尋求し、東沼周嚴・天隠竜沢・横川景三が修飾し、さらに希世霊彦・雪嶺永瑾・月舟寿桂・常庵竜崇が潤色し大成したという。次いで禅林の文章の中では、四六の句によって構成される疏が最も困難であるが、彼等の手になる疏文の華麗なことは、蒲室疏法を創出した笑隠大訢を凌ぐ程であるというのである。正に最大級の讃辞といって過言ではないが、この評はまた安積澹泊の

虎関・中巌・義堂・絶海・夢巌・双桂諸大老、皆以二文字禅一名二於一世一。其余雪村・蘭室・村庵・瑞渓諸老宿、亦能維二持文衡一、雄二拠騒壇一。四六之工、頡二頏宋元一。北礀・蒲室恐不レ足レ多也。（『澹泊斎文集』巻六、寄二但州興国寺住持百拙和尚一書）

の言とも符合している。禅林の詩僧達が四六文に巧みであったことが分るが、それは禅林文章の華ともいうべき疏においての言である。疏とは禅林で下から上に差出す公文書のことで、入寺疏（住持新任に関する疏）、淋汗疏（毎年中夏に入浴する費用募縁の疏）、幹縁疏（勧進帳のこと）の三種類があるが、[7]『蒲室疏』を繙けば分る様に、入寺疏が圧倒的に多い。これらの文章は殆どすべて四六駢儷体で書かれて居り、疏文の巧拙によって作者の文才が評価されたのである。しかし当時の禅林は韓柳や欧蘇の文集が移入され読まれていたので、一般的に宋代の文章観が支配していたと考えられる。このことは虎関師錬が藤丞相に答えた書簡（『済北集』巻九）によっても裏附けられる。

夫文者有二散語一焉、有二韻語一焉、有二儷語一焉。散語者経史等文也、韻語者詩賦等文也。二語共見二虞夏商周以来諸書一焉。儷語者表啓等文也。出二于漢魏之衰世一矣。劉子曰、文章与レ時高下。因レ此而言、儷語卑矣。漢末以降、三国両晋用二偶語一、至二南北朝一尤盛焉。唐興而改二南北之弊一。故斥二楊王盧駱之儷語一、復二韓柳之古文一。古文者雅言也、雅言者散語也。唐亡而為二五代一、又用二偶語一焉。宋興而救二五代之弊一。故又斥二西崑之儷語一、復二欧蘇之古文一。故知散語者行二於治世一、儷語者用二於衰代一焉。又夫散語有レ韻有レ偶、韻語有レ散有レ偶、儷語闕焉。崇二古文一卑二四六一者是也。

彼は文を散語と韻語と儷語に分け、夫々の属する文体と歴史的変遷を述べて、散語は治世に行われ儷語は衰世に行われる故に前者が勝れているという。散語の中に対偶を認めるのは、文章に対偶を求める人間の美的感情を肯定したもので、宋の洪邁が「旧説以二紅生白熟、脚色手紋、寛焦薄肥之属一、為二天生対偶一。」（『容斎四六叢話』）と説く天生対偶を指し、作意衒学的な駢儷文と区別していると考えられる。彼はさらに日本の駢儷文について触れ、遣唐使が渡海して学業を受けた時代が、初唐の四傑の後で韓柳出現の前に当ったため、その習性が後代に伝えられたのであると記している。虎関は文章の妙処を天然の渾成に置き、格調韻雅を尊重すると共に（『済北集』巻十二、清言）、文章は道を貫くの器であるという韓愈の文章観に立脚して居り（同上巻二十、通衡）、孔孟の道徳溢余の文を讃美し、游夏の仁義外余の文章を軽蔑する（「禅儀外文序」）。こうした文章観は「学窓吟」（『随得集』）で陳言を去り文章に真を求め偽を削ることを格言とした竜湫周沢などと軌を一にする。しかし虎関は禅林に疏榜は欠くべからざるもので、そのために四六文が必要であることを熟知していた。彼はその法格体裁を説き蒙を啓くために『禅儀外文集』を編したが、彼の四六文への関心は「虎関四六法」(8)によってもよく知られる。本書は句型についての説明で、前述した『作文大体』の「筆大体」や「諸句体」と殆ど変る所はない。しかも隔句対の例句の中には『作文大体』と一致するものが多く（それは『文粋』の章句であるが）、彼の四六法は『作文大体』を下敷にしていることが分る。彼は禅林四六文の規範を平安時代のそれに置いていたのであろうか（実際は宋代の駢文を参考にしていたのであるが）。彼の四六文は後に仲方円伊の『四六法』(9)に「中古以来盛行レ之（筆者注、四六文）、率用二宋朝文法一。是故関翁禅儀外文択而載レ之。三四十年来、稍用二大元法度一。」と述べ、桃源瑞仙の『蒲室抄』に「日本ニモ上古ハ疏ノ沙汰無キ也。中古ニハシマル。虎関ノ時代也。此時ハ宋朝ノ四六ヲ学テアル也。」と説く如く、後代の禅林四六文とは一線を劃するものであった。これ以後禅林においては平安時代の駢儷文との関連が断絶してしまうのである。瑞仙が『史記抄』（巻六）の中で

物シテ日本ニ文粋トテアルカ皆ヨキ文ナリ。ナニトテ今ハムケニ零落シツラウソ。

と述べているのも、『文粋』が文章作成の典範になったことを意味するのではなく、その華麗な対属に対する讃美と解した方がよい。四六文の作成には広範な古典の知識と卓抜した文章力が要求されたのであり、そのために詩僧達は涙ぐましい努力と細心の注意を払っている。瑞渓周鳳は四六文を作ると必ず惟肖得巌に披閲を仰ぎ（『臥雲日件録抜尤』享徳元年〈一四五二〉五月五日）、太白真玄は製疏の度に師の絶海中津に講明を求め（同上、寛正三年〈一四六二〉十二月五日）、綿谷周瓞は平生多病の故をもって四六文を製作しなかったし（『禅林僧伝』巻二）、江西竜派は一対出来るごとに『蒲室

集』を繙いた（『蒲室抄』）というのも、当時の詩僧達の四六文に対する姿勢を物語っている。

景徐周麟が「蓋禅四六之盛行二于世一也、始二于蒲室一。」（『翰林葫蘆集』巻八、四六後序）と記している様に、禅林の四六文は笑隠大訢の『蒲室集』を規範とする。彼の疏榜の書法は渡海した絶海中津によって我国に齎され、その門下に名僧碩徳が輩出して次々に継承されて行った。即ち惟肖得巌・太白真玄・仲方円伊等によって『蒲室疏』を本に新機軸が打出されて流派を生じ、江西竜派・心田清播・瑞渓周鳳の如き文章家が登場して全盛を極めた[10]。その文章は「其体格也、有二蒼老而敷腴者一。其句法也、有二勁正而婉娩者一。」（「四六後序」）と称すべく[11]、法と為すに足るものであった。詩僧達は好んで四六文を執筆すると共に、四六文作法書を作成してその布及啓蒙に努力した。仲方円伊の『伊仲芳四六之法』、江西竜派の『江西四六説』、天隠竜沢の『天隠和尚四六図』、常庵竜崇の『常庵和尚四六転語』などがその代表的なものである。一方『蒲室集』の講義が行われ、江西の『江西蒲室四六講時口伝』や月舟寿桂の『蒲根』[12]、桃源瑞仙の『蒲室抄』などが書かれている。

江西竜派は疏の構成を十段に分けて説明する（「江西和尚四六口伝」）。第一の蒙頭は隔句を用いるが、軽隔句を良とする。第二の結句は直対で蒙頭を結び、下に「共」「惟」の二字を書く。第三の八字称は四言一対を本とし、新命和尚の徳を讃える。第四の師承は隔句一聯でその人のことを記す。第五の和句は直対で字数は一定しないが、上下の理を和らげるものである。第六の実録は隔句一聯を書き、事実をそのまま述べる。第七に再び和句があり（なくても可）、第八の自叙は直対一聯で八字を本とし、自己を卑下して記す。第九の隔句は前に自叙を書き後にその人のことを記して対聯を構成することを要し、第十の祝語は直対で結ぶ[13]。疏の内容や用字に関しては種々の規約があるが[14]、直対と隔句対を適宜に配合して文章の対称抑揚を意としたものと見られる。彼の説明から考えると、禅林の四六文は、その構成の上で平安時代のそれとはかなり性格を異にしている。先ず隔句対は連続してはならぬし、直対は連綴を許可するが三対以上不可というのが原則である。また八字称以下には、筆力のない者は隔句二対が適当で、それも同じ隔句対の使用を禁止する上に、全体で九対以上に及ぶことを避ける必要がある。これは『江西蒲室四六講時口伝』の句型の説明でも殆ど同じである。それによると禅林の四六文は初めに発句を用いず、長句は八字句に限定され、蒙頭以外に隔句対を三対書くことは禁止され、漫句・送句を使用せぬのが原則である。また四字直対の八字称は第二字目の平仄を整えることが要求される。禅林四六文の中心は隔句対にあるので、その説明文を引用してみたい。


隔句ノ中ニ六科アリ。軽句重句疎句密句平句雑句、此六科アリ。

軽ノ隔句ハ上四字下六字、コレカ本也。マツ最初ニカイテ人ニミセハ軽隔句ニ可書。

重ノ隔句ハ上六字下四字ナリ。

疎ノ隔句ハ上三字下ハ七字八字九字マテモカクナリ。是ハ今不用。

密ノ隔句ハ上ハ七字八字九字マテモカク。下ハ三字。

平ノ隔句ハ上モ下モ六字ノ句ナリ。

雑ノ隔句ハ上三字、下多ケレハ十二三字四字カキ、上ヲ十二三字モシテ、下三字モシサウ。又ハ上八字下四字、
又ハ上四字五字シテ、下八字九字モカキサウ。

今所レ用雑ノ隔句、軽ノ隔句、重ノ隔句、此三ヲ用サウ。

上ニ四字カイタニ、且ハシタニ又四字アトツカワセテカクハ無法度也。

今ノ四六、九字ヨリ多ハ不可書。


これを前掲の『作文大体』と較べて見ると、平隔句と雑隔句の内容が異ることと、使用しない句型があることが分る。『文心雕龍』（章句第三十四）に「四字密而不レ促、六字格而非レ緩。」と記す如く、古くから駢儷文は四字句と六字句

が緩急の宜しきを得たものと認識されて来たが、禅林の文章では特に音律的な面から重視された。従って上下の字数を等しくする平隔句が最も忌避されたのも頷けるものがある。

ここで禅林の四六文と平安時代のそれとの間における主要な相違点を挙げてみたい。第一は前掲の虎関の書簡に「儷語者表啓等文也。」とある様に、四六文は公的な文章、例えば疏や榜（上から下に出す文書）、啓札（儀礼的な[15]書翰）の如き文体に限定されていて、一般の文章は宋代以後の文章観に基き散文で書かれていた。『臥雲日件録』（享徳元年五月五日）に

予永享乙卯歳、作㆓松鷗斎記㆒、呈㆓双桂㆒。々頗美㆑之。四六則毎㆑作無㆑不㆑呈㆓双桂㆒。至㆓于散語㆒、則只両篇耳。松鷗記其一也。

と見えるのは、その一端を示すものであろう。平安時代の駢儷文が殆どすべての文体に及んでいるのとは相違があり、この点を重視すれば当代は散文中心の時代ということが出来ようか。

第二は四六文の構成に一定の規約があったことである。平安時代の駢儷文は文体の如何を問わず、対句を中心にしながら種々の句を排列して一篇の文章を作成するのであり、句の位置についての厳密な規則はない。辞表や奏状の如き公文書では書式に一定の規則があり、また『王沢不渇鈔』に見られる様に序や願文では記載すべき内容と順序に暗黙裡の規範はあったが、句型や句種まで限定される様なことはなかった。ところが禅林の四六文では、前述した様に文章の段落や使用すべき句型、さらに内容や用語に至るまで厳しく制限されて居り、より高度で巧緻な技法が要求されたことが分る。

第三に対属についての考え方がかなり異る。言うまでもなく対句とは相対する句の字数が同じであるだけでなく、相対する句の各語が同一品詞をもって構成されねばならぬ。ところが禅林の四六文では、このことが厳重に守られて

いない。『蒲室抄』に「珠竜淵住碧雲行院疏」の隔句対

七閩知識有二岩頭雪峰一　赫如二杲日一
臨済法道至二首山風穴一　危若二県糸一

を説明して次の様に記している。

七ノ字ニ臨ノ字ヲ対ルルハ不対也ト云ニ、蕭ノ云、七字ハツケ字、閩字カ本ニナル。臨ハ済ニノソム方ナレハ、コレモ済ノ字、本ニナルホトニ、カルイ方ヲ以テ対ス。舟云、ソレマテモアルヘカラス。随意ニ対スルマテ也。

七閩は福建省のことで地名であり、臨済は寺院名で宗祖義玄の住した所であるから対を成すが、さらに「七」と「臨」との対が要求されたのであろう。それについての蕭菴(正宗竜統)の解釈は詭弁に近いといわねばなるまい。これは「湛堂法師住上竺江湖疏」の八字称「道之行矣。其在レ玆乎。」の句の「道」と「其」とが不対であるという先輩尊宿の評に対し、村庵が「蒲室ナントノ上ヲ、字対ヲハ不レ可レ論也。」と論じ、月舟が「東嶼和尚住霊院行宣政院疏」の村庵評に対し「蒲室等ハ字対ハコマカニハアルヘカラス。」と反論していることとも相通ずる。勿論後学の効うべきことではなかろうが、句型や音律に関する禁戒が厳重であるのに比し、字対はさほど問題にされていない。平安時代の詩話文話の多くが字対に関するものであることを想起すると、全く異質の感がある。このこととも関連するが、禅林四六文の対句の種類は少く、前代に見られた技巧的遊戯的な対属は影を潜めている。

第四に古典の引用についての態度に差異が見られる。元来駢儷文は典拠のある古語を使用し、表現の優麗典雅を求めるのを特色とする。王銍の『王公四六話』に「四六尤欲下取二古人妙語一以見上工耳。」とか「須下要二古人好語一、換中却陳言上。」とか述べているのも、古語の剪裁が四六文の作成に欠くべからざるものであったことを示して居り、さらに謝伋の『四六談塵』には「四六経語対二経語一、史語対二史語一、詩語対二詩語一。」と辞句の典拠までが規定される様に

なった。[16] 五山詩僧の読書量が膨大で古典の知識が広範であったことはよく知られるが、[17] 彼等は四六文作成に当っては前代以上に細心の注意を払っている。『蒲室抄』に

捴シテ疏ハ語ナラハ、医書巫筮ノ書、又ハイカ様ノ近キ書ナリトモ可用也。近キ書ノ語ナリトモ可用也。近キ書ノ故事ナントハ不可用也。五経ノ語ハ五経ニ対シテ可也。詩ノ語ナントテ対スヘカラス。荊公対、漢書以漢書対、梵語以梵語ト云ヲ以テ看ヨナリ。

捴シテ疏ハ五経史漢文選等ノ語ヲ本ニ取ルヘシ。語ナラハ何タル書ノ語ナリトモ取レト云義ト、僻ナル書ハ語モ不レ可レ取ト云義、今古アルナリ。

と述べているのは、古典の剪裁に対する彼等の姿勢がよく窺われる。しかし禅林の文章はその性質上特殊な用語、例えば仏祖の語や禅語を必要として居り、時代が降ると共にその比重が大きくなった。「瑛石室住昌国州隆教寺杭諸山疏」の解に

双桂ノ時分マテハ、アマレ文語カスキテ禅語少キ也。其後江西・心田以来、皆半分ト定ル也。サレトモ文語ノ多キモアルヘシ。禅語ノ多イモアルヘシ。禅語ハカリヲモカクヘカラス、文語ハカリモカクヘカラス。捴シテハ半分ツ、カケト諸老ノヲセラル、ナリ。

と記しているのはこの間の事情を物語っている。禅林の四六文は普通の駢儷文とは異り、特殊であることを示しているといえようか。

第五に平仄の問題が挙げられる。平安時代の作文指南書によると、駢儷文で平仄を整えることは句末の字のみに要求された。これは禅林の四六文でも同様だが、別に八字称における肩声（第二字の平仄）の整斉が重視された。『蒲室抄』に

古尊宿・仲方等モ、八字称ノ声律ノ事、ツヨクヲセラル、也。声ハ第二番メノ字ノ事ソ。

と記して居り、老筆には不律の体もあるが、初心者は決して声律を無視してはならぬと戒めている。そしてさらに奥の直対（自序）も緊句ならばこのことが要求されるが、長句の場合は許容されると説いている。本来中国の駢儷文では二字毎に平仄を整える規則になっているが、これは朗読の際に音声の抑揚を重視するためである。我国では中国語で読まぬ関係から、詩病より転移した句末の平仄のみが形式的に守られて来た。その点から見ると、禅林の四六文は前代に比して一層音調の抑揚が重視されたといえようか。

この様に見て来ると、禅林の四六文は平安時代のそれに比して、より高度にして巧緻なものといえる。それは前代の四六文とは全く関係なく、禅林という特殊な世界にのみ行われたものであり、それが『蒲室集』の四六文に基くことは既に説いて来た所で明かであろう。従って大顚梵通の『四六文章図』に、儒家四六文と禅家四六文とを区別して説明しているのは妥当な方法といえる。

禅林において四六文が盛に作成された結果、その反面で瑞渓周鳳が「今時四六、唯以二対偶一為レ好。故意不レ到者、十而八九也。」（『臥雲日件録抜尤』文安五年〈一四四八〉二月十二日）と慨嘆し、景徐周麟が「近代学者不レ古。割二截百蜀錦一、補二綴梅花衲一、以欲レ衒二売於人之耳目一。而天呉顚倒、不レ可二甚見一。」（「四六後序」）と軽侮する様に、内容を無視して形式にのみ腐心する悪弊を生じたことは否めぬ事実であり、かかる風潮は年と共にその傾斜を増して行ったのである。ただ禅林四六文の作法が後世の作文指南書に受継がれたことは旧東寺観智院蔵の『翰林辞』（寛文十三年〈一六七三〉写）や江戸初期の『四六文章図』や『文林良材』などによっても知られるので、その影響は狭い範囲ながら禅林以外にも及んでいるといえようか。

四

江戸時代になると事情は一変し、四六文は否定された。朱子学の隆盛に伴い、文章は道徳を表彰する点においてのみ価値ありとする載道主義が信奉され、先秦の文章及びそれを復興させた韓柳の文章が尊重された。藤原惺窩は駢儷文を評して「大抵四六文辞等、雖レ非二志レ道学者之所一レ必。古今之変亦因焉。」(『惺窩文集』巻十一)と文章の変遷を調査するための資料的価値しか認めず、『文粋』の文章に対しても「其所レ見則不レ足レ言。」(『羅山文集』巻三十二)と軽視している。林羅山も作文に際しては古文を師とせよと教えて居り(同上巻六十六)、日本の古典に造詣が深く好意的な見解を述べているその子の鵞峰も、かかる態度には変りはない。彼が人見卜幽に送った書簡(『鵞峰文集』巻十九)の中で、『続文粋』の文章を論じて

顧二其文之為一レ体、則以二駢儷一為レ要。而一類一体、蓋窺二六朝之藩籬一者乎。想夫此時韓昌黎集未レ行二於本朝一。故不レ知レ学二古文一乎。(中略)若使三此輩見二韓文一、則此惑亦可二少解一乎。可二以惜一焉。

と記している。六朝に盛行した駢儷文が政治や道徳から独立した所に生れたことを知る時、経世の裨益を目的としない平安時代の駢儷文が否定されたのも当然の結果といえよう。

しかるに当時駢儷文を愛好し、その作成に努力した儒者が存在した。それが鵞峰の嫡男で才能を惜まれつつ早逝した梅洞である。官学の総帥として幕府から『本朝通鑑』の編纂を命ぜられた林家の学者は、我国の古典に接する機会が多かったが、梅洞も修史のため文献の蒐集や抄出校訂を行いながら、その余暇に駢儷文の習練に励んだ。『国史館日録』(寛文五年〈一六六五〉二月十七日)に

信也(梅洞)筆記之暇、一周二覧本朝文粋一加二朱句一了。匪三啻便二于記事一、論二其文章一。故邇日駢儷之文、漸々進歩。可レ喜。

と記されているのは、その間の事情を物語っている。鵞峰は『本朝一人一首』で本邦詩人の作品を品隲しているが、その資料の蒐集に当ったのは梅洞であり、彼自身も『史館茗話』を著して王朝詞人の逸話を集めている。従って平安時代の駢儷文に関する知識は当代随一と言ってよく、さらに古人の文章を自己の駢文作成の典範としたのであった。その死を悼んだ父鵞峰の『西風涙露』には

且好二駢儷体一。頃歳修史之次、読二本朝文粋一。見二菅江先輩之作一、参二之於六朝之群作一。而能長二其体一、巧作二其語一。

と駢文作成の才能を讃えている。『梅洞文集』(巻九)に「駢儷雕虫」と題し自作の対句(隔句対)を収録しているが、他の儒者には類を見ない特殊なものである。これは彼の存在が異色というべきもので、その嗜好才能と環境が然らしめたと考えざるを得ない。

彼を除いて江戸時代の儒者が駢儷文を徹底的に攻撃排斥した例は枚挙に遑がない。元政は『古文真宝諺解大成』の叙(『艸山集』巻一)に「若夫王楊盧駱之儷語、既非二古文之雅言一。豈足二以伝一レ道也哉。」と述べているし、安東省庵も駢儷文は無用の贅言にして真正を失い道に害があると罵倒している(『省庵先生遺集』巻五)。また貝原益軒は本邦古来の文章を論じて

顧二其所一レ作、皆是以二浮華粧飾一為レ工、以二彫章績句一為レ務。其所レ志不レ過下乎艶二麗其辞一賦二媚其句一、而取中悦於人之耳目上而已。非下為二論レ道記レ事之精明質実一而作上也。(『自娯集』巻二)

と雄健古淡の趣を失った軟弱拙俗な文と極論している。かかる姿勢は単に朱子学派の儒者のみならず、修辞を重んじた古文辞学派といえども径庭はない。例えば平野金華は安積澹泊に与えた書簡(『金華稿刪』巻五)の中で、六朝の駢儷文を痛罵して「悉皆来二之高閣一、瓦石不レ顧。」と記し、山県周南は『作文初問』の中で駢儷文を鉛粉の粧を施した婦

女に譬えている。

平安時代に漢詩文が隆盛したことを讃えた好意的な儒者といえども、駢儷文を受入れたわけではなかった。友野霞舟は『熙朝詩薈』の序に

菅江二氏、世済二其美一彬々焉。可レ謂レ盛矣。然尓時文崇二駢儷一、詩宗二白伝一。末流之弊、終二于萎薾一不レ振。

と駢儷の弊を衝いているし、頼山陽も「拙堂文話序」(『山陽遺稿』巻九)に「寧楽平安之盛、文在二公卿一。而敗二於唐初駢体一」と駢文のために本邦の文運隆盛に汚点が着いたことを嘆き、松本奎堂も友人に贈った書簡(『奎堂文稿』巻二)の中で王朝の文章に触れ

駢四儷六、斗レ靡競レ華。隋李諤所謂風雲之状、月露之形者、於レ是乎在焉。雖レ至二連篇累牘一、亦無レ資二於治乱之理、経済之業一也。

と政治に資する点がなかった欠陥を強調している。

当時の儒者の多くは伊藤仁斎が「文式序」(『古学先生文集』巻一)に説く如く、文章を儒者の文(古文)と文人の文(駢儷文)とに区別し、二者選一の厳しい態度でこれに接した。しかも経世済民を第一義と考えた彼等には、内容を軽視して文章の修飾に走ることは断じて許されなかったのである。この様な姿勢が堅持される限り、駢儷文が否定されるのは自明の理であり、我国古来の駢儷文も彼等の非難から免れることは出来なかった。よしんば平安時代の文章が讃美されることがあったとしても、それは当時の社会環境の中で中国文学を移入し咀嚼した儒者文人の努力技倆に対してのことである。しかも中世以降の文運衰退と比較対照した時、彼等の目には一層それが鮮明に映ったのであろう。駢儷文は歴史的に眺めた時には認められても、文章の本質においては許容出来ぬ線が引かれていたのである。我国の文章の変遷を辿ると、駢儷文はかなり長期間に亘って広く行われて来たが、所詮は亡びるべき運命にあった。しかも

それが絢爛華麗な表現を有していただけに、その衰微崩壊に対しては一抹の寂しさを禁じ得ないものがある。

(1) 本文は小沢正夫博士の「作文大体の基礎的研究」(『説林』一一号)の「校訂作文大体」による。
(2) 『大正新修大蔵経』第八十四巻所収。
(3) 山岸徳平先生の「澄憲とその作品」「海恵僧都の海草集」(『日本漢文学研究』所収)に詳述されている。
(4) 本書第十三論文を参照されたい。
(5) 本書第十一論文を参照されたい。
(6) 印融の事跡については伊藤宏見氏の『印融法印の研究』に詳述されている。
(7) 玉村竹二氏『五山文学』一四一頁。
(8) 『天隠和尚四六図』(彰考館蔵)に収録されている。
(9) 『蒲室抄』及び『鼇頭箋註蒲室集』(何れも尊経閣蔵)の巻初に見える。
(10) 瑞渓周鳳の「四六後序」や桃源瑞仙の『蒲室抄』などによる。なお芳賀幸四郎博士の『中世禅林の学問および文学に関する研究』三六五頁、玉村氏『五山文学』一六九頁を参照されたい。
(11) この文章は無文道燦の「雲太虚四六序」(『蒲室抄』所収)に「勁正而婉娩。暴白而停蓄。蒼老而敷腴。叙事無二剰詞一。約理無二遺意一」とあるのに基くと思われる。
(12) 未見。月舟の『鼇頭箋註蒲室集』と関係あるか。
(13) 小西甚一博士の『文鏡秘府論考研究篇下』一五〇頁を参考にした。
(14) 玉村氏の『五山文学』に詳述されている。
(15) 「江西和尚四六口伝」(『天隠和尚四六図』所収)に「凡啓札ハ十対也。十二十三対マテハ法也。十四五マテハ無法度也」と説いている。
(16) 『鼇頭箋註蒲室集』の巻頭に『王公四六話』『四六談塵』『辞学指南』(本書は『玉海』より引用)等より四六文に関する文が抄出されているが、禅林の詩僧達が宋代の文章論を熟読し参考にしていたことを暗示する。

(17) 芳賀幸四郎博士の『東山文化の研究』に詳述されている。

影響論

十三　『本朝文粋』の後代作品への影響

――主として平安後期の漢文学について――

一

藤原明衡が後代の文章の規範とするために、当代までの学者詩人達の秀れた作品を編纂して『本朝文粋』を撰したのは、十一世紀の中頃である。弘仁より長元に亘る二百年間、菅江二家を筆頭に碩学詞人七十人の筆になる作品は、まさに文章の英華精粋であり、その佳句駢儷は朗詠によって人口に膾炙し、その文章は作文の手本として後世に大きな影響を与えた。それは単に儒者文人の狭い範囲に於いて賞玩されただけでなく、朗詠や唱導によって庶民の間にまで侵透して行った。『和漢朗詠集』に収められた菅原文時の「傅氏巌嵐」(『文粋』巻五・126)は『梁塵秘抄』法文歌の中に収められて誦詠されたし、大江朝綱が子息澄明四十九日の願文にある章句「悲之又悲」(『文粋』巻十四・424)は唱導書に屢々引用されて庶民に語られた。さらに中世になると、『文粋』は『朗詠集』などと共に多くの人々に愛読され、軍記物語や謡曲などの絢爛典雅な文章を織成す綾糸となっている。現在から見れば、この点に『文粋』の最も大きな意義が認められるわけであるが、本書の影響はその中の秀句にのみあるわけではない。当時の人々にとって、優れた文章とは華麗な対句を鏤めた佳句を多く有することを意味したに違いないが、編者の意図はかかる佳句を持つ文章を分類収録し、一篇の独立した作品として、文章作成の際に規範とすることに中心があった。つまり『和漢朗詠集』などと異り、一片の佳句秀句を離れた文章全体を、人々に鑑賞享受してもらいたかったに違いない。

そこで私は影響という言葉をかなり広義に解釈したい。影響とは『淮南子』（原道訓）に「変無二形像一、優遊委縦、如二響之与一レ景。〈許慎注、響応レ声、影応レ形。〉」とある、形に随う影、声に応ずる響の如く、甲乙の直接的関係を示す原義的意味ではなく、普通使用されている様に、時間的空間的に間隔をおいて甲から乙に及ぼす関係を意味するものであるが、単に『本朝文粋』が後代の作品に如何に引用されたかに止らず、後代の人々にどの様に享受され利用されたかについて考えてみたい。何故ならば、本書が我国最初に行われた文章編纂である上に、その中には勅書・位記・起請文などの公文書が含まれているため、文学作品以外の分野にその影響が見られるからである。本論考においては、主として平安後期の漢文を中心にして、『文粋』の影響を次の四点に分って考察したい。

(一)『文粋』の中に収められた公文書は故実典例として利用された。

(二) 後世の文集における文章の分類編纂の規範となった。

(三) 種々の形式の文章作成の典範となると共に、後代駢儷文に影響を与えた。

(四)『文粋』の秀句が賞玩され、多くの文学作品に引用された。

なおここで和文を除外したのは、中世の紀行や軍記物語が登場する前に、漢文脈を主体にして詩句や章句を鏤めた和漢混淆文が見られないためである。『今鏡』（巻六、藤波の下）に藤原公能が北野の廟前で「羅綺之為二重衣一。」（巻九・236）の句を朗吟し、また崇徳天皇の前で「太公望之遇二周文一。」（巻三・82）の句を朗詠したと記されているが、これは『和漢朗詠集』に関することで『文粋』とは縁がないというべきである。また『文粋』の佳句をめぐって種々の逸話が『江談抄』（巻六、長句）その他の説話文学に記述されている。これらの逸話は章句の作成された時点のもの、後人による批評や同情によって生れたもの、或は編者自身の作り出したもの、さらに編者以後の人によって附加されたものなどの種々の事情が考えられよう。ただこれらの説話に収められた『文粋』の章句が、すべて『和漢朗詠集』に収録されていることは、その後代に及した影響から考えて、『文粋』と直接に関係があるとは言えない。この様な観点から『文粋』と和文との関係は、平安後期においては見られないものと想定したい。なお漢詩文もすべてを網羅しているとは言えないが、主要な作品については一応考察し得たと自負している。

二

久安六年(一一五〇)正月二十二日、近衛天皇は東二条殿より四条東洞院殿に遷幸されたが、その夜太政大臣藤原忠通から書翰が到着した。それによると、父忠実からの消息で、帝の高祖母従一位藤原全子を三宮に准ずることで法皇の許しを得たので閣議に計って欲しいとの由であったが、忠通は早速主上にその勅許を仰いだ。その時、内大臣源雅定は頼長に、一条殿(藤原全子)は既に尼であるが、勅書に法名を載すべきか否かを尋ねた。頼長が答えて言うには、法成寺入道殿下は遁世前に准后の詔を蒙り、出家後も復この詔があったし、出家した人は皆法名を記すから法名を載せても差支えなかろうし、また命婦の名を見ると尼になっても女名を失わないから、女名を載せても良かろうと。そこで雅定は故仁和寺法親王除目の尻付に「入道師明親王」と「入道」を書いた由を述べ、衆議によって女名を載せ入道の字を加えることに決った。しかし大内記藤原長光が書いた勅書には「従一位藤原朝臣全子」と記されていた。それより先永保二年(一〇八二)入道師明親王が二品に叙せられた時、位記に法名を附くべきか、僧名を附くべきか論議されたが、大内記藤原敦基は、華山院の外祖母恵子女王が三宮に准ぜられた際、勅書を記した慶滋保胤は「外祖母王氏」と注し、法名を記さなかった故事によって、「無品師明親王」と記した。長光はこれに倣って法名を注さなかったのである。これはまことに瑣末な事件であるが、当時の貴族達が如何に故実を重んじたかを示す一挿話であろう。

その後で頼長は

恵子女王准后勅、可レ献之処、此奏、永範《（藤原）》朝臣借取了。但保胤作、所レ入二文粋一也。件勅書、出家之由候也。今度、就二師明親王位記状一、所二草進一候也。保胤不レ書二入道王氏一、故京兆、不レ書二入道無品師明親王一。仍今度、不レ書二入道従一位一候也。

と日記に述べている。この記事が『本朝文粋』の書名の見える最初のものであり、保胤の「充二華山法皇外祖母恵子女王封戸年官年爵一勅書」は『文粋』巻二(50)に収録されている。敦基や長光は大内記という職掌によって、恐らく内記局に保管されていたと思われる勅書の集録などに基いての行為であると考えられる。しかし頼長は『台記』の記事によっても明かな如く、『文粋』によっての発言である。何れにしても『文粋』が典拠先例の参考として用いられた一例であろう。

当時の代表的な文書を輯録した『朝野群載』には、文筆の部に入らない公文書（論奏、表、奏状、官符など）十一篇が『文粋』から採られているが、これらの作品は文章の典範となったと同時に、故実の参考として使用されたのではなかろうか。その外『続文粋』や『群載』の奏状によると、儒者が官位官職を奏請する際、必ず先例を挙げて自己の功労を誇示するのを常とするが、先例として挙げた儒者の多くは『文粋』に奏状を載せているので、『文粋』が典例となった様に思われる。

さらに時代はかなり下るが、『桂林遺芳抄』には対策の際における問頭博士の例が「已上文粋文」と『文粋』から採られている。また一条兼良が嗣子の冬良に令を講じた『後妙華寺殿令聞書』には、「令義解序」の解釈を記しているが、その始めに

正三位守右大臣兼行左近衛大将臣清原真人夏野等奉勅撰

正三位ハ位卑ク、右大臣ハ官高故、用守字。其外ハ表ノ位署ト同也。此義解ノ序ヲバ、小野篁夏野公ニ替テ書ルナリ。本朝文粋ニ見タリ。

と記している。『文粋』巻八（197）に輯録された「令義解序」のみが作者を野相公としているのであって、有職制度に詳しかった兼良は、有職の研究のため『文粋』にまで目を通していたのである。

これらの点から考えると、『文粋』に収められた公文書は、『西宮記』や『政事要略』などと同じく故実書として、当時の公家制度を研究する上に大きな役割を果していたのであろう。

三

『本朝文粋』の書名は宋の姚鉉の『唐文粋』を襲ったものであるが、編纂の体や部門の類は『文選』に倣ったものと考えられている。(1)試みに『文粋』の目録を調べて見ると

賦。詩。詔。勅書　勅答　位記　勅符　官符　意見封事　対策。論奏　表。奏状　書状。序。詞。行　文　讃。論。銘。記　伝　牒　祝　起請　奉行　禁制　怠状　落書　祭文。呪願　表白　発願　知識　廻文　願文　諷誦文

となっている。次に『文選』の目録を検すると

賦。詩。騒　七　詔。冊　令　教　文。表。上書　啓　弾事　牋　奏記　書。移　檄　対問　設論　辞。序。頌　賛。符命　史論　史述賛　論。連珠　箴　銘。誄　哀文　哀策　碑文　墓誌　行状　弔文　祭文

の三十九部より成っており、十二に亘る部門が同じである。さらに両書の賦と詩序の部立を比較してみる時、その類似が顕著であるのに気が附く。しかし、我国と中国との国情の相違もあり、『文粋』の二十七部門は『文選』と名を異にしている。『文選』に見られる碑文墓誌の如きは一篇もなく、五巻に亘って収録された論は『文粋』には一篇しか見えない。それらに代って『文選』にない願文の類が殆ど二巻を占めている。また『文選』の詩序、策秀才文（対策）は共に三篇に過ぎないが、『文粋』では詩序は四巻百数十篇、対策は一巻十三篇に及んでいる。詩は『文選』に倣って近体を除外し、当時盛行を極めた律詩や絶句は一首も収録されていないが、『文選』の四百数十首に対して僅か二十八首に過ぎない。これは両国の国情の相違によると共に、編者の意図が顕著に現れていると思われる。当時仏教の隆盛に伴って朝家貴紳が屢々盛大な仏事供養を行った我国の風潮が、願文類を多数収録した原因であるし、勅撰三集以後、大江維時による『日観集』二十巻の編纂、紀斉名の『扶桑集』十六巻、高階積善の『本朝麗藻』二巻の輯録によって、編者が詩を重んじない方針を採ったのであろう。＊

＊『本朝文粋』と『扶桑集』十六巻を合せて三十巻とし、『文選』に匹敵させようとしたこと、本書第四論文を参照されたい。

特に詩においては雑詩のみで、そこには『文選』に殆ど見られぬ古調、越調、字訓、離合、廻文、雑言、三言、江南曲、歌が収められている。『作文大体』や『文筆問答鈔』などによってその詩体をみると、古調とは韻声調わず、若くは韻のみ調って声の調わざるもので五言詩が多く、越調は七言絶句の第三句が六字で三字ずつ対を成すものである。字訓は「里魚穿レ浪鯉、江鳥送レ秋鴻。」（巻一・33）の如く、上の「里魚」が「鯉」の字を為し、「江鳥」が「鴻」の字に訓ずる如きである。離合は「烟霞望レ暁好、因レ吾忽光臨。」の如く、下句「因」字が上句「烟」の字の偏を奪って作る様なものである。廻文は転倒して逆に読んでも詞や韻声が相合うものをさす。雑言、三言は一先ずおき、江南曲は白楽天の江南曲体に倣ったもの、歌は楽府の流を汲むものである。

かかる特殊な詩体の詩のみを収めたのは、編者が後世雑体詩を作成する時形式や韻声の上で範とすべき様意図したからに外ならない。これらの詩は内容よりも形式に注目すべきもので、大江匡衡の「述懐古調詩一百韻」(『江吏部集』)や、藤原忠通の「春日言志離合」(『本朝無題詩』)の如き詩も残されて居り、詩人達によって字訓廻文の連句の会も開かれている(『永昌記』天永二年〈一一一一〉十一月二十八日)。更には『作文大体』の雑体詩の説明などを基にしてであろうが、種々の詩体を和歌になずらえて

詩はもろこしのつたへ、歌は我くにのことばなり。きゝはおなじからねど、おもむきはひとつなるべし。短歌は賦なり。長歌は五七言詩、旋頭歌は江南曲、混本歌は越調詩、連歌は聯句也。廻文又かよひてあり。およそなずらふるところ異なる事なし。(『奥義抄』序)

と無理に説明を附すという有様であった。

私は主として『文粋』に収められた種々の詩体を中心にしてその特色を述べて来たが、これは後代の詩文集分類の点で大きな基準になるためである。いずれにしても、編者はすでに我国に渡来していた中国の作文集を参考にし、先輩の詩文集を基にして初めて国情に適う文章編纂を試み、後世作文の典範にしようとしたことを疑うことが出来ぬ。この様な編者の意図は後代にも受継がれ、文章編輯の規範となった。その最もよい例として、『本朝続文粋』と『朝野群載』を取上げてみたい。

『本朝続文粋』十三巻は編者が不明であるが、その分類部立を全く『文粋』に倣ったと思われる。そこに収められた目録を検すると

賦　雑詩　詔　勅答　位記　勘文　策　表　状(辞状)　奏状　書状　施入状　序　詞　讃　論　銘　記　牒　都状　定文　祭文　呪願　表白　願文　諷誦文

の二十六の文体を数えることが出来る。これは『文粋』の三十九類に対してかなり少いが、収められた作品が『文粋』の四百二十九篇に対して、その半数の二百三十四篇であり、巻数も一巻少いのであるから(『文粋』で序四巻が『続文粋』では三巻となっている)、項目に欠けたものがあるのも止むを得ない。いま『文粋』の目録より欠けたものを挙げてみると

勅書(一) 勅符(三) 官符(二) 意見封事(三) 論奏(二) 行(一) 文(一) 伝(二) 祝文(一) 起請(一) 奉行(一) 禁制(一) 怠状(一) 落書(二) 発願(二) 知識(二) 廻文(一)

の十七項目で、『文粋』でもその収められた作品は何れも多くて三首に過ぎないのであるから、序、賦や願文などの様に重要視されなかったと見て差支えなかろう。これに代って収められたのが、勘文(諸事の先例典故を調べ、また事を行う日時を占い定める文書)、施入状(神仏に祈請する時に捧ぐる物の品目を列ね、その意趣を記し奉る文)、都状(寿命延長のため泰山府君を祭る時の祭文)、定文(取定めた事項を記し、又は行為として守るべき規定を示すための文書)(2)の四項目である。この中施入状と都状は、院政時代に夥しい神仏供養の行事と密接な関係があり、また和歌序が『文粋』より多い点にも時代の風潮を考慮した『続文粋』編者の意図が伺われる様に思う。しかし、『続文粋』十三巻の目録は『文粋』十四巻の中、詩序四巻を一巻欠いただけで、各巻に収められた文体とその排列は一致していること、『続文粋』の雑詩四首が古調詩と越調詩であること、両者の詩序の項目が類似していることなどを考慮に入れると、『文粋』の編纂分類をそのまま踏襲したと考えて良かろう。

『朝野群載』は永久四年(一一一六)に三善為康が知新の師と為すために、種々の文章の体を集め三十巻に分類したもので、当時の公文書の形式や制度上の事項を知る上で欠くことが出来ない。巻一より巻三までが、文筆の種々の形式を先輩の鴻儒の作品に仰いで排しており、巻四以下が朝儀や太政官以下の諸種の公文書を収めているが、ここでは

主に文筆三巻を考えたい。文筆三巻の目録は

賦　詩　箴　序　歌　碑文　銘　辞　讃　吟　歎　曲　行　文　啓　（上巻）

伝　引　願文　呪願　祝言　奉行　表白　縁起　式　消息　書　（中巻）

誓願　起請　告文　祭文　都状　記　（下巻）

の三十二項目で百九篇の詩文が収められ、その中三十四篇は『文粋』と同じ作品である。この中『文粋』に見えぬものは、箴、碑文、歎、啓、引、縁起、式、消息、都状の九文体で、告文に収められた江以言の作は『文粋』の祭文の項（391）にあり、吟に収められた紀納言の「貧女吟」は『文粋』では古調（18）の中に入り、特に吟の項目を立てていない。更に巻四以下の朝儀、太政官以下の公文書を調べると、『文粋』に見えて『朝野群載』にない文体は意見封事と落書の二つに過ぎないが、『朝野群載』には欠巻が多いので原本には存在していたかも知れない。逆に『文粋』に見えない公文書は宣命や解文を始として数多く、これは優れた文章だけを輯録すると言うよりも、あらゆる形式の文書を編纂しようとした編者の意図の現れと考えられる。編者は序文において「但慙㆘耄及拙㆓編次㆒、性慵疎㆗渉猟㆖。以揖㆓後昆㆒、宜㆑補㆓前闕㆒。」と謙遜しているが、文書の渉猟や編纂には細心の注意を払ったのであろう。『文粋』に見えなかった箴、碑文や啓などは既に『文選』の目録に見えるし、引も楽府の中に収められている。又都状は『続文粋』に見え、縁起はその記の中に収められている。かように見てくると、編者は中国や我国で編纂された詩文集を参考にし、当時の国情に適った最も範とすべき種々の文章を編纂しようとしたことは疑えない。ただその時に最も規範とし参照したのが『本朝文粋』ではないかと思われる。例えば詩は律詩絶句を除いた雑詩のみで、奉試、古調、越調、字訓、離合、走脚、廻文の七形式の詩を集めているが、この中奉試（省試の際に題目や韻字を課せられて賦する詩で、五言八十字の詩が通例である）と走脚（五言四句すべて同じ偏旁の字を用いる）を除いた五詩体は、すべて『文粋』の詩を

そのまま採録している。律詩や絶句を収めなかったのは文章に重点を置いて編纂したためであろうが、雑体詩の分類形式によっても『文粋』が範になったことは確実である。『朝野群載』の目録と『文粋』のそれが類似しており、『文粋』の作品が文章の手本として数多く採録されていることは、『朝野群載』の編纂に『文粋』が与って力あったと考えられる。

『本朝続文粋』や『朝野群載』の編纂が行われた時代が過ぎると、漢文学は完全に衰退の一路を辿って行った。翰林に碩学鴻儒なく、先輩の作品の亜流に満足していたために、漢文学は全く世人から見離されてしまった。そのため文章の編纂事業など行われないままに長い月日を経たが、その後は駢文に代って古文が重視されたこともあって、『本朝文粋』は殆ど顧みられなくなってしまった。

四

『本朝文粋』の文章が人々に愛読され、その秀句は既に『和漢朗詠集』にも収められて人々に朗詠されたが、それは華麗優雅な四六駢儷文によるものである。種々の技巧を凝した『文粋』の四六隔対の流麗な文章は、後代の人々に賞玩され文章の模範となったこと言うまでもない。

『作文大体』(観智院本)の筆大体によると、散文の文章を構成する句型は、発句、壮句、緊句、長句、隔句、漫句、送句、傍字の八種より成る。発句は「夫」「伏惟」の如く巻頭に置く語で対を要しない。壮句は三字で対を成して平仄を調え、主として発句に次いで用いられる。緊句は四字を以て対を成し平仄を調える。長句は五字より九字に至る句で対属を要し、平他声を調えなければならない。隔句には軽、重、疎、密、平、雑の六体があり、軽、重隔句が最も勝れたものとされた。漫句は四五字より十余字に至るものもあり、対属平仄を調える必要はなく、文章の到る所で用いられるが、送句に代って巻尾に置かれることもある。送句は末尾に施す「者也」「而已」の如き語で、傍字は「抑」「就中」等発句に似ている。これらの句を適当に排列して一篇の文章が構成されているわけであるが、当時の文章の中心は勿論隔対にあった。『和漢朗詠集』に収められた章句はすべて隔句対であり、朗詠には最も適していたと考えられる。『本朝文粋』の文章は隔句対を中軸にして種々の句型を整然と排したものであるが、『作文大体』の編者は従前の詩論や文章論を基にして本書を作成するに当って、『文粋』の文章を参考にした様に思われる。例えばその中心を成す隔句の部分を東山御文庫本によって掲げてみよう。

　上三下五　疎隔句

花復花　山雨洗以色
葉復葉　渓嵐吹雨声(3)　（巻三・86「詳春秋」江以言）

　上五下六　上多下三　密隔句

仏日雖早蔵　余輝明而常在
玄風雖遥隔　遺韻叩而猶聞　（巻十四・417「一条院御願文」江匡衡）
菓則上林苑之所献　含自消
酒是下若林之所伝　傾甚美　（巻十一・320「晴添草樹光詩序」後江相公）

　上四下六　軽隔句

天上天下　妙覚之理独円
三千大千　無縁之慈普被　（巻十三・403「木幡浄妙寺供養願文」江匡衡）

上六下四　重隔句

仏則在世之時　蓮眼早発
経是昇霞之後　全（金）文新成　（巻十四・412「陽成院御願文」後江相公）

上四下四　上六下六　平隔句

射山計日　虬箭頻移
鼎湖隔雲　漏水屢滴　（巻十四・413「朱雀院御願文」後江相公）

抛羅図而逃塵　比万乗於脱屣
落雲鬘而入道　尋三明於方袍　（巻十四・412「陽成院御願文」後江相公）

上四下多　上多下四　雑隔句

青苔鋪設　自展七浄瑠璃之茵
紅葉乱飛　暗成千花錦繍之張（帳）　（巻十三・403「浄妙寺供養願文」江匡衡）

昔隋煬帝之報智者　千僧贍一
今左丞相之訪寂公　曝布足百　（巻十四・432「諷誦文」江匡衡）

上八下十一　上十下八

南望則有関路之長　行人征馬駱駅於翠簾之下
東顧亦有林塘之妙　紫鴛白鷗逍遥於朱檻之前　（巻十一・323「秋花逐露開詩序」源順）

昔忉利天之安居九十日　列赤旃（栴）檀而模尊客（容）
今跋提河之滅度二千年　瑩紫磨金而礼南無（両足）　（巻十三・410「為仁康上人願文」江匡衡）

右に掲げた例句に便宜『本朝文粋』の巻数を記しておいたが、この中『和漢朗詠集』に収められたものは三首に過ぎないから、恐らくすべて『文粋』の文章を引用したと見て差支えない。この隔対は巻末に参考として附記したもので、観智院本などにはないから、[4]編者の藤原宗忠が記述したものか判明しないが、東山御文庫本の書写された鎌倉初期以前に、『文粋』の対句が隔対の代表とされたことは疑う余地がない。『文粋』の対属については既に述べたことがあるので省略したい。[5]

『作文大体』を参考にして詩文の法則を述べたものに鎌倉時代の『王沢不渇鈔』がある。この書は序文によると、諸家の病犯や格律の論、諸儒の体勢対属の説によって、人々の蒙昧を啓くため俗に近い語で説いたもので、主人と客の問答形式を採る。そして詩と散文の二巻の中、下巻の散文は序（詩序と歌序）と願文（諷誦文を含む）の二部に大別されるが、願文はその体を十番に分け例文を挙げて説明している。今その十番の目録を次に記しながら、引用された章句の中から『文粋』（何れも巻十四の願文）に見えるものの一部を掲げてみる。

一番　四種之次第

一、世間無常通用儀也

人中之尊　猶現二四枯之相一

天上之楽　後為二五衰之悲一　（419「二品長公主願文」慶保胤）

一、孝行儀

一、仏法讃歎

八万四千之相　秋月満而高懸

開三顕一之文　春花貫（以）而永点　（415「円融院御願文」菅相公）

一、悲歎哀傷

欲㆑述㆓心緒㆒　舌根結而易㆑乱
更防㆓涙川㆒　胸波(陂)溢而難㆑留　（420「左大臣息女女御願文」後江相公）

二番　聖霊平生存生之様

花下之春遊　揮㆓神筆㆒而(以)手書㆓御製㆒
月前之秋宴　吹㆓玉笛㆒而(以)自操㆓雅音㆒　（417「一条院御願文」江匡衡）

三番　病中之様

摩耶入㆑夢　毒竜遺㆓吸㆑珠之悲㆒
世尊患㆑風　耆域施㆓献㆑薬之術㆒　（413「朱雀院四十九日御願文」後江相公）

四番　逝去之様

哀楽如㆑夢　未(就)㆑献(是)㆓此界之寿㆒
禍福相改　忽赴㆓他方之遊㆒　（418「村上天皇母后願文」後江相公）

五番　悲歎事

涕涙流而無㆑従　迷㆑倒㆓雲漢於眼下㆒
心肝屠而不㆑静　如㆑呑㆓風胡於胸中㆒　（426「覚運僧都願文」江以言）

六番　日数事

七番　修善仏経事

仏者生前之御願　以㆓三尊㆒為㆓賓朋㆒

経者夢後之精勤　以二一乗一為二輿輦一　（417「一条院御願文」）

八番　時節景気事

故宮寄レ眼　月光殊二昔秋之色一

荒砌尋レ声　虫響非二前年之聞（聴）一　（414「朱雀院周忌御願文」後江相公）

九番　昔因縁事

昔釈迦善逝　為レ報二摩耶之恩一昇二忉利一而説レ法

今国母宝宮　為レ酬（餝）二上皇之徳一留二閻浮一而設レ斎　（同右）

十番　廻向句事

千官影（景）従　本是諸天之愛子

九品雲聳　今則三界之慈親　（412「陽成院御願文」後江相公）

そして最後に、古人の願文を見ると長短同じからず、時に随い事に依って艶詞などを加えているので、番毎に便宜の詞や傍字を案じて、右の目録にあげた理に適う様に作句しなければならないと述べている。本書の編者は『文粋』の願文を筆頭に、種々の願文集の章句を抜萃して十番の目録を構成したのであるが、『作文大体』などの作法書には願文の執筆について触れるものがないので、恐らく編者の創意に基くものと思われる。彼は多くの願文を参考にし、願文を構成している内容や叙述の形式を分析して十番の目録を帰納したのであろう。元来願文は仏事を修して祈願の意を敬白するために作る文書で、皇親摂籙の仏事供養に於いては、願文の作成を当代の碩学に依頼するのを常とした。従って一定の形式を有する文書としての色彩が強く、学者達はその対属駢儷に心魂を傾け、仏事供養の参加者の賞讃を博し、被物を受くるを最上の喜びとしたのである。

願文の中心はその華麗な対属にあり、あるものは『和漢朗詠集』にも採録されて人々に吟誦された。『王沢不渇鈔』に引用された例句は殆ど流麗な対属であり、編者はこれらの対属を内容によって分類し、願文作成の基準を創ったと言える。しかし、願文を作成するためには、右に掲げた十番の目録すべてが順序正しく排列されねばならぬと言うわけではない。編者が「専守二此体一、即詞無レ味。」と述べている様に、型に入って型を出なければ優れた文章を書くことは不可能である。そこで編者は願文の段々の見るべきものとして、菅原輔正の「円融院四十九日御願文」(巻十四・415)を十番の目録によって段落をつけながら説明し、長短定らざる故に作者の意によって順序の変更や一部の省略も差支えないと結んでいる。

『不渇鈔』の例から考えると、『文粋』の作品は後代の人々が文章を作成する時に模範としたこと明白である。ここでは願文に限られているが、他の形式の文章にしても、それを構成する内容、叙述の形式、対属の種類及び平仄の法則等、すべての点で『文粋』に範を仰いだものと思われる。後代、三条西実隆が子供や孫に『文粋』の中文の巻(巻六)を講義していることは、貴族にとって奏状執筆の際『文粋』が参照されたことを物語っている。また『儒林拾要』の奏状に大江朝綱の作品を挙げているのも同様である。この様に見てくると、『文粋』編纂の意図の中心は、後代の人々が文章を作成する時の規範にするためであったことは疑う余地がない。

五

『本朝文粋』が編纂される以前に、既に本邦の学者詩人の作った詩句章句が人々に誦詠され模倣されたことは、『江談抄』などの説くところである。しかもその詩句章句の朗詠は単に狭い翰林の世界だけに止まらず、後宮にまで及んだのである。これが基になって『和漢朗詠集』が成立し、さらに『本朝文粋』が編纂されたのであるが、それ以後これらの作品に収められた詩句章句が模倣翻案されたのは数えるに遑がない程である。例えば『奥義抄』によると、『後拾遺集』にある堀川右大臣の歌

をみなへしかげをうつせば心なき水も色なる物にぞありける

は「誰謂水無レ心、濃艶臨而浪変レ色。」（巻十・300「花光水上浮詩序」菅三品）の章句によったものであり、同集のよみ人しらずの歌

君が代はかぎりもあらじはま椿ふたゝび色はあらたまるとも

は「徳是北辰、椿葉影再改。」（巻九・234「聖化万年春詩序」後江相公）の句の心を詠んだものである。また同集の源兼澄の歌

かくしつゝ多くの人はをしみきぬ我をおくらん事はいつぞも

は「楊岐路滑、我送レ人多年、李門波高、人送レ我何日。」（巻九・249「別路花飛白詩序」江以言）の心に適うものであるというのである。「誰謂」「楊岐」は『和漢朗詠集』に採録され、「徳是」は『新撰朗詠集』に収められているが、根本朗詠の一としてしばしば宴席で朗詠されたことが当時の公家日記に見えるので、『文粋』の章句を直接翻案したものではなかろうが、邦人の秀句に基いた和歌であることは、藤原清輔の指摘によっても明白である。

また『源氏物語』賢木巻で、光源氏と三位中将が韻塞の競技を終えて後、中将は負わざを行うが、その時の情景は次の様に記されている。

わが御心地にもいたう思しおごりて、「文王の子武王の弟」と、うち誦し給へる、御名のりさへぞげにめでたき。成王の何とか宣はむとすらむ。そればかりや心もとなからむ。

この「文王の子武王の弟」について、『源氏釈』は「周公旦者文皇之子武王之弟、自知二其貴一、忠仁公者皇帝之祖皇后之父、世推二其仁一。」をその典拠に挙げている。これは大江朝綱の貞信公摂政を辞する表（巻四・103）にある有名な章句で『和漢朗詠集』にも収められて居る。諸注この典拠を『史記』に求めるのは「成王の何とか宣はむとすらむ」の文章に惹かれたのであろうが、当時における佳句朗詠の事情から推して朝綱の章句と考えたい。藤原伊行は『源氏物語』の典拠を調べるに際し、経典や漢籍などと共に、『朗詠』や『文粋』の如き我国の詩文にまで意を用いたと思われるのである。

これらの例は漢文を離れた和歌物語の世界に属するものであるが、一度目を翰林に転ずれば、『文粋』章句の引用は枚挙に遑がない程である。

『新撰朗詠集』に収められた邦人の長句九十四首の中、『文粋』の章句六十八首を数えることが出来るのは、『文粋』の章句が当時の人々にとって最も朗詠に適した秀句と考えられたためであろう。そして『朗詠九十首抄』や『朗詠百首』などに『和漢朗詠集』『新撰朗詠集』に集録されていない『文粋』の章句が見出されるのは、散佚した『拾遺朗詠』や『和漢拾遺朗詠』などにも『文粋』の秀句が収められていたことを予想させないであろうか。

中でも『文粋』を規模として作られた『続文粋』は、単に分類編纂の上だけでなく、『文粋』の作品が規範とされ章句が巧みに換骨されている。藤原敦光の勘文「変異疾疫飢饉盗賊等事」（巻二）に「伏惟、延喜年中、式部大輔三善清行朝臣封事之中、天下費非二往世之十分之一一者。以二彼一分一比レ之。」とあるのは『文粋』（巻二・67）の「意見封事十二箇条」によるものであるし、大江匡房の「続座左銘」（巻十一）は序に「本朝元謙光《源兼明》作二座左銘一、今江満昌亦続レ之。」とあって兼明親王の「座左銘」（巻十二・368）を規模としたことは言うまでもない。同じ匡房の「暮年記」（巻十一）は作者の文学上の経歴と当今の詩壇の不振を慨嘆したものであるが、その発想や叙述の形式は紀長谷雄の「延喜以後詩序」

（巻八・201）に基いている。例えば「予四歳始読レ書、八歳通二史漢一」の冒頭の書出は、長谷雄の「予十有五始志レ学、十八頗知レ属レ文。」の冒頭を模したもので、次に自己の詩草文章が時の碩学鴻儒に賞讃された例を具体的に列挙して行く叙述態度は、両者全く同じである。さらに「暮年記」に「司馬遷有レ謂曰、為レ誰為レ之、令二誰聞一レ之。」の引用も「延喜以後詩序」にそのまま見える。そして

文章不二敢深思一、唯避二翰墨之責一而已。若夫心動二於内一、言形二於外一。独吟偶詠、聊成二巻軸一。

の文章が長谷雄の

雖レ関二公宴一、不二敢深思一、只避二格律之責一而已。若夫覩レ物感生、随レ時思動、任二志所一レ之。（中略）摛レ藻独吟独作、不レ肯レ視レ人、年往月来、徒成二巻軸一。

を意識して書いたことは明瞭であろう。その他「定義始不レ許二江茂才文一。近日製作、可レ謂二日新一。」の表現が「吾始不レ許二紀秀才文一。自二我不一レ見四五年来、体製非レ昔、可レ謂二日新一。」を規範としていることも疑えない。

また柿村重松氏は藤原敦光の「落花浮水上詩序」（巻九）が、『文粋』（巻十・300・301）に収められた菅原文時や源順の「花光水上浮詩序」を模したものであることを指摘して居られる。[6] さらに『続文粋』の章句を一々調査してみれば、『文粋』の文章に拠ったものの数多いことが知られるのであるが、その中から若干を捃摭してみよう。

大江匡房の「落葉賦」（巻一）にある

陶令門前、五株之煙告レ老。

は陶淵明の故事であるが、『文粋』巻一（8）の紀斉名「落葉賦」の「陶彭沢之門前、煙晴二五柳一。」によるものである。

藤原正家の対策「弁関塞」（巻三）の章句

済二生民於寿域之月一、万歳一日之俗云移。

は、『文粋』巻三(81)の菅原文時の策「寿考」の「万歳一日之無レ疆、無レ私二殊俗於唇吻之内一。」に基くものと思われる。同じく大江匡時の対策「述行旅」に見える。

張博望之窮二九河一也、通二査於牛漢之月一。

は、『文粋』巻三(80)の大江澄明の「弁山水」の章句で『新撰朗詠集』に収められた「張博望之到二牛漢一、泝二十万里之濤一。」に基くこと言うまでもない。また大江匡房の「辞関白《師実》第三表」(巻四)の章句

鍾二千年之昌運一、俟二百王之澆醨一。

は、『文粋』巻八(200)「延喜格序」にある「方今膺二千年之期運一、承二百王之澆醨一。」によると思われる。同じ作者の「辞摂政《師実》第一表」(巻四)にある

月舎時違、誰問二山中書生之喘一。

の文章は、『漢書』にある丞相丙吉の故事を賦したものであるが、これは『文粋』巻五(133)の清慎公が骸骨を乞う表(菅三品)の「才職全違、常迷レ問二山中書生之喘一。」によるものであろう。また藤原敦光の「辞摂政《忠通》表」(巻四)の章句

何必叩レ舷鼓レ棹、晦二跡於五湖之煙一。

は、『文粋』巻二(52)の菅三品「答下貞信公辞二関白一表上勅答」の「欲レ浪二跡於五湖之春煙一乎。」によるもので、越の宰相范蠡のことを述べたものである。藤原広業の「辞太政大臣《道長》表」(巻四)に見える

偏承二余慶於累葉一、抽二不次於群英一。

は、『文粋』巻五(124)に収められた菅三品の富小路右大臣《顕忠》の辞表「謬承二余慶於累葉之下一、猥登二不次於群英之前一。」をそのまま用いたのであろう。さらに大江匡房が記した源師房の右大臣を辞するの表(巻五)の章句

袁司徒之栖二商洛一也、養二余生於芝澗之露一。

は、『文粋』巻五(123)の清慎公右大臣辞表(後江相公)「南山芝澗、又是袁司徒之幽栖。」によるが、『和漢朗詠集』から引用したのかも知れない。これは柿村博士によると、商山四皓の一人東園公の故事で「袁」は「園」の誤であるが(7)、匡房が先輩の作をそのまま用いたこと明白である。藤原敦宗の「為衆生説法詩序」(巻八)の章句

不レ河二漢其詞一、只尋二法水真如之道一。

は、『文粋』巻一(11)の菅贈大相国「未旦求衣賦」にある「不レ可レ風二雲其興一、不レ可レ河二漢其詞一。」に基くと思われるし、藤原敦光の「譬如満月詩序」(巻八)の

倚二珠簾一以散二名花一也、妓鑪之香遁薫。

は、『文粋』巻十(289)の橘正通「繞簷梅正開詩序」にあり『和漢朗詠集』に収められた秀句「濃香芬郁、妓鑪之煙譲レ薫。」を模したものと思われる。

以上は最も的確と思われる例を二三取上げて見たのであるが、両書間に関係ありと認められる章句を一々記すことは煩瑣になるので省略したい。

また『朝野群載』(巻二)の「天台山不断念仏発願表白」に見える文章

雖二一念一必引接、況七日常行之勤修乎、雖二十悪一必来迎、況三業相応之勝因乎。

が、『朗詠』に採られた後中書王「西方極楽讃」(巻十二・356)の「雖二十悪一兮」を換骨奪胎したものであること明白であろう。

次に『本朝無題詩』から二三例を挙げてみよう。巻三の源経信の「秋月詩」の腰句

寂矣応レ望眸外雪、攬レ之不レ満手中霜。

は、『文粋』巻一(1・2)の「繊月賦」にある「攬レ之不レ盈レ手、皎々之光未レ舒、仰レ之則在レ眸、繊々之質可レ望。」(菅

三品）や、「望レ之則在レ眼、攬レ之不レ盈レ拳。」（源英明）に基くものと思われる。巻五の巻末にある藤原茂明の「閑中之偶詠」の腰句

　思レ林籠鳥翅難レ出、失レ水轍魚鱗欲レ枯。

は、『文粋』巻六（154）の平兼盛の奏状に見える「只有二籠鳥恋レ雲之思一、未レ免二轍魚近レ肆之悲一。」を念頭に置いたものであろうか。巻六の藤原明衡の「会飲崇仁坊新亭」の詩句

　瑠璃映徹盈二庭水一、錦繡展張逼二砌花一。

は、『文粋』巻十（315）の慶滋保胤の「落葉波上舟詩序」にある「閣東有二碧瑠璃之水一、水辺有二紅錦繡之林一。」と関係があるのではなかろうか。但し『白氏文集』の「泛二太湖一書レ事寄二微之一」（巻五十四）に「黄夾纈林寒有レ葉、碧瑠璃水浄無レ風。」の佳句があって『朗詠』に見え、「西省対レ花憶二忠州東坡新花樹一因寄二題東楼一」（巻十九）に「毎看二闕下丹青樹一、不レ忘天辺錦繡林。」とあるので、これらを参考にしたとも考えられる。また巻九の藤原季綱の「秋日遊二薬王寺一」の自注に

　昔寂心上人又在洛（俗イ）之時、遠来二山寺一、忽成二詩序一。故云。

と記されているのは、『文粋』巻十（282）にある慶滋保胤の詩序「晩秋過二参州薬王寺一有レ感」を指すものである。同じく巻九の藤原明衡の「閏三月尽日慈恩寺即事」の自注には『文粋』巻十（275）の小野篁の「慈恩院初会序」が三箇所にわたって引かれている。

　これらの作品はすべて詩人鴻儒の筆になり、鑑賞されたのも狭い翰林の世界に属するものであるので、後代の学者達にとっては先輩鴻儒の作品文章が規範とされたことは当然予想される所である。当時の文苑における『文粋』の影響は、以上述べたところでその一端が判明したと思われるが、次に視野を広げて別の世界における漢文について考え

てみよう。

藤原明衡が童蒙の教化のため作った『雲州消息』から一二例を挙げると、「難波津古風一篇事」(上本)にある

　花山僧正之長二此道一、猶悲三画女之動二人情一、小野小町之得二其名一、還嫌三病婦之着二花粉一。

の文章は紀淑望の「古今和歌序」(巻十一・342)のそれに基くのであるが、直接に『文粋』と関係がないと見る方が妥当であろう。また「請仰事」(上本)の条に見える文章

　又近日緑林陰繁、白波声忙。彼是追捕事、蒙二殿下御気色一。

は、『文粋』巻四(104)の後江相公が記した貞信公の摂政辞表「隴頭秋水、白波之音間聞、辺城暁雲、緑林之陳不レ定。」と関係があるかも知れない。ただ「緑林」や「白波」というのは漢代に跋扈した盗賊兇徒を指すものであるが、後の『転法輪抄』に「盗賊断レ跡、山無二緑林一、海無二白波一。」とか「四海泰平、白波音無、七道安穏、緑林影永絶。」などとあるのをみると、反賊乱徒を表現する常套句と考える方が妥当かも知れない。[8]「可レ参二省門一状」(上末)に

　今泝二李門之浪一、盍レ訪二杏壇之風一。

とあるのは、『文粋』巻十(298)に見える菅原輔昭の「隔花遥勧酒詩序」の「泝二於李門之浪一二年、朝恩未レ及。」を意図したものであろう。「御申文事」(中本)の章句

　皆是貂蟬七葉之家、如二金日磾一者也。

は、『文粋』巻九(240)の大江以言「所貴是賢才詩序」の「散卒降虜之士、貂蟬伝二七葉之風一。」に関係を求められようか。「慶賀事」(下本)に

　偏慕二杏壇之風一、未レ挙二蓬壺之雲一。

と記されているのは、大江匡衡の「水樹多佳趣詩序」(巻八・232)の「蓬壺蹈レ雲、葵心向レ日。」や前述の菅原輔昭の詩

序(298)に、「蹈二於蓬壺之雲一十日、夜飲既酣。」とあるのによるものであろうか。なお附加えると「跪請レ仰事」(上末)に

感申無レ極、良辰美景不レ可二空過一歟。

とあるのは源順の「渡水落花来詩序」(巻十・307)の「天下良辰美景、賞心楽事、此四者難レ并。」に典拠を求められようが、『文粋』の章句は実は『帝範』によるもので、『明文抄』(巻一、天象部)に引用されているので、衆人周知の語句と考える方が良かろうか。

また往来物として高野山西南院蔵の『和泉往来』について『文粋』との関係を考えてみたい。本書は文治二年(一一八六)の奥書があり「西室作」とするが、その内容から考えて院政期に成立したものと思われる。[9] その編纂様式は十二月往来型に属し、[10] 十二箇月の月々に正月から十二月までの書状往復二通ずつを収めている。内容も仏家の消息状が多いが、殆ど関係のないものもあって、本書の編輯意図は判然としない。その文章は先行作品に見られるものがかなりあり、『文粋』はその主要な部分を占める。以下月を追って説明したい。

「正月」の項に

不レ耕二一頑(頃カ)之田一、積二学稼一而為レ膳、不レ採二一葉之桑一、裁二文織一而為レ服。

とあるのは、大江匡衡が越前尾張等の国守を兼任せんことを請うた奏状(巻六・161)に「不レ種二一頃之田一、積二学稼一為二口中之食一、不レ採二一枝之桑一、織二文章一為二身上之衣一。」とあるのに依ったものである。さらに次の文章は一層注目されよう。

①爰諸国受領、称二其功労一者、或馬鞍未レ解、早策二雲山之駅一、或舟檝未レ乾、忽棹二煙浪之渚一。(中略)②抑愚温二故実一、有労諸司、遷二任分憂一、其来尚矣、不二敢毛挙一。③或弱冠値レ恩、或成立蒙レ賞。拝二任一国一、栄楽且千。④而頃年之間、拝除如レ忘、流跡似レ絶。空計二日月之光蔭一、徒漏二雨露之潤溽一。⑤偏憑二勤公之節一、忘抛(妄カ)二顧私之勢(ママ)一

因レ茲鍾愛之妻妾、疎而倦二針縷之営一、旧従之僕士、宕而遁二走使之役一。

これを平兼盛の奏状（巻六・155）と比較してみよう。『和泉往来』の章句で兼盛の奏状に典拠を仰いだと思われる箇所を、番号を附しながら抜萃してみると次の如くなろうか。

①謹検二案内一、有労諸司、遷二任受領一之例、其来尚矣。②而頃年之間、拝除如レ忘、蹤跡已絶。徒積二日月之光蔭一、久漏二雨露之渥沢一。（中略）③偏憑二奉公之節一、空忘二顧私之慮一。妻子漸倦二裁縫之苦一、僮僕長厭二奔走之役一。④方今或弱冠承レ恩、或壮年蒙レ賞。父子同並二専城之任一、兄弟倶居二分憂之職一。拝二一国一者、其楽有レ余。（中略）⑤何況諸国受領、称二其功一者、馬鞍未レ解、早鞭二重山之雲一、舟檝未レ乾、急棹二畳浪之岸一。

本書の文章は『文粋』の文章を⑤①④②③の順に排列したもので、多少の字句の相違が見られるのは、編者が『文粋』の章句の字義を変えずに他の語によって置換えたものと思われる。しかも『文粋』の文章の①から④までは途中で章句を省略するが、内容や意味の上で接続しており、この様な引用の仕方が妥当であるか否か、編者の学識と叙述態度に疑問視される点が少くない。何れにしても、これだけ長文に亘って『文粋』の章句が引用されていることは、両者の密接な関係を示すものと言えよう。

「三月」の書翰に

紅桃結レ実、遠送二三千之秋月一、黄河清彼（波カ）、遥迎二五百之春風一。

とある章句は、大江維時の「村上天皇供二養雲林院御塔一願文」（巻十三・402）の「黄河澄レ波、再計二五百之歳一、紅桃結レ子、三期二一千之秋一」に基くこと明白である。同月に

下若村所レ貽歟、上林苑所レ労歟。

と見えるのは、後江相公の「晴添草樹光詩序」（巻十一・320）の佳句で『和漢朗詠集』に収められた「菓則上林苑之所レ

献、含自消、酒是下若村之所レ伝、傾甚美。」を意識したものであろう。また

栄期翫二五絃之琴一、已謡二三楽之賦一。

の章句も大江匡衡の「寿考策」（巻三・82）にある「栄期之張二七糸一、歌二三楽之裏一。」と関係が求められよう。

「四月」の項にある章句

視レ西者一洲二洲、紫鴛白鷗之翅翩々。

は源順の「秋花逐露開詩序」（巻十一・323）にあり、『和漢朗詠集』に見える「東顧亦有二林塘之妙一、紫鴛白鷗逍二遥於朱檻之前一。」によるものと思われる。また「八月」に

秋月盈満、瞻二仰八万四千之相好一、春花濃折、薫二入開三顕一之蒸理一。

とあるのは、菅原輔正の「円融院四十九日御願文」（巻十四・415）の「八万四千之相、秋月満而高懸、開三顕一之文、春花貫以永点。」を規模としたものである。『文粋』の章句を引用したと思われる顕著な例を挙げたが、その他にも辞句の類似が指摘されようか。

『本朝文粋』の章句と最も関係の深いものは、願文表白の類ではなかろうか。『文粋』や『続文粋』などに収録された願文や表白などは、皇室摂籙の求めに応じ、学者が肝胆を砕いて作成した駢儷体の文章であるが、これとは別に一般の僧侶達が表白などを書くための指南書の色彩が濃い『言泉集』や『澄憲作文集』など表白願文の編纂も行われた。僧侶達は表白の作成に腐心し四六駢文に技を競ったために本分を忘れてしまい、後代には

近来問二叢林出世之僧一者、閑閣二法門之鼻孔手段一、偏嗜二儒家之文字言句一。将亦称二知識一之族者、不レ持二戒律一、不レ剃二鬚髪一、執二付無量之雑具一、引二率数多之僧尼一、莫レ定二其所居一。（『尺素往来』）

と公卿の非難を浴び、世人の顰蹙をかう結果を招く様になった。こうして作られた数多い表白は、後代のものに多少文体の崩れは見られるとしても、その文章の中心は四六駢文であった。ただ儒者の作品が結構も大きく語句も難解であるのに比して、僧侶の作品は和臭味が強いのも（変体漢文や仮名書も見られる）単に作文力の問題だけでなく、対象や目的が異るためであろう。つまり表白などを作る義務がある僧侶達に雛型を示す目的で書かれたのが澄憲等の作品であり、朝廷や貴紳の求めに応じて肝胆を砕いた儒者のそれとは性格を異にするので、同一に扱うことは出来ない。[11]

そこで『本朝文粋』章句の引用を願文表白に探ってみよう。

『江都督納言願文集』は大江匡房が晩年編輯した願文集である。その「堀川院御周忌」（巻一）にある

嗟呼文王既歿、吾何適従。命衰也。

は、『文粋』巻一（13）の前中書王「菟裘賦」に見える

嗟呼文王早歿、吾何之随。已矣已矣、命之衰也。

に拠る。また匡房が亡息隆兼のために記した願文（巻三）の

我既衰、将㆑決㆓山下之蒙㆒。

は、『文粋』巻九（257）の江以言の「読御注孝経詩序」に見える「月中謝㆑智、山下撃㆑蒙。」を模したものであろうか。

同じく「源国信釈迦堂願文」の文章

昔則虎賁郎将、珥㆓蝉冕㆒而為㆓王之爪牙㆒、今亦竜作納言、奉㆓鳳銜㆒而為㆓国之喉舌㆒。

は、『文粋』巻五（141）に収められた四条大納言（公任）の辞状（江匡衡）の章句「納言者国之喉舌也、蹇蹇敷陳、金吾者王之爪牙也、孜孜宿衛。」に基くこと明白である。また修理権大夫為房の堂供養の願文（巻五）の

桃李之春早過、玄鬢漸変、桑楡之景已斜、蒼花何為。

は、『文粋』巻十四(419)慶保胤の二品長公主願文の章句「桃李無二衰色一、桑楡非二斜暉一。」を潤色したものであろうか。

「皇后宮亮願文」(巻六)の章句

早出二露槐風棘之末葉一、昔為二尭年舜日之近臣一。

は、『文粋』巻九(240)江以言の「所貴是賢才詩序」にある「露槐風棘之備二威儀一、編二尭日於十六族之末一レ仕。」に基くものであろう。

『江都督納言願文集』と同じく、鴻儒の記した願文を輯録したものに『願文集』(彰考館本)があるが、その中に収められた藤原永範の「御逆修御願文」(巻一)の章句

仰二三明之月一、攀二七覚之花一。

は、『文粋』巻十四(413)後江相公の朱雀院四十九日御願文の「真如宮裏、三明之月更朗、菩提樹下、七覚之花弥鮮。」によるものであろうし、藤原実綱の「後冷泉院宸筆御願文」(巻二)の

先皇徳盈二乾坤一、行被二動殖一。

は、『文粋』巻十一(327)の後江相公「寒菊戴霜抽詩序」の文章「聖上徳籠二乾坤一、仁被二動殖一。」を模していること明かである。さらに大谷大学蔵の『願文諷誦表白』に見える藤原敦光の「大府卿堂供養願文」の章句

其地尤幽、寧非レ慕二仲長曠清久居一。

は、『文粋』巻十二(375)慶保胤の「池亭記」の文章「上択二蕭相国窮僻之地一、下慕二仲長統清曠之居一。」を換骨したものと思われる。

これらの学者の記した願文とは別に、澄憲や海恵を始とする緇流の手になる表白願文が現存しているが、文章も平明なものが多く、中には

以二舟車一不レ送。往易是レ浮生之春。関城ノカタメキヒシケレトモ難レ留又如幻ノ身也。（『澄憲作文集』）

の如く、仮名交り文も見られる。これは『朗詠』三月尽に収められた菅原道真や尊敬上人の秀句を換骨したものであるが、邦人の佳句が彼等の説教や著作によって広範囲に亘って人々に浸透して行ったことが推察されるのである。これらの願文表白には、『文粋』や『朗詠』の章句が換骨奪胎されて文章を潤色すると共に、模範とすべき文章としてそのまま収録されることも稀ではない。例えば『言泉集』(12)の「亡妻夫婦儀」に

亡室柔和稟レ性、婉順在レ心。一事一言、于レ朝于レ暮。主（我）二巾櫛一、積以二星霜一。而上月中旬、寝膳乖レ例。夜漏五尽、遂謝二有涯之生一、暁鶏一声、長告二無常之別一。一旦背レ母（世）之憂、已残二心地之焔一、百年偕老之契、不レ異二夢路之華一。白鶏驚レ眠、九厚（原）之駕不レ帰、青鳥催レ悲、三泉之扉長鏁。独作二灯下伴レ影之身一、猶添二窓中恋レ古之恨一。鴛鴦衾空、向二旧枕一而湿レ袂、燕雀巣覆、撫二遺伊（卵）一（而）摧レ肝。（重明親王亡室四十九日朝綱）

と記述されているのは、大江朝綱が書いた「為重明親王家室四十九日願文」（巻十四・423）の一部を殆どそのまま引用したものである。また「亡息悲歎」の項に

悲之亦悲、莫レ悲二於老後レ子、恨而更恨、莫レ恨二於少先レ親。雖レ知二老少之不定一、猶迷二先後之相違一。常思西日影斜、附二後事於吾子一、豈図北亡（芒）駕催、営二終制於者（老）翁一。一園中之花月、相伝失レ主、七月半之盂蘭、所レ望在レ誰。（朝綱為亡息澄明修善）

とあるのは、朝綱が亡息澄明のために作った有名な願文（巻十四・424）の文章を引いている。さらに「無常事」に

保胤書詞哀覚候。古今有下造二高堂大館一之者上、寧非二旅宿一哉。有下堆二衆金美玉一之者上、又是浮雲也。文見猿事候。

と見えるのは、慶滋保胤の「勧学会所欲建立堂舎状」（巻十三・398）の章句を用いたものである。ただこれらの唱導書には、他に見られない朝綱や保胤等の願文の文章が見えるので、直接に『文粋』から引用したか疑わしい。むしろ儒者

の手になる願文の編輯を想定するのが妥当かもしれないが、現存の文献を基本にして考える立場を取るので、『文粋』の章句を採録したものとして考察を進めることにする。『澄憲作文集』の「五七日善」には朝綱の「生者必滅」(巻十四・423)、「老苦相」には大江匡衡の「太公望之遇二周文一」(巻三・82)の章句が、『和漢朗詠集』からそのまま採録されている。中でも子息を失った親の悲しみを述べた文章には、必ず後江相公の章句が引用換骨されているのであり、

朝綱朝臣、是一朝博士、究竟世人。知レ古鑒レ今、引レ例尋レ証。為二亡息一修二追善一、泣々手自書二願文一。流二布于世一者也。(『言泉集』子料施主分)

と記されている様に、この願文が世に流布していたことは疑いない。事実『言泉集』や『澄憲作文集』だけでなく、『転法輪抄』や『東草集』などにも散見する。従って後代の作品に引用された朝綱の願文の章句は、必ずしも『文粋』から直接引用したとは考えられず、その他『文粋』の章句が願文や表白に採られて人々に語られた例も多く、書籍を通して目から知識となったのではなく、説教唱導によって耳から伝播して行ったと思われるのである。

さてこれらの願文表白から『文粋』章句の投影を探って行きたい。『言泉集』の「亡父帖」の

北芒煙早尽、東岱魂永去。

は『文粋』巻十三(408)の前中書王「供養自筆法華経願文」にある「徒為二東岱之暗魂、北芒之朽骨一。」と関係がある様に思われるし、「亡妻夫婦儀」の

亡室四徳共備、六行無レ闕。

は、『文粋』巻七(186)の野相公の右大臣に奉る書「賢第十二娘、四徳無レ双、六行不レ闕。」を模したものであろう。また「祖父」の項に見える

玉枕之高卑、曙問二珍膳之甘苦一。

は、『文粋』巻十四(418)の後江相公「村上天皇母后願文」の文章「春往秋来、所レ視者珍膳之甘苦、晨省昏定、所レ問者玉枕之高卑。」と密接な関係がある。『澄憲作文集』の「和歌」の項の

動二天地一、感二鬼神一、化二人倫一、和二夫婦一、莫レ過二和歌一。

は『文粋』(巻十一・342)からでなく、直接「古今和歌序」に拠ったのであろうが、「覆貝表白」にある

皆懐二犬馬泰主之思一、同含二蔡(葵カ)藿向揚(陽カ)之志一。

は、『文粋』巻三(81)の菅三品の策「寿考」に見える「朝籬暮来、葵藿不レ改二向陽之心一矣。」によるものと思われる。

平安末から鎌倉初にかけて数多くの供養表白を集めた『転法輪抄』の中から、二三例を挙げてみると、巻一の「御筆御八講結座詞」の

臨二綺筵一、似レ集二潁川之秋星一。

は、『文粋』巻十一(328)にある江匡衡「菊是花聖賢詩序」の章句「浮二酈水一以抜萃、自聚二潁川之星一。」によるものと思われ、同じく

籠二山智於丘岳一、懸二素意於紫台一。

は、『文粋』巻七(187)の善相公「奉菅右相府書」の「擅二風情於煙霞一、蔵二山智於丘壑一。」を模したものであろう。「松殿政所供養表白」に見える美人の形容

粧模二羅山之雲一、色伝二洛川之浪一。

は、慶保胤が二品長公主の麗質を讃えた章句(巻十四・419)「一咲再顧、既是羅山之旧容、玄鬢翠娥、莫レ不二洛川之麗質一。」を換骨したものであろう。巻四の「為自身祈令修聖大供祭文」に

才疎智浅、山中木雖レ取レ己。

とあるのは、『文粋』巻十(299)の藤篤茂「雨下花自湿詩序」の「昨日山中之木、材取二諸己一。」によるものであろう。

海恵僧都の編した『海草集』には『朗詠』の引用が多く、「鎮守講表白」の章句

　一院諸徳、鑽仰無レ倦、争二鱗飛於竜門之浪一。

が、巻十三(399)の慶保胤「勧学院廻文」にある「満堂宏才、致二鱗飛於竜門之浪一。」を模したと思われる(「会中講表白」にも類似の章句がある)ほかには、『文粋』との関係は殆ど見られない。

『表白集』は彰考館、大谷大学や親王院等の蔵本によって多くの作品を見ることが出来るが、その中から『文粋』の引用を探ってみよう。巻二の「御堂御灌頂誦経表白」にある

　鑒レ機忽伝、如レ得二良璞於荊巌一。

は、源順の「沙門敬公集序」(巻八・202)の章句「若措二良璞於荊巌之雲一。」と関係があると思われるし、巻九「春日御堂唯識会表白」にある

　早居二四海儀形之職一、亦秉二百官惣己之権一。

は、『文粋』巻五(121)にある後江相公の清慎公大臣辞表の章句「大臣者、四海儀表之官、百寮具瞻之任也。」を模したものであろう。巻十一の「最勝講講師表白」の

　沢畔之蒲截尽、才用惟拙。

は、『文粋』巻十一(321)の藤篤茂「修竹冬青詩序」にある「沢畔截レ蒲、昔慙二庸才之已拙一。」と内容表現を同じくする。また

　沢畔之蒲截尽、研精学疎、澗底之松老来、採択運晩。(巻八「法勝寺御八講問者表白」)

　少日鑽仰之昔、沢畔之蒲截レ煙、老年沈滞之時、澗底之松埋レ雪。(巻十二「叡山六月会探題表白」)

の文章は、その典拠を『文粋』巻六（161）の大江匡衡の奏状「沢畔之蒲截尽、久泥二五代三余之学一、而澗底之松老来、幸期二千歳一遇之栄一」によることは明白である。

以上平安後期の漢詩文を中心にして、『本朝文粋』の章句の引用について述べて来た。ただ『和漢朗詠集』に収められたものは、その伝播力影響力から見て『文粋』との直接関係が稀薄と思われるのですべて省略したし、同一章句の頻繁な引用は煩瑣にわたるので大略一例のみを挙げるに止めた。特に『朗詠』の引用は到る所に見られるところであり、平安後期においては『白氏文集』を除いて殆ど邦人先輩の詩句章句が文壇を席捲していた様な感を受けるのである。『文粋』も当時の学者にとっては、必須の典籍として愛読されたのではなかろうか。そして『文粋』の秀句が屢々文章の潤色に用いられたと考えたい。

ここで注意したいのは、中世の文学作品に見られる『文粋』の章句は、すべて直接に『文粋』から引用されたものとは限らず、『文粋』以後成立した願文や表白等の作品によって人々に熟していたと考えられることである。先に大江朝綱の願文が世間に流布し、子息を失った親の悲しみを記す時に必ず引用されたことを述べたが、人間の長寿を賦する際必ず「松子梅生」の列仙を登場させるのも、紀納言の「白箸翁」（巻九・237）と直接関係を認め難いし、菅公の文才を「風月之本主、文道之大祖。」（巻十三・392「北野天神祭文」）と称讃するのも、『文粋』を参考にした『梅城録』や『荏柄天神縁起』等の菅公に関する著作から生れたものと考えられるのである。こうした例は紙数の関係で今は述べない。ともかく『本朝文粋』が後人に愛読され、その章句が屢々引用されたことを『文粋』影響の一分野として述べた次第である。

六

私は今まで四項目に分けて『本朝文粋』の及ぼした影響について述べて来たが、これによって『文粋』が広範囲に亘って享受され利用されていたことが判明したことと思う。この四項目の中、何れが『本朝文粋』の性格から推して最も重要であるかを考えて見るならば、当然第三の文章作成の典範となったことであろう。第一の故実典例となったのは『文粋』の作品の一部に過ぎず、この点から言えば『西宮記』や『江家次第』などの故実書に及ばざること数等である。第二の後代文集の分類編纂の規範となったことも、我国で始めて行われた文章の編纂事業のためであって、『古今集』が後の勅撰集の分類部立の基になったことと何等変りはない。また第四の秀句の引用換骨も『文粋』影響の大きな分野を占めるであろうが、これに限れば既に秀句のみを集めた『和漢朗詠集』があり、『文粋』以上に賞玩されたのであるから、『文粋』の秀句のみを取上げて云々するのは、いささか本書の編纂意図から逸脱したものと言わざるを得まい。かように考えると当然、『文粋』が後世文章を書く上に教科書的役割を果したことを重要視したい。ただ漢文学の不振と王朝的な四六駢文の衰微、古文の復活伝来などによって、五山文学以後は文章作成の面で次第にその影響力を弱め、江戸時代になって完全に無視否定されてしまったのである。

『本朝文粋』は後代の規範とするため、優れた文章を編纂したものであることを繰返して述べて来たが、『文粋』の作品すべてが内容も卓越していると言うことは出来ない。その性格上内容よりも表現修辞に重点があることは明かで、それはまた当時の人々の趣向を反映したものである。従って内容の稀薄と過度の修飾の故をもって本書を過少評価するのは誤であろう。ただ現在の私達から見ると、作者の真情を典雅な文章で表現したものと言えば、前中書王の

「菟裘賦」(13)や慶滋保胤の「池亭記」(375)など数篇を数えることが出来るに過ぎない。また当時の街談巷説を巧みに表現した「富士山記」(371)や「道場法師伝」(376)なども、説話文学と深い関係を持っており、見逃すことは出来ないであろう。「池亭記」に現れた保胤の真摯な生活態度が鴨長明に大きな影響を与えて『方丈記』の傑作を生み、「富士山記」に書留められた富士山の美しい伝説が謡曲の「富士山」に固定したと言えよう。これらは何れも『文粋』によったと思われるから、狭義には『文粋』の影響と言うことが出来るであろうが、編者の意図が奈辺にあったかを考えて見れば、個々の作品と関係はあっても、広く『文粋』の影響と言えないのではなかろうか。こうした意味において、『文粋』の思想内容の面は一応顧慮に入れなかったのである。

『本朝文粋』の文章は後代の模範となり、その秀句は人々に愛好された。『平家勘文録』によると、東大寺の親隆僧正は入唐に際して、『朗詠』や『平家物語』などと共に『文粋』を携えて行ったと言うことである。また『尺素往来』には翰林の子弟が学ぶべき典籍として『本朝文粋』の名が挙げられている。こうして人々に愛好された『文粋』は、漢文だけでなく国文の世界にも大きな影響を与え、軍記物語や謡曲の律語的文章を作るのに貢献した。中世の文学作品における『文粋』の影響については、他日考察してみたいと考えている。

(1)　岡田正之博士『日本漢文学史』三三〇頁や柿村重松博士『本朝文粋註釈』叙説など。

(2)　相田二郎氏『日本の古文書』による。

(3)　『文粋』によると此句の「以色」が「而色色」に、「雨声」が「而声声」になっており、『作文大体』に収める時改めたのではなかろうか。

(4)　山岸徳平先生は観智院本『作文大体』の開題で、観智院本は最初上下二巻あり、現在は下巻を欠いて上巻のみ残されたであろうと考えて居られる。そうすると、東山御文庫本の巻末に見える諸句体の説明が、観智院本などにも最初は記載されていたと臆測出来ないであろうか。

（5）本書第十論文及び「本朝文粋の文章――駢儷を中心にして」（『国語と国文学』昭和三十二年十月）を参照されたい。

（6）「本朝文粋の文句と平家物語」（『松井博士古稀記念論文集』）。

（7）『和漢朗詠集考証』『本朝文粋註釈』による。

（8）『古今集注』に「風フケバオキツ白浪タツタ山夜ハニヤキミガ独コユラム」（巻十八）に注して「盗ヲ白波ト云事、文選云、梁皇帝御宇、白波緑林在二人、入海登山、盗天財入地廬文。言ハ梁武帝ノ御時、二人ノ盗アリテ、一人ハ入山緑林トナリテ人ノトホル物ヲトリ、一人ハ入海白波ト成テ船ヲ覆テ盗之。皆以術得之。」とあり、『塵添壒嚢鈔』（巻二）「盗人ヲ云二白波一事」に「凡ソ白波ヲバ海賊ニ用ヒ、緑林ヲバ山賊ニ仕ウト云ヘドモ……」とある。

（9）菊地勇次郎氏の御教示によれば、『金剛峯寺検校次第』に「七代興胤山籠号西室」とあり、『続紀伊風土記』の山主次第には「第十八世 山籠西室延久五年」と記されているとのことである。

（10）石川謙博士『古往来についての研究』一六三頁。

（11）山岸徳平先生の「澄憲とその作品」（『日本諸学研究報告特輯』第六篇、国語国文学）や「海恵僧都と海草集」（『国語学論集』）などを参照されたい。また櫛田良洪氏「金沢文庫蔵安居院流の唱導書について」（『日本仏教史学』第四号）には唱導書の出典や内容思想等が詳しく説明されている。

（12）『言泉集』の引用は、朝綱の願文二篇については東大国語研究室蔵本に、保胤の知識文については龍谷大学蔵本にしたがった。

十四　『本朝文粋』と『海道記』『東関紀行』

一

藤原明衡が弘仁から長元まで二百年間における文人達の美文を集めて『本朝文粋』を編集したのは、後代の人々が文章を作成する時の手本にすることが目的であった。しかし本書は完成された一篇の文章を書くために用いられただけではなかった。当時の文章は四六駢儷文と称されるもので内容よりも表現に重点が置かれ、文章を構成する対句にその生命があった。『和漢朗詠集』に収める邦人の長句の九割が本書の文章に見えることからも推測されるが、文章の中から対句だけが切離されて享受鑑賞され、朗詠や唱導を通して社会に広く流布浸透して行った。そして本書が我国における最初の文章編纂書であること、多くの公文書を含んでいることが、一般の文学作品と異なり種々の面で大きな影響を及ぼすことになった。

久安六年(一一五〇)正月に近衛天皇は高祖母の従一位藤原全子に准三宮を授けられた。勅書に法名を載すべきか否かの議論が起ったが、華山法皇の外祖母恵子女王の例に倣って法名を記さぬことに決まった。『台記』にはその時の勅書が『本朝文粋』に入っている由を記しているが、本書が先例として参考にされた好例であろう。時代は下るが『桂林遺芳抄』や『後妙華寺殿令聞書』に本書の名が見えるのも、故実書の役割を果していたと考えられようか。また本書が後世の文章編纂の規範になったことは、『本朝続文粋』や『朝野群載』(文筆部三巻)の分類部立によっても知られる。

院政期の『作文大体』（筆大体）の説明によると、文章を構成する句型には発句・壮句・緊句・長句・隔句・漫句・送句・傍字があってそれぞれ機能を異にし、それらを適当に排列することによって一篇の文章が完成する。その中で壮句・緊句・長句は二句で構成される単（直）対で上下の句が直接に対属を成し、句を隔てて対句を作る四句構成の隔句は、上下の句の字数によって軽重疎密平雑の六種に分類されている。当時の駢儷文の主軸は隔句にあったので、作文案内書の説明も時代の降下とともに丁寧になって行く。鎌倉時代の書写と目される東山文庫本『作文大体』は「文章体」の中で詳細な例句を掲げているが、それはすべて本書からの引用である。この『作文大体』を基にして詩文の法則を説く鎌倉時代の『王沢不渇鈔』は、願文の文体をその内容に沿い十番の目録を附して解説する。そこに手本として挙げられた例句は本書所収の願文の章句が中心を成し、さらに願文の典型として菅原輔正の「円融院四十九日御願文」（巻十四・415）が章段を分けて解説されている。これがさらに室町時代の印融の『文筆問答鈔』に継承されて行く。一方禅林の四六文は特殊な形式を有し、室町時代に伝来した元の笑隠大訢の蒲室疏法が規範とされて広まって行くが、それ以前の古体に属する「虎関和尚四六法」（天隠竜沢『天隠和尚四六図』所収）では、『作文大体』を参考にして隔句の用例に本書の章句が引用されている。

『和漢朗詠集』が『本朝文粋』編纂の原因になったことは既に述べたが、邦人の秀句は朗詠によって社会に浸透して行っただけでなく、模倣翻案されて新しい作品を生み出した。『奥儀抄』には『後拾遺集』の歌に邦人の秀句の翻案の実例を指摘しているが、鎌倉時代には藤原隆房の『朗詠百首』などが生れている。漢詩文に目を転ずると本書の章句の引用は夥しいものがある。『新撰朗詠集』に収録された邦人の長句九十四首の中、本書に見えるものは六十八首を数えることができるのは、本書の章句が朗詠に適するものと考えられていたからである。さらに『朗詠九十首抄』や『朗詠百首』などに『和漢朗詠集』『新撰朗詠集』に収載されていない本書の章句が見出されるが、散佚した『拾遺朗詠』や『和漢拾遺朗詠』などに収録されていたことを予想させる。

『本朝続文粋』は本書を規模として編纂されたが、所収作品にもその影響が窺える。一二例を挙げれば、藤原敦光の「勘文」（巻二）は三善清行の「意見十二箇条」（巻二・67）を意識して執筆されており、大江匡房の「続座左銘」（巻十一）は序によっても明かな如く兼明親王の「座左銘」（巻十二・368）を規模としており、匡房の「暮年記」（巻十一）は発想や叙述の上で紀長谷雄の「延喜以後詩序」（巻八・201）に基いており、敦光の「落花浮水上詩序」（巻九）は源順の「花光水上浮詩序」（巻十・301）と表現や構想が類似している。『本朝続文粋』の章句で本書に拠ったものが数多く見られることは言うまでもない。このことは『本朝無題詩』を始めとする院政期の漢詩にも通じて言えることであるが、最も甚しいのは当時の往来物と目される『和泉往来』であり、平兼盛の奏状（巻六・155）が叙述の順序を変更し長文に亘って引用されている。

また『本朝文粋』と深い関係を有するものに願文や表白の類がある。それらは学者が皇室や摂籙の依頼によって作成した華麗な文章とは別に、僧侶が法会において説教に用いた平明な表現のものがある。前者の代表は大江匡房の『江都督納言願文集』や鴻儒の願文を収録した『願文集』などであるが、随所に本書の章句の引用が指摘される。後者としては『澄憲作文集』『言泉集』『転法輪抄』『海草集』などが知られるが、邦人の佳句が換骨されて文章を修飾するとともに、模範文としてそのまま収録されることも稀ではない。中でも子供に先立たれた親の悲しみを述べる文章には、大江朝綱の「為亡息澄明四十九日願文」（巻十四・424）の章句が引用されるのが常であり、僧侶の説教唱導を通して後世に伝播して行ったと推測される。

以上述べて来た如く『本朝文粋』は平安後期においては多方面に亘って影響を及ぼして来たが、中世になると次第に影響の力も弱く範囲も狭くなって行った。だが内容の上で変化が生じて来る。院政期ではその詞句の影響は殆ど漢詩文の世界に限られていたが、鎌倉時代以後はそれが読下されて和文の中に取入れられ、和漢混淆文の形成に貢献した。和漢混淆文の概念は明確でないが、広義には「和文・漢文訓読の両文脈の要素を併せ含む文体」（『国語学大辞典』）と解されている。とすると平安時代の作品の多くが含まれるであろうが、次第に洗練されて完成度の高い文章が生れて来る。漢文訓読文的要素と和文的要素との多少によって種々の様相を呈するが、その典型が『平家物語』を頂点とする軍記物語であり、『海道記』や『東関紀行』などの紀行文であるといって誤はなかろう。本稿では『海道記』と『東関紀行』を取上げて『本朝文粋』の章句がどのように摂取されているか考察を加えてみたい。ただし明白に本書の引用を指摘できるもの、一部の語句が一致するに過ぎないもの、また直接に本書に拠るとは思われぬものなど種々の事例が存することは言うまでもない。なお両書の本文は『中世日記紀行集』（新日本古典文学大系）に基くことを断って置きたい。

二ノ一

『海道記』は京の白河附近中山の麓に侘住いしていた隠者が、貞応二年（一二二三）四月四日の暁に、都を出立して鈴鹿越えの道筋で東海道を下り、同十八日に鎌倉に到着して遊覧参詣の後、五月上旬に帰京の途に就くまでの旅を綴ったものである。その文章は漢文訓読体に近い詰屈な和漢混淆文といってよかろう。

序において作者が己が身の轗軻を嘆き

空シク窮谷ノ底木トシテ、意ノ樹花タエタリ。

と述べているが、具平親王の「普賢菩薩讃」（巻十二・357）の序「或占二閑林窮谷一、観二実相一而見二真容一者間聞。」と、大江朝綱の「朱雀院平レ賊後被レ修二法会一願文」（巻十三・407）の「意樹送レ春、解脱之枝点レ蕚。」に語彙が一致する。同じく幽栖の窮乏生活を記した

九夏三伏ノ汗ハ拭テクルシカラズ……玄冬素雪ノ嵐ハ凌グニアタハズ。

の文は猛暑と厳寒とを対比したもので、源順の「河原院賦」（巻一・10）にあり『和漢朗詠集』（巻下、松）に収める「九夏三伏之暑月、竹含二錯午之風一、玄冬素雪之寒朝、松彰二君子之徳一。」に基いており人口に膾炙する。また作者が日月の過ぎ易く老の近づくのを嘆く

留ントスレドモ留マラズ、五旬齢ノ流車坂ニクダル。

の句は菅原雅規の「風月一朝阻詩序」（巻九・247）に見える「留而不レ留、関東之煙泛泛。」に拠るもので、地方に赴任する友人との離別の悲哀を日月の推移に対する感慨に転じたと考えられる。作者が己れの衰老の様を

鏡ノ影ニ対居テ知ヌ翁ニ恥ヂ、鑷子ヲ取テ白糸ニアハレム。

と述べているのは、源英明の「見二二毛一」（巻一・20）に賦されている「今朝懸二明鏡一、照見二二毛姿一。疑レ鏡猶未レ信、拭レ目重求レ髭。可レ憐銀鑷下、抜二得数茎糸一。」の詩句を下敷にしていることは明かであろう。

また作者は貧賤を超越して仏道修行の道に精進する決意を述べて

鵞眼ナケレドモ天命ノ路杖ツキテ歩ヲタスク。韲牙闕タレドモ地恩ノ水ニロス、ギテ渇ヲウルヲス。

と鵞眼（銭）と韲牙（米）を対比して用いているが、藤原衆海の落書（巻十二・389）に「鵝眼群飛分二母子一、韲牙幷走決二雌雄一。」とあるのを踏まえたのであろうか。『源平盛衰記』（巻十八）「文覚清水の状」に「旅の粮の為に預け奉る所の鵞眼百貫、韲牙百石を使者に付け申し請くべく候。」と見えることから推して、当時鵞眼と韲牙は並列して使用された

と思われる。次いで当代の鎌倉における武士の威厳に言及して

弓ハ暁ノ月ニ似タリ、一張ソバタチテ胸ヲ照シ、釼ハ秋ノ霜ノ如シ、三尺タレテ腰スヾシ。

と形容しているのは『和漢朗詠集』（巻下、将軍）の「一張弓勢月当レ心。」と「雄剣在レ腰、抜則秋霜三尺。」の佳句を引用したもので、後者は源順の「侍中亜将為二撰和歌所別当一御筆宣旨奉行文」（巻十二・385）に収めるが全く関係はない。

都を出発して遥かに隔ったあたりで作者は

前途林カスカナリ、纔ニ薺コズヱニミル、後路山サカリテ、タヾ白雲跡ヲ埋ム。

と記しているのは、源順の「春生二霽色中一詩序」（巻八・218）の秀句で『和漢朗詠集』（巻下、眺望）に見える「望二長安城之遠樹一、百千万茎薺青。」に基くものと思われる。元来これは『顔氏家訓』（勉学）に「羅浮山記云、望二平地一樹如レ薺。故戴暠詩云、長安樹如レ薺。又鄴下有二一人一、詠レ樹詩云、遥望二長安薺一。」とある故事を下敷にしたもので、都において樹木が青々と茂っている様子を形容している。本書の作者はそれを換骨して途上の風景に用いているといえようか。

『和漢朗詠集』からの引用といえば、四月四日に瀬田橋を渡り八町畷を通過した時に

一邑ノ里ヲ融レバ、奇犬頻ニ形ヲ吠ユ。

と記すのも、「奇犬吠レ花、声流二於紅桃之浦一。」（巻下、仙家）の句を意識しての表現であり、直接に都良香の「神仙策」（巻三・70）と係る所はない。同じく四月五日鈴鹿山中における光景の描写

峰ニハ松風片々ニ調テ、嵇康ガ姿頻ニ舞、林ニハ葉花稀ニ残テ、蜀人ノ錦纔ニチリボウ。

も「千丈凌レ雪、応レ喩二嵇康之姿一。」（巻下、松）と「欲レ謂二之花一、亦蜀人濯レ文之錦粲爛。」（巻上、花）を下敷にしたもので、『本朝文粋』の「柳化為レ松賦」（巻一・7）や「花光水上浮詩序」（巻十・301）とは無関係である。また同日における

山重リ江複バ、当路ニ有トイヘドモ、万里ノ行程ハ半ニモ至ラズ。

の記述は、『東関紀行』の巻初にも「まだ知ぬ道の空、山重り江重りて、はるぐ〵遠き旅なれば」と類似の表現が見えるが、これは高階成忠が左降人藤原隆家のために帰京を請うた奏状（巻七・175）の「山重江複、南嶺之薬難レ採。」に基くものであろう。なお大江時棟の奏状（『本朝続文粋』巻六）に「山重江複、路遠境遥。」、また『雲州消息』（中本）に「右下向之後、山重江複、朦霧難レ開。」とあるのは『本朝文粋』のこの詞句を応用したに違いない。同日夜鈴鹿関に宿泊した際に

上弦ノ月峰ニカヽリ、虚弓徒ニ帰雁ノ路ニ残ル、下流ノ水谷ニオツ、奔箭速ニシテ虎ニ似タル石ニ中ル。

と見えるのは大江朝綱の「寒雁識二秋天一詩序」（巻十一・339）の秀句「虚弓難レ避、未レ抛二疑於上弦之月懸一、奔箭易レ迷、猶成二誤於下流之水急一。」を背景にしての叙述であるが、『和漢朗詠集』（巻上、雁）から引用したことは明白である。因みにかかる形容は高適の「金城北楼」に「湍上急流声若レ箭、城頭残月勢如レ弓。」とか熊孺登の「湘江夜泛」に「江流如レ箭月如レ弓。」とあるので、唐の詩人に好まれたのであろうか。また同日の条に

松ハ君子ノ徳ヲタレテ天ノ如ク覆ヘドモ、竹ハ吾友ノ号アレバ陰ニ臥テ夜ヲ明ス。

と記すのも『和漢朗詠集』（巻下、松・竹）に収める衆人周知の句であり、『本朝文粋』（巻一・10「河原院賦」、巻十一・321「修竹冬青詩序」）と関係がないことは既述した如くである。六日に市腋に宿泊した時の

前ヲ見オロセバ海サシ入テ、河伯ノ民潮ニ孚レ、後ニ見仰バ峰峙テ、山祇ノ髪風ニ梳ル。

の叙述は大江澄明の「山水策」（巻三・80）の「草木扶疎、春風梳二山祇之髪一、魚鼈遊戯、秋水孚二河伯之民一。」によるが、『和漢朗詠集』（巻下、山水）からの引用である。八日鳴海浦を通過した時に漫々たる大海を眺望した感懐を

蓬来嶋ハ見ズトモ、不死ノ薬ハ取ズトモ、波上ノ遊興ハ、一生ノ歓会、コレ延年ノ術ニ非哉。

と表現するのは『和漢朗詠集』（巻下、遊女）の秀句によるもので、大江以言の「見二遊女一詩序」（巻九・238）に収められて

いる。

二ノ二

四月十日に遠江国に入り山を下りた作者は眼前の光景を

　北ハ韓康独往ノ栖、花ノ色夏ノ望ニ貧ク、南ハ范蠡扁舟ノ泊、浪ノ声夕ノ聞ニ楽シム。

と記しているのは大江澄明の「山水策」（巻三・80）に見える章句だが、『和漢朗詠集』（巻下、山水）から引用したことは言を俟たない。十二日に池田を出立して天竜川を渡る際の恐怖を

　彼王覇ガ忠ニアラザレバ、呼他河澌ムスブベキニ非ズ、張博望ガ牛漢ノ浪ニサカノボリケン、浮木ノ船カクヤト覚テ、

と述べているが、大江朝綱の「運命策」（巻三・78）の「王覇懐レ忠、堅氷結二流澌之水一。」と澄明の「山水策」（巻三・80）の「張博望之到二牛漢一、泝二十万里之濤一。」を下敷にして表現したものと思われる。そして作者は菊川の宿に泊り中御門宗行が柱に書付けた辞世の句を見て、その生前を想起し感懐に耽っているが、その中で承久の乱に際して武士が上洛した様子を

　其間万歳ハ山ノ声、風忘テ枝ヲ鳴シ、一清ハ河ノ色、波誤テ濁ヲ立ツ。

と形容する。これは藤原有国の「讃二法華経廿八品一和歌序」（巻十一・349）に見える「鴨河東流、一清之色波静、亀山西峙、万歳之声風伝。」に基いており、聖代を乱世へと転換して表現したのであろう。宇津山にかかり山路を蹈破した感想が

朝雲峰クラシ、虎李将軍ガ棲ヲ去リ、暮風谷寒シ、鶴鄭太尉ガ跡ニ住ム。

と記述されているのは『和漢朗詠集』（巻下）の章句「隴山雲暗、李将軍之在レ家。」（将軍）、「朝南暮北、鄭太尉之渓風被二人知一。」（丞相）に拠るもので、菅原文時の辞表や辞状（巻五・126・140）は係りを持たぬ。

十四日に浮嶋原を過ぎて富士山を眺めながら、その山容を記しかぐや姫の伝説を詳述している。富士山について次の様に述べている。

高キ事ハ天ニ階立タリ、登ル者ハ還テ下ル。長事ハ麓ニ日ヲ経タリ。過ルモノハ山ヲ負テ行。温泉頂ニ沸シテ、細煙幽ニ立チ、冷池腹ニタヽヘテ、洪流川ヲナス。誠ニ此峰ハ峰ノ上ナキ霊山也。（中略）山ノ頂ニ泉アテ湯ノ如クニ沸ト云フ。昔ハ此峰ニ仙女常ニ遊ケリ。東ノ麓ニ新山ト云山アリ。延暦年中、天神クダリテ是ヲツクト云リ。

後に『東関紀行』の作者は八月に田子の浦で天に聳える富士山を眺めながら、「貞観十七年の冬の比、白衣の美女有て、二人山のいたゞきにならび舞と、都良香が富士の山記に書たる、いかなる故かとおぼつかなし。」と記しているが、本書の叙述も殆ど都良香の「富士山記」（巻十二・371）に基いている。この作品は富士山の形状とそれに纏る伝説を散行体の文章で記述した地誌である。初めに富士山の位置と高さを述べて、承和年中（八三四〜八四八）に山上より珠玉が落下して来たことや、貞観十七年（八七五）に頂上で白衣の美女二人が舞をしたという古老の伝承を記し、次いで山名の由来から山の形状を詳述した後、役行者の初登頂及び延暦二十一年（八〇二）の新山誕生の話で結んでいる。長文を厭わず全文を掲げる。

富士山者、在二駿河国一。峯如二削成一、直聳属レ天。其高不レ可レ測。歴二覧史籍所一レ記、未レ有下高二於此山一者上也。其聳峯鬱起、見在二天際一、臨二瞰海中一。観三其霊基所二盤連一、亘二数千里間一。行旅之人、経二歴数日一、乃過二其下一。去レ之顧望、猶在二山下一。蓋神仙之所二遊萃一也。承和年中、従二山峯一、落来珠玉、玉有二小孔一。蓋是仙簾之貫珠也。又貞観十七年十一月五日、吏民仍レ旧致レ祭。日加レ午天甚美晴。仰二観山峯一、有二白衣美女二人一、双二舞山巓上一。去レ巓一尺余、土人共見、古老伝云。山名二富士一、取二郡名一也。山有レ神、名二浅間大神一。此山高極二雲表一、不レ知二幾丈一。頂上有二平地一、広一許里。其頂中央窪下、体如二炊甑一。甑底有二神池一、池中有二大石一。石体驚奇、宛如二蹲虎一。亦其甑中、常有レ気蒸出。其色純青。窺二其甑底一、如二湯沸騰一。其在レ遠望者、常見二煙火一。亦其頂上、匝レ池生レ竹、青紺柔愞。宿雪春夏不レ消。山腰以下、生二小松一。腹以上、無二復生木一。白沙成レ山。其攀登者、止二於腹下一、不レ得レ達レ上。以二白沙流下一也。相伝、昔有二役居士一、得レ登二其頂一。後攀登者、皆点二額於腹下一。有二大泉一、出レ自二腹下一、遂成二大河一。其流寒暑水旱、無レ有二盈縮一。山東脚下、有二小山一。土俗謂二之新山一。本平地也。延暦廿一年三月、雲霧晦冥、十日而後成レ山、蓋神造也。

右の文章と較べてみると、本書の作者がいかに巧みに叙述の順序を変更し章句を取捨活用したかが判明するであろう。さらにかぐや姫の伝説は姫の昇天と不死の薬の焼却の話柄で結ばれているが、それに附随して山名の由来を

仍此山ヲバ不死峰ト云ヘリ。然而郡ノ名ニ付テ富士ト書ニヤ。

と記すのも「富士山記」に依拠していることは言うまでもない。「富士山記」は独立して鑑賞されたらしく、『宴曲集』(巻五、山)に「都良香が記を作る、駿河の国の富士山」と謡われ、謡曲「富士山」にも影をおとしており、また『詞林采葉抄』(第五、富士山)などの注釈書にも引用されている。さらに江戸時代になると漢詩人達に愛翫されてその詩文の中に活用された。

十六日に足柄山を越え関下に歩みを進め、宿場の遊女に目を遣りながら

翠帳紅閨、万事ノ礼法コトナリトイヘドモ、草庵柴戸、一生ノ観遊是オナジ。

と想いを綴るのは既述した大江以言の秀句で『和漢朗詠集』(巻下、遊女)に収められ、遊女の常套的表現として当時の

作品に頻出する。十七日に酒匂川を渡る際、美濃国で処刑された藤原能信を追悼して

彼東平王ノ旧里ヲ思フ、墳上ハ風西ニ靡ク、誠ニサコソハト哀ニコソ覚レ。

と記しているが、藤原広業の「松竹策」(巻三・88)の章句「東平王之思二旧里一也、墳上之風靡レ西。」に基いており、『新撰朗詠集』(巻下、懐旧)からの引用であろう。

十八日待望の鎌倉に到着しその街並を眺めながら

実ニコレ聚ヲナシ邑ヲナス、郷里都ヲ論ジテ望先ヅメヅラシ。

と都と比較しているのは、大江匡衡の浄妙寺塔供養の願文(巻十三・404)に見える「道場之体漸具二其下一、成レ聚成レ邑。」の章句を下敷にしたものであろうか。さらに将軍の貴居を垣間見た時に讃嘆して

春ニアヘル鶯ノ音ハ、好客堂上ノ花ニ囀リ、朝ヲ迎ル竜蹄ハ、参会門前ノ市ニ嘶ユ。

と述べるが、橘直幹の奏状(巻六・150)に国司の豪奢な生活を羨望して「堂上如レ華、門前成レ市。」と記した章句と結び附けても附会ではなかろう。この句は、『平家物語』(巻一)「吾身栄華」にも「綺羅充満して、堂上花の如し、軒騎群集して、門前市を成す。」と引用されており、周知の詞句の様に思われる。また二階堂の永福寺を礼拝して地形の勝絶を仙室に喩え、

三壺ニ雲浮ベリ、七万里ノ浪池辺ニヨセ、五城ニ霞峙リ、十二楼ノ風階ノ上ニフク。誤テ半日ノ客タリ、疑ラクハ七世ノ孫ニ会ン事ヲ。

と讃美するのは『和漢朗詠集』(巻下、仙家)の「三壺雲浮、七万里之程分レ浪、五城霞峙、十二楼之構挿レ天。」「謬入二仙家一、雖レ為二半日之客一、恐帰二旧里一、纔逢二七世之孫一。」の秀句を引用したもので、前者は都良香の「神仙策」(巻三・70)、後者は大江朝綱の「落花乱二舞衣一詩序」(巻十・306)に見える。

作者は都に残して来た老母を思い遣りながらも人生の無常に怯え

朝ニ看夕ニ定ル心ザシトゲズシテ止ナバ、仏ニ祈リ神ニ祈ル功ソレ如何セン。

と孝養の志を吐露しているが、大江朝綱の執筆した村上天皇母后四十九日のための願文（巻十四・418）の章句「晨省昏定、所レ問者玉枕之高卑。」と関係があろうか。ただし『礼記』「曲礼上」に「凡為二人子一之礼、冬温而夏凊、昏定而晨省。」とあるので、一概に断定することは困難である。東国は仏法が最初に入った土地である故に、発心の沙弥である己れの修行すべき場所であり、極楽往生の道を獲得できると述べて

功徳ノ池ニハ、水煩悩ノ汗ヲ洗ヒ、善根ノ林ニハ、花菩提ノ果ヲ結ブ。

と極楽を讃えるのは、大江朝綱が晩年重病に罹り度者四人の恤給を申請した奏状（巻五・148）の「功徳海之中、忽求二不死之薬一、善根山之上、遥結二菩提之果一。」に関係が求められようか。

そして煩悩に具縛されて迷妄する己が身を振返って

老少不定ノ悲ハ、眼ニ遮テ雲ノ如ニ騒ゲドモ空ニシテ思ハズ、先後相違ノ別ハ、耳ニ満テ風ノ如ニヒラケドモ聞強顔シテ哀マズ。

と述懐しているが、大江朝綱が亡息澄明四十九日の願文（巻十四・424）に見える「雖レ知二老少之不定一、猶迷二先後之相違一。」の章句を念頭に置いた表現であることは疑いない。『言泉集』（子料施主分）に「朝綱朝臣是一朝博士究竟世人。知レ古鑒レ今、引レ例尋レ証、為二亡息一修二追善一、泣々手自書二願文一流二布于世一者也。」と記されているが、多くの作品に引用されている。最後に作者が『法華経』の功徳を信じ阿弥陀仏の他力に縋って

十悪ヲモウトマズ、引摂ヲ垂給阿弥陀仏ヲ念ジ奉ルハ、

と述べるのは、具平親王の「西方極楽讃」（巻十二・356）にあり『和漢朗詠集』（巻下、仏事）に収録する「雖二十悪一兮猶引

摂、甚三於疾風排二雲霧一。」の秀句に基因する。

今まで『海道記』と『本朝文粋』との関係について、詞句を中心にして略述して来た。その結果『和漢朗詠集』に基くものが中心を成していることは否定できないが、『本朝文粋』の章句が巧みに換骨され、本書の華麗な文章を構成する上で貢献していることの一端が判明したであろう。

三

『海道記』の作者より二十年程を経た仁治三年（一二四二）に、都の辺に隠遁していた人が鎌倉に下った時の紀行を記した。八月十余日に都を出立して不破関を通り、東海道を下って鎌倉に到着してから社寺に参詣したり近辺を遊覧した後、十月二十三日の暁に鎌倉を後にするまで二箇月余の記録が『東関紀行』である。『海道記』に較べると漢文訓読体の文章は影を潜めて流麗な和漢混淆文になっている。

作者は序において深山にも隠れず郊外で俗世に心を惹かれる己れの不徹底な隠遁生活を自嘲気味に

是即身は朝市に有て心は隠遁にある謂あり。

と弁解しているが、慶滋保胤の「池亭記」（巻十二・375）に「以二身在一レ朝志在二レ隠也。」とあるのに基いている。ただこの句は既に『今鏡』（巻九、真の道）にも「池亭の記とて書かれたる書侍なるにも、身は朝にありて、心は隠にありとぞ侍なる。」と見えるし、この作品を規模とした鴨長明の『方丈記』が三十年前に書かれているので、世上に流布した万人周知の句であったと思われる。醒が井の清水に涼をとった時の心境を

班婕妤が団雪の扇、岸風に代へてしばらく忘れぬれば、

と表現しているのは、『和漢朗詠集』（巻上、納涼）の秀句「班婕妤団雪之扇、代二岸風一兮長忘。」に拠るもので、大江匡衡の「避レ暑対二水石一詩序」（巻八・223）に見える。

熱田神宮に参詣した時にその本地を説いて大江匡衡の故事を次の様に記している。

一条院の御時、大江匡衡と云博士有けり。長保の末にあたりて、当国の守にて下りたりけるに、大般若を書てこの宮にて供養をとげたりける願文に、「わが願すでに満ちぬ。任限又満ちたり。ふるさとへ帰らんとする期、いまだいくばくならず」と書たるこそ、あはれに心ぼそくきこゆれ。

一条朝の鴻儒であった匡衡は生涯三度に亘り尾張の国守に任じられているが、再任は長保三年（一〇〇一）である。任期満了に際し恒例によって熱田神宮で『大般若経』一部六百巻の書写供養を盛大に行い、神明の加護により天下泰平と仏法興隆を祈願した。その時に執筆された願文（巻十三・401）は「我願已満、任限亦満。欲レ帰二故郷一之期、今不レ幾。神明願賜二霊睨一。匡衡敬白。」で結ばれている。この逸事は世人の注目する所となり、『長門本平家物語』（巻七）では治承三年（一一七九）太政大臣藤原師長が配所で或夜熱田神宮に参詣した際にこの故事を想起して感慨にふけり、『延慶本平家物語』（第六本）や『源平盛衰記』（巻四十五）では内大臣平宗盛が関東護送の途次熱田にてこの話を羨しく思ったと記されている。これらは何れも『東関紀行』の文章を下敷にして書かれたもので、『本朝文粋』とは直接の関係がないといってよかろう。

駿河国に入り宇津山を越えて路傍に梶原の墓を見た感懐を

羊太傅が跡にはあらねども、心ある旅人は、爰にも涙をおとすらん。

と記すのは『和漢朗詠集』（巻下、懐旧）にある「羊太傅之早レ世、行客堕二涙於峴山之雲一。」の佳句に拠るもので、源相規の「籬菊有二残花一詩序」（巻十一・336）に見える。長旅の果てに鎌倉に着き賤の庵を借りて逗留することにしたが、前は道にむかひて門なし。行人征馬簾のもとに行違、後は山近くして窓に望む。

という殺風景な場所であった。『和漢朗詠集』（巻下、山家）の「南望則有二関路之長一、行人征馬駱二駅於翠簾之下一。」に基く表現で、源順の「秋花逐レ露開詩序」（巻十一・323）に収めている。原典は直線的な一筋の大道の素晴しさを形容したものであるが、本書や『平家物語』（巻三、城南離宮）の「巷を過る行人征馬のいそがはしげなる気色」などの叙述に接すると、都会の雑踏の印象が強い。そして大御堂に参詣して厳粛な僧侶の行法を思い

禅僧庵をならぶ、月をのづから祇宗の観をとぶらひ、行法坐を重ね、風とこしなへに金磬のひゞきをさそふ。

と述べているのは、源英明が円城寺上方に遊んだ時の詩序（巻十・281）の章句で『新撰朗詠集』（巻下、山寺）にある「香煙出レ戸、紙窓掩而無レ人、禅侶向レ壇、金磬鳴而有レ響。」を意識しての表現ではなかろうか。また由比ヶ浜で阿弥陀仏の製作と堂舎の建立を目の当たりにして

仏は則両三年の功すみやかになり、堂は又十二楼のかまへたちまちに高し。

と記しているのは崑崙山の仙宮に喩えたもので、『和漢朗詠集』（巻下・仙家）に見える都良香の「神仙策」（巻三・70）の秀句に基くことは言を俟たない。

総じて『東関紀行』は『海道記』に比して漢詩文の影響が遥かに少い。文章も『海道記』が全篇に亘って対偶形式の構成を志向しているのとは異なり、洗練されて和文脈に近いものになっている。『本朝文粋』の章句の引用も数える程しか見られず、その殆どは『和漢朗詠集』に吸収されているといってよい。しかも引用された章句はつぎはぎに終らず消化され、文章全篇の中に融和していることが看取される。それは書物を通して目から捉えられたからではなく、朗詠を媒介として耳から受容されたためではなかろうか。それに韻律的要素が採り入れられ、洗練の度が加わると『平家物語』冒頭の如き文章が誕生して来る様に思われる。

十五　『本朝文粋』と『平家物語』

一

藤原明衡が本邦の詞人達の優れた文章を輯録して『本朝文粋』を編纂したのは、当時の社会的要求による所が大きいが、その編纂の意図は後代の人々にとって文章の模範書を作るためであった。このことは『作文大体』や『王沢不渇鈔』の如き文章作法書に、『文粋』の章句が文章の典範として掲載されていることからも判明するが、本書はただ単に文体の違いに即して一篇の完成した文章を作るためにのみ使用されたのではない。当時の文章が内容の充実よりも表現の華麗に重点を置く四六駢儷文によって構成されていることは、朗詠や朗読を通して読者や聴者の聴覚に訴えるものがあったといってよかろう。これより先になった『和漢朗詠集』の秀句が本書に見える点からも、編者に文章の評価に際して強い秀句意識が働いていたと思われるし、詩人の秀句をめぐる数多くの説話がこれを裏書している。

そして本書の読者が始めは儒者詩人を中心にしていたが、時代が降るに従って次第にその享受層が拡がって行き、それと共に漢文の世界から仮名の世界へと浸透して行った。しかも仮名文において和漢混淆文が隆盛し、流麗な対句が自由に駆使されて絢爛たる文章が構成された。中古において朗詠によってのみ仮名文学の中に登場した佳句が、中世では巧妙に換骨されて文章を織成す綾糸になっている。その代表的なものが『平家物語』や『太平記』などの軍記物語であり、『海道記』や『東関紀行』などの紀行文であり、さらに謡曲の詞章であるといえる。ここにおいて『文粋』の佳句は巧みに活用されて作品に生命を吹込むことになり、『文粋』はその利用者を得たのである。

本章においては戦記文学の雄篇である『平家物語』を取上げ、『文粋』の章句がいかにその詞章に影響を及しているかを考察する。『本朝文粋』と『平家物語』との関係については、古く御橋悳言氏が『平家物語』の典拠を広く古典に求めた研究の一部として、かなり詳しく『文粋』の章句に触れておられる。(1)さらに柿村重松氏が「本朝文粋の文句と平家物語」という論考(2)において綿密な調査をなされている。この研究の中で柿村氏は『平家物語』に見える『文粋』の章句を取上げて説明し、次いでその時代までの『文粋』の通行に筆を及ぼした後、反転して『源平盛衰記』と『平家物語』との先後について臆測を下しておられる。殊に『平家物語』の成立については、主として古典の引用による文章の取捨潤色に中心を置いた考察であって、私にとって非常に興味深いものがある。これから逐次『平家物語』に見える『文粋』の章句を列挙しながら、諸本間における引用の技法や叙述の態度について考えて行く。但し私は古典の引用の差異によって、諸本間の先後を決定することは不可能であると信ずる故に、柿村氏の意見については一切の判断を差控えたい。本章は御橋、柿村両氏の研究による所多く、改めて稿を起すことは屋上屋を重ねる虞なしとしないが、私の志す『本朝文粋』研究の一環とし紙面を汚す罪を寛恕されたい。

なお本章で扱う『平家物語』の本文は覚一本（日本古典文学大系）を中心とし、八坂本（国民文庫）・延慶本（吉沢義則博士校註）・長門本（国書刊行会）・『源平盛衰記』（校註日本文学大系）を参考にした。何分にも『文粋』章句の引用に際して原形を巧みに奪胎している上に、取扱う作品の量が多いので、附会に陥り遺漏のあることを怖れる。

二

まず覚一本の詞句で『文粋』の章句と関係あるものを、諸本との異同に注意しながら巻を追って摭拾してみよう。

巻　一

「吾身栄華」に

綺羅充満して、堂上花の如し。軒騎群集して、門前市をなす。

とある文章は八坂本以下の諸本にも見られるが、これは橘直幹の奏状（巻六・150）の「堂上如レ華、門前成レ市。」と、源順の河原院賦（巻一・10）の「軒騎聚レ門、綺羅照レ地。」の章句によるものである。「門前成レ市。」の語は『漢書』鄭崇伝に見えるが、ここでは『文粋』の章句を引用したこと疑いない。

また「祇王」で季節の推移を叙し

かくて春すぎ夏闌ぬ。

と記すのは、菅三品の筆になる一条左大臣の辞表（巻五・126）の「春過夏闌、袁司徒之家雪応二路達一。」の引用であるが、この句は『和漢朗詠集』に収められ、根本朗詠の一として人口に膾炙しているので『文粋』との直接的関係はない。なおこの文章は延慶本には見えない。

「二代后」の中で紫宸殿の障子を説明し

尾張守小野道風が、七廻賢聖の障子とかけるもことはりとぞみえし。

と述べている。八坂本を除いて他本にはないが、菅三品の代作した小野道風の奏状（巻六・151）の「紫宸殿之皇居、七廻書二賢聖之障子一。」に基いている。

「願立」に

「大臣は禄を重じて諌めず（不被申、延本）、小臣は罪に恐れて申さず（不諌、延本）」と云事なれば、……

と記されている。諸本共通して見られるが、『盛衰記』には「申さず」の下に「下の情上に通ぜず。此の患への大いなりと言ふ事あり。」の文句が加わっている。これは慶滋保胤の封事を上らしめる詔（巻二・45）にある

晋平公問二叔向一曰、国之患孰為レ大。対曰、大臣重レ禄不レ諌、小臣畏レ罪不レ言。下情不二上通一、此患之大者也。

の文章を引用している。晋の平公の話は『新序』に見えるが、多少辞句を異にしているので、『文粋』を典拠と考えたい。

巻　二

「小教訓」に藤原成親の栄枯の様を叙し

楽つきて悲来るとかゝれたる江相公の筆のあと、今こそ思しられけれ。

と感想を述べているが、後江相公の願文（巻十四・423）の「楽尽哀来、天人猶逢二五衰之日一。」を指している。しかしこの章句は『和漢朗詠集』に収められ、『澄憲作文集』にも見えるので、朗詠や唱導によって当時の人々が熟知していたと考えたい。なお八坂本以外には見えない。

「烽火之沙汰」にある重盛の教訓状に

其恩の重き事をおもへば、千顆万顆の玉にもこえ、其恩のふかき事を（ナシ、八本）案ずれば、一入再入の紅にも過たらん。

と見え、他本にも共通している。菅三品の花光水上浮詩序（巻十・300）の秀句で『和漢朗詠集』にある「瑩レ日瑩レ風、高低千顆万顆之玉、染レ枝染レ浪、表裏一入再入之紅。」によるものである。また同じ重盛の言葉の中に

　富貴の家には禄位重畳せり、ふたゝび実なる木は其根必いたむとみえて候。

とあるが、諸注の説く様に『後漢書』馬皇后妃によるもので、大江匡衡の辞表（巻四・106）の章句「再実之樹有レ蠹、未レ免二待レ風之危一。」とは関係がないと思われる。同じ条に

　君のためには忠あて、父のためには孝あり。文宣王のの給ひけるにたがはず。

とあるのは現存の孔子の著述には見えないが、兼明親王の「座左銘」（巻十二・368）に「以レ忠事二其君一、以レ孝事二其親一。」と類似した表現を取っている。

「康頼祝言」に鬼界嶋の地理について

　もし熊野に似たる所やあると、嶋のうちを尋まはるに、或林塘の妙なる（所も、八本）あり。

と記している。八坂本にも見えるが、源順の秋花逐露開詩序（巻十一・323）の秀句で『和漢朗詠集』にある「東顧亦有二林塘之妙一、紫鴛白鷗逍二遥於朱檻之前一。」に基くこと明かである。

巻　三

「少将都帰」に鳥羽にある故大納言の山荘を写して

　秋山の春風に白波しきりにおりかけて、紫鴛白鷗逍遥す。

と記している。延慶本と『盛衰記』は少しく文章を異にするが、何れも前述の詩序によるもので、『和漢朗詠集』からの引用である。同じ条に

　鶏籠の山明なんとすれ共、家路はさら（猶も、八本）にいそがれず。

とあるのは、紀斉名の望月遠情多詩序（巻八・205）の章句で『新撰朗詠集』に収められた「僕夫待レ衢、鶏籠之山欲レ曙。」に基いている。これは八坂本にもあるが、他本には見えない。

「灯炉之沙汰」に重盛生前の善行として

東山の麓に、六八弘誓の願になぞらへて、四十八間の精舎をたて、……

と記すのは覚一本にしか見られないが、後中書王の西方極楽讃（巻十二・356）にある「八万妙相荘厳身、六八弘誓変成地。」を引用したものであろう。

「法印問答」における静憲法印の心境を

竜の鬚をなで、虎の尾をふむ心地はせられけれ共、……

と描写しているが、大江匡衡の浄妙寺供養の願文（巻十三・403）にある「栄余二於身一、賞過二於分一。如レ履二虎尾一、如レ撫二竜鬚一。」によっている。危険な喩として虎尾を踏むことは『尚書』に、逆鱗のことは『韓非子』に見えるが、『文粋』を典拠としていることは明白である。なお長門本にはこの文章がない。

「城南之離宮」において法皇の日常生活を述べる文に

巷を過る行人征馬のいそがはしげなる気色、

と見えるのは、前掲の源順の詩序（323）にある「南望則有二関路之長一、行人征馬駱二駅於翠簾之下一。」によるもので、『和漢朗詠集』からの引用である。但し延慶本は「ちまたを通行諸人の急はしけなる事……」とあって『朗詠』とは関係なく、『盛衰記』にはこの箇所がない。

巻　四

「源氏揃」で以仁王につき

花のもとの春の遊には、紫毫をふるて手づから御（製、八本）作をかき、月の前の秋の宴には、玉笛をふいて身づから雅音をあやつり給ふ。

と述べている。延慶本・長門本では「宸筆をおろして手づから御製をかき」と記しており、覚一本の叙述に劣る。また『盛衰記』では「春は花の下にて傾く日影を歎きくらし、秋は月の前にて明け行く空を怨み明かし、詩歌管絃に御心を慰め……」と文章を異にしている。これは大江匡衡が書いた一条院四十九日の願文(巻十四・417)の章句「花下之春遊、揮二神筆一以手書二御製一、月前之秋宴、吹二玉笛一以自操二雅音一。」に基いている。柿村氏はこの引用の例を取上げて、『盛衰記』から長門本さらに通行本へと改竄潤色されたものと考えておられる。

巻　五

「勧進帳」に見える

　尭舜無為の化をうたひ、椿葉再会の咲をひらかん。

の文章は後江相公の聖化万年春詩序(巻九・234)の秀句で、根本朗詠の一として『新撰朗詠集』に収められた「徳是北辰、椿葉之影再改。」に基いている。ただ澄憲の書いた表白(『表白集』巻五)に「夕々念仏之勤行、期二椿葉之再改一。」と記され、『保元物語』(下巻)で土佐の師長から祖父忠実への書状に「縦雖二椿葉之陰再改一、恋慕之心難レ休。」とあって、この詞句は書物によらないでも想起されたものと考えてよかろう。

「富士川」で高倉院厳島行幸の願文に

　祈禱を求といへども、霧露散じがたし。

とあるのは、菅三品の勅答(巻二・52)にある「毎憶二薬石之至言一、唯望二霧露之永散一。」と関係があろうか。疾病を霧露に喩えることは当時に「霧露深侵之間、心肝無レ聊。」(『澄憲作文集』六十三)、「去年春始、霧露窃侵二貴体一。」(『転法輪抄』巻三)などの例が見られるので、慣用的表現と考えられる。

「奈良炎上」で東大寺の大仏を

八万四千の相好は、秋の月はやく五重の雲におぼれ、……

と述べているのは延慶本以外の諸本にも見えるが、菅原輔正の円融院四十九日の願文（巻十四・415）にある「八万四千之相、秋月満而高懸。」を引用したものと思われる。

巻　六

「新院崩御」で高倉上皇を讃え

詩書仁義の廃たる道をこし、理世安楽の絶たる跡継給ふ。

と記しているのは八坂本にも見えるが、大江匡衡の奏状（巻六・160）「詩書仁義之路、照然就レ日、礼楽儒雅之林、靡然向レ風。興レ廃継レ絶、不二亦悦一乎。」と、浄妙寺塔供養の願文（巻十三・404）「現世則天下太平、理世安楽之楽。」に基いている。なお『平治物語』（巻上、信頼信西不快の事）に見える「天下の大小事を執行ひ、絶たる跡を継、廃たる事を興す。」の文句とも関連があろうか。

また「紅葉」に上皇の性格を述べて

此君は無下に幼主の時より性を柔和にうけさせ給へり。

とあるのは『盛衰記』だけには見えないが、後江相公の願文（巻十四・423）の「柔和稟レ性、婉順在レ心。」と関係があろうか。ただこの願文の章句は『言泉集』にも引かれており、亡妻のために書かれた表白や願文に屢々使用されているので（本書の場合は男性であるが）常套的表現と考えられる。同じ上皇の逸話の中に

さらでだに鶏人暁唱こゑ、明王の眠をおどろかす程にもなりしかば、……

とあるのは、『和漢朗詠集』にある都良香の漏剋策（巻三・72）の「鶏人暁唱、声驚二明王之眠一。」によること言うまでもない。

「葵前」に

おもはざる外、竜顔に咫尺する事有けり。

とある文句を、後江相公の聖化万年春詩序（巻九・234）の「望二竜顔於咫尺一、奉二鳳銜於尋常一。」や、儀同三司の中宮御産百日和歌序（巻十一・345）の「望二竜顔於咫尺一、酌二鸞觴於献酬一。」などと関聯させて考えるのは穿過ぎであろうか。

「小督」に見える

「南に翔り北に嚮、寒雲を秋の鴈に付難し。東に出西に流、只瞻望を暁の月に寄す」と、うちながめさせ給ふ所に、仲国つとまいりたり。

の文章は長門本だけ省略されているが、後江相公が書いた清慎公の呉越王に報ずる書（巻七・183）の佳句で『和漢朗詠集』に収められている。「寒雲」が「寒温」の誤であること言うまでもない。また同じ条で新院に後れた法皇の悲しみを形容して

「悲の至て悲しきは、老て後子にをくれたるよりも悲しきはなし。恨の至て恨しきは、若して親に先立よりもうらめしきはなし」と、彼朝綱の相公の、子息澄明にをくれて書たりけん筆のあと、今こそおぼしめし知られけれ。

と述べている。これが延慶本では

朝綱か澄明に後れて、悲之至悲、莫レ悲二於老後一レ子、恨之殊恨、莫レ恨二於少先一レ親。雖レ知二老少不定一、猶迷二前後之相違一。と泣々書たりけむもさこそと思召知られ、……

と書かれており、長門本や『盛衰記』はこれに近い表現を取る。なお八坂本にはない。この大江朝綱の願文は『文粋』（巻十四・424）に収められているが、『言泉集』（子料施主分）に

朝綱朝臣是一朝博士究竟世人。知レ古鑒レ今、引レ例尋レ証。為二亡息一修二追善一、泣々手自書二願文一。流二布于世一者也。

と記されている如く、世間に流布し人々が熟知していたと考えられる。事実、『言泉集』や『澄憲作文集』などの唱導書や解脱上人の『愚迷発心集』に見える所からも、直接に『文粋』の引用とすることには躊躇せざるを得ない。

巻　七

「実盛」にその討死を評して

昔の朱買臣（賢臣、八本）は錦の袂を会稽山に翻し、今の斎藤別当（実盛は錦をきて、八本）は其名を北国の巷にあぐとかや。

と述べていて、読本系統には見えない。『漢書』朱買臣伝に記された著名な逸話であるが、この文章は大江挙周の対策（巻三・92）の「朱買臣之衣二徳采一也、錦飜二会稽之嵐一。」を引用したものである。

「木曾山門牒状」にある大夫房覚明の牒に

衆庶物いはず、道路目をもてす。

の文句があり他本にも見えるが、前述した慶滋保胤の詔（45）に「国之将レ廃也、道路以レ目。」の章句がある。しかしこの語は漢籍に屢々見られるもので、当時の慣用句と考える方が穏当であろう。

「平家山門連署」に見える願書に

爰に魚鱗鶴翼の陣、官軍利をえず、聖謀でん戟の威、逆類勝に乗に似たり。

とある「聖謀でん戟」は「星旄電戟」が正しい。これは菅三品の書いた清慎公辞表（巻五・140）に「俾二臣無レ留二連星旄電戟之下一。」と記され、さらに藤原敦光の唯識会表白（『続文粋』巻十二、『表白集』巻九）にも「星旄電戟之下、妖孽遥除。」とある。しかし本書と最も関係が深いと思われるのは、『保元物語』（巻上、官軍勢汰へ）にある「魚鱗鶴翼の陣を全し、星旄電戟の威をふるつて進てうち出し」の文章であろう。なお長門本と『盛衰記』は「星旄」が「星旗」に、延慶本は「皇旗」になっている。

「聖主臨幸」に焼払われた都を形容して

強呉忽にほろびて、姑蘇台の露荊棘にうつり、暴秦すでに衰て、咸陽宮の煙へいけいをかくしけんも、かくやとおぼえて哀也。

と記すのは、『和漢朗詠集』に収められた源順の河原院賦（巻一・10）によるもので、延慶本では（長門本や『盛衰記』もこれに近い）「強呉滅兮有荊棘、姑蘇台露瀼々、暴秦衰兮無虎狼、咸陽宮煙片々たりけん。……」と原形を忠実に引用している。

「忠度都落」にある有名な

「前途程遠し、思を鴈山の夕の雲に馳」と、たからかに口ずさみ給へば、（詠ぜられたりけるにぞ、八本）……

の箇所は『和漢朗詠集』にある後江相公の詩序（巻九・253）の佳句を朗詠したものであり、延慶本と長門本にはない。『盛衰記』ではその時の忠度の心境を朗詠に託して次の様に説明している。

古詩を「前途程遠、馳思於雁山之暮雲、後会期無、霑纓於鴻臚之暁涙。」と打上げ打上げ詠じつゝ南をさしてぞ落ち行きける。本文には「後会期遥也」と書きたるを、忠度還り見るべき旅ならず、今を限りの別れなりと思ひければ、「後会期無」と詠じけるこそ哀れなり。

不必要な説明に堕して典雅な趣を失った『盛衰記』の文章の典型というべきであろう。

「青山之沙汰」において名器の由来を説き

三五夜中新月白くさえ、涼風颯々たりし夜なか半に、（の夜ふかきに、八本）……

と記すのは、小野美材が七夕を賦した詩序（巻八・224）の章句「五夜将明、頻驚涼風颯颯之声。」によるもので、『和漢朗詠集』からの引用である。但し延慶本や長門本では「秋の夜月くまなくて風の音身にしみて」とあって『朗詠』

とは関係がない。

「一門都落」に筑後守貞能が

「生ある物は必ず滅す。楽尽て悲来る」といにしへより書をきたる事にて候へども、……

と泣きくどくのは、既述した後江相公の願文（巻十四・423）によるものである。この文章は覚一本にのみ見られる。

「福原落」にある

すべて目に見え耳にふるゝ事、一として哀をもよほし、心をいたましめずといふ事なし。

の文句はその前後の文章と共によく知られているが、後江相公の朱雀院周忌願文（巻十四・414）の「耳目所レ触、莫レ不レ催レ涙。」に典拠が求められようか。長門本や『盛衰記』の如く「哀」が「涙」になっていれば、両書の関係は更に深いものがあろう。

巻　八

「太宰府落」にある

翠帳紅閨にかはれる（ことなる、八本）は、土生の小屋のあしすだれ、……

の文句は、『和漢朗詠集』に見える大江以言の見遊女詩序（巻九・238）の「翠帳紅閨、万事之礼法雖レ異。」に基づくか。この詞句は既に「翠帳紅閨、一生之期非レ幾。」（『江都督納言願文集』巻二「道子女御丈六堂願文」）や「翠帳紅閨ハ眼ノ間ノシツラヒナリ。」（『澄憲作文集』四十）などの用例があり、『海道記』に見える所から考えると、当時の人々が熟知していたものであろう。

巻　九

「生ずきの沙汰」で屋島における新年を叙して

東岸西岸の柳遅速をまじへ（不同、延本）、南枝北枝梅開落已に異にして（既に異なり、延本）、……

と述べるのは、慶滋保胤の春生逐地形詩序（の、延本）（巻八・217）にあり、『和漢朗詠集』に収録された秀句の引用である。なお長門本と『盛衰記』には見えない。

「小宰相身投」にある主人公の述懐に

いつとなき波の上、舟のうちのすまひなれば、……

と見えるのは、前述した大江以言の詩序（巻九・238）の「舟中浪上、一生之歓会是同。」に基き、『和漢朗詠集』からの引用であろう。また通盛と小宰相との馴初の頃を述べた文に

きろのけぶりのにほひことになつかしく、筆のたてどもよのつねならず。

とあるのは、『和漢朗詠集』に見える橘正通の繞簷梅正開詩序（巻十・289）の「濃香芬郁、妓鑪之煙譲レ薫。」によるものである。『鳩嶺集』（仏事）に「妓鑪罷レ薫、代二香煙於余花之露一。」とある点から考えて、当時よく知られた表現であったのだろうか。諸本多少文章を異にするが、八坂本が「妓鑪」を「薫鑪」とする外は両者の関係が認められよう。

巻　十

「八嶋院宣」の文章に

籠鳥雲を恋るおもひ、遥に千里の南海にうかび、……

とあるのは諸本に共通して見られるが、菅三品の代作した平兼盛の奏状（巻六・154）の「只有二籠鳥恋レ雲之思一、未レ免二轍魚近レ肆之悲一。」に基いている。この詞句は『本朝続文粋』や『本朝無題詩』などにも見えるが、『平家物語』の文章はそれらとは全く関係がない。

「千手前」において囚虜の重衡を慰めるために千手が朗詠する場面があり、

「羅綺の重衣たる、情ない（き、八本）事を奇（機、八本）婦に妬」といふ朗詠を一両反したりければ（ぞしたりける、八本）、……

と描写されている。これは菅原道真の詩序（巻九・236）で『和漢朗詠集』に基いている。この秀句が根本朗詠の一として後代の人々に愛唱されたことは、既に『今鏡』（巻六、花散る庭の面）にも記されている。この部分が諸本によってどの様に相違しているか、煩を厭わず挙げて見る。まず長門本では「羅綺為重衣といふ朗詠を四五へんしたりければ」と朗詠の繰返しに千手の心情を託し、延慶本は「羅綺の重衣たる、無情機婦に妬み、管絃の長曲にある、不レ終事を伶人に嗔と云朗詠をしたり。」と朗詠の章句を忠実に辿っている。そして『盛衰記』では朗詠の内容を、重衡の口を藉りて長々と説明する。

羅綺之為二重衣一、妒二無レ情於機婦一、管絃之在二長曲一、怒二不レ関於伶人一。といふ朗詠を二三返したりけるが、節も音も調りて、大方優にぞ聞えける。中将宣ひけるは「折節の朗詠にこそ、思ひ合はせて疑はしけれ。此の句は北野天神の春嫩無二気力一と云ふ事を内宴の序にあそばせり。譬へば春嫩とはみめよき女なり、無気力とは力の弱きなり。上の句に羅綺とて薄く厳しき衣を著して美女の舞ふ時には、軽き衣も重く覚ゆ。これは機婦に妒むとて、機織りけん女も恨めしく覚え、下の句に、管絃のさしも面白けれども、舞姫の舞ひ弱りて力なければ、速かに入らばやと思へども、長曲を弾ずる時、伶人に怒るとて、管絃する人も悪く覚ゆと云ふ心なり。」

『盛衰記』の文章から次第に取捨潤色されて通行本の文章が生み出されたか、或は後者の改修増補によって前者の文章が作られたか、人によって意見を異にするであろうが、何れにしても『盛衰記』の文章の冗漫なことは否定出来ない。作者の衒学的態度の現れと思われるが、読本系統に多く窺える所である。この朗詠について千手は再び重衡の頼みにより

「十悪といへども引摂す。」

という朗詠を吟ずる。『盛衰記』は

十方仏土中、以二西方一為レ望、九品蓮台間、雖二下品一応レ足。雖二十悪一兮猶引接、甚三於疾風披二雲霧一、雖二一念一兮
必感応、喩三之巨海納二涓露一。といふ朗詠して、

と刻明に章句を記している。後中書王の西方極楽讃（巻十二・356）の章句で『和漢朗詠集』に収録されており、『海道記』や当時の表白願文に見られるものである。

「横笛」にある滝口入道の述懐に

老少不定の世のなかは、石火の光にことならず。

と見えるのは、既に述べた後江相公の願文（巻十四・424）によるもので、当代の書物に頻出する詞句である。

また「維盛入水」に見える滝口の言葉に

松子梅生、生涯の恨あり。

とある「松子」と「梅生」は中国の昔の仙人であるが、紀長谷雄の白箸翁詩序（巻九・237）に「梅生不レ死、松子猶生。」と見える。[3] 但しこの語は「保二梅子松子之寿一。」（『江都督納言願文集』巻六「右中弁為隆願文」）、「現皆保二梅生松子之齢一。」（『表白集』巻五）、「梅生松子之倫、皆従二逝水之波一。」（『言泉集』亡父帖）、「後妃院宮、各保二梅生松子一。」（『転法輪抄』巻一）、「寿久二於梅生一、運長二於松子一。」（同上巻二）などの例によっても分る様に、長寿を表現する当時の慣用句であって、『文粋』との直接関係を云々するのは誤であろう。なお『盛衰記』と八坂本にはなく、長門本は「恨」を「限」と記す。

巻十一

「大臣殿被斬」において本性房湛豪の言に

「生あるものは必滅す。釈尊いまだ栴檀の煙をまぬかれ給はず。楽尽て悲来る。天人尚五衰の日にあへり」とこ

そうけ給はれ。

とあるのは、再度に亙って述べた後江相公の願文（巻十四・423）の秀句である。長門本と延慶本にはない。

巻十二

「六代」に見える

限あれば、鶏人暁をとなへて夜も明ぬ。

の描写は覚一本にのみあり、既述の都良香の秀句（巻三・72）で『和漢朗詠集』による。

「六代被斬」に後鳥羽天皇の政道を非難し

呉王剣角をこのんじかば天下に疵を蒙るものたえず。楚王細腰を愛しかば、宮中に飢て死するをんなおほかりき。

上の好に下は随ふ間、世のあやうき事をかなしんで、心ある人々は歎あへり。

と述べている。これは『後漢書』馬寥伝にある文章だが、菅原文時の封事三箇条（巻二・68）にも「伝曰、上之所レ為、人之所レ帰。昔呉王好二剣客一、百姓多二瘢瘡一、楚王好二細腰一、宮中多二餓死一。」とある。よく知られた故事と思われる。

灌頂巻

「女院出家」に

仙家より帰て七世の孫にあひけんも、かくやとおぼえて哀なり。

とあるのは、『和漢朗詠集』に収められた後江相公の落花乱舞衣詩序（巻十・306）の章句「恐帰二旧里一、纔逢二七世之孫一。」に基いて居り、『海道記』にも見える。長門本と延慶本には見えない。

「大原御幸」における女院庵室の描写は名文として知られているが、

軒には蔦槿はひかゝり、信夫まじりの忘草、瓢箪しば〳〵むなし、草顔淵が巷にしげし。藜でうふかくさせり、雨原憲が枢をうるほすともいつべし。

の部分は諸本多少は文章を異にするものの、すべて橘直幹の奏状（巻六・150）にある名句の『和漢朗詠集』からの引用である。

また「六道之沙汰」で女院の言葉に

春は南殿の桜に心をとめて日をくらし、九夏三伏のあつき日は、泉をむすびて心をなぐさめ、秋は雲の上の月をひとり見む事をゆるされず。玄冬素雪のさむき夜は、妻を重てあたゝかにす。

と見える。八坂本と延慶本になく、長門本や『盛衰記』では敷衍して述べている。これは慶滋保胤の願文（巻十四・421）「清涼之春花、日遅或賜二共翫一、弘徽之秋月、夜永不レ許二独看一。」の章句と、『和漢朗詠集』にある源順の河原院賦（巻一・10）「九夏三伏之暑月、竹含二錯午之風一、玄冬素雪之寒朝、松彰二君子之徳一。」の詞句を本にし対句の体に纏めたものである。

以上覚一本を中心にして『本朝文粋』との関係を縷述して来たが、『和漢朗詠集』によるものが多いとはいえ、『文粋』もその流麗な文章を構成する役割を果していると考えられる。しかも引用された『文粋』の章句は（他の古典にも当嵌るが）巧みに換骨され、『平家物語』の文章の中に融化している。そこに本書が名文と評されて来た所以があり、作者の才能手腕が卓抜していることを示している。それでは語り本（八坂本も『文粋』の引用に関しては覚一本と逕庭がない）以外の読本系統の本では、『文粋』の章句がどの様に活用されているかが次の問題となる。このことについて更に筆を進めて見よう。

三

ここでは先ず延慶本を中心に、長門本や『盛衰記』を参考にしながら記述することにしたい。

延慶本第一本の「忠盛昇殿之事」に

仙女五人来て清御原の庭にて廻雪の袂を飜事五度あり。

とあるのは『盛衰記』では少しく文章を異にするが（長門本にはない）、『新撰朗詠集』に見える大江匡衡の渡水落花舞詩序（巻十・308）の「遮二沙風一而婉転、廻雪之袖暗飜。」と関係があろう。「後二条関白殿滅給事」に

其故は九夏三伏の暑きには汗を拭て、終日に三大即是の尊を手向け、玄冬素雪の寒にも身を忘れて、通夜止観明浄の月を翫ふ。

とあるのは前述（灌頂巻、以下覚一本による巻名を記す）の『和漢朗詠集』（『文粋』巻一・10）からの引用によるもので「文学か道念之由緒事」（第二末）、「兵衛佐の軍兵等」「敦盛被討給事」（第五本）にも見える。

第一末の「康頼油黄嶋に熊野を祝奉事」に

彼の感陽宮之煙瀼々たり、作レ雲何の方へ去しそや。

とあるのは源順の河原院賦（巻一・10）の章句を誤って用いたもので、既に述べた所（巻七）である。これは「天王寺地形目度事」（第二本）、「梶原摂津国勝尾寺焼払事」（第五本）などにも見える。また「漢王の使に蘇武を胡国へ被遣事」に

瓢箪屡空、草滋二顔淵之巷一、藜藿深鎖、雨湿二原憲之枢一けむも是には過しとそ覚し。

と見える文句（巻六・150）の典拠については述べた所（灌頂巻）である。「成親卿北方君達等出家事」に見える

時移り事定て楽尽き悲来る、只天人の五衰とそみへし。

の文句は後江相公の願文（巻十四・423）によること既述したが（巻二）、「平家福原に一夜宿事」（第三末）、「法皇小原へ御幸成事」（第六末）にも見える。「宇治悪左府贈官等事」にある

異香かをりなつかしくして妓廬の煙薫を譲り、妙なる勢ひなりしかは……

の詞章が橘正通の詩序（巻十・289）に見えること既に述べた（巻九）。

第二本の「有王丸油黄島へ尋行事」に

鶏楼の山も明行けは洞戸に鳥は返とも眼に遮る物なし。

とあるのは覚一本では「少将都帰」（巻三）の条に見えるが、紀斉名の詩序（巻八・205）に基いている。「師長尾張国被流給事」には華麗な対句による道行文が見えるが

九夏三伏の夏の日も、斑婕婦か団雪の扇巌泉に代る名所なれは、玄冬素雪の冬の空、月氏雪山の辺なる無熱池を見る心地する。

と見える文章は長門本にもあり、前述の源順の賦（巻一・10）と、同じく『和漢朗詠集』にある大江匡衡の避暑対水石詩序（巻八・223）の「班婕妤団雪之扇、代二岸風一以長忘。」に典拠を求めることが出来よう。さらに長門本（巻七）では尾張国において師長が熱田明神に参詣した時の心境を

さても一条院の御時、大江の匡衡当国の守にて国務の時、大般若をとげゝるぐわんもんに、我願すでにまんじぬ任限又きはまりぬ、故郷に帰らんとする期いくばくならずと書きたりしこそ、哀に覚えてうらやましくは覚されけれ。

と記述している。これは『文粋』（巻十三・401）にある匡衡の願文を指しているが、この間の叙述は『文粋』や『朗詠』

との直接関係は認め難く、高木武博士が指摘された様に[4]『東関紀行』を下敷にしたことは疑えない。「左少弁行隆事」に

昔村上の御宇、橘直幹か望㆓後進之勧花㆒、眼疲㆓雲路㆒、対㆓傍人之栄貴㆒、顔低㆓泥砂㆒と奏しけむは責て猶朝庭に仕へ奉り、昇進の遅き事をこそ歎しに……

とあるのは『文粋』（巻六・150）に見える奏状に基いている。

第二中の「新院厳島へ御参詣之事」に

残花色衰て、宮鶯音老たり。

と見えるのは、紀長谷雄の後漢書竟宴の詩序（巻九・262）に「老鶯舌饒、語入㆓歌児之曲㆒、残花跗断、影乱㆓舞人之衣㆒。」と記されているのと関係があろうか。「前中書王事」は元稹の詩をめぐる逸話について述べているが、その末尾に次の様な文章がある。

其中に殊に不思議なりける事は、亀山にすませ給へとも、水の無りけるを無㆓本意㆒事に思召て此親王祭り出させ給へり。其祭文は文粋に見ゆ。依之神の感応ありけれは即飛泉涌出たり。（中略）御年卅七にして世を背き給へき事を夢に御覧して其年に成しかは、自ら一乗円頓の真文を書写し、閑に生死無常の哀傷を観し給て只仏をのみそ念し奉り給ける。来而不㆑留、薤隴有㆓払㆑晨之露㆒、去而不㆑返、槿籬無㆓投㆑暮之花㆒と願文をあそはして遂にかくれさせ給ぬ。

これは『文粋』（巻十三・390・408）にある前中書王の祭亀山神文と自筆の法華経供養願文を指しており、願文の章句は『和漢朗詠集』に収められる。また亀山より清水が湧出した奇瑞については、『扶桑略記』を始めとして多くの書物に見えるので、当時においても人々の熟知せる話であったと思われる。

「実定卿待宵の小侍従に合事」に

千夜を一夜にと口すさみ給に、未レ叙二別緒依々之恨一、五更の天に成ぬれは涼風颯々の声に驚てをき別給ぬ。

とある文章が『和漢朗詠集』に収録された小野美材の詩序（巻八・224）によることは既に述べた所（巻七）である。

第二末の「山門衆徒為二都帰一の奏状を捧事」にある奏状第十六条に

況尭雲舜日之耀二一朝一、天枝帝葉之伝二万代一。

の詞章が見えるが、前中書王の法華経供養の表白（巻十三・395）の「尭雲遍薫、潤二薬草於春畝一、舜日重照、転二法輪於昏衢一。」や、源順の春生霽色中詩序（巻八・218）の「満レ座者天枝帝葉、一非二庸流一。」と関係があろうか。

第三本の「沼賀入道与河野合戦事」にある東国の源氏追討の宣旨に

偏企二狼戻一、頻励二烏合一、軽使之賊結レ党、愚惷之徒成レ群。

軽使之賊結レ党、愚惷之徒成レ群、……雖レ云二田父野叟之類一、是無二忘レ身憂レ国之士一。

などの詞句が見えるが、これは『文粋』（巻二・65）に収められた平将門追討の太政官符にある「猥招二烏合之群一、只宗二狼戻之事一。」「軽狡之党、愚惷之徒。」「官軍黠虜之間、豈無二憂レ国之士一乎、田夫野叟之中、豈無二忘レ身之民一乎者。」などの詞句に基いている。『盛衰記』にはこの宣旨が『文粋』の章句の影を留めない程換骨されている。「太政入道経島突給事」に見える

或屋形内て舟中波の上一生の歓会雖同、和琴緩く調て臨二潭月一、唐櫓高推入二水煙一なと朗詠す。

の文句が『和漢朗詠集』にある大江以言の詩序（巻九・238）に基くことは既に述べた（巻八）。この章句の引用は「平家の人々の頸共取懸る事」（第五本）、「維盛の北方歎給事」（第五本）、「建礼門院御出家事」（第六本）などに散見する。「興福寺常楽会被行事」に見える鎮西の逆徒追討の宣旨に

偏住二狼戻之心一、旁成二烏合之群一、加之海路設二白波之賊徒一、陸地結二緑林之党類一。

とあるが、前半は既述の太政官符（巻二・65）に、後半は後江相公の書いた貞信公の辞表（巻四・104）に「隴頭秋水、白波之音間聞、辺城暁雲、緑林之陳不レ定。」と見える。ただ『転法輪抄』に「盗賊断レ跡、山無二緑林一、海無二白波一。」（巻一）、「四海泰平、白波音無、七道安穏、緑林影永絶。」（巻二）などの用例があり、『古今集注』にその因由が説明されている点から推すと、当時周知の言葉であったと思われる。

第三末の「義仲白山進願書事」にある願書の中に

忝蒙二如十善万乗之聖主一、忝陵二辱三台九棘之臣下一。

とあるのは『盛衰記』にも見えるが、三善道統の願文（巻十三・409）に「三台九棘、百辟千僚。」とある。この章句が『転法輪抄』にも見えるので、『文粋』との直接的関係は不明とせねばならない。「木曾送山門牒状事」にある

八万四千之相好、秋月隠二四重之雲一。

の章句が菅原輔正の願文（巻十四・415）によることは既に述べた（巻五）。

第四の「安楽寺由来事」に一条天皇が菅公に正一位を追贈された次第を述べ

其勅書をは□（巨カ）勢為時書之、其詞曰、馬鬣年深、蒼煙之松雖レ老、竜光露暖、紫泥之草再新。

と記すが、この勅書は『文粋』（巻二・49）に収められており、さらに章句は『教家摘句』に見える。

第五本の「源氏三草山并一谷追落事」で鵯越について

松根に依て腰をすらねとも千年の翠手にみてり、梅花を折て頭にさゝねとも二月の雪衣に落。

と記すのは橘在列の春日野遊和歌序（巻十一・350）にある秀句で、『和漢朗詠集』を引用したものである。

第六本の「重衡卿北方事」に見える

仙家より帰り来て七世の孫に会たりけんもかくや有けんとそ覚えし。

の文句が『和漢朗詠集』にある後江相公の詩序（巻十・306）に基くことは既に述べた（灌頂巻）。また「大臣殿父子関東へ下給事」に大江匡衡が熱田明神において大般若経の書写供養（巻十三・401）をした次第を述べているが、「師長尾張国被流給事」（第二本）で説明した如く『東関紀行』の文章を規模としている。長門本や『盛衰記』にも共通して見られる所である。

第六末の「法皇小原へ御幸成事」にある

樵歌牧笛之声、竹煙松霧之色、かゝる閑居の棲を忍て過させ給も法皇哀と御覧ぜらる。

の文章は『和漢朗詠集』に見える紀斉名の逐処花皆好詩序（巻十・303）に基いている。また同じ条に女院が我身を述懐して

一門の繁昌は堂上花の如し、万民の群参は門前に市をなす。

と述べているが、既述した如く（巻一）橘直幹の奏状（巻六・150）による。

以上延慶本に見える『本朝文粋』の章句を瞥見して来たが、『和漢朗詠集』によるものが非常に多く、其他のものも覚一本に見られるものがかなりを占めている。従って漢文脈の勝った説明的な文章を取りながら、『文粋』との密接な繋りを求めることは困難といえよう。これが長門本になると一層その傾向を強める。

長門本から主な引用例を捃拾して見る。巻四の「讃岐院御事」に

翠帳紅閨の中には、三千の主と仰がれ、……

とあるのは屢々述べて来た如く、『和漢朗詠集』にある大江以言の詩序（巻九・238）によるもので、「新院厳島御幸」（巻七）、「女院吉田入御事」（巻十八）にも引かれている。巻六「有王渡硫黄島事」に

さんろに日くれぬれども、耳に満る物なし。……樵歌牧笛の音にも非ずして、たゞ耳に聞え眼にさへぎるものとては、雷の声のみなり。

とあるのは、『和漢朗詠集』に見える紀斉名の詩序（巻十・303）を下敷にしている。巻十三の「源氏追討祈事」に

承平ノ将門が乱逆の時、座主奉にて是を被レ祈例とぞ聞えし。其時朝綱の宰相の願文を書てしるし有と聞えしかども、今度はさる沙汰も聞えず。

とあるのは、『文粋』（巻十三・407）の「朱雀院平レ賊後被レ修二法会一願文」を誤って記憶していたのではなかろうか。灌頂巻に

山復山、何の工か苔巌の形をけづりなさゞれども、ふりにける石の色、水復水、誰の人か碧潭の色を染ざれども、落来る水の色、……

と記されているのは、大江澄明の「山水策」（巻三・80）にある「山復山、何工鑿二成青巌之石一、水復水、誰家染二出碧潭之波一」の佳句で、『和漢朗詠集』に基いている。其他引用されているものは、『和漢朗詠集』に見える「九夏三伏之暑月」「春過夏闌」「楽尽哀来」の佳句や後江相公の願文の章句など軍記物語や紀行文に登場する有名なものに限られており、煩瑣に亘るので省略したい。

ところが『源平盛衰記』になると延慶本や長門本とは性格を異にし、『本朝文粋』の章句を活用して文章の潤色に努めている。これから巻を追ってその間の事情を明かにして見たいと思うが、『文粋』の章句で他本に引用されているものには一切触れないことにする。

巻一の「五節の夜の闇打の事」に忠盛の昇殿を評して

昇殿はこれ象外の選びなれば、俗骨望む事なし。

と記すのは橘直幹の奏状（巻六・150）に見える章句で『和漢朗詠集』にあり、『保元物語』（巻上、官軍勢汰への事）にも引用されている。同じく「清盛化鳥を捕る事」に

太政大臣は、訓導の礼重く儀刑の寄せ深ければ、地勢大いなりと雖も、賢慮足らざれば、其の仁に当ることなし、天才高しと雖も政理明らかならざれば猶其の器に非ず。

とあるのは、菅三品の筆になる忠義公の辞表（巻四・113）に見える「太政大臣者、有徳之選也。訓導之礼重又崇、万乗従レ此化盛、儀形之寄深弥大、四海由レ是風清。」と、後江相公の書いた清慎公辞表（巻五・123）の「地勢雖レ高、人望不レ足者、無レ当二其仁一。天才雖レ大、政理不レ明者、難レ入二其撰一。」の文章を巧みに合わせて書いたものである。

巻三の「一条女院厳島御幸の事」にある建春門院の願文に

四徳雖レ疎、六行雖レ闕、初侍二姑山一而承レ恩。

とあるのは野相公の右大臣に奉る書（巻七・186）に「四徳無レ双、六行不レ闕。」と見えるが、『言泉集』（亡妻夫婦儀）にも「亡室四徳共備、六行無レ闕。」とあり、女性を讃美する時の常套表現と考えられる。同じく「澄憲雨を祈る事」の啓白にある文章の一部を掲げよう。

①何況欽明天皇代、仏法初渡二本朝一、推古天皇以来、此教盛行。②降及二聖武御宇一、弥盛尊重。③其堂宇之崇、仏像之大、敢非二人力之所為一、如二鬼神之製一。④又令下七道諸国、立中国分尼寺上。⑤凡上自二群公卿士一、下至二諸国黎民一、⑥競捨二田園一、皆施二仏地一、争傾二財産一、悉献二三宝一。

これを善相公の意見十二箇条（巻二・67）の文章と比較してみる。

①既而欽明天皇之代、仏法初伝二本朝一、推古天皇以後、此教盛行。②上自二群公卿士一、下至二諸国黎民一、（無レ建二寺塔一者、不レ列二人数一。）③（故傾二尽資産一、興二造浮図一。）競二捨田園一、以為二仏地一、多買二良人一、以為二寺奴一。④降及二

天平一、弥以尊重、（遂傾二田園一、多建二大寺一。）⑤其堂宇之崇、仏像之大、（工巧之妙、荘厳之奇、）有レ如二鬼神之製一、似レ非二人力之為一。⑥又令三七道諸国、建二国分二寺一。

試みに右の文章の順序に段落をつけ記号を附して見ると、『盛衰記』の文章は『文粋』の文章を①④⑤⑥②③の順に排列し、括弧内の詞句を省いた形と殆ど変らない。僅か傍線部に『盛衰記』の作者の創作が見られるに過ぎず、これだけの長文に亘る引用としてはいささか不用意で安易な叙述態度といわねばならぬ。同じ条にある重盛の奏状に

これ近年の訛跡なり、聖代の流例にあらず。

と見えるのは、大江以言の代作になる宮道義行の奏状（巻六・166）の章句「是則近年之訛跡、専非二聖代之流例一。」を蹈襲していることは明白である。

巻四の「殿下の御母立願の事」にある

除病延命の御祈りは、御志を尽し坐しけれども更に御験なし。

の文句が亡息のために書いた大江朝綱の願文（巻十四・424）の「除病延命之願、已以不レ諧。」と関係があろう。但し既述した様にこの願文は鎌倉時代流布していたので、『文粋』から直接引用したかは疑問である。

巻五の「澄憲血脈を賜る事」に見える阿闍梨祐慶の言葉

之に依つて聖代明時、掌を一実の円宗に合はせ、……

が菅贈大相国の賦喜晴詩序（巻八・213）の「請歌二聖代之明時一、将レ接二頌臣之朗詠一。」によると考えるのは附会であろうか。

巻七の「和歌の徳の事」に見える

月の夜雪の朝、良辰美景毎に、侍臣を召し集めて夢の歌を奉らしめて、……

の文句は源順の度水落花来詩序（巻十・307）に「天下良辰美景、賞心楽事、此四者難レ并。」と見えるが、『明文抄』（天象部）に『帝範』を引いているので人々が周知している慣用句と考えられる。

巻九の「山門堂塔の事」に

半行半座の三昧、此の道場に修すとかや。

とあるのは、大江維時が書いた雲林院の塔供養の願文（巻十三・402）に「往年択二此地之閑敞一、修二法華三昧一。半行半坐、累レ日累レ年。」と見える文章を背景にして書いたものか。

巻十七の「待宵侍従の事」に備中国二万（邇磨）郷の地名の由来が記されているが、これは善相公の意見十二箇条（巻二・67）に見える。現在は散佚してしまったが、当時備中国の風土記が存在していたとすると、『文粋』の文章に「見二彼国風土記一」とある如く風土記に典拠を求めねばならない。

巻十八の「文覚高雄勧進の事」に、文覚のため不覚を取った平判官資行が発心して

身は朝廷に仕えながら、心は仏道を望む。

という生活に入ったと記すが、私は池亭記（巻十二・375）に「在レ朝身暫随二王事一、在レ家心永帰二仏那一。」と述べる慶滋保胤の生活態度に源流を求めたい。また「文覚清水の状天神の金の事」に見える手紙に

為二旅粮一所レ奉レ預之鵝眼百貫鵞牙百石、付二使者一可二申請一候。

とある「鵝眼」「鵞牙」は銭と米の異名であるが、藤原衆海の落書（巻十二・389）に「鵝眼群飛分二母子一、鵞牙并走決二雌雄一。」とあり『海道記』にも見える。当時世に知られた風流な表現とも言えようか。

巻二十三の「新院厳島の御幸の事」に見える高倉院の願文に

凡率土之浜、靡然向レ風。

の表現は、『文粋』に大江匡衡の奏状（巻六・160）の「礼楽儒雅之林、靡然向レ風。」や、後中書王の普賢菩薩讃（巻十二・357）の「貴賤賢愚、靡然向レ風。」などの例を見ることが出来る。同じ願文の中に

殊以二白業一、奉レ祈二紫宮一。

の詞句が見えるが、大江以言の呪願文（巻十三・394）にある「先擎二白業一、敬献二紫宮一。」の詩句によって書いたものであろうか。

巻二十四の「都返り僉議の事」にある

後を顧みれば、翠嶺の雲を挟むあり、暁の嵐の漠々たるを吐く。

の文章が源順の河原院賦（巻一・10）にある「山吐二嵐之漠漠一、水含二石之磷磷一。」の章句に基いていること言を俟たない。
また「南都合戦の事」にある

十月胎内の報恩の為に、九旬忉利の安居せり。

の文句は『和漢朗詠集』に収められた大江匡衡の願文（巻十三・410）の秀句「昔忉利天之安居九十日、刻二赤栴檀一而模二尊容一。」によるものと考えたく、同じ条にある

抜提河の水咽んで其の流れ又濁りけんも限りあれば、……

の文章は大江以言の願文（巻十四・426）の章句「尼連禅河之水音、空咽二跋提之涙浪一。」と関係があろう。

巻二十五の「西京座主祈禱の事」にみえる堀河天皇の仰せの中に

普く恵みを施さばやと思召せども、一人の耳四海の事を聞かず。

とあるのは慶滋保胤の詔（巻二・45）の「一人之耳、不レ能三尽聴二天下一。」によるものである。

巻二十八の「経正竹生島詣の事」において仙童が仲算に語った言葉に

紅栄黄落、夢中の盛衰なり。

とあるのは菅三品の書いた清慎公致仕の表（巻五・132）「紅栄黄落、一樹之春色秋声。」によるもので、『和漢朗詠集』からの引用である。

巻三十九の「重衡関東下向の事」にある

帰鴈霞に歌ひ、遊魚浪に戯る。

の詞句は菅三品の織月賦（巻一・1）の「遊魚疑二沈鈎於碧浪一、旅雁驚二虚弓於紫煙一。」と関連がなかろうか。

巻四十の「観賢弘法大師の影像を拝む事」で高野の御廟に参詣した維盛の言葉に

維盛進んでは釈迦の出世にあはず、退きては慈氏の下生期し難し。恨むらくは其の中に留まって、空しく三途に帰らん事を。今暮雲の心繋ぎがたし、既に朝露の命消えなんとす。

とあるのは大江匡衡が盲僧真救のための願文（巻十三・405）「悲哉我等衆生、進不レ遇二釈尊一、退不レ期二慈氏一。恨止二其中間一、空欲レ帰二三悪一。」と、慶滋保胤が奝然上人入唐の際の願文（巻十三・411）「朝露易レ消、暮雲難レ繋。」の章句を巧みに排したものである。

巻四十三の「二位禅尼入海の事」に見える

玉楼金殿の昔の栄華、船中の波の底、今の有様思ひ並べて哀れなり。

の出典を春澄善縄の策問（巻三・69）にある「玉楼金闕、列真之境難レ窺。」に求めるのは無理であろうか。

巻四十五の「内大臣上り斬らるゝ事」で知識僧湛豪の言葉に

上一人を輔導し、下万民に照臨す。

と見えるのは中原長国の北野天神を祭る文（巻十三・392）の「或塩二梅於天下一、輔二導一人一、或日二月於天上一、照二臨万民一。」に基いている。

巻四十六の「土佐房上洛の事」にある義経の奏上の中に

　進退歩を失ひ、前後度に迷ふ。

と記されているのは、後江相公の書いた賀茂保憲の辞表（巻六・170）の「暁夕温凊、進退失レ歩。」によると思われる。

巻四十八の「法皇大原入御の事」に

　香煙出レ窓、芝草覆無レ人、禅侶向レ壇、金磬鳴有レ響。

とあるのは源英明の遊円城寺上方詩序（巻十・281）の章句で『新撰朗詠集』に収められている。但し「芝草」は「紙窓」の誤であり、原形は「窓」が「戸」である。また「女院六道廻り物語の事」に見える

　巴峡の猿の一叫び、哀れを催す友となり、……玉巻く葛の葉の朝露は、行人の袖を絞るらん。

の文章には、『和漢朗詠集』にある大江澄明の山水策（巻三・80）の佳句「巴猿三叫、暁霑二行人之裳一。」が影を落していないであろうか。

以上『盛衰記』と『文粋』との関係を概略的に述べて来たが、他本と共通するものや同じ引用句の重複は削除したので、ここに記したものより遥かに多くの例を数えることが出来る。従って同じ読本系統でも延慶本や長門本に較べると、『文粋』との関係はより深いと言うことが出来る。勿論『盛衰記』における古典全体の引用という点から考えるならば、『文粋』の有する比重が如何程であるか精密な調査を必要とするが、少くとも本書の作者が『文粋』を使って文章を潤色したことは認められよう。ただ『盛衰記』を読み進んで行った時、引用した『文粋』の章句がつぎはぎに終らず消化されているかという点については、疑問視せざるを得ない。本書には語り本に見られる文章の情趣や雅致が損われている。古典の詞章が安易に長々と引用されたり、なくもがなの説明が施されたりしているからである。

それは今まで述べて来た「前途程遠」や「羅綺重衣」の詞句の解説や、仏教渡来についての意見封事の摂取などに示されているが、これは読本の持つ宿命的な欠点なのであろうか。それとも作者の持つ衒学的態度の現れと考えるべきなのであろうか。かかる叙述態度は後の『太平記』などにも窺える所である。

なお最初に断った様に、『文粋』の摂取態度によって語り本と読本との先後関係を臆測することは止めたい。両者の指向する所が異るとすれば、当然文章の叙述技法や古典の摂取態度にも違いが生れてくる筈であり、巻数の差異と相俟って引用句の多寡や長短は殆ど参考にならないであろう。

四

今まで『平家物語』に引用された『本朝文粋』の章句について、諸本を比較参照しながら述べて来たが、『平家物語』の文章に『文粋』が貢献していることは否めない。但し『平家物語』の原本の段階において『文粋』の章句が摂取されていたかは、『源平闘諍録』などを見た時否定されねばならないであろう。語り本にしろ読本にしろ現在我々が容易に見ることの出来る本文は長い間に亘っての加筆添削になるものであり、その過程において文章の潤色に『文粋』が使用されたと考えられる。しかしながら『文粋』が机上においてのみ使用されたと考えるのは早計であろう。当時『文粋』が文章作成のための典範として世上に流布し、人々に享受されたことは認められるにしても、漢文と仮名文との違いには超えることの出来ない限界があり、簡単に『文粋』の章句を挿入することには躊躇があったと思われる。

今まで繰返して述べて来た様に『文粋』の文章は駢儷を中心にして構成されており、その中の秀句が朗詠に適していたことは『和漢朗詠集』や『新撰朗詠集』との関係を見れば明白である。とすると『文粋』の対句が目の働きによるだけでなく、耳を通して人々に知られる可能性があったと考えられる。『平家物語』に見られる『文粋』の章句の中、『和漢朗詠集』（『新撰朗詠集』もあるが）に収録されたものが多いのはこのことを証明するものであり、この場合は『文粋』との直接関係は認め難い。

さらに聴覚に訴えるものとしては唱導が考えられる。私の乏しい知識の中から、『澄憲作文集』や『言泉集』などの唱導書に引かれている『文粋』の例を参考に掲げて来たが、『文粋』の章句が唱導を通して世間に伝播して行ったと推測して良かろう。大江朝綱が亡息澄明のために執筆した願文（巻十四・424）が人口に膾炙していたと『言泉集』に記されているが、『文粋』の佳句（願文や表白が中心となるが）がかなり下層の階級にまで知られていたといってよい。この様に考えると、こうした場合も『文粋』からの直接な引用と断定するのは危険であろう。

ただ注意すべきことは、耳で聞いた文句がそのまま正確に表現されることにはならない。耳で聞いた文句を文字によって書きとめる際に『文粋』の書物が参考にされたことは想像されよう。殊に『平家物語』を執筆した程の人が、『文粋』の書目内容を知らなかったとは到底考えられない。しかしこの様な推定に立っても、唱導の存在や影響を否定することは出来ない。（『平家物語』に現れる誤字宛字の原因については別に考えるべき問題であろう。）

作品の典拠を調べる際に、原典を尊重して濫觴にまで遡上る方法と、その時点に最も近く巷間に流布していた書物を重要視する態度とが考えられる。『平家物語』の作者（我々が容易に見ることの出来る諸本の執筆者を指す）が古今東西の知識を有する鴻儒か碩僧ならば話は別だが、今日多くの注釈書に列挙されている程膨大な典籍を読破していたとは思えない。恐らく手近にあって簡便に利用出来る類書か俗書の如きものを使ったのではなかろうか。(5) 或は又、その書物が今日では耳慣れないものであっても、当時は誰もが読んで知っていたとも考えられる。このことについては当時における読書の傾向や内容種類を詳しく調査する必要があろう。私の考えでは、案外世上に流布していた書物が下敷になっており、その代表的なものが唱導書であると思う。唱導関係の書物を瞥見しても、『平家物語』の詞章の典拠と思われるものがかなり見られるが、本稿の論旨を逸脱する上に、他に適任者がいると信ずる故触れることを避けたい。

さて朗詠や唱導によって『文粋』の章句が『平家物語』に取入れられたと考えると（その他に『海道記』や『保元物語』等の先行作品があるが）直接に『文粋』から摂取した章句はかなり少なくなって来るが、このことによって『文粋』と『平家物語』との関係を過少評価するのは正しくない。私は研究上、『文粋』を主体として考察しているわけだが、たとえ両者の間にどの様なものが介在したにせよ、『文粋』の章句が引用されていることは、『文粋』が利用享受されたことを意味する（間接的ではあるが）。しかも漢文の世界だけでなく仮名の分野にまで拡がって行ったことは注目されてよかろう。『平家物語』は後代の作品に大きな影響を与えたので、これに附随して『文粋』も受継がれたと思われる。そこにおいては、『文粋』の章句は原本から分離し、『平家物語』の文章の一部として受取られたと考えてよい。従って『平家物語』の影響を受けた後世の作品についてはそれを通して『文粋』は考察されるべきであり、その章句も一種の慣用的表現の性格を帯びて行く。試みに一二の例を挙げて見るならば、『太平記』巻一の「立后事」に見える

花ノ下ノ春ノ遊、月ノ前ノ秋ノ宴。

の文句は大江匡衡の願文（巻十四・417）にあるが、『平家物語』巻四「源氏揃」から引用したものであろうし、同じく巻十二の「兵部卿流刑事」にある護良親王の上奏文の中に

撫二竜鬚一消レ魂、践二虎尾一冷レ胸、幾千万矣。

とあり、『曾我物語』巻三「人々君へ参りてこひ申さるゝ事」に

竜のひげをなで虎の尾をふむも事によることにて候へば、……

とあるのも匡衡の願文（巻十三・403）からではなく、『平家物語』巻三「法印問答」に基いている。また『太平記』巻三十六「清氏叛逆事」にある

是マデ付纏ヒ給フ志、千顆万顆ノ玉ヨリモ重ク、一入再入ノ紅ヨリモ猶深シ。

の文章は一見『和漢朗詠集』（『文粋』巻十・300）によると見えるが、『平家物語』巻二「烽火之沙汰」にある重盛の言葉を用いたことは明白である。『和漢朗詠集』の佳句「瓢箪屢空」（巻六・150）が謡曲の「大原御幸」や『曾我物語』（巻十二、母と二の宮のあねと大いそに尋ゆく事）に引かれているが、『平家物語』とこれらの作品との関係に目を転ずれば、灌頂巻の「大原御幸」によることも分るであろう。さらに大江朝綱の願文に見える詞句が後代の戦記物語に頻出するのは、原典である『文粋』は勿論のこと、『平家物語』でさえも出典の対象とは考えられず、常套的表現として人々に熟されていたと判断したい。[6]

『平家勘文録』に東大寺の親隆僧正が入唐の際に『文粋』を携帯して行ったと記されているが、真偽の程は別にしても、当時の人に『文粋』の名が知られていたことは確かであろう。『王沢不渇鈔』に願文作成の模範として『文粋』の文章を分析して執筆の心得を説いているのも、本書が僧侶の間に注目されていたと考えられるし、また北条時頼が清原教隆をして『文粋』に加点せしめたことは、武士の間にも本書が読まれていたことを暗示する。平安時代では学者や貴族だけに愛された『文粋』が、鎌倉時代になって僧侶や武士の間にまで（たとえ一部の人であったにせよ）拡って行ったことは疑えない。それらは主として文章を作成するための参考として使用されたと考えられる。ところが『平家物語』を始めとする仮名文学が『文粋』の章句を引用したのは、典雅流麗な文章を作るための手段であった。

これによって広い階層に『文粋』の章句が知られる様になったし、文章作成という実用面だけでなく佳句の朗読という鑑賞面にまで及んだことは、『文粋』の享受史の上から見て注目されねばならぬ。と同時に和漢混淆文の達成に『文粋』が何等かの役割を果したことも否定出来ない。文章の修飾のために一部の章句が使用されたことは、『文粋』の影響のすべてではないにしても、(7) 享受階層の拡大と仮名文学への浸透という点で大きな意義を持っている。こうした観点に立って『本朝文粋』と『平家物語』との関係を取上げて考察を試みた次第である。

(1)「平家物語の典拠ありと思はるゝ文に就て」(『国語と国文学』大正十五年十月)。
(2)『松井博士古稀記念論文集』所収。
(3)大江匡衡の書いた藤原道長の辞表にも「庶二幾松子於長生一。」(巻四・110)、「庶二幾梅福於呉門一。」(巻五・129)と見える。この辞表は重複して掲載されているが、この箇所だけが詞句を異にしている。
(4)「東関紀行と平家物語延慶本・長門本・源平盛衰記との関係」(『日本精神と日本文学』所収)。
(5)本書とは直接関係ないが、林読耕が近世初期の翰林に瀰漫した抜萃選集を尊重する悪弊を批判して「是故五山衲子及世上之学者、言レ詩則三体錦繍也、言レ文則真宝也。痛矣、当今世也。講二三体一説二真宝一弁二錦繍一者、霧聚雲集而是猶不レ通二其義一也。」(『読耕文集』巻十八、聴黄詩講文)と記していることや、服部南郭が俗書の介在を指摘して「日本ニテ曽我物語ナドニ色々ノ引コトアル、皆談義艸子ヨリ出セルト見ユ。談義艸子ヲ見タルコトハナケレドモ、古ノ様子シカナリ。」(『文会雑記』巻之二下)と述べていることは注目に価しよう。
(6)『平家物語』の後代作品への影響については、佐々木八郎博士の『平家物語の研究』下巻を参照されたい。
(7)本書第十三論文を参照されたい。

十六　『本朝文粋』と近世初期の漢学者

一

『本朝文粋』が後代の作品にどの様な影響を与え、後世の人々に如何に享受されたかについては、以前私は平安後期を中心にして考察を試みたことがある。(1)それ以後これが中世全体を通じてどの様に展開して行ったかということは、詳細な調査が必要であろうが、それは二つの方面から考えられよう。一つは文学作品を通じてであるが、本書の秀句が従来の漢文学(漢字で書かれたもの)の世界だけでなく、和文の作品にまで採入れられたことである。その秀句は『平家物語』や『太平記』などの軍記物語、『海道記』や『東関紀行』の如き紀行文に見られる華麗な和漢混淆文の本をなし、また謡曲などの律語的文章にも大きな影響を与えている。いま一つは本書を愛読した人々に関するものであって、この作品はかなり多くの人々の間に流布していた様に思われる。清原教隆が加点した本書の跋文によると、(2)世間に流布している点は訛謬が多いので、最明寺禅門(北条時頼)が教隆に命じて加点させたという。鎌倉において『文粋』の加点が行われたとすると、本書を読んだり所持していた人というのは、学者や貴族だけでなく武家や僧侶の如き階層が含まれていると考えて良いであろう。

広い範囲の人達が何故『文粋』の如き作品を所持し目を通したのであろうか。恐らくそれは本書を『古今集』や『源氏物語』の如き古典として鑑賞しようとしたのではなくて、文章を作る際の手本にしたのであろう。『文粋』は日常生活における実用書として必要な書物であったに違いない。そうした考え方が許されるならば、階層や職業の差別によって、使用される『文粋』の巻や文章の種類も自ら違ってくるであろう。一般の人々には書状（当時種々の型の往来物が現れているが）の如きが最も必要であろうし、僧侶にとっては表白や願文の如く仏事に関する文章、貴族にとっては勅書や辞表・奏状のごとき文書、学生には対策文、学者詩人にとっては詩賦や序を始めとするあらゆる文章が参考にされたであろう。三条西実隆は『文粋』の中文の巻（巻六）を中原師富に加点させた上に子息の公条を彼につけて学ばしめ、(3) また後年彼自身が同じ巻を孫の実世に講義している。(4) 彼が『文粋』の他の巻々を読んだか否かは不明であるが、この記事は巻六の中文が公卿にとって実用的に必要な文章であったと考えたい。彼等が実用書として使用したことは、その文章がただ単に形式上の問題ではなくて、その底には本書が昔の学者の書いた秀れた文章であるという意識があったに違いない。少くとも一部の人々にとっては、平安時代の人と同じ様に『本朝文粋』は日本の代表的な文章の総集であって、中国に比してもそれ程遜色はないと信じられていたと思われる。桃源瑞仙の『史記抄』（巻六）に

　惣シテ日本ニ文粋トテアルカ皆ヨキ文ナリ。ナニトテ今ハムケニ零落シツラウソ。

と近年における文章の衰退を嘆いているが、それは平安時代の文章の精粋である『文粋』との比較においてである。一般に五山の僧侶の間においては、宋代文学の影響として韓退之以来の古文尊重から六朝風の四六駢儷文が軽視されていたのであるが、中古の文章に愛著を持つ人が存在していたことは否めない。

　それでは平安時代の漢詩文を近世の漢学者達はどの様な目で眺め、またどの様な文章観を抱いていたか。私はこれから近世初期の漢学者達に焦点を置いて、彼等が『本朝文粋』をいかに享受し研究したかについて考察を進めたい。ただしここで漢学者という語を用いたが、それは単に経学を主とした藤原惺窩や林羅山、鵞峰、那波活所等の碩学だ

けでなく、元政上人や石川丈山の如き詩人をも含めて便宜的に名づけたものであることを断っておきたい。

二

其　一

寛永六年（一六二九）『本朝文粋』が出版されたことは、当時盛に行われた古典籍刊行事業の一環に過ぎないであろうが、私はそこに一つの意義を認めたい。林羅山はその序に「此集雖レ存、然或納二于官庫一、或秘二于家蔵一、世罕二見者一。故知者鮮矣。」と述べ、本書を探索して新刻した野々村知求の業を高く評している。

これより先慶長二十年（一六一五）閏六月に、駿府にいた徳川家康は身延山久遠寺に蔵する『本朝文粋』を借出して五山の僧侶に謄写せしめ、欠けていた第一巻は羅山が京都から探して来て呈出した。しかもそれから十日程経て、『本朝文粋』一部を内裏に献上したことが『駿府記』に記されている。[5] これは勿論、家康が『文粋』の意義を認めて書写せしめたとは考えられぬ。この頃彼が中院通勝をして『源氏物語』の講義をさせたり、古筆を蒐集したりしている所から推して、古典の一部として本書を駿府に近い身延山に求めたのであろう。また家康が書写せしめた『文粋』と寛永の古活字本とがどの様な関係にあるかは、身延本書写の際家康の膝下にいた羅山が、古活字本の序に全く触れていないので不明である。ともかく私が問題にしたいのは、本書の刊行に当って附せられた堀杏庵と羅山の序文及び那波活所（道円）の跋文である。

堀杏庵の序は『杏陰集』（巻七）にも収められているが、[6] 日本の上古からの文章の変遷を略述して中古に至り、学校の興隆と試科の開催によって人材が台閣に登場したことを論じて次の如く述べている。

況乎延天之至和也、長寛之累洽也、文章盛行。而王公将相論二於廟堂一、博士秀才議二于朝野一。家余二累牘一、架挿二万軸一。詞賦之綺彫、誥勅之謹厳、叙事之体製、議論之精確、于レ是大備。抜二其粋一、分二其類一。裒二集数百篇一、名曰二本朝文粋一。

ここで杏庵は『文粋』には当時における各種の文体の粋が集められ備わっているという。これは彼が本書を単に古典の一部としてではなくて文章の典型の集成と考え、その意義を認めていることになる。ただ注意したいことは、当時の文章の典範がそのままこの時代の文章作成に必須のものであるということを意味しないということである。この文章に続いて杏庵は、中世の戦乱によって典籍が蕩尽したこと、徳川家康の出現によって文道が興り旧礼が復活したことを述べている。

林羅山の序はこれに比すると、遥かに短文で形式的である。『文粋』に収められた作品の年代や題号のこと、編者藤原明衡の履歴や著述、本書刊行の次第を述べるに過ぎない。ただ最初に「其所レ纂、則上自二弘仁一、下至二寛弘一。二百余年、代不レ乏レ人。摭二其英華一、捃二其精粋一。」と記している点に、羅山が本書を文章の規範書であると考えていたことを看取することができる。

この二篇の序文に較べると、那波活所の跋文は注目されねばならぬ。彼は内外における文章編纂のことについで、跋文執筆を余儀なくされた由来に触れ、さらに本書の意義について次の如く述べている。

試掲二文之又粋一、則三善清行之意見封事、及奉二菅右相一第一書乎。或足レ徴二於政教一、或能明二於進退一。所謂質二諸鬼神一而無レ疑、百世以俟二聖人一而不レ惑者。斯二篇不レ為二徒文一、読者宜レ尽レ心焉。

この文章で気のつくことは、活所がいう文章の精粋とは形式においてではなく内容において勝れたもの、換言すれば政教を補佐する所の大なるものを指している。彼は文章の意義は理を明かにすることであって、表現における装飾はすべてこれを排するという儒者の立場に立って批評しているわけである。その様な観点から『文粋』を眺めるならば、三善清行の意見封事（巻二・67）ほど政治を裨益するものはない。彼のこうした態度は『文粋』の読後感を賦した詩（『活所遺藁』巻三）にも現れている。

　文粋復抽二文粋中一　十余巻子是雕虫
　一篇封事少二人識一　日月争レ光善相公

『文粋』の文章の中心をなす駢文を雕虫の小技として斥けた活所にとっては、個人の感動や表現についての努力などは問題ではなかった。経学至上主義の立場に立つならば、文学が勧懲の意図を含まない限りにおいては取るに足らないものである。彼は当時の詩人の間においても秀作と考えられていた兼明親王の「菟裘賦」（巻一・13）について次の如く賦している（同右巻五）。

　衰世諂臣井暗君　菟裘一賦是虚文
　吉凶轇轕定何限　総似二前渓雨後雲一

「菟裘賦」を一篇の虚文として排した彼の態度は、『文粋』の中の見るべきものとして「菅聖之忠誠、兼明之卓識、清行之先見、江氏之博洽。」と述べた堀杏庵（『新刊本朝文粋』序）や、親王を本朝の陳思王に喩えてその才を惜んだ林読耕、(7)「菟裘賦」を欧陽脩の「青蝿賦」と同日に論じて悲憤する林鵞峰(8)などとは趣を異にする。しかも活所其人が詩人陳元贇に「詩に工なり。」（『昇庵詩話』）と評されたことを、私達は如何様に解したらよいのであろうか。彼等の詩文観と実作とは全く異る世界のものであったと考えざるを得ない。杏庵や鵞峰にしても、活所と全く掛離れた境地にいたわけではない。そのことについては後述することにして、当時の漢学者の『文粋』に対する批評について筆を進めよう。それは取りも直さず平安時代に盛行を見た四六駢儷文に対する評価であり、彼等の文章観を表わすものということが出来るからである。

其　二

藤原惺窩は林羅山に与えた書（『惺窩文集』巻十一）の中で次の様に記している。

本朝文粋、暇日繕写、希仰在レ茲矣。蓋非レ為二足下之羊棗一亦老拙之熊掌也。呵呵。

この記事によれば、惺窩が『文粋』を珍重していたと考えて良かろう。ところが「惺窩答問」（『羅山文集』巻三十二）によると、羅山が『本朝文粋』を読むと我国の儒者の心が分ると述べたのに対して惺窩は

其所レ見則不レ足レ言。雖レ然気象温厚。又今人所レ無可レ愛可レ敬。

と答えている。邦人先輩の文章の長所は一応認めていても、儒者にとって『文粋』という典籍は必要なものではなかったのである。彼が同じく羅山に与えた書（『惺窩文集』巻十一）に「大抵四六文辞等、雖レ非二志レ道学者之所一レ必、古今之変亦因焉。」と述べているが、四六騈儷文などは単に古今の文章の変遷を知る上においてのみ注目すべきものであった。

彼が古人の詩人に関する論を集めて後人の指南にしたという『文章達徳綱領』は、その命名が姜沆の序にいう「達者孔子之所謂辞達而已矣也。徳者孔子之所謂有レ徳者必有レ言者也。」によるとするならば、表現の技巧よりも内容の充実に中心があること言うまでもない。『梅村載筆』に「惺窩初メ文章正宗同シク続集、文集（章カ）弁体ヲ取合テ文集ヲ撰ス。」と記されているが、この外本書の執筆に当って『性理大全』などに範を仰いだ彼の態度からすれば、『文選』や『唐文粋』の如き騈文を規模とする平安時代の文章とは縁の薄いものであったこと疑いない。

この書に見られる韓欧二大家を中心とした古文を尊ぶ態度は、『古文真宝』や『文章軌範』などの流行と共に後代に受継がれて行ったのであり、例えば林義端の『文法授幼鈔』（元禄八年〈一六九五〉刊）や『文林良材』（元禄十四年刊）など

にも窺える。

林羅山といえども文章観については師の惺窩と逕庭がなかった。彼は韓退之の古文復興の業を讃えて「文拯二八代之弊一、法為二百世之師一。如二其文一如二其文一、文公之於レ文優哉。(9)」と述べている。但し羅山親子は幕府の命によって『本朝通鑑』の編纂に携り、資料の蒐集や群書の通覧に全魂を傾けたので、他の儒者とは多少違った方向を辿って行く。これについては章を改めて論じよう。

また石川丈山は『北山紀聞』(巻一)の中で次の如く述べる。

文章ハ貫道ノ器ナリ。能ク学ベシ。然レドモ本朝ハ中華ト違フテ、仮名ガキニテ事タルユヘニ、文章ノ嗜ガウスキゾ。サル程ニ文者ガ稀ナルゾ。本朝ノ文粋ナド見レドモ文ニ達人ハ少シ。

「文章ハ貫道ノ器ナリ。」とは李漢が韓退之の文集の序文冒頭に述べた言で(『古文真宝』後集巻二)、当時の儒者は皆これを題目としていた。文章は道徳を表わすための道具であるという考え方は、文学に対する経学の優位を意味する。従って経学を目的として文章を学ぶことが要求されたと考えたい。ここで丈山がいう「本朝ノ文粋」とは必ずしも『本朝文粋』だけを意味しないが、本書がその中核をなすことは疑えない。彼は文章において日本が中国に遠く及ばないのは、文章を書く姿勢態度に懸隔があったためで、その因由は科挙制度の相違にあると述べている。いずれにしても彼は日本の文章(古代から現代に至るまで)に重きを置いていない。否全く関心がなかったといってよい。

ところが皮肉なことに、中国人に見せる日本の代表的な文範は、『本朝文粋』を措いて他になかった。日本人が『文粋』を朱舜水に送ってその文章の批評を仰いだことが、彼の『文集』(巻二十三)に掲載されている。その時依頼者は『文粋』に三善清行の意見封事があることを強調している。この問に答えて舜水は次の様に述べている。

大概一見耳。至二三善清行一者、亦失二記其名一。僕以二台臺真懇一、放亦抒レ識言レ之。儻務為二虚美之詞一、不レ如二此唐突一矣。僕素以二西蜀秦宓、晋朝桓温ヿ彝事一為レ非。豈肯身自為レ之乎。直視二貴国一為二一体一。故披二瀝心胆一、無二少忌諱一。非下以二気概一為上事也。

明の遺臣として故国を離れた舜水にとっては、懸河の弁説も博識多才も、それが治国経済に役立たぬ限りにおいては何等価値のないものであって、大義名分を説き聖賢の道に資するのが文章の任務であった。当時の儒者は争って彼に交際を求め、師と仰いで教えを乞うたので、彼の儒林に及した影響はまことに大きなものがある。程朱の学を信奉すると共に古文を尊んだ舜水は、六朝の文章の綺靡を排した韓退之の古文復興の功績を讃えて神禹に侔しいと述べている。(10)また彼は文章を作るには気格が第一で、それには先秦両漢の文章を宗として学ぶことが必要である。そして参考として韓柳欧蘇四大家の文章の精粋を取り糟粕を去るならば、最上の文章を会得することが出来るとも記している。(11)こうした彼の文章観から推測するならば彼が『文粋』の駢儷文をどの様な目で眺めたかは自明の理であろう。

舜水を最も崇拝しその教えに心酔した柳川藩の安東省庵は、薄俸の半を割いてこの異国の碩学を養った美挙をもって世に知られるが、彼は柳川震沢に寄せた書状(『省庵先生遺集』巻五)の中で

自下其四属六比駢諧儷聯、抽レ黄対レ白、誇レ多闘レ靡、雑二邪説一恣中詖行上、或以為二無用之贅言一、或以為二離レ真失レ正、反害二於道一。

と述べている。彼にとっても駢儷文の如きは聖賢の道を離れた贅言に等しいものであって、道を明かにすることに益がない限りは、文章は軽視すべき末技に過ぎないのであった。(12)

当時の儒者の文章観を典型的に表明したものは、貝原益軒であろう。彼は「本邦文論」(『自娯集』巻二)において『本朝文粋』を取上げ、日本の文章を論じている。彼はこの中で作文は道を論ずることと、事を記すことの二者に分れるという。この二者は共に典雅にして事の理を尽すのが肝要であり、文章は平易純正にして巧飾浮華に陥ってはな

らない。このことは中国の昔の大家や良史の作を看ればはっきり分る。ところが日本においては、古来から文章の名家といわれる人は多いが、皆文章の雕虫装飾に務めて読者の耳を悦ばせることだけを心掛けた。そのため文章の体製は質実を失って軟弱になってしまったと記している。

豈翅無二君子純正典雅之風一而已乎。抑復非二文人之所一レ尚、雄健精巧深奥古淡之文一。観二於本朝文粋以下諸集所一レ載而可レ知而已矣。夫文詞者権二輿乎中夏之上世一、而源流久遠。故学レ之者須下本二乎中夏一而必則中古昔上、不レ可下傚二我邦之旧習一而拘泥上。

我国古来の華麗な駢儷文は完全に否定されており、その代表が『本朝文粋』であった。こうした益軒の文章観は「文体論」(『自娯集』巻五)にもよく表されている。彼はこの中で文章を儒者の文と文人の文とに区別し、前者は質実明細を宗とし、後者は華麗巧飾を務とすると述べて前者を勝るとする。そして日本古来の文章は艶麗柔媚の病に陥って純正雅健の風を欠いており、儒者の文は勿論のこと文人の文にさえも及ばないと記している。ここに見られる益軒の文章観は、他の例から推して、当時の儒者のそれを代表すると考えて良い。

また室鳩巣は白詩を模倣したために、『本朝文粋』などの詩文は膚浅粗俗にして見るに足らずと痛罵しているが(『駿台雑話』)、いささか焦点が外れているので取上げることを止めたい。

今まで述べて来た文章観は当時の学者(朱子学を信奉した)に共通するもので、その根本は「文ハ道ヲ貫クノ器ナリ。」の言で代表される如く、文章は道徳を表示するための道具であるという考え方である。これは文学は軽視すべき小技であって、経学に従属する時においてのみ有益であるという文学観から生れたものであり、中村幸彦博士は「勧懲論的文学観」と名づけておられる[13]。先に兼明親王の「菟裘賦」(13)の評価をめぐって那波活所と対立させた林鵞峰や堀杏庵もこの勧懲論的文学観に毒されている。鵞峰が人見卜幽に寄せた書(『鵞峰文集』巻二十九)に「我於二経史一猶三魚与二熊掌一。而詩賦文章其次也。本朝事跡者其余暇也。」と記し、杏庵も『惺窩文集』の序（『杏陰集』巻七）に師の徳を讃え、その出現によって「時人知下先二六経一而後中詩文上。」と言っていることからも分るであろう。儒者の学問というのは貝原益軒の言を借りるならば(14)

以レ明二経術一為レ本、以レ博二史学一為レ助。故治レ経本也、通レ史末也。凡為レ学而知レ道之工夫、在二此二者一而已矣。

とある如く経史に限られている。そこにおいては人間本来の性情は否定され、詩もただ興を遣るためのものに過ぎなかった。そこから安積澹泊が

雖レ然詩小道也。雖レ有レ可レ観、不レ如二文章之為一レ大。記事議論、有レ益有レ用。苟不下以二利名一為上レ心、則莫レ非二近徳之基一矣。

と述べる様な(15)、文章を詩から切離して記事や議論などの経済の学にのみ奉仕せしめ、そこに文章の大きな功能を認めるという態度が胚胎したといえるのである。文学が経学から独立した存在と目される様になるには、やはり荻生徂徠等の出現を俟たねばならなかったといえようか。

三

私は前章において、近世初期の儒者の文章観を述べて来た。それは韓退之の古文復興に則って、六朝以来の駢儷文を否定する態度である。ところが彼等は理論の上で駢儷を排しても、作文の上でこれを抹殺することは出来なかった。古来からの駢儷をどうしても必要とせねばならぬ文章の世界が存在していたわけである。喩えていうと、上疏とか啓状といった文書には、形式の上で対聯が要求されたのであって、これの執筆は学者として免れることが出来ない。殊

に江戸幕府に仕え官学の総帥の如き位置にあった林家は、駢儷文の習熟が無形の内に要求されたのであり、家門の存続繁栄のためには理論と実際との矛盾は止むを得なかったと考えられる。羅山が息子の鵞峰に対して、古文に復した韓退之の功を賞すると共に、時に儷語を作る必要があると述べて次の様に記している（『羅山文集』巻六十四）。

我読二六経一其間不レ能レ無二相対之語一。譬下諸風行二水上一成レ文曰上漣。是風水無レ心二于成一レ文則自然之文也。声成レ文曰レ音則有二節奏一。言語之成レ文亦然。故渾然之中自有二文章一喚乎。既有レ文則何不レ有二駢儷一乎。然非レ若二後世巧飾費レ功、仄平逐レ句之流一也。

古典に対句のあるのは、恰も風が吹いて水面に漣が立つ様な自然の行為であって、文章には自ら駢儷が存在する。そしてそれは決して後代の装飾奇巧とは性質を同じうするものではないと彼は強調している。人間の感情として文章に修辞が要求されるのは当然であろうが、羅山の説明はいささか苦しい弁解の感を与えないでもない。

駢儷文の習熟は林家にとって不可欠のものであり、羅山の子の鵞峰も大いにこれに意を用いている。鵞峰は己れに駢文作成の才能がないと知ったのか、嫡子梅洞にこの訓練を命じている。彼は『本朝通鑑』の編纂に際して、子供に文献の蒐集及び校訂抄出を命じたが、その閑暇に駢儷文を書かせたことが日記に見える。(16)

(梅洞)信也筆記之暇、一周二覧本朝文粋一加二朱句一了。匪三啻便二于記事一、論二其文章一。故邇日駢儷之文漸々進歩。可レ喜。

鵞峰は編纂の余暇に『本朝一人一首』を書いて古人の詩を批評しているが、その時その詩を蒐集したのは梅洞であった。また梅洞は古の詩人の逸話を集めて『史館茗話』を作っている。従って彼が平安時代の漢詩文について知識が深かったのは当然であるが、それだけに止らず、自ら『文粋』の文章を規範として駢儷文の習熟に務めた。こうした彼の努力は当時の儒者の態度と異質のものであり、逆戻りの様な感を与えるが、林家の嫡男としての彼の境遇を考慮に入れるならば、充分に納得が行く。『文粋』はここに至って始めて知己を得たといっても良かろう。寛文六年（一六六六）彼が僅か二十四歳の若さで死んだ時、父の鵞峰は追悼文「西風涙露」を綴って子に先立たれた親の悲しみを訴えているが、その文は読者の胸に惻々と迫るものがある。鵞峰はその中で、梅洞が父羅山に似て聯句に才能を発揮したことを述べ、更に駢儷文を得意としていたことを記している。

且好二駢儷体一。頃歳修史之次、読二本朝文粋一。見二菅江先輩之作一、参二之於六朝之群作一。而能長二其体一、巧作二其語一。恐雖二読耕一、不レ可レ及焉。余唯好二散文一。若偶作二詞賦一作二四六一、則与レ汝議二其字法一。自レ今而後失二此助一也。

当時その詩才を天下に謳われた弟の読耕も一籌を輸すという程、梅洞は駢儷文において当時の儒者詩人を睥睨していた。これは彼の文章に目を向ければ判明することであるが、『梅洞文集』には他に見られない「駢儷雕虫」（巻九）と題する対句の蒐集がある。これは彼にとっては草稿の如きものであろうが、これによって彼がいかに駢儷の学習に努力したかが分る。その対句の作成に当っては、鵞峰の言にある如く、平安時代の四六駢儷文の影響が大きかったと考えられる。試みにその一二を挙げて見よう。

自述

芸案有レ勤　雖レ積二孫窓六花之雪一
樗材無レ用　未レ発二林家三葉之風一

読レ書

素レ貧無レ燭　聚二丹蛍于一嚢一
染レ学有レ年　拾二錦蠹於万巻一

こうした駢儷文の訓練は文書の面だけでなく、むしろ公私に亘る詩筵の席においても有益であった。大勢の漢学者が会合して詩宴を催す時、その詩序を執筆するには昔と同様に駢儷文が習慣となっていた。林家の人々は『本朝通鑑』編纂の余暇に屢々弟子達と詩会を開いている。寛文六年（一六六六）の春、史館に会した学士達は忍岡で桜花を賞翫したが、その時昔の内宴の儀式に模して官職や姓名を借り、「瓊筵坐花」の題で詩を賦している（『擬内宴詩集』）。この時の詩序は梅洞の手になる。その華麗な対聯は当代に冠絶するもので、『文粋』の中に入れても不似合ではない。例えばその中の章句

汾水之辞巧則巧矣　　秋菊何及二春花之芳一
瑶池之飲酣則酣矣　　碧桃争似二白桜之美一

の如きは、『朗詠集』に収められた佳句に比して遜色があるといえようか。

公的な場における詩序執筆の最も顕著なものは、春秋二仲の丁日に行われた釈奠であろう。鵞峰の日記（寛文九年）によると、聖廟で行われた釈奠は、寛永五年（一六二八）より明暦元年（一六五五）まで羅山の主催したもの十二度、万治二年（一六五九）より寛文六年まで鵞峰の執行したもの六度に及んでいる。これらの行事の次第については、林鵞峰の『祭奠私儀』（万治三年）や『庚戌釈菜記』（寛文十年）、また京都の松永尺五の『釈奠儀例』（慶安五年〈一六五二〉）などに詳しい。

寛永十年仲秋の釈奠の時、儒生達は「舜田秋穀」の題で詩を賦したが、その詩序を林鳳岡が書いている。晴の場における詩序の公表は儒者として非常に名誉なことであるが、それと共に大きな責任感を伴うものである。父親の鵞峰は釈奠に先立って子供の鳳岡に詩序を呈出せしめた。そして再三に亘って点検し「駢儷不ㇾ拙、文路不ㇾ滞。無ㇾ可ㇾ改ㇾ之。」と安堵しながらも、なお座右に留め置くという細心の注意を払っている。[17] 詩序の執筆に当っては、文章の理路だけではなく巧緻が要求されたのである。平安時代の四六駢儷文が再び日の目を見たという感じがしないでもない。

ただ留意すべきことは、この駢儷の復活は決して当時の文壇の趨勢ではなかったということである。繰返して述べ

て来た様に、当時の儒者には記事や議論を主にした質実な文章が尊ばれ、華麗な修辞は排斥されている。しかも駢儷文の執筆に従ったのがほぼ林家の学者に限られていることは、梅洞の様にかかる文体を好む学者がいたことを顧慮に入れても、やはり林家には官学の重鎮として、社会的に駢儷文が要求されるべきものであったと考えられる。それはまた『本朝通鑑』の編纂に従事したことが林家一門をして、平安時代の駢儷文に親しむ機会を与えたといってよい。この時代における駢儷文の執筆は、多分に実用から生れた要素が大きい。林家が幕府の庇護を受けて儒門に君臨せんがための方便から、彼等の間にだけ駢儷文が行われた様な気がしてならない。

四

近世初期の漢学者の間においては四六駢儷文が拒否され、従って『本朝文粋』も文章の典範としての意義を失ってしまったが、平安時代の漢詩文は全く無視されてしまったわけではない。彼等が詩会や遊覧に際して詩を賦し文章を作る時、先人の詩文を脳裡に浮べたり模倣したりした例をいくつか挙げることができる。私はここで当時の漢詩文に影響を及している平安時代の漢詩文を、『本朝文粋』だけでなく広く他の作品に探ってみようと思う。

例えば石川丈山が慶長十一年(一六〇六)の春、朋友と長楽寺に遊んだ詩を取上げてみる(『覆醤続集』巻四)。

上方高出翠微巓　臨瞰神京横㆓眼前㆒
寺隠㆓林間㆒多不㆑見　山環㆓郭外㆒遠相連
是綱吟弄四禅地　顕業嬉遊三月天
人去鳥帰花片片　鐘声瀏亮白雲辺

後聯に賦する詩境は『本朝無題詩』（巻八）に収められた長楽寺における詩句、即ち菅原是綱の「閑到二四禅蘭若前一。」や藤原顕業の「時当二三月艶陽天一。」を本にして賦したものである。長楽寺を取囲む自然環境が、往昔此処を訪れた詩人の佳句を想起させこの句を生んだのであろう。この詩の世界においては、古人の詩が再び生き返っているといって良い。林羅山の「長楽寺別業記」（『羅山文集』巻十七）にも、この寺を賦した古人の題詠少からずとして、『文粋』（巻十・318）に収められた高丘相如の詩序を筆頭に、『無題詩』に掲載された詩人達の佳句を列挙している。ただ彼の場合は、博識を誇る衒学的態度が多分に現れていると考えた方が良いかも知れぬ。

平安時代の漢詩文と最も繋りがあった人は深草の元政上人であろう。「登二石山寺一記」（『艸山集』巻五）では作者が『本朝麗藻』に収める源為憲の一絶に惹かれてその蓮池を訪ね、さらに『無題詩』中にある多くの石山寺の詩を想い浮べている。また彼は八月十五夜石山寺で月を眺めながら、『無題詩』に収められた藤原茂明の詩（巻九）に次韻して詩を賦している（『艸山集』巻十七）。さらに元賛と九条の旧荘に遊んだ次韻の詩（巻十七）の落句に「周光佐国吟遊久、今日添レ君興有レ余。」と述べるのは、『無題詩』に収められた藤原周光（巻六）や大江佐国（巻七）の九条別業の詩を脳裡に浮べての作であることは言を俟たない。これらはその一例であるが、彼が平安時代の漢詩文に対して持っていた関心と知識を最もよく表明しているものは、寛文三年（一六六三）の九月十三夜に鷹峰で月を眺めた時の集句であろう（『艸山集』巻十九）。その詩序によると、九月十三夜の月を詩に賦す次第を述べた後、鷹峰で適々出逢った歌人達と同題で詩を賦すことになり、古人の詩句を集めて一絶の詩を作ったという。

翫レ月終宵四望清　藤原敦光
三更葛履踏レ霜情　惟宗孝言
洛中各領吾家雪　忠通公

何必剡渓尋レ友行　藤原有信

集句の体については『北山紀聞』（巻四）に詳しい説明があるが、当時において邦人の句を集めたものは寡聞にして他に聞いたことがない。本詩は七言絶句の体をなし、その詩句は何れも『無題詩』（巻三）に収める。そして古人の詩はすべて四韻であり、元政はそれぞれ発端・前聯・後聯・結句の中から句を取って排列している。彼の日本の古典に対する教養知識は、『扶桑隠逸伝』や『能因法師伝』の著述をなし、『源氏物語』や『菅家文章』を愛読したことにも窺えるが、この集句はそうした彼の態度の典型といえようか。「何有亭」（『艸山集』巻十六）と題する詩も、古人の作品を踏まえた格調高いものである。

嵐峡卜二幽築一　人間奇秘開　長流浮レ日去　群嶽献レ青来　坐誦二菟裘賦一　行尋二亀緒隈一　小亭千古景　豪気圧二雲台一

兼明親王の「菟裘賦」（『文粋』巻一・13）を背景にして小倉山を賦し、壮大な世界を読者に呈示している。江村北海は『日本詩史』（巻三）の中で、元政は明の袁宏道の詩集を得て喜んだという某人の言を引き（恐らくそれは友人の陳元贇から教えられたのであろう）、宏道の詩は白楽天を祖述したもので、やや率易浅俗に失す憾みがあると述べている。北海の言の如く、彼の詩境に白楽天のそれと通ずるものがあるとするならば、[18]他の漢学者とは異り平安時代の漢詩に対して意を払う所が大であったということが出来よう。

邦人の漢詩文に対する関心は、元政で杜絶してしまったわけではない。林読耕は十八歳の時、橘在列の廻文詩（『文粋』巻一・36）に倣って二首の詩を賦し（『読耕詩集』巻二）、二十一歳で眼病を患った時、三善清行の「詰眼文」（『文粋』巻十二・355）に模して「皃藻文」（『読耕文集』巻十八）を作っている。また林鳳岡は「冷泉院水花」と題する四言詩（『鳳岡全集』巻三）で次の如く賦している。

釣殿設レ宴　文才曳レ紳　花之無レ語　因レ水動レ唇
水之無レ心　因レ花欲レ親　瑞露分レ影　薫風満レ巾
文明示レ象　詞華絶レ塵　貽二厥孫謀一　北堂問レ春

この詩が菅原文時の詩序「暮春侍二宴冷泉院池亭一、同賦二花光水上浮一応レ製」（『文粋』巻十・300）に基づくものであることは、『和漢朗詠集』に収められた佳句「誰謂水無レ心、濃艶臨兮波変レ色、誰謂花不レ語、軽漾激兮影動レ唇。」を挙げれば明白であろう。敢て臆測すると、もし鳳岡がこの秀句を知らなかったならば、彼には詩想が湧かなかったといえようか。

時代はやや降るが、水戸藩の儒者森尚謙は元禄六年（一六九三）の重陽の節に「菊是花聖賢」の題で詩を賦し、

我邦江吏部　文字無二苟且一　菊是花聖賢　題得巧模写

と述べているが（『儼塾集』巻十）、これが大江匡衡の作によるものであることは、『江吏部集』（巻下）や『本朝文粋』（巻十一・328）を繙けば明かである。この様な例は他にも数えることが出来るであろう。これは近世初期の詩壇とは直接の結びつきがないにしても、幾人かの詩人儒者によって平安時代の漢詩文が受入れられたといえようか。勿論多くの場合ただ知識として採入れられたに過ぎないであろうが、彼等の詩文から平安時代の漢詩文との関係を指摘することができる。

五

私はここで『本朝文粋』が、近世初期の漢学者に資料若しくは単なる古典として享受されたことについて考えてみ

たい。この場合には他の文献と異った『文粋』独自の意義が認められないことはいうまでもない。

『本朝通鑑』三百十巻は林羅山・鵞峰父子の多年に亘る労作であって、その編纂の次第については鵞峰の『国史館日録』に詳しい。[19] 本書の執筆に際しては、彼等は幕府の威を借りて諸大名や諸国の社寺に秘蔵する旧記文献の借用は勿論のこと、京都の公家のそれにまで及んでいる。従って史料の博捜整理は充分に行われており、また執筆に当っても単なる史書にだけ頼るものではなかった。本書において神武天皇から持統天皇までを八巻に収めているが、羅山の言によると、[20] この際用いた史料は『日本書紀』を中心にして『古事記』と『旧事記』を参考にし、この三書に漏れたものを家乗や別録や稗官野史の外和歌や方外の書に探り、さらに中国の史書で我国の事蹟を載せたもの都合七十部に及んでいるという。慶安三年(一六五三)に羅山は宇多天皇まで正編四十巻を書き上げて歿したので、その続編の編纂執筆が息子の鵞峰に命じられた。鵞峰は梅洞・鳳岡の二子を筆頭に、数人の弟子の協力によってこの業を進めて行ったが、その時『本朝文粋』も一史料として大いに活用された。一二例を挙げるならば、続編巻三の延喜十二年(九一二)二月、紀長谷雄の逝去の項に「延喜以後詩序」(巻八・201)を引用し、巻十の天暦八年(九五四)八月、橘直幹が民部大輔の兼任を願い出た項に、その中文(巻六・150)を載せている。かかる例は本書の続編を繙けば枚挙に遑がない程で、正編に比して叙述冗漫の弊を露呈している。中でも巻四はその大部分を三善清行の意見封事十二箇条(巻二・67)全文の掲載によって塡めている。この間の事情は彼の日記(寛文四年〈一六六四〉十二月二十四日)に

其中有㆓三善清行意見封事十二箇条㆒、見㆑之感㆓其忠㆒奇㆓其才㆒。乃知本朝之古不㆑可㆑謂㆑無㆑人也。故其文雖㆑繁全載㆑之。

と記されているが、前述した如く国家経済を論じた文章を秀れたものとする、当時の儒者の姿勢がここにも見られるのである。

羅山や鵞峰は『本朝通鑑』編纂の余暇に先人の詩文を収録したり、先人の逸話を集めたり、昔の事蹟を題にして詩を賦したりしている。鵞峰の『本朝一人一首』はその代表的なものであるが、古人の詩を編纂したものとしては他に林読耕の『本朝三十六詩仙』（寛文二年、鵞峰序）や野間三竹の『本朝詩英』(21)（寛文九年刊）などを挙げることができる。また林梅洞の『史館茗話』(22)は『江談抄』などの説話を本にし、詩人の逸事を集めたものとして知られる。その他日本の古い文物を中国のそれに比しながら、詩題にして賦した「和漢十題雑詠」は、鵞峰の言を借りるならば小技中の小なるものであるが（『鵞峰文集』巻八十一）、林家一門の人々の全集に分散して収められている。これとは他に鵞峰の手によって、『管春録』六巻や『婁躔清賞』一巻なども編まれている。前者は延宝元年（一六七三）に成り、桜花に関する詩賦文章や記録を和歌物語等に至るまで集め、これに中国歴朝の詩句と林家一門の詩を加えたものであり、後者は寛文十一年の中秋に、史館の儒生達が本朝詠月百題を挙げてそれぞれ韻を探り、七言の詩に賦したものである。

これらの著述は何れも『本朝通鑑』編纂の副産物として生れ出たものであるが、『本朝文粋』もその中に収められた作品が数多く詩題として取上げられ詩に賦されている。例えば「和漢十題雑詠」の中に、十対策として田口斉名の対策文「陳徳行」（巻三・84）が、鵞峰によって次の様に賦されている（『向陽集』辛卯稿）。

対策登場文字開　斉名便是一時魁
君王若志二聖人道一　賢佐可レ求顔閔才

また『婁躔清賞』の中には『文粋』の中から十数首が詩題として詠まれているが、ここでは菅原道真の「秋湖賦」（巻一・5）を題材にした林鳳岡の「菅相湖月」を挙げて置こう。

昔日曾攀天上桂　家風吹露素波流
今宵始遂遣唐志　月送二西湖一十頃秋

これらの作品の素材となった『文粋』は、その本来の主旨である文章の精粋ということから全く掛離れ、ただ詩文の一として扱われているに過ぎない。従ってこれらの作品と『文粋』との関係を調査詳述することは、瑣末な研究と言わねばなるまい。なお林鵞峰の著述については『本朝一人一首』を中心にして、彼の研究の態度や鑑賞の姿勢を論ずる用意があることを附記して置きたい。

これとは別に『本朝文粋』の書名が、漢学者の考証研究の一資料として登場して来ることがある。林羅山の『梅村載筆』に、小児を威す時顔を怒らせて「がごぜ」というのは漢字で元興寺と書くのであって、それは『文粋』(巻十二・376)に載せられた「道場法師伝」にあると記されている。また彼の言行を録したといわれる人見卜幽の『東見記』(巻上)には、達磨大師が片岡山に来たことを記した文献の一に、『本朝文粋』(巻十一・344)に収められた藤原後生の和歌序があると書かれている。これらの記事は、三浦梅園が大江匡衡の「省試詩論」(巻七・176~179)を本にして詩病を論じた類(『詩轍』巻二)とは異るもので、江戸時代に現れた儒者詩人の詩話文話には内容において及ばない。辛うじて契沖が『拾遺集』の「我いのる」の歌が詠まれた年代を、小野美材の詩序(巻八・224)によって求め(『河社』)、石原正明が中古売官の制を調査して、菅原文時の封事(巻二・68)や大江匡衡の奏状(巻六・163)に筆を及しているのと(『年々随筆』)比肩するといえようか。

洽博にして天下の書の読まざるものなしと評された(『先哲叢談』巻一)羅山の、博覧強記の一端を示すものである。こうした態度が却って儒者としての純粋性を失わしめる結果にもなったわけで、後代伊藤梅宇に「経伝より入り玉ふ学脈にてはなし。」(『見聞談叢』巻一)と軽く去なされ、室鳩巣にはただ雑駁猥瑣の事のみに通じているに過ぎないとして「吾儒之蠹賊、其害十㆓倍異端㆒矣。[23]」と痛罵されている。これは啓蒙期における学者が避けることの出来ない通弊であるともいえようが、[24]また一面では彼がその儒学によってではなく、単なる博識をもって将軍家康に遇せられたこと[25]と関係があるのではなかろうか。何れにしても考証の一資料に過ぎないことは、『本朝文粋』の享受という観点からいえば、実に些細な一現象に過ぎぬと言わざるを得ない。

六

ここで本題から離れるかも知れないが、当時の儒者による『本朝文粋』の書写書入について附記して置きたい。内閣文庫に林羅山が書写した（大部分は弟子に書写せしめたものであるが）『文粋』十四冊がある。この本は金沢文庫本系統のもので、中に書入や朱点が施されている。だがその書入は簡単なもので、大体が語句の解説や人物の注記に終っている。

例えば語句の解としては「清風戒寒賦」（巻一・3）の「陶鈞」の語に注して「陶鈞者、天地也。」と記し、「秋湖賦」（巻一・5）の「霊長爰止」の句に四声の点を附し右傍に「長、文選江賦用平声。」と記している。後者は郭璞の「江賦」（『文選』巻十二）の冒頭の句「咨二五才之並用一、実二水徳之霊長一。」を指すもので、対句の平仄の関係で（用は去声、従って長は平声になる）わざわざ注記したものであろう。また「未旦求衣賦」（巻一・11）の「蒭蕘」の注として上欄に「蒭者、草刈也。蕘者、薪採也。」と記したり、藤原兼家が太政大臣を辞する表（巻四・114）の「騵馬」の語に「赤馬白腹。」と注し、大江匡衡の大般若経供養の願文（巻十三・401）の「潢汙之水」の左傍に注して「積水也。小染也。各濁水也。」と記す如きも、この部類に入ろう。

人物の注記としては橘広相の詩序（巻八・203）に見える「枝中丞」に注して「枝中丞者、大江音人。貞観元年転権右中弁。于時姓大枝也。」と記したり、藤原衆海の落書（巻十二・389）の「菅蔵不レ住名先改、桜笠長居命可レ終。」に注して「普隣大蔵弼邦」「桜島忠臣笠忠信」と記すが如きを挙げることが出来よう。そして最も注目すべきものは、巻四の目録の中で大江匡衡が書いた藤原道長の辞表三篇（108〜110）に「已上三首在第五巻両書歟。」と注記していることであろう。この三篇の辞表が巻四と巻五に重複して掲載されていたことは人見卜幽も気附いており、彼はその書入本の中で巻五の辞表三篇（127〜129）の上欄に「此表在第四巻重出。」と記している。この重複現象の解明が『本朝文粋』の成立を解く鍵になっているので、軽々しく推論を下すことを差控えたい。ただ静嘉堂文庫に蔵する山崎知雄書入本の『本朝文粋』によると、当時この三篇の作品を欠いた巻四の異本があったということである。[26] 羅山や卜幽はただ重複を指摘するに止っており、これを如何様に考えていたかは不明である。

人見卜幽の研究は寛永六年（一六二九）刊行の板本に書入れられたもので、神宮文庫に蔵する。彼の書入は文字の校訂や語句の注釈、人物の注記などに及んでいて、参考にすべき点が少くない。文字の校訂に関していうならば、大江匡衡の対策「寿考」（巻三・82）にある「貌言視聴」の「貌」を板本が「狛」に作るのを、「孟子、説大人、則藐之。」を例証にして「藐」の字に代え、[27] 同じく紀淑信の策問「陳徳行」（83）にある「孔司寇之微言。」の「司」を板本「子」に記するのを、「孔子為魯司寇。」と『孔子家語』を引いて「司」に改めている。

語句の注解については、菅原文時の「繊月賦」（巻一・1）にある「星楡」の語に注して、

星楡謂晩也。前漢谷永曰、太白出西方六十日、法常参天、今已過期、尚在桑楡間。

と記し、又橘直幹の奏状（巻六・150）に見える「至二于算明法等博士一。」の句に注して「算道明経明法也。加紀伝、曰四家博士。」と叙することなどが挙げられる。

人物についての注記では兼明親王の「遠久良養生方」（巻一・38）に見える晋の王湛と、大江朝綱の記した藤原実頼の辞表（巻五・122）にある「未レ開二唇於問レ牛之途一。」の典拠となった漢の丙吉について最も詳しく、次の様に書かれて

いる。

韻府云、晋王湛初有隠徳。皆以為痴、兄子済軽之。嘗詣湛、湛談易玄理微妙。嘆曰、家名士、三十年而不知。

前漢丙吉字少卿、宣帝時為丞相。嘗出逢清道群闘者、死傷横道。吉過之不問。吉前行逢人逐牛、牛喘吐舌。吉止駐使騎吏問、逐牛行幾里矣。

右に記した書入が卜幽の研究の代表的なものといえようか。

羅山と『文粋』との関係は前述した如く、彼が京都で探し出した『文粋』を家康に献上したり、『本朝通鑑』編纂の際に史料として活用していることから考えて、自分が中心になって書写を行い注記を加えたりしたことは予想される。一方卜幽は羅山・鵞峰と林家二代に亘り款を通じて教えを受け、また徳川光圀からも儒師をもって礼遇されている。しかも晩年眼病に悩まされながら毎晩の様に林家に赴き、儒生達が『本朝通鑑』の草稿を朗読するのに立会っている。(28)従って日本の古典に対して相当な関心と知識を有していたことはいうまでもない。こうした彼の学問知識の一端がこの書入本となって現れたといえる。当時の儒者の『本朝文粋』研究を、羅山と卜幽に求めて略述した次第である。

七

私は今まで近世初期の漢学者がいかに『本朝文粋』を享受したかについて、種々の面から考察を加えて来た。その結果本書の中心をなす四六駢儷文は、この時代に殆ど受入れられなかったということが出来る。当時においては経学が学者の本分と考えられたために、文章は物事の理義を尽すことに主眼が置かれた。漢学者達は競って韓欧柳蘇の文章を規範とし、質実平易な文章を宗とした。この様な風潮の下では六朝以来の四六駢儷の流れを汲む『本朝文粋』の文章は、受入れられる余地がなかったのである。詩賦文章が小技としか目されぬ時代においては、『文粋』が正しく評価されることは不可能であろう。といって内容の充実よりも表現の形式にのみ腐心した平安時代の駢儷文が再び流行したならば、その弊害は遥かに大きいものがあったといえよう。

所詮駢儷文は滅び行く運命にあった。たまたま林梅洞の如き駢文の習熟者が出現しても、彼の境遇に目をやるならば、多分に社会的世俗的地位が必要とする実用性に端を発していると考えざるを得ない。釈奠の再興や詩宴の流行さらに公文書の執筆など、形式的な修辞が問題にされる機会がまだ存在していたわけで、狭い世界においては駢儷文が必要であった。こうした世界の中では、依然として『本朝文粋』の価値が残されていた。駢儷文が文章の一種として存在する限り、たとえその文体がどんなに非難されたとしても、対句の手本として『本朝文粋』は欠くことが出来ない。そのことは林義端の『文法授幼鈔』を繙けば明かである。彼は初学者の作文の秘訣として韓退之や蘇東坡の文章を熟読することを強調しているが、対句の説明には『作文大体』を引用し、その例文に平安時代の駢儷文を掲載するという態度を取らざるを得なかったのである。

漢学者によって一応駢儷文が否定されたが、そのために全く『本朝文粋』は無視されてしまったわけではない。本書が編纂されたことによって、当時の代表的な文章が無事に伝えられて来たことを考えると、文章の変遷を知る上に欠くことのできぬ文献であるといわねばならぬ。林鵞峰が編者藤原明衡の功績を讃えて

其所㆑著本朝文粋甚有㆑功㆓于後世㆒。凡諸先輩之家集、今存者希。微㆓文粋㆒則我邦文章何以徴之。

と述べているのも(『本朝一人一首』巻六)、決して誇張ではない。中世の長い戦乱によって漢学が衰微し文献が散佚した後に、徳川家康の天下統一によって再び文化が栄え詩文が盛になった事実を凝視した時、伊藤東涯が[29]

在昔文献之盛、作者如㆑林。有㆓文粋㆒有㆑続有㆓朝野群載㆒、具㆓列諸体㆒。郁郁乎其文哉。

と平安時代の漢詩文の世界を憧憬した気持がよく分る。その華麗な漢詩文の頂点に立つ『本朝文粋』は、駢儷文が嫌悪された当時においても、文章の精粋を集めた古典として充分その価値が認められていたといえよう。今後資料の不足を補い叙述の誤謬を正しながら時代を追い、江戸時代全体を通じて、『本朝文粋』いな古代の漢詩文がどの様に享受され研究されて行ったか、考察を進めたいと考えている。

（1）本書第十三論文。
（2）静嘉堂文庫所蔵の写本によると、文永年間に成立した由が記されている。
（3）『実隆公記』永正三年四月四日、同年六月二十六日。
（4）同右、享禄二年十月五日。
（5）身延本の『本朝文粋』については近藤正斎の『右文故事』（巻一）に詳しく記されており、近年近藤喜博博士に「身延本本朝文粋に関する二三の所見」（『日本歴史』九五号）の論考がある。
（6）正保五年刊行の際には削除されている。
（7）「寄報金節」（『読耕文集』巻四）。
（8）「両朝詩配序」（『鵞峰文集』巻九十）。
（9）「随筆」（『羅山文集』巻六十六）。
（10）「答二安東守約一書」（『舜水文集』巻七）。
（11）「対二安東守約問一八条」（同右巻八）
（12）「読古文真宝序」（『省庵先生遺集』巻三）を参照されたい。
（13）「近世儒者の文学観」（岩波講座『日本文学史』第七巻）による。なお本考を書くに際しては、博士の「近世初期の漢文学」（『国語と国文学』昭和二十九年四月）に裨益された所が多い。
（14）「為学論」（『自娯集』巻一）。

（15）「書二宅采菊詩巻後一」（『澹泊斎文集』巻一）。
（16）『国史館日録』寛文五年二月十七日。
（17）同右、寛文十年七月二十三日。
（18）『艸山集』（巻十四）に「秋日和二楽天韻一」の詩がある。
（19）花見朔巳氏「本朝通鑑考」（『本邦史学史論叢』所収）や平野彦次郎氏「林羅山と本朝通鑑」（『近世日本の儒学』所収）などを参照されたい。
（20）『本朝通鑑』巻八の跋文による。
（21）三竹は元来京都の松永尺五に学んだが後に林家の教えを受けており、本書の序文の執筆は林鵞峰の手に成る。
（22）梅洞の抄纂する所は四十二件で、彼の死後父の鵞峰が五十八件を補足して百話としている。
（23）「答二遊佐次郎左衛門一書」（『鳩巣文集』巻八）。
（24）小高敏郎氏「近世初期啓蒙家たちの文学観」（『国語と国文学』昭和三十七年四月）。
（25）堀勇雄氏の『林羅山』を参照されたい。
（26）この異本は弘安七年の奥書を持ち、高野本と名づけられている。但し巻四の一巻しか存在しない。
（27）『孟子』に説く「藐」は軽侮の意で、『文粋』の場合は容貌言語を意味するのであるから、卜幽の説は誤であろう。
（28）林鵞峰の『国史館日録』に詳しく記されている。
（29）「熙朝文苑叙」（『紹述先生文集』巻四）。

初出一覧

一 『本朝文粋』の名義 （『へいあんぶんがく』一、昭和四十二年七月）
二 藤原明衡の生涯 （『国語と国文学』昭和三十三年三月）
　附 藤原明衡の壮年時代 （『中央大学国文』一六、昭和四十八年三月）
三 『本朝文粋』の成立に関する一考察――編纂の意図について―― （『白百合短期大学紀要』八、昭和三十七年二月）
四 『本朝文粋』成立試論――『扶桑集』との関係について―― （『中央大学文学部紀要』一三四、平成二年二月）
五 『本朝文粋』の成立――その典拠について―― （『国語と国文学』昭和四十一年三月）
六 『本朝文粋』の分類と排列 （『国語と国文学』昭和四十三年五・六月）
七 「書斎記」雑考 （『共立女子短期大学紀要』六、昭和三十七年十二月）
八 三善清行の「意見封事」 （『歴史教育』昭和四十一年六月）
九 「池亭記」論 （山岸徳平編『日本漢文学史論考』岩波書店、昭和四十九年）
十 平安時代における対偶表現 （『国語と国文学』昭和五十九年五月）
十一 平安時代の駢儷文について （『白百合女子大学紀要』三、昭和四十二年十二月）
十二 四六駢儷文の行方 （『文学・語学』七〇、昭和四十九年一月）
十三 『本朝文粋』の後代作品への影響――主として平安後期の漢文学について―― （『国語と国文学』昭和三十六年一・二月）
十四 『本朝文粋』と『海道記』『東関紀行』 （『中央大学文学部紀要』一四三、平成四年二月）
十五 『本朝文粋』と『平家物語』 （『共立女子短期大学紀要』九、昭和四十年十二月）
十六 『本朝文粋』と近世初期の漢学者 （『国語と国文学』昭和三十九年十二月）

あとがき

本書は昨年八月二十六日に急逝された大曾根章介氏が、その生前、博士論文「本朝文粋の研究」の中核をなす既発表論文十七編を体系的に編成された御自身の構想案にもとづいて、岩波書店編集部において編集した論文集である。

大曾根氏は東京大学文学部国語国文学科に在学中、『本朝文粋』を中心とする平安漢文学を研究テーマとされ、同大学院においても一貫して同一テーマの下に研究を進められた。そして、東京大学文学部助手に在職中の昭和三十二年六月、『国語と国文学』に掲載された「菟裘賦と鵩鳥賦との比較考察——兼明親王の文学——」を皮切りに、『本朝文粋』に関する数多の論文を着実に発表してゆかれたが、それらを体系づけて前記の博士論文をまとめられたのである。学位請求論文として東京大学に提出された右の論文により文学博士の学位を授与されたのは、昭和四十六年十月、氏が共立女子大学短期大学部教授に在職中のことであった。その翌年、中央大学文学部教授に転ぜられ、研究領域を平安漢文学の全域に、更には時代を超えて日本漢文学のあらゆる作家・作品にと拡げつつ、学問的出発点である『本朝文粋』の研究をもいよいよ深められ、学界においては早くから鴻儒のごとく仰がれる存在であった。

そのような氏の多年にわたる『本朝文粋』研究の成果が一書にまとまった形で公刊されることは、学界関係者はもとより、友人後輩達の強く要望するところであったにもかかわらず、氏御自身は容易にそれを肯じようとされなかった。それは御自身によって深められた、その後の成果を反映させなければ刊行すべきではないという、自己の研究に対して潔癖なまでの極めて厳しい学問的良心にもとづいてのことであった。しかしながら、研究ははてしないからには、どこかで区切りをつけなければならないというお気持ちにもなられたのであろう、昭和五十四年三月刊行された日本思想大系『古代政治社会思想』(山岸徳平・竹内理三・家永三郎の三氏と共校注)の仕事が一段落した頃から、平安漢文学に関する著書をまとめるという話が、岩波書店編集部の強い要望のもとに、ようやく進められることになった。氏の御意向は博士論文の構想を生かしつつ、全編書き下ろしたいということであったと仄聞している。同書店の企画としては、昭和五十九年四月に氏の著書を刊行することが決定された。

しかしながら、氏はそれ以前から和漢比較文学会の設立に尽瘁され、その代表理事を務められ、また岩波書店の新企画である新日本古典文学大系編集委員の一人となられて、身辺は多忙をきわめておられた。そのような状況においては、全編を新たに書き下ろすという条件では、いつ脱稿するかほとんどめどが立たないことから、新日本古典文学大系の一巻である『本朝文粋』(金原理・後藤昭雄の両氏と共校注)のお仕事が終った平成四年五月、編集部は氏に再考を求め、氏も既発表論文を中心として著書をまとめるという方針の変更に同意された。そして、昨年七月二十日氏御自身によって収録論文の最終案が示された。それは昭和三十三年三月『国語と国文学』に発表された「藤原明衡論」から平成四年二月『中央大学文学部紀要』に掲載された「『本朝文粋』と『海道記』『東関紀行』」まで、三十余年にわたって報告されてきた、もっぱら『本朝文粋』に関する論文十七編である。

全く個人的なことを敢えて記せば、「藤原明衡論」は、東京大学国文学研究室助手に在職中の氏から、折々につけ王朝の漢学者達のエピソードの数々を伺った日々のこと、そのような話をじつに楽しげに語られた氏の面影を想起せしめずにはおかない。そして、「『本朝文粋』と『海道記』『東関紀行』」を拝見すると、氏と私との共校注という形をとってはいるものの、ほとんど氏お一人で綿密に仕上げておられた、新日本古典文学大系『中世日記紀行集』(一九九〇年十月刊、福田秀一氏ら四氏と共校注)所収『海道記』『東関紀行』の詳細な原稿を、脚注という形で限られたスペースに収めるために私は専ら切りつめる作業をしていた四年前のことが、つい昨日のことのように思い出されるのである。氏は御自身の仕事を済まされた後はすべてを一任されて、その整理のし方などについて批評めいたことは全く述べられなかった。そして、「脚注では十分書けないから、そのうちお前と全釈をやろう」と言って下さったのであった。一緒に仕事をさせて頂いてこれほど有難い人はおそらく他にいないであろうと、その風貌がなつかしく偲ばれてならない。

もとより、『本朝文粋』に限っても、これ以外に崑山の玉ともいうべき論考があまた存するのであるが、それらについては他日を期し、とりあえず十七編をまとめ、おそらく発表時を異にするための文体の違いの統一を図り、その後の自他の研究を補筆や注の形で補うなどの作業を心ゆくまでしようというのが、氏のお考えであったのであろう。しかしながら、それらの手直しがなされることはなく、その一ヵ月後に氏は突如白玉楼中の人となられたのである。その日のことを思うと暗涙をとどめることができない。「天与㆓善人㆒吾不㆑信、右将軍墓草初秋」という古人の詩句なども思い出されるのである。

以上のようなことから、岩波書店編集部は大曾根京子夫人の御許諾を頂き、なき大曾根氏の薫陶を受け、氏が最も信頼しておられた教え子の一人である佐藤道生氏（慶応義塾大学文学部助教授）に、本書の校正、引用本文の当り直し、注の確認などの作業を依頼した。その際、大曾根氏御自身の手で初出誌に加えられた訂正その他の書入れはすべてそれに従うこととした。佐藤氏は研究交流のために中国に赴かれる直前の、多忙をきわめる日程の中で、献身的にこの作業に当たられた。なお、索引の作成は、氏が中央大学において指導された教え子の一人、本間洋一氏（同志社女子大学教授）を煩わせた。

本書はこのような経緯があって公刊の運びとなったものである。従って、本論文集は生前の氏御自身による最終的な構想通りの内容のものではあるが、お元気であったならば心ゆくまでなさったであろう手直しは経ていない。私ども後輩の者たちがもっと執拗に、早い時期に御著書をまとめられることを懇願し、氏御自身やらねばならないとお考えになるような状況を作るべきであったと悔まれてならない。全く、氏は後輩達にはしばしば論文を書くことを勧め、発表の機会を与え、それにとどまらず、懇切に就職の世話などまでをされながら、自身のことはほとんど顧みようとなさらなかった。それはさながら自未得度先度他の菩薩行を思わせるものがあった。

本書は山岸徳平先生の衣鉢を継いで、学としての日本漢文学研究を確立した大曾根章介氏の学問の中核をなすものである。が、同時にその鬱然たる文峰の一峰にとどまることも事実である。私どもは本書に収められた論考以外の氏の業績を可能な限り集成し、これを日本漢文学研究の後世への遺産として伝えたいと念願している。しかしながら、そのためにはやや時日を要するであろう。現在においては、まず本書の上梓によって、学問に対する氏の志が同じく日本漢文学、日中比較文学研究に携わる同学後学の人々はもとより、広く日本文学研究者に伝わることを心から祈念し、併せて岩波書店編集部に深く感謝申し上げるものである。

一九九四年六月

久保田　淳

■岩波オンデマンドブックス■

王朝漢文学論攷 ―『本朝文粋』の研究

1994年10月7日 第1刷発行
2016年5月10日 オンデマンド版発行

著 者 大《おお》曾《そ》根《ね》章《しょう》介《すけ》

発行者 岡本 厚

発行所 株式会社 岩波書店
〒101-8002 東京都千代田区一ツ橋2-5-5
電話案内 03-5210-4000
http://www.iwanami.co.jp/

印刷/製本・法令印刷

ISBN 978-4-00-730408-8 Printed in Japan

人名索引

あ

い

う

え

お

か

き

く

け

こ

ら

り

れ

ろ

わ

書名索引

き

く

け

こ

さ

し

す

せ

へ

ほ

『本朝文粋』作品索引

＊項目行頭の数字は「本朝文粋原文総目次」(新日本古典文学大系27『本朝文粋』)による通し番号.

巻　一

巻　二

巻　三

巻　四

巻 十

巻十一

巻十二